20世紀初頭のパラオの伝統的集落の絵（Bureau of Arts & Culture 2012）
（撮影：飯田晶子）

フィジー，スバの魚市場（左）と野菜市場（右）（撮影：渡久地 健）

芋や野菜を中心とした
沖縄の伝統的家庭料理
那覇市首里当蔵町「富久屋」
(撮影:藤田陽子)

礁池(イノー)で大勢で行
なわれる網漁・サレービチ
本部町備瀬
(撮影:渡久地 健)

明和津波で打ち上げられた
と想定されている津波石
宮古島市下地島
(撮影:仲座栄三)

琉球大学
国際沖縄研究所ライブラリ

島嶼地域の
新たな展望

自然・文化・社会の融合体としての島々

「新しい島嶼学の創造」プロジェクト
藤田陽子
渡久地健
かりまたしげひさ 編

九州大学出版会

「国際沖縄研究所ライブラリ」刊行にあたって

　2009 年，琉球大学国際沖縄研究所（IIOS：International Institute for Okinawan Studies）は，沖縄および沖縄と関連の深い地域に関する国際的・学際的研究を推進する拠点として設置されました。そして，その研究成果を社会に発信する方法の一つとして叢書「国際沖縄研究所ライブラリ」をスタートさせることとなりました。

　IIOS は，総合大学が有する豊富な人的資源を基盤として，人文・社会科学分野を中心に，理学・工学・医学等関連する諸分野との連携に基づいた学際的研究に取り組んでいます。同時に，歴史的に育まれてきた沖縄の国際性を活かし，世界各国・各地域の研究機関や研究者との学術的連携の拡充に努めています。このような取り組みを通して，様々な分野の専門家，様々な地域の研究者との共同研究の成果を蓄積し続けています。そしてこの知的ストックが地域社会に内在する問題を解決し，地域資源の向上を図り，グローバル社会の中で地域の主体性を確立するための礎となるよう，IIOS ではそれぞれの地域社会に根ざした研究を幅広く展開しています。

　琉球大学は，教育・研究を通して地域や国際社会に貢献する「知の津梁（しんりょう）（架け橋）」を目指しています。「国際沖縄研究所ライブラリ」から出版する書籍の一冊一冊は，IIOS と社会を結ぶ架け橋です。沖縄から世界へ，より強く美しい橋を一本でも多く架けることを目標に据え，この叢書を刊行いたします。

　2014 年 3 月

　　　　　　　　　　　　　　　　　琉球大学国際沖縄研究所

まえがき

　植民地時代を経て，大国のスタンダードに沿ったグローバリゼーションが進む世界において，島嶼地域は常に大陸・大国に対して「周縁」「辺境」と捉えられ，従来の島嶼研究分野においてもその不利性が強調される傾向にあった。とりわけ小島嶼は，陸地の狭隘さ，自然環境の脆弱性，社会・経済の不安定性，技術の遅れ等により，外界からの圧力による影響を受けやすく，また土着の文化や言語の衰退といったマイナスの要素に注目されがちである。一方で，島嶼地域自身がその不利性によって自立を阻まれてきたと同時に，援助依存型経済に甘んじて自立の道を自ら閉ざしてきたという側面もある。
　しかし今，国連海洋法条約の下で広大な排他的経済水域における主権の発動が可能となり，また多くの小島嶼が独立を実現している状況下において，「周辺」や「辺境」という位置づけを脱却する時代が訪れている。また近年，中国の台頭による環太平洋地域情勢の変化や世界的なツーリズムの拡大によって，大国にとっての島嶼の意味合いも変化しており，ますます世界の島嶼地域への注目度は高まっている。こうした状況の中，島嶼地域が主権を確立し，主体性を堅持し，持続的かつ自律型社会を実現するための方策を打ち出すことを目的とした，島嶼地域を「中心」に据えた研究分野を構築する必要が生じている。
　島嶼・沖縄に立地する琉球大学国際沖縄研究所の研究プロジェクト「新しい島嶼学の創造─日本と東アジア・オセアニア圏を結ぶ基点としての琉球弧」(2011年度〜2015年度，以下「新しい島嶼学」)は，島嶼地域の持続的発展の実現に向けた多様な課題について，学際的アプローチにより問題解決策を導出・提案することを目的とした事業である。従来の島嶼研究は，歴史や民俗，地理学，文化人類学など，大陸との比較において島嶼の特徴を捉えるこ

とを中心として展開してきた。このことは，島嶼研究において「遠隔性」「環海性」「狭小性」「脆弱性」といった大陸との相対的不利性に焦点を当てる研究に重心が置かれる要因の一つともなっている。本プロジェクトにおいては，こうした従来の島嶼研究の成果を踏まえながらも，島嶼の不利性を優位性と捉え直すことによって島嶼地域・島嶼社会の発展可能性を探り，未来に向けた処方箋を導出することを目指した研究を推進してきた。

そのために，「琉球・沖縄比較研究」「環境・文化・社会融合研究」「超領域研究」の3つの学際的研究フレームを設定した。「琉球・沖縄比較研究」フレームでは，地理的にも歴史的にも日本とアジア・オセアニア地域との結節点にある琉球列島の特質を，他の島嶼地域との比較研究を通して明らかにし，アジア・オセアニア地域における沖縄の発展可能性，あるいは沖縄が果たすべき役割について探求することを目的としている。「環境・文化・社会融合研究」フレームは，島嶼地域では自然環境と文化，そして社会・経済が非常に強く連関し合うという特徴に焦点を当て，その相互作用について検証・分析し，これを島嶼社会の持続的発展のための政策や戦略につなげていく方法論を検討する枠組みとなっている。「超領域研究」フレームでは，海洋政策や軍事安全保障などを通して，大陸・大国と島嶼地域，都市と小島嶼地域，島嶼地域同士の関係性について，学問領域を超えた学際的研究を展開することを目的とする。

本書は，このうち主に「琉球・沖縄比較研究」「環境・文化・社会融合研究」において進めてきた研究の成果をまとめたものであり，島嶼研究者をはじめ，島嶼地域・島嶼社会について学びたいと考えている大学生や大学院生，そして島に関心を寄せる一般の読者を対象としている。本書の内容は次のとおりである。まず，序章「「新しい」島嶼学——過去を振り返り，未来を見据える——」（ゴッドフリー・バルダッチーノ）では，20年間島嶼研究に携わり，国際島嶼学会（International Small Islands Studies Association）の副会長を務める本章筆者が，学界における島嶼研究の現状と課題について論じ，比較地域研究としての島嶼学の重要性や，客観的視点からの考察を心がけることの必要性を主張すると同時に，島嶼を主体的存在として捉えることが肝要であることなど，これからの島嶼研究者のあるべき姿勢を示唆している。

第1部「環境・文化・社会の融合体としての島嶼」では，様々な分野から島嶼について研究を重ねてきた専門家が，それぞれの立場から島嶼地域が抱える課題について論じるとともに，未来に向けた解決策を提示している。

　第1章「島嶼社会の可能性と生物・文化多様性」（湯本貴和）は，生物・文化・言語の多様性が互いに関連性をもつという仮説の下，島嶼においてはこれらが他地域に比較して圧倒的に高いことを示し，これらを継承しつつ活用した地域づくりが真の「豊かさ」を有する島嶼社会の実現につながると主張する。

　第2章「ブーゲンヴィル島（パプアニューギニア）の言語文化多様性——その次世代継承に向けての取り組み——」（大西正幸）では，琉球とブーゲンヴィル島が同様に多様な言語を有しているにもかかわらず，その継承の方法に違いがあることを示し，ブーゲンヴィルの「村の地域語学校」の取り組みが母語としての地域語や地域文化の継承に奏功していることを示している。

　第3章「島おこしと観光——「観光地」と「生活空間」の両立は可能か——」（フンク・カロリン）では，観光地理学の視点から島嶼の観光開発について論述している。多くの島嶼地域が観光に地域経済の発展経路を見いだそうとする中，外部から来る観光者が訪れる場所と島に住む人々が生活する場との空間的接点が，観光にとっての魅力になる反面，両者の軋轢を生む原因ともなる。こうした空間的特徴を捉えた観光開発の必要性を説いている。

　第4章「ハワイにおける再生可能エネルギーの政策展開」（樽井礼）は，ハワイという，米国の一州でありながらそのエネルギー構造が極めて特殊な地において，エネルギー・セキュリティの確保や地球温暖化への対策としての再生可能エネルギー推進政策について，経済学的視点から分析したものである。

　第5章「太平洋島嶼の漁村における海洋管理責任と女性の役割——原点からの再考——」（ヴィナ・ラム-ビデシ）は，漁業資源の持続的管理を実現し，小島嶼にとっての安全保障としての自給的漁業や収入源としての商業的漁業など様々な意味において重要な漁業を営むために，とりわけ女性の役割が次世代の教育という観点からも非常に重要であることを示し，女性の能力開発や権限強化の必要性について論じている。

第6章「太平洋島嶼における地域主体型の漁業管理とその意義」（ジョエリ・ヴェイタヤキ）では，沿岸漁業においては，その資源を利用する住民を取り込み，地域の習慣や慣行を取り入れる形で資源管理を行うことが効果的であり，そのためには地域コミュニティの組織化が求められるとする。

第7章「パラオにおける自然共生型地域計画」（飯田晶子）では，ミクロネシアの島嶼国パラオ共和国における徹底した現地調査に基づいて，流域圏の異なる環境に基づいた多様な土地利用やアグロフォレストリーなどの自然と調和した土地利用の形態を示し，一方で開発や気候変動などによる影響を踏まえた上で，小島嶼における自然共生型地域計画の可能性について考察している。

第2部「琉球・沖縄からの発信」では，日本の代表的島嶼地域とも言える琉球列島における現状分析や問題解決に向けた取り組みを通して，同様の課題を抱えている世界の島嶼地域にとっても有益と思われる問題解決策を提示する。

第8章「戦後沖縄における食事・栄養と食環境の変遷」（等々力英美）および第9章「沖縄におけるソーシャル・キャピタルと健康」（白井こころ）は，長寿日本一の座を滑り落ちて今や肥満率全国一となってしまった沖縄の健康問題に切り込んだ2章である。第8章は，戦後沖縄の社会的背景の変化にともなって変わってきた栄養摂取の特徴を分析し，県民の食生活に積極的に介入し改善を図ることの重要性を説く。第9章は，人々の信頼・規範・ネットワークを表す「ソーシャル・キャピタル」の視点から，人々の絆が地域の健康問題にどのように作用し，その改善につながるかを分析している。

第10章「離島における教育の情報化と広域連携の効果」（三友仁志）は，教育現場へのICT導入により，情報格差や人材確保の困難さなどの離島の不利性を克服して離島地域の教育の効率性の大幅な向上が可能であることを，宮古島における数年間にわたる取り組みの成果を検証することにより示している。

第11章「島嶼地域における環境と社会インフラ」（堤純一郎）は，島嶼地域にとって大きな課題であり続ける交通・エネルギー・廃棄物処理等に関わる社会インフラの充足度や整備状況と，地球環境・自然環境との関連につい

て考察し，島嶼地域におけるインフラ整備の向かうべき方向を示している。

第12章「消滅危機言語の教育可能性を考える——多様な琉球諸語は継承できるか——」（かりまたしげひさ）では，ユネスコにより消滅の危機にあると指摘されている琉球諸語が直面している現状を踏まえ，人々のアイデンティティと強く結びついている言語の継承と教育の可能性について考察すると共に，地域言語と地域文化を融合させた教育の必要性を主張している。

第13章「奄美・沖縄のサンゴ礁漁撈文化——漁場知識を中心に——」（渡久地健）では，漁獲対象となる魚の生態や習性，漁場の地形や潮汐に基づいた漁法を中心とした漁撈文化，生態系を反映したサンゴ礁地形名称の多様性について解説し，島嶼の人々にとって重要な漁獲という活動を継承し，今後の島嶼社会の活力につなげていくことの重要性を示す。

島嶼地域において，時に島を襲う海や波から土地や財産，命を守る防災は最も重要な課題である。第14章「沖縄から島嶼地域の海岸防災を考える」（仲座栄三）では，沖縄を事例としてサンゴ礁地形と波あるいは津波との関係を明らかにし，サンゴ礁の天然の防波堤としての効果はバリアリーフと島との距離に依存することを示している。そのことも含め，一律ではない，各島の環境や災害の特徴にあった海岸整備計画を立てる必要があると論じている。

第15章「離島の地理的特性が地方団体の経営効率性に与える影響」（獺口浩一）では，経済・財政活動上の制約が特に大きいと思われる離島に着目し，その地理的特性が地方団体の経営効率性にどう影響するかについて検証している。①離島の有無と効率性，②離島の地理的特性要因と効率性，③離島の地理的特性調整前後の効率性変化を数量的に考察し，離島を有する地方団体は非効率で，離島の地理的特性に直面するほど効率が下がるが，一方で効率性の低さは地理的特性以外の要因に依る部分が大きいことも明らかにした。

第16章「沖縄および太平洋島嶼の水利用と水源管理」（廣瀬孝）では，島嶼地域における重要な問題である水資源確保について，沖縄本島の水収支の分析や宮古島の地下ダムの効果検証，また，同じ問題を抱えるいくつかの太平洋島嶼地域の事例も踏まえた上で，衛生的で安定的かつ効率的な水資源開

発の可能性について考察する。

終章「自然・文化・社会の融合体としての島嶼地域と「新しい島嶼学」の展望」（藤田陽子）は，本書全体の内容を受ける形で，島嶼の劣位性と優位性について再考し，奄美・琉球の世界自然遺産指定に向けた動きと関連づけて，主体的で活力のある島嶼社会実現に向け「新しい島嶼学」が果たすべき役割について検討し，本書のまとめとしている。

本書の出版は「新しい島嶼学の創造」プロジェクトが文部科学省特別経費（プロジェクト分）事業として採択されたことによって実現した。また，出版にあたっては琉球大学の学内共同教育研究施設等研究環境整備費による「国際沖縄研究所ライブラリ創設事業」に対する予算配分を受けた。さらには国際沖縄研究所とカウンターパートの関係にあるハワイ大学沖縄研究センター所長のジョイス・チネン教授，コロンビア大学のゲーリー・オキヒロ教授をはじめとする国内外の多くの研究機関・研究者，そして関連分野の実務家・専門家の方々が，本プロジェクト主催のシンポジウムでの発表や講演を通して研究の拡充に多大なる貢献をしてくださった。これらの研究活動は，事業主体である国際沖縄研究所の事務全般を所管する琉球大学学術国際部学術国際課共同利用施設係職員と，国際沖縄研究所の優秀な研究支援員による献身的な働きがなければ成り立たなかった。特に佐藤崇範氏，平良妙子氏（元研究支援員，現・琉球大学法文学部准教授）は本プロジェクト担当支援員として獅子奮迅の働きを示してくださった。また，事務補佐員の仲田文子氏，他のプロジェクト担当支援員の當山温子氏，前田舟子氏，元支援員の崎原千尋氏，山城リンダ氏，當間奈海氏，神谷めぐみ氏による側面からのご助力も不可欠であった。最後に，九州大学出版会の野本敦氏，奥野有希氏には，本書出版の意義にご賛同いただき，企画段階から完成まで多大なご尽力をいただいた。この場を借りて，「新しい島嶼学の創造」を目指す取り組みに関わってくださったすべての方々に心からの敬意と感謝の意を表したい。

2014年3月

東に久高島を望む国際沖縄研究所にて

編著者代表　藤田陽子

目　次

「国際沖縄研究所ライブラリ」刊行にあたって ……………… i

まえがき ……………………………………… 藤田　陽子　iii

序章　「新しい」島嶼学──過去を振り返り，未来を見据える──
　　　………………………… ゴッドフリー・バルダッチーノ　1

　第1節　はじめに　1／第2節　夢以外に何があるのか？　3／第3節　島嶼の利益を前面に　7／第4節　数多くの取り組み　9／第5節　島嶼学とは何か？　11／第6節　「新しい島嶼学」とは？　15／第7節　島の中心性　16／第8節　過去はプロローグである　18

第1部　環境・文化・社会の融合体としての島嶼

第1章　島嶼社会の可能性と生物・文化多様性 …… 湯本　貴和　25

　第1節　はじめに　25／第2節　島の「豊かさ」と「貧しさ」　26／第3節　多様性とはなにか　27／第4節　日本列島のなかの離島　29／第5節　島嶼の未来　32／第6節　本当の「豊かさ」と離島　33

第2章　ブーゲンヴィル島（パプアニューギニア）の言語文化多様性
　　　──その次世代継承に向けての取り組み── …… 大西　正幸　39

　第1節　はじめに　39／第2節　ブーゲンヴィル：西欧世界との接触から今日まで　42／第3節　「村の地域語学校」（Viles Tokples Skuls）　45／第4節　内戦後の学校教育の状況　47／第5節　ブーゲンヴィルの言語文化多様性の未来に向けて　49／第6節　沖縄とブーゲンヴィル　52

第3章　島おこしと観光──「観光地」と「生活空間」の両立は可能か──
　　　　　　　　　　　　　　　　　　　　　　　　フンク・カロリン　57

　第1節　「島」という夢　57／第2節　注目を浴びる島：屋久島　59／第3節　自然保護を重視している島々　62／第4節　瀬戸内海の島(1)：観光空間の創出　65／第5節　瀬戸内海の島(2)：交流する島　68／第6節　結論　69

第4章　ハワイにおける再生可能エネルギーの政策展開
　　　　　　　　　　　　　　　　　　　　　　　　　　　樽井　礼　73

　第1節　はじめに　73／第2節　ハワイにおけるエネルギー事情──その特徴と課題　74／第3節　ハワイにおけるクリーンエネルギー普及の目標　77／第4節　再生可能エネルギー補助の経済学　81／第5節　クリーンエネルギー目標達成に向けた政策　83／第6節　今後のエネルギー・島嶼研究に関する示唆　93

第5章　太平洋島嶼の漁村における海洋管理責任と女性の役割
　　　　　──原点からの再考──
　　　　　　　　　　　　　　　ヴィナ・ラム-ビデシ　池田　知世：訳　99

　第1節　はじめに　99／第2節　研究の背景　100／第3節　太平洋島嶼が抱える漁業の主要な問題　104／第4節　乱獲と資源管理　106／第5節　管理行動に対する倫理的な留意事項　108／第6節　海洋教育と学習環境　110／第7節　太平洋の島々の子どもたちの学習環境　112／第8節　変化をもたらす主体としての女性たち　116／第9節　ジェンダー問題の解決にむけて　118／第10節　結論　119

第6章　太平洋島嶼における地域主体型の漁業管理と
　　　　その意義………ジョエリ・ヴェイタヤキ　岩木　幸太：訳　125

　第1節　はじめに　125／第2節　沿岸漁業の現状　128／第3節　持続可能性に対する脅威　130／第4節　地域主体型資源管理の合理性　133／第5節　地域主体型の漁業管理　135／第6節　取り組むべき課題　142／第7節　進むべき道　145

第 7 章　パラオにおける自然共生型地域計画 ………飯田　晶子　151

　第 1 節　はじめに　151／第 2 節　地域分析の方法　152／第 3 節　自然と共生する暮らしの原型　154／第 4 節　近代の発展の光と影　159／第 5 節　自然共生型地域計画の展開　162／第 6 節　おわりに　166

第 2 部　琉球・沖縄からの発信

第 8 章　戦後沖縄における食事・栄養と食環境の変遷
　　　　　……………………………………………………等々力　英美　171

　第 1 節　はじめに　171／第 2 節　栄養転換とは？　172／第 3 節　沖縄における栄養転換を考える意義とは？　173／第 4 節　米国統治下における沖縄の栄養転換：脂肪を中心に　175／第 5 節　日本復帰後の沖縄の栄養転換：食塩と外食環境の変遷　176／第 6 節　今後の展望：「チャンプルースタディ」による試み　180／第 7 節　おわりに　183

第 9 章　沖縄におけるソーシャル・キャピタルと健康
　　　　　……………………………………………………白井　こころ　189

　第 1 節　ソーシャル・キャピタルと健康　189／第 2 節　沖縄のコミュニティにみるソーシャル・キャピタルの関連資源　193／第 3 節　沖縄における「健康の社会的決定要因」(social determinants of health)　205

第 10 章　離島における教育の情報化と広域連携の効果
　　　　　……………………………………………………三友　仁志　217

　第 1 節　はじめに　217／　第 2 節　我が国の情報化と教育の課題　220／第 3 節　地域情報化の新しい方向性　223／第 4 節　地域とクラウドサービス　225／第 5 節　地域 ICT 利活用における課題　227／第 6 節　教育におけるクラウド活用　230／第 7 節　沖縄県宮古島市の教育情報化　234／第 8 節　おわりに　236

第 11 章　島嶼地域における環境と社会インフラ……堤　純一郎　241

　第 1 節　環境と社会インフラの意味　241／第 2 節　島嶼地域の社会インフラ　243／第 3 節　島嶼地域に期待される環境像　254

第 12 章　消滅危機言語の教育可能性を考える
　　　　　──多様な琉球諸語は継承できるか── … かりまた しげひさ　263

　第 1 節　はじめに　263／第 2 節　琉球諸語の位置づけ　264／第 3 節　琉球諸語は多様で個性的な方言からなる　265／第 4 節　少数者の言語の変容と消滅の危機　267／第 5 節　消えゆく伝統文化と方言語彙　268／第 6 節　画一化　271／第 7 節　マイノリティの中のマイノリティ　273／第 8 節　方言教育の可能性　274／第 9 節　「方言のことを教える」　276／第 10 節　多様な方言の教育は可能か　277／第 11 節　おわりに　278

第 13 章　奄美・沖縄のサンゴ礁漁撈文化──漁場知識を中心に──
　　　　　……………………………………………………渡久地　健　281

　第 1 節　島々を縁どるサンゴ礁の重要性　281／第 2 節　有形・無形のサンゴ礁漁撈文化　286／第 3 節　漁場知識としてのサンゴ礁地名　296／第 4 節　サンゴ礁漁撈文化の継承にむけて　299

第 14 章　沖縄から島嶼地域の海岸防災を考える……仲座　栄三　305

　第 1 節　サンゴ礁と海岸地形が織りなす白砂の浜　305／第 2 節　サンゴ礁は天然の防波堤　309／第 3 節　サンゴ礁と津波　314／第 4 節　沖縄における海岸防災の知見を他の島嶼地域の海岸防災に活かす　317

第 15 章　離島の地理的特性が地方団体の
　　　　　経営効率性に与える影響………………………獺口　浩一　321

　第 1 節　はじめに　321／第 2 節　総合的な効率性の測定と離島の有無　322／第 3 節　離島の地理的特性が技術効率性に与える影響　328／第 4 節　むすび　333

第 16 章　沖縄および太平洋島嶼の水利用と水源管理
　　　　　……………………………………………………廣瀬　孝　337

　第 1 節　はじめに　337／第 2 節　沖縄島の水資源と水利用　338／第 3 節　宮古島の水と地下ダム　344／第 4 節　太平洋島嶼地域の水資源と水利用の事例　346／第 5 節　おわりに──島嶼地域の水問題の解決に向けて　350

終章　自然・文化・社会の融合体としての島嶼地域と
　　　「新しい島嶼学」の展望 ……………………………藤田　陽子　357
　第1節　はじめに　357／第2節　島嶼における劣位性と優位性　357／第3節　沖縄の自然環境保全と適正活用　360／第4節　島嶼におけるキャリング・キャパシティの捉え方　364／第5節　各島の特性を踏まえた島嶼社会構築の必要性　366／第6節　むすび──「新しい島嶼学」の構築と人材育成の必要性　367

　執筆者・訳者紹介……………………………………………………　371
　索　　引………………………………………………………………　379

序章 「新しい」島嶼学
——過去を振り返り，未来を見据える——

ゴッドフリー・バルダッチーノ

第1節 はじめに

　筆者は本章を 2013 年 7 月に書いており，直前にカナダのプリンス・エドワード島大学で 10 年間にわたる名誉あるカナダリサーチチェアとしての研究活動を終了した。注目すべきは本リサーチチェアが「島嶼学」に与えられたものであり，この新興学術分野が初めて正式な学術研究に値する分野として公式に認められたことである。つまり，いま本論を発表することは，またとない時期である。島嶼学のはじまり，パターンとトレンドの特定，島嶼学の発展，そして将来に向けた課題と取り組みなどを含めた冷静な評価を行うことが求められるからである。この評価については，沖縄県に立地する琉球大学の取り組みである「新しい島嶼学」に対する理解を深める活動，または「新しい」島嶼学への移行も念頭に置いている。言い換えれば，「島嶼学」とは何か？　そして，その何が新しいのか？という問いに答えなければならない。まだ誕生して間もないこの学術分野の進化と変遷に影響を与えられるとしたら，どの方向に向かうべきなのだろうか？　どのような成果が期待されるのだろうか？

　本章は島嶼学の現状に関する批判的な考察である。筆者自身が欧州の小さな主権国であるマルタで育って仕事に従事し，2003 年 7 月から 2013 年 9 月まではカナダ最小の（完全な島嶼）州に在るプリンス・エドワード島大学で

10年間にわたり専任のカナダリサーチチェアとして島嶼学研究活動を行った経緯があり，本論は基本的に筆者個人の経験に着想を得ている。加えて2006年5月以降は，査読付きオープンアクセス誌である *Island Studies Journal* で，創刊時からエグゼクティブ・エディターとして活動している。また，本誌での仕事を通じて，毎年30件程度の論文と20件の書評（すべて島嶼関連）を精読すると同時に，グローバル・アイランド・ネットワーク（現在，理事を務める），国際島嶼学会（ISISA：International Small Island Studies Association, 現在，副会長を務める）を含む島嶼関連の組織にも長年所属している。ただし，本論で率直に語られる見解は筆者の個人的見解であり，いかなる組織にも帰属しない。

これまで多くの研究者が島嶼を趣味，または二次的な研究課題として取り組むことを余儀なくされたが，筆者が知る限り，筆者は島嶼をフルタイムで「観察」する機会と責任に恵まれた世界初の幸運な社会科学者である。筆者の特定の島嶼に関する関心と情熱をかいま見た一部の関係者からは「ミスターアイランド」と呼ばれている（筆者にも好みはあるが）。筆者の他にも島嶼（多くは研究者が在住する島）または特定の地域（多くは研究者の現在の居住地に近い場所，過去の居住地，または好みの研究場所）の科学，歴史，文化，魅力等の研究に長年取り組んできた研究者はいる。そして筆者自身も島の出身であり（島嶼国であるマルタ），タスマニア（オーストラリア），イギリス，バルバドス，バヌアレブ（フィジー），アイスランド，九州（日本），モーリシャス，台湾（中国），プリンス・エドワード島（カナダ）を含む複数の島に住んだ経験がある。ただ筆者の研究は他と異なる。地球を「島嶼世界」と位置付けて，島嶼を分析の中心とすることの利点を活用し，島嶼での活動は他の島での事例等を知ることで有効に行うことができると考察するのだが，その上で本研究の「対象」，つまり島嶼は，本研究の「中心」でもある（Ronström 2013）。

これは新しい発見ではない。チャールズ・ダーウィン（Charles Darwin），アルフレッド・ウォレス（Alfred Wallace），ロバート・H. マッカーサー（Robert H. MacArthur），そしてエドワード・O. ウィルソン（Edward O. Wilson）はかなり前に，島嶼がすべての生物の進化，固有性，絶滅について探求する上で有

力であり，有効であり，独特であると気付いていた。島に生息し，繁栄し，または死にゆく生物に限らず，すべての生物に関してである（e. g. Baldacchino 2006a）。オランダの人類学者である Boissevain（1974）は島嶼社会における社会ネットワークの力と粘り強さを指摘した。政治科学者の Bartmann（1996）は，史上最古の民主主義政治システムは島嶼にあったと主張している。旧世界（アイスランド，マン島）も，新世界（バミューダ，バルバドス）もである。島嶼研究は，人類学者の南太平洋における島嶼社会の研究から始まったが，特に先駆者であるブロニスロウ・マリノフスキー（Bronislaw Malinowski）とマーガレット・ミード（Margaret Mead）のフィールドワークの貢献が大きい。Grove（1995）は，世界初の大規模環境実験は島嶼（マデイラやセントヘレナなど）で実施された，と主張している。そして今日では，スペインのエル・イエロ，デンマークのサムセー，オランダ王国のボネールなどの他の島ではグリーン・エネルギーを強く推進し，持続可能な未来を先取りしようとしている（e. g. Mitra 2006）。

第2節　夢以外に何があるのか？

　それでも，上記研究が重要である理由は，彼らが言及し続けてきた島とはあまり関係がないかもしれない。「島」は，どの島であっても，背景にゆらゆらと浮かぶ存在である。多くの場合，島は象徴や概念であり，その特質や実体，位置性は奪い取られている。「島の隠喩的概念はあまりにも力強いので，島の現実に少しも言及することなく発信できてしまう」（Hay 2006：p. 30），そして「島」は「人類の夢である理想世界に顕著に現れる」（Tuan 1990：p. 247）自然環境の1つである。

　夢というテーマについてだが，これらの隠喩的表象は少なくとも6つの重要な形式を前提として有している。第1に，島嶼は20世紀において，知らず知らずのうちに人類史上もっとも豊かで，グローバルで，一貫性があるブランディング運動の対象になったことである。島嶼は人が求める場所，楽園のプラットフォームであり，常に魅力に満ちており，感情の解放や宗教的巡

礼の場所として表現される（Baldacchino 2010a：p. 374）。「島」の隠喩的発信といえば，小さな島と暖かい海のような属性と関連付けられるのが常だが，西洋の言説においてはこれがもっとも中心的かつ魅惑的隠喩かもしれない（Hay 2006：p. 26；Connell 2003）。これらの概念は島嶼観光のマーケティング活動や島嶼ブランディングの取り組みの中心にある。

第2に，今日のグローバル・メディアにおいて島国に関する言説でもっとも一般的なのは，島国自体の沈没と消滅であり，この言説は被害や損失を伴う事例を増大させる気候変動や海面上昇等の問題に直面する島国の経済的・環境的脆弱性により駆り立てられる（e. g. Farbotko 2005）。国際社会において相当な数の小島嶼開発途上国（SIDS：Small Island Developing States）が，最近の多国間外交で小島嶼国連合（AOSIS 2013）の援助を受けて団結した連合をロビイングし，小さく脆弱で，非常に限界はあるが重要な島嶼国が置かれている深刻な状況について強調し，国際社会に影響を及ぼした（e. g. Royle 2010a）。2004年のボクシングデーに発生したインド洋の津波，2010年1月のハイチ地震，2011年3月に日本の東北地域を襲った地震と津波など，現実の環境災害は気候変動や災害の研究，その他の学術研究を活発化し，島嶼研究もしばしば最前線にある（e. g. Kelman and West 2009；Wisner et al. 2012）。このような状況の不健全な活用法として，タナト（またはダーク）ツーリズムの台頭がある。リスクが消え去った島嶼へ観光客を誘致するのだが，この活動自体が島嶼の終焉を早める同様の環境問題を助長している（Sharply and Stone 2009；Farbotko 2010）。

第3に，島嶼はミニチュア世界であり，進化が具体的かつ革新的な方法で展開する空間だと広く認識されている（Young 1999）。自然科学者は島嶼空間に関心がある。なぜなら，進化傾向の主流から離れている空間もあり，離れた場所においても変動要素が管理しやすく，分析も容易であるとされているからである。島嶼において，科学者は固有種を発見し，外来種の影響を観察すると共に，最近終了したアルダブラ環礁の山羊のケース（Seychelles Nation On-Line 2012）のように，歓迎されない種を根絶することもある。ゼロカーボンとグリーン・エネルギーの戦略を推進する上で，小島嶼は世界に対して持続可能な開発という捉え所がない約束をもって挑発する。

第4に，国連海洋法会議を経て，島嶼国は広大な排他的経済水域を支配できるようになった。多くの島嶼国が陸地よりも広大な海域から恩恵を受けているのに対して，大陸諸国はオフショアの島の所有・支配を通じて海洋資源にアクセスしようとしている。島の支配の問題は大きい。尖閣諸島問題に代表されるように，特定の島または島嶼の支配権を巡る衝突は人々のナショナリズムを喚起・刺激するだろうし，無人の小さな岩を巡る論争でさえも関係者の神経を逆なでし，地域の緊張を高めることもあり，紛争に至ることもあり得る（e. g. Tisdall 2012）。

　第5に，今の世界の軍事覇権国としての米国の具体的な利益がある。米国は，キューバのグアンタナモ湾からバーレーンに至る世界各地に戦略的拠点や島嶼基地をもつことで，グローバルな監視活動を可能にしている。その一方で，より具体的には米国が太平洋の島嶼地域に展開している軍の存在——グアム，ハワイ，沖縄を含む——は地域の同盟国に安心を与えると共に，中国の影響拡大を阻止する意味がある。西オーストラリア州への2,500人の米海兵隊員派兵はこの流れを汲んだ最近の展開である（Calmes 2011）。他国も島嶼地域において影響力を有し，歴史的にも米国のように島嶼を利用してきた。クレタとヴェニス（地中海地域），日本（20世紀半ばに西太平洋地域で），英国（2世紀にわたり世界中で）などが代表的な例として挙げられる。

　最後に，植民地主義の時代はほぼ終焉したが，植民地化を推し進めた国家の多くは準国家と関係を維持しており，そのほぼすべては独立を望まず，一定の内政自治権と，パトロンである大国が提供する安全保障で満足する島嶼である（Hepburn and Baldacchino 2013）。フランスはこの役割を果たすことをまったく問題としていない（米国以外で）唯一の国家である（Aldrich and Connell 2006）。デンマーク，オランダ，ニュージーランド，英国などの国は多くの場合，権限を手放したくない小規模の自治領について対処し，共存しなければならない。英国はこのような「外国領」や「属領」を少なくとも14ヶ所もっており，その内13ヶ所は島嶼である（例外はジブラルタル）。これら島嶼や列島の一部は地域紛争のホットスポットであるが，これは対立する領土主張（フォークランド諸島／マルビナス諸島），または人権や居住権の侵害を原因としている（ピトケアン諸島，ディエゴ・ガルシア島，アセン

ション島）（e. g. Baldacchino 2010b）。

　この意味で島嶼は生物学的・地政学的な「ホットスポット」であると同時に，フラッシュポイントであるとも言える。つまり，大自然の実験場であると同時に，軍事基地，環境災害，緊張した国境関係，ソフトな帝国主義，そしてポスト・コロニアリズムが存在する場所でもある。この文脈における島嶼の重要性は，上記事案が当該島嶼とそこに住む人々自体の重要性よりも，島嶼が「炭鉱のカナリア」としての役割を果たすことにある。換言すれば，世界の他の地域で，良くも悪くも起こり得る現象を，その過程とともに検証するのに扱いやすい実験場であるということである。「島嶼」は，一部で全体を表現する提喩になったのである。島嶼で起きる事柄（island matters）が示唆するものは非島嶼において重要であるが，島嶼自体も重要（islands matter）だということを想起する必要があるのかもしれない（Hils 1996）。島嶼はそれ自体が本格的に認められる価値がある。ただ，これだけ説明した上でも，島嶼とそこに住む人々は研究対象としてはとるに足らない，周辺的，または二流と考えても容易に許されてしまう現実がある。つまり，本物の科学は大陸や世界各地の大都市に焦点をあてるものだ，という考えだ。しかし，驚くべき事実も多い。世界人口の約11％は島嶼に住んでいる。世界の主権国の約4分の1は完全な島国である。このうち，最も大きな4ヶ国（人口ベース）はインドネシア，日本，フィリピン，英国である（Baldacchino 2006a, 2007）。

　島嶼学の研究者と島民は一般的に，世界が島嶼の直接的重要性や関係性を直視しないことについて失望と共に怒りを覚えるが，それでも「島嶼」は他の諸事案の背景といえども，少なくとも国際的に関心を集めている事案に関与し続けているのだから，これらの事案の成り行きを注視しなくてはならない。国際社会において島嶼が魅力的な対象になるのはこれらの事案なのである。上に挙げた6つの懸念事項は，島嶼がニュースで報道され，国家や企業，財団や個人の関心と投資を集める主な理由である。注目を集めている対象が島民の利益主導ではなくとも，多くの人々にエキゾティックな珍品として注目される方が，まったく注目されないよりは良い。島民にとっては面白くないが，島嶼に注目が集まることで，旅行代理店の華やかなパンフレットやウェブサイトに掲載され，結果的に貴重な観光収入を得られるが故に，島民

自身も島の魅力を磨くのである。

第3節　島嶼の利益を前面に

　一方，島民の利益については，島民が，島民と共に，島民のために主張して大きな進展がみられている。今日では多くの力強い声が島の生活について表現している。筆者は少なくともこのような進展について3つの例を特定できる。

　第1に1980年代以降の「エリア・スタディーズ」の躍進がある。これには都市，地域，農村，ジェンダーなどの研究が含まれるが，すべてがローカル文化の特異性を認め始めた。

　今やローカルな事柄はグローバルな事柄であり，グローバルな関心事でもある（Schmitz 2004）。島嶼にとって，特に太平洋地域の島嶼とそこに住む多くの先住民人口にとって，これは事実である。実際，史上初の正式な島嶼学ジャーナルは，ハワイ大学が1988年に創刊した *The Contemporary Pacific* だという主張も可能である。今日のエリア・スタディーズは権力について考察し，理論的に洗練されてきており，暗にほのめかされる捻くれたグローバリゼーションと自由市場の新自由主義に関するしばしば不誠実な思い込みについて，時宜にかない有効な方法で批判することによって，誤った認識の解消を試みる（Szanton 2004：p. 5）。島嶼学（nissologyとも呼ばれる）はこの流れの一部分であり，対象を理解してそれに関与し，島嶼を島嶼自体の枠組みで観察する学問である（McCall 1994）。

　第2に，生活の質の包括的理解において，「場所の感覚」を含むことがある。地方や他の小さな周辺的地域，例えば小島嶼などは，都市生活の大衆化というグローバルトレンドに反応して意図的に都市を離れる人々，またはライフスタイルを変える人々，例えば多くの潜在的移住者，起業家，投資家にとっての独特の魅力を形成する（e. g. Baldacchino 2006b；Baldacchino et al. 2009）。加えて，「場を基盤とする開発」という概念について関心が高まっている。これはコミュニティ開発あるいは経済開発のために「全体的かつター

ゲットを絞った，特定の場所の中に存在する独特の自然や物質的・人的能力を活用または強化するための介入，もしくはそれらを明らかにするための介入」である（e. g. Markey et al. 2012）。今はグローバリゼーションの時代だが，これは改めてローカルを評価する機会となった。ローカルを再評価した多くの人々は，小さなコミュニティに住みたいという願いをもちつつも，大都市とそこにあるコスモポリタニズムから切れない程度にほどよい距離を保つことを欲する。

　第3に，近代技術，出版の民主化，インターネットの普及などは，小島嶼と島民の声や懸念を表現し発信することを可能にするとともに，多数の手段を生み出した。つまり，数多くの言語や様式が存在する中で，相違点や多様性を構成する新しい方法が増えたのである。国連も第61期総会において，「先住民族の権利に関する国際連合宣言」を採択して，この流れを後押しした（UN 2007）。このような最近の進展は，世界でもっとも小さな管轄区域と，そこに住む先住民を含む声なき民が必要としていた声と存在感を与え，再び正統性を付与した。それまで取るに足らない存在であった世界の"リリパット島（編者注：スウィフト作「ガリヴァー旅行記」第1部に登場する小人国（広辞苑））人"が「文字による帝国の逆襲」（e. g. Ashcroft et al. 2002）により，（たとえ善意であっても）対話者，代弁者，門番として振る舞う侵入者ガリヴァー達に頼ることなく，自身の声で発信できるようになった（e. g. Magnette and Nicolaïdis 2005）。すなわち今日では，我々は島，島民，そして島の生活について，そこに存在する当事者による本物の表現を垣間見ているのである。ポスト・コロニアリズムと従属的社会集団研究の分野に入る文献は，先住民に関するもの，そして先住民の言語で書かれているものが相当量ある（Moses 2008）。島嶼に関する内容はこれらにおいて適切に記述されている。例を挙げると，まず（1）軍事基地の確立を目的として英国がディエゴ・ガルシア島を米国に貸与した時に英国領インド洋地域の故郷から強制的に追い出されたチャゴシアンの子孫の苦境（Winchester 2009：Chapter 2；UK Chagos Support Association 2013）。（2）クワジェリン環礁における米国の核実験の健康への悪影響について抗議したマーシャル諸島人の物語（DeLoughrey 2013；Johnson 2013）。そして（3）1945年に英国人がリン鉱石を採掘するために，フィジー

に追放したバナバ島（現在では太平洋にあるキリバス共和国の一部）の民の物語（King and Sigrah 2004；Abara Banaba 2013）などがある。

第4節　数多くの取り組み

　前述の明るい出来事は学界にも波及している。近年では，*The Contemporary Pacific* 以外にも新たな島嶼学のジャーナルが創刊している。*Insula: the International Journal of Island Affairs*（1992年からUNESCOが不定期で発行），*Island Studies Journal*(2006年〜)，*Journal of Island and Coastal Archaeology*(2006年〜)，*Shima: the International Journal of Island Cultures*(2007年〜)，*Journal of Island and Maritime Cultures*（2011年〜）は一部の例である。他にも *Caribbean Studies*，*Journal of Pacific Studies*，*Asia Pacific Viewpoint* など，地域に特化した研究に定評があるジャーナルもある。島嶼地域に特化したジャーナルの取り組みもある。例えば1980年創刊の *International Journal of Bahamian Studies* や，2010年創刊の *International Journal of Okinawan Studies* などである。米国メイン州のアイランド・インスティチュートが毎年発行している *Island Journal* は，1984年からメイン州の島や沿岸地域の漁業コミュニティについて語り継いできた。そして米国ハワイ州にあるブリガムヤング大学パシフィック・インスティチュートは1977年から *Pacific Studies* を発行している。

　他方，過去数十年において，多数の一流学術ジャーナルが島嶼関連トピックまたは島嶼そのものを特集した。これには *World Development*（エドワード・ドメン（Edward Dommen）による先駆的な Vol. 8 (12)（1980），その後の Vol. 21 (2)（1993）および Vol. 32 (2)（2004）のサブセクション），*Prospects* [Vol.21 (4), 1991]，*Convergence* [Vol. 29 (2), 1996]，*Health and Place* [Vol.1(4), 1995]，*Journal of Historical Geography* [Vol. 29(4), 2003]，*International Journal of Educational Development* [Vol. 21(3), 2001]，*Canadian Review of Studies in Nationalism* [Vol. 28(1-2), 2001]，*ARIEL: A Review of International English Literature* [Vol. 32(1), 2001]，*Geografiska Annaler* [Vol. 85B(4), 2003 & Vol.

87B(4), 2005］, *Tijdschrift voor Economische en Sociale Geografie*［Vol. 95(3), 2004］, *Geographical Review*［Vol. 97(2), 2007］, *Journal of Small Business & Entrepreneurship*［Vol. 9(4), 2010］, *Space and Culture*［Vol. 13(2), 2010］, *New Literatures Review*（Nos. 47-48, 2011), そして最近では *Commonwealth & Comparative Politics*［Vol. 50(4), 2012］や *Cultural Geographies*［Vol. 20(2), 2013］などがある。

　2006年に国際地理学連合により設置された島嶼学術委員会は，様々な会議やワークショップを開催している。直近の会議は2013年9月に台湾の澎湖諸島で開催された。国際小島嶼文化会議（SICRI：Small Island Cultures Research Initiative）も2004年に鹿児島県で初の会議を開催して以来，毎年会議を開催している。最近では2013年に東インドネシアのケイ諸島にあるトゥアルで開催された。筆者は2003年にプリンス・エドワード島大学で島嶼学のカナダリサーチチェアに就任した。スティーブン・ロイル（Stephen Royle）は2010年に北アイルランドのクイーンズ大学ベルファストで島嶼地理学教授に就任した（Royle 2010b）。北大西洋島嶼プログラムの後継である北大西洋フォーラムは2年に一度集うが，最近では2013年6月に北アイスランドのホゥラルでイベントを開催した。後にISISAとなる組織は1986年にカナダ・バンクーバーで初会合を開いた。1994年のISISA会議は沖縄県で開催されている。会議で議論されたトピックには島嶼コミュニティのグローバル・ネットワーキング，島嶼地域の非核化，小島嶼の社会経済的問題を解決する上でのジェンダー関係，極小島嶼国とその展望，環境的に健全で維持可能な農業生態系，伝統的資源および食物生産システムの効果的活用，島の生活の性質・課題・展望等に関する他の論点などがあった。初開催から20年経過した今でも，一部の課題の重要性は色褪せていない。

　加えて，島民としての歴史，文化，課題などに関して理解を深めるための施設，教育機関，研究機関（主に大学に設置されている）も多数設置されている。一部は特定の島や地域に焦点を絞る一方，より広い射程を設定している機関も多い。島嶼の比較研究に有意性を認め，従来の典型的な「小さな島と大きな本島」の比較ではなく，類似する状況を比較することで，より大きな価値を生んでいる。いくつか例を挙げると，1985年にプリンス・エドワー

ド島大学に設立された島嶼学研究所（IIS：Institute of Island Studies, http://www.upei.ca），1989年にマルタ大学に設立された島嶼・小国研究所（http://www.um.edu.mt/islands/），スコットランドのハイランド＆アイランド大学に設置されたスカンジナビア研究センター（http://www.uhi.ac.uk），1988年に鹿児島大学に設置された国際島嶼教育研究センター（KURCPI, http://cpi.kagoshima-u.ac.jp），1994年にデンマーク・ボーンホルムに設置された地域観光研究センター（http://www.crt.dk），遅くとも1946年には太平洋学研究院として設置されていた，オーストラリア・キャンベラのオーストラリア国立大学（ANU）アジア・太平洋学部（http://asiapacific.anu.edu.au/）などがある。最初に挙げた3つのうち2つは，世界でたった2つの島嶼学の大学院課程を設置した先駆的機関であり，学生は修士号を取得できる。1つはカナダの島嶼学プログラムであり（http://www.upei.ca/mais），もう1つはマルタの島嶼・小国学である（http://www.um.edu.mt/registrar/regulations/faculties/islands/ma-iss-web）。残りの1つは文化，文学，政治に焦点を当てた島嶼学プログラムである（http://www.uhi.ac.uk/en/courses/mlitt-island-studies）。

さらに，2009年にフランスのコルシカ大学の取り組みにより設置された，主にフランス語系の約24の島嶼大学のネットワークで，RETI（Reseau d'Excellence des Territoires Insulaires）がある（http://www.univ-corse.fr/international-reseau-d'excellence-des-territoires-insulaires-r.e.t.i-presentation-reti-presentation-reti_2764.html）。RETIはシンポジウムやサマースクールを開催しており，興味深い分野において共同研究を積極的に推進している。英連邦の取り組みである小国の仮想大学（小国の多くは島嶼）もあり，これは小国が互いに協力してコースと教材を開発，適合，共有するメカニズムである。この取り組みは将来性が高いオンライン分野と通信教育分野に展開している（http://www.vussc.info/about-vussc）。

第5節　島嶼学とは何か？──カナダの島嶼学研究所の事例──

島嶼学研究所はカナダのプリンス・エドワード島大学にあるが，この事例

を見ることで他の類似の島嶼研究機関を含め，どのような目的で設立され，設立以降どのような経緯を辿ったかを知ることができる。IIS は 1982 年に構想され，1985 年に以下の 4 つの活動目的を掲げて発足した。

- プリンス・エドワード島に関する深い知識，理解，表現を推奨する。
- 本学と島嶼コミュニティの間の橋渡しの役割を果たす。
- プリンス・エドワード島の公共政策の策定に貢献する。
- プリンス・エドワード島と他島との比較研究を行う。

(http://www.upei.ca/iis/)

　この活動目的には興味深い側面がいくつもあり，一部は矛盾しているようにも見える。第 1 の目的は文化研究の場としては典型的である。ローカルなものをすべて称賛し，カナダ最小の完全島嶼州であるプリンス・エドワード島の歴史，文学，風習などに関する正しい認識を提供する場所として機能する。第 2 の目的は，学界と大学の外にある現実世界の間のしばしば難しい関係を改善することである。IIS は地域コミュニティと共に問題を特定して解決法を検討するが，これには学術知識を地域の文脈で適用可能な形に翻訳したり，IIS の全体方針を決定する諮問委員会に学者ではない者の参加を促すことによって取り組んでいる。第 3 の目的は，政治やガバナンスの世界につながりをもつことである。IIS は学術知識を政策的助言に翻訳することにコミットしており，島嶼生活に関する政策判断の影響評価についても同じようにコミットしている。最後に，IIS は第 4 の目的を確実に達成することで他の 3 つの目的が容易に達成されることを経験上学んだ。それゆえ，比較研究の遂行を義務付けている。島嶼問題に関して，他の島嶼での類似問題，そしてそれに対する取り組みと結果などの認識や知識がない状態で，コミュニティや政策立案者に対して質の高い助言をするのは難しい。島嶼問題に取り組む者は，島の問題や長所をその島から偏狭かつ自己中心的視点で観察するのではなく，主観から距離をおくとともに，比較による視点，多島性に基づく視点をもって観察しなければならない。兎にも角にも，我々は豊かな「島嶼世界」に生きているのである (Baldacchino 2007)。

ただ強調したいのは，単に比較すれば良いというわけではないという点である。有用な比較は島嶼主導の比較を含むことが重要である。これまで研究者は個々の島嶼国や島嶼地域の特定の特徴や資源を幾度となく称揚・賞賛してきた。しかし，これまでの多くの比較研究において，典型的な基準点は島嶼が隣接する大陸や本島に置かれ，対象となる島嶼と長期にわたり歴史的，文化的，または政治的関連性をもっていた。ただ，この種のアプローチは不均衡な比較になりやすく，むしろ新帝国主義的もしくは新植民地主義的になる場合もあり，対象の島嶼は依存する立場に縛られて固定された。つまり，補助金，投資，輸入などが一方で流れてきて，有能な人材は逆方向に流出するということである。これが，不釣合いなパラダイムから脱却して島嶼同士の比較をするべき重要な理由である。類似する特徴をもつ他の島嶼と比較することで，個々の島嶼の現状に沿った比較が可能になる。開発学のディスコースにおいては，横断的な「南南」対話が推奨されている。この対話とは，小島嶼とそこに住む人々が支配的な本島の干渉や介入なしに，互いに対等の立場で出会い，話し，学ぶ場のことである（e. g. Chee-Kien and Pieris 2011）。容易ではないが，実現は可能である。研究者はより強い情熱と信念をもってこれを行うべきである。

　以上を行う上で，島嶼研究を専門とする施設はバランスを維持しなければならず，これには少なくとも下記の4点を考慮しなければならない。

　第1に，先住性とローカリズムの特質を強調，特にグローバリゼーションの文脈において脅かされていることを強調し，同時に再定義，再評価，再表現されている事実を強調することである。グローバル文化の魅惑と魅力には利点がある一方で，ますます同一性に向けて動き続ける世界において，いかにして差違が存在し続け，また拡大し続けるかということを示唆する過去や遺産を体験することの新しい魅力と根拠を作ってしまった。多くの島嶼文化はこの苦境に立たされている。我々は同じグローバル言語，グローバルな服装，グローバルな美の定義やそれに適した振る舞いを採用するほど，標準から離れることに魅了される。これは矛盾のように見えるが，真実に違いない。島嶼学は多様性の共有，差違のグローバリゼーションを伴うのである。

　第2に，第1の点と関連して，グローバルな視点なしにはローカルの全て

を深くは理解できないという認識をもつ必要性がある。すなわち，地域の歴史，文化，環境問題を見慣れた内部からではなく，距離をおいた外部の比較島嶼研究というパワフルな視点から批判的に考察することである。これを行わないと，研究者は偽の本質主義，つまり場所の象徴的具体性を基にした非現実的な解釈に終始してしまう。島嶼文化は，それ自体の原点を有すると同時に，地平線の彼方にある他の場所からの影響や輸入品などによる変質も生じる。島嶼研究において，島嶼の自明な地理が落とし穴となって研究者を惑わすことがしばしばある。つまり，島嶼はそれ自体が完全な世界を構成し，外部から孤立しているという誤解である (e. g. Gosden and Pavlides 1994)。たとえば「持続可能な島嶼」について考える時，島嶼は本質的に外部から流入する，または外部と交換する物や資源に依存することに注意しなくてはならない。

　第3に，研究者は島嶼研究が学問，政策決定，コミュニティ発展の3点に影響を及ぼすという事実を受け入れる必要性がある。信頼と社会的地位を積み上げていくことで，より多くの論文発表の場を獲得し，言及や引用の数を増やしていく必要がある。これには，研究者は成長を続ける島嶼学学術研究コミュニティとのつながりを保ちつつ，他分野の研究者とも対話を続けなければならない。「島嶼学」の視点から物事を観察することで，興味深い発見が得られる可能性はまだ多く存在する。同時に，研究者は他の島嶼の事例を検討して，何を行うべきか，何を行うべきではないか，そしてどのように行うべきかを，島嶼社会の政策決定者に対して具体的に示さなければならない。彼らは多忙なので自ら検討する時間がなく，誉れの高い大陸モデルに固執している場合が多いからである。加えて，研究者は，島嶼がもつ資源を有効活用するが，それをより広い枠組みとしての文脈，すなわち「島嶼世界」のような中心的枠組みに当てはめて，地域コミュニティの支援・充実に努めなければならない。このアプローチは社会経済的な発展にも重要な影響を及ぼす。例えば場所のブランディング，地方コミュニティのサバイバル，移民，文化観光，ニッチ産業などである。

　第4に，研究者は自らの研究結果が，利益団体の活動に関係することを恐れず示せばよい。研究者が疑問視する，または信用できない利益集団が一部

あるとしても，恐れる必要はない。「島嶼学」は方法論的，概念的，分析的に強力なツールである。他の科学と同様に，学問が発展を遂げるにあたり，他者がいかにこのツールを使用・活用するのかについて責任を負うことはできない。多くの場合，ツールの活用は人類と他の種に利益をもたらすが，他方で悪用されることもある。政治家，実業家，そして NGO でさえも，我々の研究を恣意的にねじり歪めることが可能であり，実際にそれは起こっている。それでも研究者は，彼らが島嶼学に関心をもつこと自体に感謝し，彼らや一般市民に対して，研究者の考えや政策決定の解釈について丁寧に一つひとつ説明する機会を模索するべきである。ただ全体的には，島嶼アプローチを全世界に推奨することは，地球が直面する問題や課題に対して新しい解釈を与えてくれる。地球自体が宇宙においては島であるからだ。研究者が日々職場や教室，コミュニティで出会う島民にとってこれは特に重要である。島嶼研究者は，島嶼民が自身のアイデンティティを認識し，その意味を理解することに貢献しているのか？　この問い自体が，島嶼学研究者が強く尊い意志をもって仕事に励む理由となるはずである。

第6節　「新しい島嶼学」とは？

　21世紀を迎えてすぐに，我々は明確な課題を突きつけられている。すなわち，生命を支える地球の機能を守り育てながらも，人間の福利と生活の質を向上させる生き方を選択することが喫緊の課題となっているのである。若者の失業問題，地方における人口流出，土地利用計画，高齢化などの諸問題は，極端な気候，海水侵入，海岸侵食，資源不足，生物多様性に対する脅威などの環境要因により複雑性を増している。これらの問題は小島嶼環境においてより明瞭かつ明白に確認できるが，小島嶼のように地理的定義が明確な場所では，実験可能な解決法を用いることで成功（または失敗）を評価することが可能である。

　熱烈な島嶼学研究者にとってこのような課題は，他の研究者やコミュニティの協力者と共同で，科学技術の駆使，地域の創造性と文化遺産の活用，

教育プログラムの提供，起業家支援，物理的・心理社会的幸福に関する取り組みを推奨するまたとない機会である。これらはすべて健康的で，適切に統治され，最高に住みやすい環境への移行を推進する。世界中の島嶼がもつ規模の利点，地理的利便性の高さ，そしてそこに住む島民は，これらのアイデアを推進し，同時に自身の価値を評価して，手が届く未来の繁栄を育む。

　我々は持続可能な生活の実質的な意味や持続可能性の研究が実際何をしているかに関して批判を続けながらも，これらブルーアジェンダ・グリーンアジェンダを推進するべきである。現在ある多くの持続可能性関連の取り組み，特に気候変動に関係する取り組みが典型であるが，これらは本質的には称賛に値するも，それ自体が新しい「宗教」を普及させ，他の緊急性・関連性が高い政策課題を脇に追いやってしまう。そしてこれらの追いやられた政策課題は，基礎教育，貧困対策，雇用創出や生活の質向上など，しばしば持続可能性に関連する課題なのである。現在直面している問題を，未知数な未来における問題を緩和するために放棄してはならない。危機にある「楽園」という「持続可能性を神聖化」し，「新植民地主義的・救済主義的な感覚を（も）裏切る」一次元的な理解を越える必要性がある（Elie 2012：p. 223）。

第 7 節　島の中心性

　地球上の陸地の 7% は島嶼であり，そこには世界人口の 10.5% が住んでおり，主権国家の 25% が存在している。判明している絶滅種の 75% はかつて島嶼に生息し，いま世界で絶滅危惧種に指定されている 90% が島嶼に生息している。島嶼学の存在を正当化する必要はまったくない。根拠は自明である。むしろ問われるべきは，島嶼学の取り組みの数はなぜもっと増えないのか，なぜもっと活発に推進されないのか，である。

　この重要な問いにはいくつか答えがあるが，その一部は学術的キャリアに関係する答えである。国際的認知が乏しい学術分野ではありがちなことだが，島嶼学研究者は常に非主流な研究フォーカスを正当化する必要性に迫られる。これは同僚の研究者に対してだけではなく，出版社，評論家，そして

最終的には大学内での昇進を評価する者に対してでもある。「あなたは何をしているのですか？」「あなたの分野は何ですか？」という問いに対して，研究者はどのように答えれば良いのだろうか。論文を発表したい場合，どのジャーナルに問い合わせればよいのか，そして掲載が実現するためにクリアしなければならないハードルは何か？　そしてさらに重要なのが，研究者が自身のキャリア向上を考えた時，どのように振舞えば良いのだろうか？　研究者は誰でも学際的な研究を支援すると主張する。しかし，学際的研究者でいること，実践することは難しく，時には面倒である。我々が「大学」と呼ぶ機関は，固定化された知識と慣習の場でもあるからだ。「隠れた島嶼学者」が多いのはこれが理由かもしれない。つまり，島嶼研究に携わる者の多くは，自身を島嶼学者だと考えているかもしれないが，公の場でそれを口にしようとはしない。逆に人が聞きなれた分野に身を置く者が大半で，趣味のように「島嶼に関する何か」を片手間に研究する者もいる。

　島嶼学が比較的軽んじられている理由の1つに，言語の問題もある。これは誰の責任でもないが，大半の人間は1つ，多くても数個の言語しか操れない。我々は毎日言語を使って話し，書き，世界を解釈する。しかし，我々は単に特定の言語パラダイム（それ自体が閉鎖的）内にいるだけで多くのことを見失っていると認めなければならない。これは知識や情報自体に限らず，世界や島嶼が多様な方法で理解され，反映され，そして表現されるということである。多言語を操る者はこの点を深く理解できるだろう。そうでない者も，翻訳を読んで素晴らしい洞察を得ることができる。言語の才能に恵まれていない者もコミュニケーションをするように努力し，言語の壁を超えた理解を得るように取り組まなくてはならない。そして，最善ではないが第2の選択肢としては，研究発表の翻訳版を求め，推奨していくことである。島嶼比較は単に1人の人間の母語で入手可能な材料やデータに制限されるべきではない。それは質が悪いコミュニケーションに他ならない。

　最後に，気付いた読者もいるかもしれないが，大半の島嶼関連文献の例に反して，筆者は本論で島嶼や島民に影響を与えるとされるいわゆる「構造的ハンディキャップ」についてさほど言及しなかった。島嶼は小さく，弱く，力がなく，取るに足らず，周辺的で，脆弱で，壊れやすいものであるとされ

る。そして今日では海面上昇により，沈没して消滅しつつある（e.g. Guillaumont 2010）。このような形容や呼称に何度直面しただろうか。もう事実として受け入れて前進するべきなのか？　筆者はそうは考えない。筆者の中の何かが，このような型通りの概念を拒否する。今日では，この概念は島民を含む人々により，国際的な同情と支援を得るためにしばしば主張されている。しかし，この主張は島民を軽視するばかりか，「条件」を受け入れさせることで，島民が不可能は可能になると信じることを阻害する。不可能を可能にするには，それが可能になると強く信じる以外にないのだ。

第8節　過去はプロローグである

　島嶼は創造的な場所であるが，これは厳密な生物地理的な意味に限らない。島嶼から人類が学べることは多い。しかし筆者はオセアニアの学者であるエペリ・ハウオファの主張に同調せずにはいられない。つまり，「島民は決して自身の精神の植民地化を許してはならず，抵抗しなければならない」（Hau'ofa 1993）と。皮肉なのは，精神の植民地化は彼ら自身の教育システムや教授法で進行し，広がることである。直観的に素晴らしいと思うアイデアやモデルは大きな大陸では適用可能かもしれないが，小さな島嶼でも適用可能とは限らない。それゆえ，島嶼での「標準的技法・習慣」の適用については，疑問を投げかけてみることも選択肢として確保しておきたい。
　我々は島嶼を強く求めると同様に恐れもする。島嶼は混沌，無秩序，暴政，残忍性へのスパイラルとして，我々の社会規範や冷静さを脅かす不安や懸念を内包しているからだ。しかし同時に，島嶼は我々が求め，大切にし，志向するものを体現している。すなわち安定，完全性，調和，統一性，コミュニティなどである。
　今日の我々は石油ピークや気候変動の問題などを抱えているが，洗練された技術や優れたエンジニアリングに支えられている。21世紀を迎えて，目的はいささか異なれど，千年の島嶼プロジェクトは続く。国境を越えた精鋭集団の一員として，我々は島嶼が厳しい規制や税金を逃れることを望む。想像

力逞しい国家嫌いの自由意志論者として，海に浮かぶ島嶼が権力（税金）の支配から我々を遠ざけることを夢見ている。グリーン活動家として我々は，島嶼が環境に優しく持続可能な生活を可能にする明確な指標であること，または外来種が存在しない環境であることを望む。観光客としては，島嶼が多機能な洗剤として，ほんの数日であっても我々が抱く不安を払拭し，魂を浄化してくれることを望む。苛立つ政策立案者または見せかけのナショナリスト支持者としては，島嶼を不法移民を拘束する拘置所に変える（不法移民は有権者ではないので政治的な力をもたない）。

さらなる実験のための舞台は整った。物質的，空想的，またはその間でもよいが，島嶼は人類が行うプロジェクトの犠牲になっている。犠牲になりながらも，驚くほど巧みに，しかし落ち着いた様子で，石，砂，木々のサイレンを鳴らして我々を愚弄する。自然の完璧さと完全性の美しく魅惑的なレパートリーが島嶼にはある。信じられないほど複雑で，乱雑で，騒然としていて，予測不可能な世界において，これは秩序の本質的ジェスチャーであり，質素の模範である。しかし，夢は砕け散るのも早い。魔法は解け，夢はその正体を暴かれる。そこには空想しかない。本土と異なり，小島嶼は購入することも，売却することもできる。遅かれ早かれ，先へ進む時が訪れる。すると，また次の島へ，ということになるのだろうか？

編者注 本書は，執筆者によって書かれた原文（英語）を翻訳したものである。

参考文献

Abara Banaba (2013) http://www.banaban.com/

Aldrich, R. and J. Connell (2006) *France's Overseas Frontier,* Cambridge, Cambridge University Press.

AOSIS (2013) Alliance of Small and Island States. http://aosis.org/

Ashcroft, B., G. Griffiths and H. Tiffin (2002) *The Empire Writes Back: Theory and Practice in Post-Colonial Literatures,* London, Routledge.

Baldacchino, G. (2006a) Islands, island studies, Island Studies Journal. *Island Studies Journal,* Vol.1, No.1, pp. 3-18.

Baldacchino, G. (2006b) Small Islands versus Big Cities: Lessons in the Political Economy of

Regional Development from the World's Small Islands. *Journal of Technology Transfer,* Vol. 31, No. 1, pp. 91-100.

Baldacchino, G. ed. (2007) *A World of Islands: An Island Studies Reader,* Charlottetown, Canada and Luqa, Malta, Institute of Island Studies and Agenda Academic.

Baldacchino, G. (2010a) The island lure: editorial introduction. *International Journal of Entrepreneurship & Small Business,* Vol. 9, No. 4, pp. 373-377.

Baldacchino, G. (2010b) *Island Enclaves: Offshoring, Creative Governance and Subnational Island Jurisdictions,* Montreal QC, McGill-Queen's University Press.

Baldacchino, G., R. Greenwood and L. Felt eds. (2009) *Remote Control: Governance Lessons for and from Small, Insular and Remote Regions,* St John's NL, ISER Press.

Bartmann, B. (1996) Saltwater Frontiers: Jurisdiction as a Resource for Small Islands. Keynote Address to the Annual Conference of the Island Institute, Castine ME, USA, October.

Boissevain, J. (1974) *Friends of Friends: Networks, Manipulators and Coalitions,* Oxford, Basil Blackwell.

Calmes, J. (2011) A U. S. marine base for Australia irritates China. *New York Times,* November 16, http://www.nytimes.com/2011/11/17/world/asia/obama-and-gillard-expand-us-australia-military-ties.html?pagewanted=all

Chee-Kien, L. and A. Pieris (2011) Post - tropical/post - tsunami: climate and architectural discourse in South and Southeast Asia. *Singapore Journal of Tropical Geography,* Vol. 32, No. 3, pp. 365-381.

Connell, J. (2003) Island dreaming: the contemplation of Polynesian paradise. *Journal of Historical Geography,* Vol. 29, No. 4, pp. 554-582.

DeLoughrey, E. M. (2013) The myth of isolates: ecosystem ecologies in the nuclear Pacific. *Cultural Geographies,* Vol. 20, No. 2, pp. 167-184.

Elie, S. D. (2012) From ethnography to mesography: a praxis of inquiry for a post-exotic anthropology. *Qualitative Inquiry,* Vol. 19, No. 3, pp. 219-231.

Farbotko, C. (2005) Tuvalu and climate change: constructions of environmental displacement in the Sydney Morning Herald. *Geografiska Annaler,* Vol. 87B, No. 4, pp. 279-293.

Farbotko, C. (2010) 'The global warming clock is ticking so see these places while you can': Voyeuristic tourism and model environmental citizens on Tuvalu's disappearing islands. *Singapore Journal of Tropical Geography,* Vol. 31, No. 2, pp. 224-238.

Gosden, C. and C. Pavlides (1994) Are islands insular? Landscape versus seascape in the case of the Arawe islands, Papua New Guinea. *Archaeology of Oceania,* Vol. 29, No. 1, pp. 162-171.

Grove, R. (1995) *Green Imperialism: Colonial Expansion, Tropical Island Edens and the Origins of Environmentalism, 1600-1860,* Cambridge UK, Cambridge University Press.

Guillaumont, P. (2010) Assessing the economic vulnerability of small island developing states and the least developed countries. *Journal of Development Studies,* Vol. 46, No. 5, pp. 828-854.

Hau'ofa, E. (1993) *A New Oceania: Rediscovery of our Sea of Islands, Suva, Fiji,* University of the South Pacific.

Hay, P. (2006) A phenomenology of islands. *Island Studies Journal,* Vol. 1, No. 1, pp. 19-42.

Hepburn, E. and G. Baldacchino eds. (2013) *Independence Movements in Subnational Island Jurisdictions,* London, Routledge.

Hils, T. L. (1996) Island Matters, Islands Matter: international institutional responses to the analysis of problems and their solutions. *Geographische Zeitschrift,* Vol. 84, No. 2, pp. 67-73.

Johnson, G. (2013) *Don't Ever Whisper: Darlene Keju: Pacific Health Pioneer, Champion for Nuclear Survivors,* Create Space Self-Publishing.

Kelman, I. and J. J. West (2009) Climate change and small island developing states: a critical review. *Ecological and Environmental Anthropology,* Vol. 5, No. 1, pp. 1-16.

King, S. and K. R. Sigrah (2004) Legacy of a miner's daughter and assessment of the social changes of the Banabans after phosphate mining on Banaba. Changing Islands-Changing Worlds. Islands of the World VIII International Conference, Taiwan. http://www.olioweb.me.uk/banaba/documents/ISISA2004Paper-Stacey.pdf

Magnette, P. and K. Nicolaïdis (2005) Coping with the Lilliput syndrome: large versus small member states in the European Convention. *European Public Law,* Vol. 11, No. 1, pp. 85-104.

Markey, S., G. Halseth and D. Monson (2012) *Investing in Place: Economic Development in Northern British Columbia,* Vancouver BC, UBC Press.

McCall, G. (1994) Nissology: a proposal for consideration. *Journal of the Pacific Society,* pp. 63-64, 99-106.

Mitra, I. (2006) A renewable island life: electricity from renewables on small islands. *Refocus,* Vol. 7, No. 6, pp. 38-41.

Moses, A. D. ed. (2008) *Empire, Colony, Genocide: Conquest, Occupation and Subaltern Resistance in World History* (Vol. 12), New York, Berghahn Books.

Ronström, O. (2013) Finding their place: islands as locus and focus. *Cultural Geographies,* Vol. 20, No. 2, pp. 153-165.

Royle, S. A. (2010a) Postcolonial culture on dependent islands. *Space and Culture,* Vol. 13, No. 2, pp. 203-215.

Royle, S. A. (2010b) 'Small places like St Helena have big questions to ask': the inaugural lecture of a Professor of Island Geography. *Island Studies Journal*, Vol. 5, No. 1, pp. 5-24.

Schmitz, H. (2004) Globalized localities: an introduction. In *Local Enterprises in the Global Economy: Issues of Governance and Upgrading*, Cheltenham, UK, Edward Elgar, pp. 1-20.

Seychelles Nation On-Line (2012) Aldabra is now 'goat-free'. http://www.nation.sc/index.php?art=28839

Sharply, R. and P. R. Stone eds. (2009) *The Darker Side of Travel: The Theory and Practice of Dark Tourism*, Bristol, UK, Channel View Publications.

Szanton, D. L. ed. (2004) *The Politics of Knowledge: Area Studies and the Disciplines*, Barkeley CA: University of California Press.

Tisdall, S. (2012) China and Japan: a dangerous standoff over the Senkaku islands. *The Guardian (UK)*, 17 September. http://www.guardian.co.uk/commentisfree/2012/sep/17/china-japan-dangerous-standoff.

Tuan, Yi-Fu (1990) *Topophilia: A Study of Environmental Perception, Attitudes and Values*, 2nd edition. New York, Columbia University Press.

UK Chagos Support Association (2013) http://www.chagossupport.org.uk/

UN (2007) United Nations Declaration on the Rights of Indigenous Peoples. http://www.un.org/esa/socdev/unpfii/documents/DRIPS_en.pdf

Winchester, S. (2009) *Outposts: Journeys to the Surviving Relics of the British Empire*, London, Harper Collins.

Wisner, B., J.-C. Gaillard and I. Kelman eds. (2012) *Handbook of Hazards and Disaster Risk Reduction*, Abingdon, UK, Routledge.

Young, L. B. (1999) *Islands: Portraits of Miniature Worlds*, New York, W. H. Freeman and Co.

第 1 部

環境・文化・社会の融合体としての島嶼

第1章　島嶼社会の可能性と生物・文化多様性

湯本貴和

第1節　はじめに

　島嶼は，本土からの隔離の度合いによって程度は異なるが，それぞれ独自の自然と文化といえるものを育んできた。ごく最近まで開発の中心から離れていて，固有の自然や文化が良好に保存されてきた島が多い。いっぽう，狭い面積の島内では限られた水などの天然資源に依存するしかない。そのため，資源の持続的利用の知恵が発達していると同時に，飢饉や病気の蔓延などに対してきわめて脆弱な側面をもっている。また，限定された種類と量の資源しか持ち得ないゆえに，交易など島外に大きく依存してきた歴史をもつ島も数多く，それらの島ではかなり流動性の高い社会を形成している。

　今日，世界的にヒトとモノとの流動性が高まり，多くの島では深刻な過疎と，それにともなう文化喪失の問題に直面している。一方で，島固有の自然と文化に外部的な価値が付与されてユネスコの世界遺産などの「冠」がつき，ブランド力をもった特権的な島では，ツーリズムが盛んとなって人口減にはストップがかかるものの，計画的とはいいがたい観光開発やゴミ問題，あるいは島外からの移住者の増加が生態系の持続的利用や伝統文化の継承を困難としているなど，別の諸問題を抱えることになった。このような問題解決にあたっては合意形成が必要であるが，多くのケースでは島の「うち」の住民と「そと」の住民の意識がはっきりと異なっていることが独特の困難を生み

出している。

　この島嶼のもつ自然や文化の多様性や独自性，とくに生物相や生態系，言語や風俗習慣，芸能などは，その起源や系統，伝播と変容，そして現在直面している危機という観点から，自然科学者だけでなく，人文社会科学者にとっても，大きな魅力をもち続けてきた。研究者たちは，初めは「よそ」者として島に滞在し，研究を行なう。島を単なる研究対象とみなし，島から研究資源を一方的に収奪し，その迷惑を顧みない「調査地被害」を生み出してしまう場合も多かった（宮本・安渓 2008）が，持続可能な研究活動を行なうためには島の「うち」の住民の直面している問題に対して，自らの問題として共に悩み，共に学び，共に考え，共に喜び合う姿勢が求められている。

第2節　島の「豊かさ」と「貧しさ」

　島々は，それぞれの面積や人口などにしたがって，また隔離の程度にしたがって，独自の経済・自然・文化をもっている。そこに，島の固有性と脆弱性，別の言い方をすれば「豊かさ」と「貧しさ」があるのだ。

　離島では，日常物資について流通上の問題を抱えており，ある種の自給経済が発達している。多くの島では半農半漁というのがあたり前であるが，屋久島では「山に十日，野に十日，海に十日」ということばがあり，人々は林業，農業，漁業をうまく組み合わせて生業としてきた。とくに南の島々では気候に恵まれることもあって，衣食住の多くの部分を自給あるいは物々交換によって得てきた（安渓 2011）。このことは貨幣経済に頼らない「豊かさ」といえるが，GDPなど，いくらお金が動いたかを尺度にして「豊かさ」を計れば，たちまち「貧しさ」に変わってしまう。もちろん面積や人口の規模が大きな島では，沖縄島やシンガポール島のように，海運を活用して交易によって経済を成り立たせているところも多い。

　また，経済の中心から遠いために，開発が及ばず，そのことが島固有の自然や文化を良好に保全している「豊かさ」がある一方で，開発から取り残され，社会資本の整備が遅れることによって離島苦（しまちゃび）と表現される「貧しさ」を

否定できない。なかでも医療と教育といった，高度な施設と人材を必要とする住民サービスの不整備は，人口減少に直結している。

さらに現在では観光などで成功し，人口減少に歯止めのかかっている島は一見「豊かさ」を享受しているようにみえるが，もともと環境収容力の少ない島の観光資源や水資源を過剰利用して環境問題を起こし，島の「貧しさ」を露呈している。反対に人口が減り続けている島々では過疎問題が深刻さを増しており，それぞれの島で育まれてきた言語や伝統芸能などの文化だけでなく，これまで人間活動で維持されてきた自然も失われつつある。

島の問題を考えるにあたって，世界遺産などに登録されている「特権的な島」を論じることも重要であるが，そうではない「普通の島」，さらに国境を形づくる「地政学上で特殊な島」にも目を向けることが必要となっている。

第3節　多様性とはなにか

地球上にはそれぞれの地域にさまざまな生物が生存している。生物集団のうち「交配可能性」という観点から，互いに交配可能であり，子孫に遺伝子を伝えていくユニットを「種」と呼び，その数は生物の多様性を示すもっとも普遍的な尺度である。近代分類学の祖・リンネ以来の生物学者によって，モネラ界，原生生物界，菌界，動物界，植物界を合わせて，これまで約150万種の生物種が記載されている。うち昆虫が75万種，その他の動物が28万種，維管束植物が25万種などである。しかし，これは大幅な過小評価であり，未発見の生物は熱帯雨林の林冠に住む昆虫だけでも2,000万～8,000万種に達するという推定がある。これらの夥しい数の生物種は，40億年におよぶ進化の歴史のなかで独自の「かたち」と「くらし」を備えたものとして，さまざまな環境に適応してきた。

この夥しい数の生物のうち，ヒトという種は赤道直下の熱帯から寒冷な北極圏まで，さらには年間降水量100 mm以下の乾燥地域にまで単独の種として生存している。さまざまな環境下で身体的にはそれほど大きな変化を遂げていないが，それぞれの地域に適応した「くらし」，すなわち衣食住，生業技

術体系，環境認識などが著しく分化している。文化とは，これら人間社会あるいは社会集団の精神的・物質的，あるいは知的・感情的特性の組み合わせであり，芸術・文学に加えて生活様式や環境への適応様式，価値体系，伝統，信念が含まれる。文化の多様性を示す普遍的な尺度を設定するのは困難であるが，個々の文化を定義づける必須要素である言語の多様性，すなわち言語の数はひとつのメルクマールと考えられる。

　世界中にいくつの言語が存在するかという問いに正確に答えるのは難しい。アメリカ合衆国に本拠を置くプロテスタント伝道団体 SIL（The Summer Institute of Linguistics）の刊行物「エスノローグ」では 39,000 を超える言語名，方言名，別呼称が挙げられている。しかし，言語によっては話者自身による特定の名称がなく，同じ言語が研究者によって異なる名前で呼ばれることがしばしばあり，実際には多くの少数話者の言語について研究があまり進んでおらず，情報が不十分である。言語は「相互理解度」という観点から別の言語か同じ言語の方言かという判断をするのが論理的であると考えられるが，具体的に言語・方言をどう区切るかについて研究者によって大きな幅がある。このような方法上の困難はあるものの，世界の総言語数の推定としては

図 1-1　西表島の豊かな自然を代表するカンムリワシ

5,000から6,800程度とされている。言語多様性の問題を積極的に取り上げているアメリカ合衆国の言語学者マイケル・クラウスは，世界中の言語数をおよそ6,000と推定している。

第4節　日本列島のなかの離島

　日本の国土は，6,852の島々から構成されている。北海道，本州，四国，九州のほかに，約420の有人島がある。

　日本列島は，大陸プレート（ユーラシアプレートおよび北米プレート）と海洋プレート（太平洋プレートおよびフィリピン海プレート）がぶつかり合う場所に位置しており，太平洋プレートは日本列島の太平洋側で北米プレートの下に，また伊豆・小笠原諸島の東側でフィリピン海プレートの下に沈み込んでいる。これらのプレートの境界には千島・カムチャッカ海溝，日本海溝，伊豆・小笠原海溝が形成されている。またフィリピン海プレートは南海トラフと琉球海溝でユーラシアプレートの下に沈み込んでいる。

　それらの海溝の大陸側には弧状に連なる島列があり，「島弧」とよばれている。日本列島は，千島弧，東北日本弧，伊豆・小笠原弧，西南日本弧，琉球弧の五つの島弧からなっている。

　地球規模の気候変動のなかで，それぞれが島となるか，陸続きになるかは，海峡の深さと海水面の高さで決まる。北海道とサハリンとの間の宗谷海峡は60 m，北海道と本州との間の津軽海峡は130 m，九州と韓半島との間の対島海峡は130 m，南西諸島のトカラギャップやケラマギャップは1,000 m以上の深さがある。いまから2万〜2万5000年前は，最終氷期最寒冷期とよばれ，日本においても気温が現在よりも6〜10℃ほど低かったといわれる。このような寒冷期には，大陸の氷河に地球上の水が蓄えられるために海水面が低下し，最終氷期最寒冷期には現在にくらべて平均海水面で120 mも下がったと見積もられている。日本列島の5つの島弧と大陸，あるいは島弧のなかの島々は，このような気候変動で分離融合を繰り返してきたのである。

　たとえば琉球弧である琉球列島には，多くの固有種が分布している。とく

にトカラギャップとケラマギャップに挟まれた奄美諸島・沖縄諸島は，500万年前に大陸から隔離されて多くの固有種が生息している。脊椎動物だけをみても，沖縄島周辺には，オキナワトゲネズミ，ヤンバルクイナ，ノグチゲラ，キクザトサワヘビ（久米島に固有），リュウキュウヤマガメ（やんばると周辺諸島に固有），オキナワトカゲ（やんばると周辺諸島に固有），ハナサキガエル，ナミエガエル，ホルストガエル（やんばると渡嘉敷島に固有），オキナワアオガエル（沖縄島，伊平屋島，久米島に固有）が生息し，奄美大島・徳之島周辺にはアマミノクロウサギ，アマミトゲネズミ（奄美大島に固有），オリイジネズミ，トクノシマトゲネズミ（徳之島に固有），ルリカケス，オオトラツグミ，オットンガエル，アマミハナサキガエル，アマミアオガエルが生息する。また奄美群島と沖縄群島での固有種として，ケナガネズミ，アマミヤマシギ，ハブ，ヒメハブ，ヒャン，ガラスヒバァ，アカマタ，アマミタカチホ，バーバートカゲ，クロイワトカゲモドキ（島ごとに5亜種がある），イボイモリ，シリケンイモリ，ハロウェルアマガエル，リュウキュウアカガエル，イシカワガエルがいる（阿部他 1994；内山他 2002）。絶滅危惧の判定基準として，生息域が限定されているという項目もあることから，ハブ，ヒメハブ，ガラスヒバァ，オキナワトカゲ，リュウキュウアカガエル，オキナワアマガエル，アマミアオガエルなどのごく普通種を除いて，ほとんどが絶滅危惧種あるいは準絶滅危惧種とされている。植物にもツツジ科，スミレ科，ラン科などを中心として固有種が多数存在し，その多くが絶滅危惧種あるいは準絶滅危惧種である。

　ハーバード大学やヨーク大学などの研究チームがサンゴ礁に生息する3,235種の魚類，サンゴ，巻貝，大型エビ類の分布を調査し，環境破壊の影響が多く，緊急の保護対策が必要なホットスポット10ヶ所を選んだ。カリブ海沿岸，フィリピン，スンダ列島，インド洋北部，マスカリン諸島，南アフリカ東部，ギニア湾，紅海，ベルデ岬諸島，そして沖縄周辺である。ホットスポット10ヶ所の面積は海全体の0.0012%であるが，そこには生息地の限られた絶滅の可能性のある生物の54%が生息していた。沖縄のサンゴ礁で確認された絶滅の可能性のある生物種は75種であり，ホットスポット10ヶ所のなかでもっとも多かった（Roberts et al. 2002）。

言語や文化からみればどうであろうか。日本列島では 13 言語が話されているとされ，日本語とアイヌ語が各 1，それに北奄美，南奄美，喜界，徳之島，沖永良部，与論，国頭（沖縄北部），中央沖縄（沖縄中南部），宮古，八重山，与那国の 11 の奄美・沖縄語が数えられている（ネトル＆ロメイン 2001）。

服部（1959）によると，基礎語彙同源語の共通性は，東京と京都が 92%，東京と鹿児島が 85% に対して，東京と大和浜（奄美大島）では 68%，東京と与那嶺（沖縄島北部）で 69%，東京と首里（沖縄島南部）で 66%，沖縄と宮古で 59%，東京と石垣で 63% であり，東京と琉球諸語との共通性はおおむね 60〜70% である。しかしながら，首里と大和浜で 82%，首里と宮古で 72%，首里と石垣で 73% となり，中央沖縄語と宮古や石垣のことばの隔たりも決して小さくない。

また，東江他（2001）は 1982 年に沖縄県の中学生が，自分の地域や他の地域のことばをどの程度理解するかを調査した。その結果，本部（沖縄島・北部）の中学生は，本部のことばを 84.7%，那覇のことばを 86.5%，また名瀬（奄美大島）のことばを 72.3% 理解したが，平良（宮古島）のことばは 36.5%，石垣（石垣島）のことばは 48.1% 理解するにとどまった。また那覇の中学生は，那覇のことばを 72.2%，本部のことばを 60.9%，名瀬のことばを 63.4% 理解したが，やはり平良のことばは 32.6%，石垣のことばは 42.1% しか理解できなかった。これらのことから，琉球諸語の間には，かなりの相互理解度の壁があるようだ。

ユネスコの絶滅危惧言語の調査では，言語の数え方は先のケースとは少し異なるが，日本列島諸語のうち，アイヌ語は「きわめて深刻」に分類され，八重山語，与那国語が次の「重大な危機」，さらに沖縄語，国頭語，宮古語，奄美語，八丈語（東京都・八丈島）が「危険」と分類されている。

文化そのものの多様性を表現することはたいへん難しいが，文化財として認定されたものは数えることができる。国指定の重要無形民俗文化財 265 件のうち，沖縄県では安田のシヌグ，伊江島の村踊，塩屋湾のウンガミ，宮古島のパーントゥ，小浜島の盆・結願祭・種子取祭の芸能，西表島の節祭，多良間島の豊年祭，竹富島の種子取祭（図 1-2），与那国島の祭事の芸能の 9 件，

図1-2　竹富島の伝統文化の継承

鹿児島県では秋名のアラセツ行事，諸鈍芝居，与論の十五夜踊の3件が琉球弧のものである。また重要無形文化財の染織では喜如嘉の芭蕉布，久米島紬，宮古上布，紅型，首里の織物が指定されている。登録有形文化財16件では，竹富島の生活用具が指定されている。また琉球の島々では，ブタ・ヤギ・ウマなどの在来家畜が維持されてきた。

　ここでは琉球列島を例にしたが，日本列島における生物と文化の多様性のなかで，島嶼の占める割合がいかに高いかがおわかりいただけたと思う。

第5節　島嶼の未来

　現代社会では，生物多様性も文化多様性も共通の原因で喪失している。文化の均質化と単純化を推し進めているのと同じ力，たとえば多国籍企業や農業の近代化，グローバルな市場といったものが，生物相の均質化と単純化を進めている。この半世紀，世界各地で地域の生物資源で衣食住とエネルギーの大半を賄ってきた生活が消えていき，そのかわりに低廉なエネルギーを使って，地域の気候風土とは必ずしも調和しない生活を受け入れてきた。蒸し暑い日本の夏に背広とネクタイを着用する衣生活や，北極圏で100％輸入に頼るコムギと牛肉を使ったハンバーガーを常食する食生活，熱帯域や亜熱

帯域でわざわざ気密性の高い建物に住んで冷房を効かす住生活は，そのわかりやすい例といえる。

　もちろん，グローバル化によって，豊かで便利な生活が普及し，飢饉や災害には即座に海外からの援助を得ることができ，多くの人々が最新の医学や薬学の恩恵を受けるようになった。しかし，それはエネルギーを際限なく消費し，温室効果ガスを多量に排出する生活でもある。それにもまして，グローバル化によって世界中を巻き込んだダンピング競争が進んでいくことで地場産業がどんどんつぶれていき，地域の有用資源が使われなくなり，地域間・地域内の経済格差が広がっていく。このような経済原理に沿ったわたしたちの行動そのものが，地球温暖化や生物多様性の喪失などの地球環境問題を生み，経済発展がもたらす利益の公正・衡平な享受を妨げ続けているといえる。

　生物多様性と文化多様性を発展的に継承することは，決して「過去へ帰れ」というノスタルジックなものではない。そのなかで，わたしたちが注目すべきなのは，交易に支えられながらも，資源の限られた奄美・沖縄を始めとした島々では，循環型の生活のためのさまざまな工夫が生まれたことである。島の固有性と脆弱性を超えて，水や食べ物を無駄なく使う知恵の宝庫が，島嶼であるといえるほどだ。多様な自然や風土のなかで，長年培われてきた再生天然資源の枯渇を招かず，さまざまな「自然の恵み」を持続的に利用してきた知恵を活かすことで，環境負荷を抑えた，しかも豊かな生活を実現するという，極めて現代的な課題の解決につながっていくのである。

第6節　本当の「豊かさ」と離島

　では，豊かな社会とはいったい何なのであろうか。宇沢（2000）によると，豊かな社会とは「すべての人々が，その先天的，後天的資質と能力を十分に生かし，それぞれのもっている夢とアスピレーションが最大限に実現できるような仕事にたずさわり，その私的，社会的貢献に相応しい所得を得て，幸福で，安定的な家庭を営み，できるだけ多様な社会的接触をもち，文化的水

準の高い一生をおくることができるような社会である」としている。

　そして，このような社会は，つぎの基本的諸条件をみたしていなければならないとしている。①美しい，ゆたかな自然環境が安定的，持続的に維持されている。②快適で，清潔な生活を営むことができるような住居と生活的，文化的環境が用意されている。③すべての子どもたちが，それぞれのもっている多様な資質と能力をできるだけ伸ばし，発展させ，調和のとれた社会的人間として成長しうる学校教育制度が用意されている。④疾病，傷害にさいして，そのときどきにおける最高水準の医療サービスを受けることができる。⑤さまざまな稀少資源が，以上の目的を達成するためにもっとも効率的，かつ衡平に配分されるような経済的，社会的制度が整備されている。

　宇沢（2000）はこのような豊かな社会を実現するためには，社会的共通資本として，大気，森林，河川，水，土壌などの自然環境，道路，交通機関，上下水道，電力・ガスなどの社会的インフラストラクチャー，教育，医療，司法，金融といった制度資本が不可欠であるとしている。また「社会的共通資本は，それぞれの分野における職業的専門家によって，専門的知見にもとづき，職業的規律にしたがって管理，運営されるものであるということである。社会的共通資本の管理，運営は決して，政府によって規定された基準ないしはルール，あるいは市場的基準にしたがっておこなわれるものではない」とも見解を述べられている。

　後進性をもつ島の社会的共通資本の整備を行うために，離島振興法をはじめとして，奄美群島振興開発特別措置法，沖縄振興特別措置法，小笠原諸島開発振興特別措置法が成立した。社会的インフラストラクチャーと制度資本に関しては格段の整備が進んだといえる。しかしながら，これらの整備事業は，宇沢（2000）の見解とは反し，「政府によって規定された基準ないしはルール，あるいは市場的基準にしたがっておこなわれ」，結果として自然環境の豊かさを大きく損なってきたのではあるまいか。

　たとえば自然資本である海は，水産業と観光の元手である。高度成長期以降，著しく損なわれてきた自然海岸，魚付き林，浅海底（藻場や砂地），河川，地下水脈などを取り戻し，魚湧く海と風光明媚な景観を取り戻すことが必要である。「鉄とコンクリート」から「土とみどりと青い海」へと政策目標

を大きく転換すべきであろう。現在，日本のあらゆる海で，基本的には水産資源が大きく衰退しているのはほぼ間違いない。漁業権や密漁，漁業規制の不徹底など漁業者側の問題も大きいが，海自体の生産力の衰退は危機的である。とくに地付きの魚が産卵し，稚魚が育つ「ゆりかご」としての浅海底（藻場や砂地）はふだん人目に触れないだけに状況の悪化が見過ごされやすいし，モニタリングも不十分である。水産物生産の起点である海藻や植物プランクトンの育成を助け，さまざまな陸上起源の汚染を未然に防ぐため，陸上生態系から沿岸域生態系への連関を考慮した豊かなエコトーンを再構築すべきである。この取り組みによって，有人島の大半を占める「普通の島」が，自然共生社会として日本全体の自然資本の再生に大きな意味をもつ。

　2011年3月11日に始まった東日本大震災とそれに伴う福島第一原子力発電所事故では，大災害によってネットワークが寸断されると即座に全機能が麻痺してしまうという，過度のグローバル化社会の脆弱性が誰の目にも明らかとなった。いま「島の豊かさ」を見直す価値の転換が求められている。日常の用途から水産物加工にまで使われていた薪炭にかわって，ガスや灯油，さらに電力が使われるようになり，むかしは木製や竹製だった漁船や農具・漁具が，プラスチックや特殊材料になってしまった。すべて島の外から買わなくてはならないものだ。お金を使わなくても，目の前の海で獲れる魚や畑の野菜を食べ，裏山の木竹を使って身近なものでなんとかなるというのが「島の豊かさ」のひとつであった。低炭素社会では，お金をたくさん使い，その結果としてCO_2を多量に排出するような生活が「豊か」であるという価値からの脱却が求められている。その意味で，本来，島は低炭素社会の先進例であった。

　今日の琉球列島で，生物多様性と文化多様性を生かした地域づくり，産業づくりには，見るべき例に事欠かない。世界文化遺産となった沖縄島のグスク観光，世界自然遺産候補である沖縄島やんばるや西表島のエコツアー，あるいは竹富島の文化ツアーなどはいうまでもない。生物文化多様性は，深く日常生活に根をおろしている。「衣」では，先に述べた芭蕉布，久米島紬，宮古上布，紅型などの文化財自体はいまや日用品とはいえなくなったが，そこで培われた技法やデザインは，かりゆしウェアなどに活かされている。「食」

図1-3 伝統を活かした名護市役所

では，豚肉や魚介類，それに沖縄野菜・海藻や豆腐，麩，素麺などを生かした「沖縄料理」は沖縄観光の目玉であり，本土でも人気を博している。

とくに沖縄で維持されてきた東南アジア型の小耳系ブタの価値を再発見し，絶滅に瀕していた品種を復活させた「琉球在来豚アグー保存会」（2001年1月27日発足，島袋正敏会長）が，2008年に第31回琉球新報活動賞（産業活動部門）を受賞したことは記憶に新しい。いまやアグー豚を売り物にしている沖縄料理専門店は数多く，アグーという名前だけの偽物が横行するまでに至っているようだ。「住」では，琉球列島の風通しのよい，また台風にも強い民家の設計が近代建築にも活かされており，名護市役所（1981年施工）は，採光よく空調がいらない，沖縄の風土にあった近代建築であった（図1-3）。じっさい2000年まではクーラーを使っていなかったという。

本当にいま必要なことは，たとえば都会で働いている青年が生まれた「普通の島」へ帰ってくるのに，先祖代々受け継がれてきた土地で農業を営み，あるいはさまざまな形態で沿岸漁業を営むという第一次産業をベースに，家族数人が暮らしていくだけの現金収入が得られる小さな生業を起こしていくこと。それは伝統工芸でもいいし，地産地消の小さな食堂やお弁当屋さんでもいい。あるいはグリーン・ツーリズムやブルー・ツーリズムでもいい。一家がなんとか暮らしていけて，まわりの人々も温かい気持ちになれるようなスモールビジネスを起こすことへの支援が必要なのではなかろうか。

参考文献

東江平之・大城宜武・東江康治・本永守清・石川満治・詫摩武俊（2001）「中学生の言語生活と方言理解度―琉球方言圏において」井上史雄［編］『日本列島方言叢書30』ゆまに書房, 548-571頁。

阿部永［監修］・阿部永・石田信夫・金子之史・前田喜四雄・三浦慎悟・米田政明（1994）『日本の哺乳類』東海大学出版会。

安渓遊地（2011）「隣り合う島々の交流の記憶―琉球弧の物々交換経済を中心に」湯本貴和［編］『島と海と森の環境史』文一総合出版, 283-310頁。

宇沢弘文（2000）『社会的共通資本』岩波書店。

内山りゅう・前田憲男・沼田研児・関慎一郎（2002）『日本の両生爬虫類』平凡社。

ネトル, D., S. ロメイン, 島村宣男［訳］（2001）『消えゆく言語たち』新曜社。

服部四郎（1959）『日本語の系統』岩波書店。

宮本常一・安渓遊地（2008）『調査されるという迷惑―フィールドに出る前に読んでおく本』みずのわ出版。

Roberts, C. M., C. J. McClean, J. E. N. Veron, J. P. Hawkins, G. R. Allen, D. E. McAllister, C. G. Mittermeier, F. W. Scueler, M. Spalding, F. Wells, C. Vynne and T. B. Werner (2002) Marine biodiversity hotspots and conservation priorities for tropical reefs. *Science*, 295, 1280-1284.

第2章　ブーゲンヴィル島(パプアニューギニア)の言語文化多様性
——その次世代継承に向けての取り組み——

大 西 正 幸

　パプアニューギニアの東端の島，ブーゲンヴィルは，1980年代に，伝統的な言語・文化の継承を目的とした「村の地域語学校」と呼ばれる教育システムを導入したことで知られる。長期の内戦を経て間もなく独立することが予想されるこの島で，人びとはその多様な言語・文化を，今後，どのように受け継ごうとしているのだろうか？　本報告では，ブーゲンヴィルの過去1世紀にわたる急激な自然社会環境の変遷を振り返り，その中で試みられてきた，言語文化多様性の次世代継承に向けてのさまざまな取り組みを概観する。

第1節　はじめに

　ブーゲンヴィル島は，ソロモン島嶼群最大の火山島（沖縄本島の約7倍にあたる，8,000 km^{2}強の面積）で，コンサベーション・インターナショナル（Conservation International）が「東メラネシア諸島生物多様性ホットスポット」（East Melanesian Islands Hotspot）と呼ぶ地域の中核に位置している。図2-1にあるように，島の中央部を北西から南東に向かってエンペラー山脈（Emperor Range），クラウン・プリンス山脈（Crown Prince Range）の2つの脊梁山脈が走り，山脈沿いにバルビ山（Mt. Balbi, 休火山），バガナ山（Mt. Bagana, 活火山），ロロル山（Mt. Loloru, 休火山）などの火山が並ぶ。その周辺は熱帯雨林で覆

われ，沿岸は湿地林，マングローブ林などからなる多様な生態環境を維持している。政治的には，このブーゲンヴィル本島と，その北西に約 800 m の海峡を隔てて接するブカ島，そして周辺の島々が合わさって，パプアニューギニアの東端の州，ブーゲンヴィル自治州を形成する（図 2-1 参照）。

　パプアニューギニアは，800 を越える固有言語を有し，世界でもっとも言語多様性が高い国として知られているが，中でもブーゲンヴィル自治州は，ニューギニア本島の北部沿岸に位置するシーピック州と並んで，とりわけ多様性が高い地域に数えられよう。人口は 30 万人ほど[1]であるが，20 を越える（主要な方言差を考慮に入れると 30 を越える）固有言語を有する。それらは，系統的に，3500 年ほど前にメラネシア島嶼部に到来したオーストロネシア系の人びとが持ち込んだ言語と，それ以前からブーゲンヴィルに居住していた人たち[2]が話していた非オーストロネシア系，ないしパプア系の諸言語とに分けることができる（図 2-2 参照。図中の濃く塗られている地域はパプア系言語，白い地域はオーストロネシア語族の言語。パプア系言語のうち，やや薄く塗られた南の 6 言語は「南ブーゲンヴィル語族」を形成する）。また，地域毎に，それぞれの自然・社会環境に適応した多様な小グループが独自の口承文化を継承している。その多様な自然と文化の魅力に惹かれて，20 世紀の初頭か

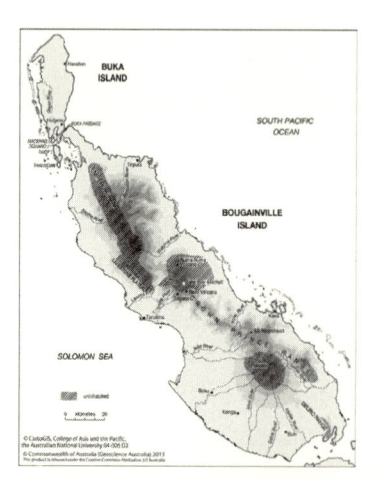

図 2-1　ブーゲンヴィルの地形図
（Blake and Miezitis 1967 より）

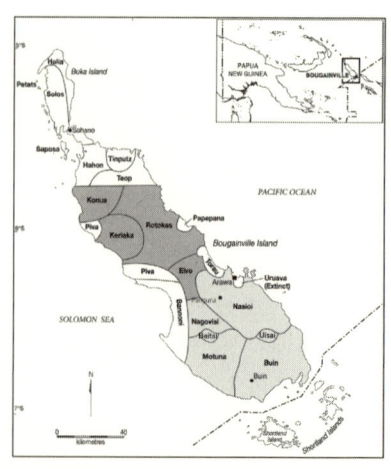

図 2-2　ブーゲンヴィルの主要言語
（Evans 2010 に基づく）

ら，ブーゲンヴィルを訪れた人類学者・言語学者の数は少なくない。

　私は，この 20 年ほど，島の南部および中部地域で，伝統的な言語文化に関する調査を断続的に行なっている。

　この島で調査を行なう時，私は，やはり私がかつてフィールド調査を行なっていた，沖縄本島北部（やんばる）と比較することが多い[3]。この 2 つの島は，沖縄本島が亜熱帯湿潤気候帯に属するのに対してブーゲンヴィルが熱帯湿潤気候帯に属するという違いはあるが，固有の生物種・海山の生態環境に恵まれた多様性ホットスポットであること，生業に根栽，ブタの飼育，山菜の採集や海・川での漁撈などの要素を含んでいること，固有の豊かな口承文化を持っていること，言語・方言の多様性が高いことなど，共通点が多い。さらには，外来種による生態系の攪乱，人口圧や開発による自然破壊，戦争やガバナンスの急激な変化など，島嶼環境ゆえのさまざまな課題を抱えている。しかし，この 2 つの島が現在置かれている状況には，決定的に異なる 2 つの側面がある。それは，第 1 に伝統的な文化や言語の継承の段階の違いであり，第 2 にガバナンスの違いである。

　まず，伝統文化継承の大きな指標となる，言語の継承について見てみよう。ブーゲンヴィルには，先に述べたように，20 を越える多様な特徴をもった固有言語があるが，それらはほぼすべて，今日でも子供世代に継承されている。それに対して，沖縄本島の多様な琉球語方言は，そのほとんどが，親世代か祖父母世代，場合によっては曾祖父母世代の人びとによって話されているにすぎない[4]。

　また，ガバナンスの面から見ると，ブーゲンヴィルは，現在の時点で，パプアニューギニアの自治州として大幅な自治権を獲得しており，予算・外交・防衛以外のすべての領域で自決権を持っている。たとえば教育についていえば，意志さえあれば独自の公教育システムを導入することができる。さらには，2020 年までに，独立するか，あるいはこのままパプアニューギニアにとどまるかを決める住民投票が施行されることが決まっている。ブーゲンヴィルの人びとの大多数は独立を志向しており，独立国家としての道を歩むことになるのは確実と思われる。これに対し，沖縄は，言うまでもなく日本という国家の一地方自治体であり，自決権は著しく制限されている。

本報告では，まず，ブーゲンヴィルの歴史的背景を簡単にまとめたあと，ブーゲンヴィルの多様な伝統言語・文化の継承に向けてのさまざまな動きを，1980 年代の「村の地域語学校」から，内戦を経て，今日に至るまでたどり，その未来を考察する。また，ブーゲンヴィルの人びとのこのような試みが，沖縄を含む太平洋島嶼域の多様性の未来とどのように係わるかについても，考えてみたい。

第 2 節　ブーゲンヴィル：西欧世界との接触から今日まで

ブーゲンヴィル島は，1768 年にフランス人の航海者ブーガンヴィル（Louis Antoine de Bougainville）によって「発見」された（島名はこのフランス人航海者の名前に由来する）。その後，18 世紀後半から 19 世紀にかけて，物々交換，オセアニア各地のプランテーションへの労働力補給，等の目的で，ヨーロッパ人たちが断続的に島を訪れた。19 世紀半ばになると，特にドイツ人の商人を中心に商業活動が組織的に行なわれるようになった。1886 年，ニューギニア・メラネシア島嶼部・ポリネシア西部の太平洋地域で植民地化の覇権を争っていたイギリスとドイツの間で協定が結ばれ，ニューギニア北部からニューブリテン島，ニューアイルランド島，ブーゲンヴィル島，ソロモン諸島の西部にかけての地域が，ドイツの保護領となることで合意に達した[5]。ブーゲンヴィルは，その後第一次世界大戦の初期（1914 年）にオーストラリアに占領され，1920 年に，国連によって信託統治領となることが合意された。それ以降，日本軍に占領された 1942 ～ 45 年の約 3 年間を除き，パプアニューギニアに併合される 1976 年まで，ブーゲンヴィルは一貫してオーストラリアの信託統治下にあった。

ブーゲンヴィルは，民族的にも社会・文化的にも，メラネシア島嶼部，とりわけ東隣のソロモン諸島との連続性が強い。少なくともオーストロネシア人が到来した 3500 年前から，ブーゲンヴィルとソロモン諸島の人びとの間には，侵略，人身売買，移住，交易等を通しての長い交流があり，多くの人びとが，母系制と交叉いとこ婚に基づく，島をまたがった共通のクランシス

テムで結ばれている。ソロモン諸島とパプアニューギニアという国家の境界線は，西欧の植民地化によって強いられたものであり，このような歴史的実態を反映していない。

　オーストラリアの信託統治下にあったパプアニューギニアが独立国家となったのは 1975 年 9 月 16 日である。ブーゲンヴィルはしかし，この年の 9 月 1 日に独立を宣言し，パプアニューギニアに併合されることに 1 年間抵抗した。最終的には一定の自治権を得ることを条件にパプアニューギニアに併合されることに合意したが，その時の州の名称「北ソロモン州」(North Solomons Province) が象徴的に示すように，彼らの民族的・文化的アイデンティティは，パプアニューギニアよりもむしろソロモン諸島にあった。

　一方，パプアニューギニア独立に際しては，ブーゲンヴィルで 1961 年に発見され 1972 年から採掘が始まった，当時南半球最大規模であったパングナ鉱山（図 2-3）からあがる収益が，非常に重要な財源となった。この鉱山からあがる収益は，独立後も国家歳入の大きな割合を占め続けた[6]。鉱山からの銅と金の採掘は，オーストラリアに拠点を置く Conzinc Riotinto of Australia（略称 CRA）が主な株主である多国籍企業，Bougainville Copper Ltd（略称 BCL）によって管理運営された。この操業からあがる利益の配分や，操業によって生じるさまざまな問題への対処に関しては，BCL，パプアニューギニア政府，北ソロモン州政府の三者間の合意が重要であったが，操業がもともとオーストラリア政府とそれを引き継いだパプアニューギニア政府との間での合意に基づいて進められたという経緯から，北ソロモン州政府の発言権は極めて限られており，年を経るにつれて問題は深刻になった。とくに伝統的な土地所有権問題，周辺の環境破壊（図 2-4）とそれをめぐる補償問題，労働力として入ってきた白人やパプアニューギニア本島の人びととの間の軋轢などの問題をめぐって，地域住民の間に不満が鬱積した。

　1988 ～ 89 年にかけて，フランシス・オナ（Francis Ona）を指導者とするパングナ土地所有者連盟の急進派グループのサボタージュが次第にエスカレートし，鉱山の実力封鎖に至った。ブーゲンヴィル革命軍（BRA：Bougainville Revolutionary Army）が組織され，パプアニューギニア防衛軍（PNGDF：Papua New Guinea Defence Force）と対峙し，その後約 10 年にわたってブーゲンヴィ

図 2-3 パングナ鉱山の廃墟

図 2-4 鉱山からの廃棄物で汚染されたジャバ川

ルは内戦状態に突入することになった。この間，パプアニューギニア政府によって島は完全に封鎖され，食料や医療品の深刻な不足を生じた。また，特に島の中部から南部にかけての各地で，BRA と PNGDF との間でゲリラ線が展開され，また BRA を支持する島民とより穏健な立場をとる島民の間での抗争も日常化した。

　このような内戦の中で，しかし和解へのイニシアティブをとったのもまた，ブーゲンヴィルの一部の知識人層であった。彼らの間には，内戦を次の世代に持ち越してはならないという強い意識が働いていた（Tanis 2002）。和

解に向けての動きは1997年に急速に進み，島の内部での和解への動きと，ジョーゼフ・カブイ（Joseph Kabui，北ソロモン州政府前州知事・内戦後のブーゲンヴィル自治政府の初代大統領）を中心にオーストラリアやニュージーランドにパプアニューギニア政府との間の仲介を求める努力とが相まって，1999年に事実上の停戦状態を実現した。そして2001年には，団結したブーゲンヴィル代表とパプアニューギニア政府との間で和平協定が調印され，ついに内戦が終結した。そしてブーゲンヴィルは，第1節で述べたように，「ブーゲンヴィル自治州」として再出発することになった。この和平協定で，自治政府成立後15年以内にブーゲンヴィルの帰属を決める住民投票が施行されることが決められた。その後，憲法が制定され，2005年に初代大統領が選ばれ，今独立に向けて徐々にインフラを整備するとともに，自治政府の統治機構を整備している段階である。

第3節 「村の地域語学校」（Viles Tokples Skuls）

ブーゲンヴィルの人びとは，自分たちの伝統的な言語文化にアイデンティティを求める意識が強く，それは民族自立への強い意志と表裏一体である。それを象徴的に示す運動として，内戦前の10年間施行されていた，「村の地域語学校」と呼ばれる教育制度がある。

1976年，ブーゲンヴィルがパプアニューギニアに組み込まれた結果，オーストラリア式の公教育のシステムが全島的に導入された。また，パングナ鉱山開発に伴い，貨幣経済が急速に広がり，また白人やニューギニア本島からの外来者との接触も激増した[7]。「村の地域語学校」は，こうした原因によって伝統社会の枠組みが激変し，世代間のギャップが広がったことに危機感を抱いた島民たちの要望に沿って導入された。

まず，北ソロモン州政府の要望に答え，1978〜79年に，当時パプアニューギニア大学の研究者だったグレアム・ケメルフィールド（Graeme Kemelfield）が，学生たちを組織し，ブーゲンヴィルの全島においてインタビューに基づく島民の意識調査を行なった。そしてその結果に基づき，1980年，北ソロモ

ン州の教育制度改革の提言を行なったが，その大きな柱がこの「村の地域語学校」制度であった。州政府はただちにこの提言を受け入れ，ケメルフィールドが中心となってこの制度を導入することになった。

　「村の地域語学校」とは何か。それは，オーストラリア方式の初等教育を始める前の2年間施行される，予備教育システムである。この2年間，子どもたちは，それぞれの地域共同体に支えられながら，自分たちの文化に合った幼児教育を提供される。特に，それぞれの母語の識字教育や，伝統的な数え方，伝統的な生活様式や口承文化などを，共同体の人びとの助けを借りて学ぶ。と同時に，その後に続く英語による初等教育に備えて，近代的な数え方などの，基礎的なスキルも教える。ここで2年過ごしたあと，子どもたちは，初等学校（primary school）の1年生（grade 1）となるわけである。

　このような伝統文化に則った教育を進めるには，地元共同体のさまざまな人材の全面的な協力が必要である。また，先に述べたように，ブーゲンヴィルには20を越える固有言語，30を越える主要方言がある。それぞれの言語について，書記体系を決め，識字教材を作り，教えられる教員を養成しなければならない。「村の地域語学校」制度は，このような準備ができた地域から徐々に導入するという，完全にボトムアップの方式をとった。それでも，1988年の内戦直前までには，全島で，85～90人の教師ないし指導者による58の学校が運営されていた。言語別に見ると，すでに学校が運営されていたのが6言語地域，またすでに準備が終わり開校を待っていたのが4言語地域であり，この両者を合わせると，全島の約半分の地域に及ぶ（Saovana-Spriggs 1992）。

　「村の地域語学校」制度の教育効果については，1982～83年に来島したハーヴァード大学の専門家，リーサ・デルピット（Lisa Delpit）によって，さまざまな側面から評価された（Delpit and Kemelfield 1985）。全般的に言って，この制度は，子どもたちの学習意欲や学力の伸びに顕著な効果をもたらすとともに，親や地域共同体からもきわめて高く評価された。学力の伸びに関しては，たとえば，この制度を通さず最初から英語媒体の初等教育を受けた子どもたちと，2年間の「村の地域語学校」教育を経て英語媒体の初等教育を受けた子どもたちの学力を比較すると，後者の子どもたちが短い期間で前者の

子どもたちの学力に追いつき，追い越す傾向が認められた。

　こうして順調なスタートを切った「村の地域語学校」制度だったが，残念なことに，1989年の内戦勃発後，中断を余儀なくされ，ブーゲンヴィルのほとんどの地域で，その後10年以上にわたって教育の空白が続くことになった。

第4節　内戦後の学校教育の状況

　パプアニューギニア政府は，ブーゲンヴィルの「村の地域語学校」制度を参考にして，初等教育の最初の3年間に地域語教育を行う制度を，1994年から全国的に導入した。だがこの制度は，「村の地域語学校」制度と違ってトップダウン方式で施行されたため，多くの地域で，地域共同体とのコンセンサス不足，教員・教材を含めたインフラの未整備などに由来する，深刻な問題を抱えている。

　このパプアニューギニア政府の新しい制度では，子どもたちは3年間の予備教育（elementary education）を受け，その後初等教育（primary education）の3年生レベル（grade 3）に進む。予備教育では，「村の地域語学校」のように，最初の2年間を地域語の識字教育や地域文化の学習にあて，さらに，3年目を英語による初等教育への橋渡し期間としている。

　皮肉なことに，内戦後のブーゲンヴィルは，このパプアニューギニア政府の地域語教育制度を，逆輸入して採用することになった。その結果，現在，教育現場では，さまざまな問題が生じている。

　まず，教員養成プログラムが不十分で，各地域で，十分な力を持った教員の数が決定的に不足している。教員養成は，主にニューギニア本島で，他の地域の教員たちと合同のごく一般的なトレーニングが行なわれるだけで，ブーゲンヴィルの実情にあった適切な指導がなされているとは言いがたい。また，こうして養成された教員たちの配置も恣意的で，現地の言語がわかる教員が配置されるとは限らず，地域語から英語への移行時に特に大きな問題を生じている。さらに，教育設備や教材作成のノウハウなどのロジスティッ

ク面もきわめて不十分である。内戦前に活躍した教員や，その時作られた教材などを活用すれば多くのメリットが得られると思われるが，新たに養成された教員とこれらの人材の間にはほとんどコミュニケーションがない。

このような現状に直面して，各地の親たちの間に不満がたかまっており，内戦前の「村の地域語学校」に近い制度への改革を求める声とともに，地域語教育の廃止をもとめる声も強くなっている。各地で住民主導による草の根レベルでのさまざまな教育実践が試みられている。私が今回調査した中では，トンヌ（Tonnu, Siuwai 地域）で，地元のビジネスマンであるレウカリ（Reukari）によって，予備・初等教育を一貫してモトゥナ（Motuna）語と英語の2言語併用によって行なう「シウワイ・モトゥナ文化学校」（Siuwai-Motuna Culture School）（図2-5, 図2-6）が運営されている。それに対して，山岳地帯にある，ナゴヴィシ（Nagovisi）語地域のランバラム（Rambaram）村では，地域のリーダーによって，英語のみの初等教育をめざす学校が開かれた。この地域では，地域語・口承文化の伝統がきわめて強いので，学校で教える必要はない，という考えに基づいている。だがその一方，この地域に隣接するナーシオイ（Naasioi）語地域のウトターラ（Utotaara）村では，地域語村のナーシオイ語のみによって，予備・初等教育を行なっている。初等教育での英語教育からドロップアウトして学校に行かなくなる子どもが多いため，そうした子どもたちの受け入れ先ともなっているのである。

独立を前にして，ブーゲンヴィルの言語文化教育は，今大きな岐路に立た

図 2-5 「シウワイ・モトゥナ文化学校」
（Siuwai-Motuna Culture School）

図 2-6 「シウワイ・モトゥナ文化学校」で伝統文化を学ぶ子どもたち

されていると言えよう。

第5節　ブーゲンヴィルの言語文化多様性の未来に向けて

　ブーゲンヴィルは，一方で，第4節で述べたような教育現場での混乱に直面しながらも，他方では，言語文化多様性の継承に向けての動きが，さまざまな形で活発化している。

　まず，各地域で伝統文化を継承する長老たちによる「長老評議会」（COE：Council of Elders）[8]という組織があり，特にナーシオイ語話者の故ウィリアム・タカク（William Takaku）とその後継者たちが中心となって，各地域の口承文化の記録や伝統芸能の継承に力を注いでいる。彼らは，「メラネシアの良き未来」（Tampara Duanta Melanesia）という団体を創設して，キリスト教団体 Christensen Fund の援助を受けて，毎年 Reeds Festival という，ブーゲンヴィル各地の伝統芸能が一堂に会す文化行事を行なうと同時に，この催しに並行して，さまざまな地域グループの長老たちの協力で，子どもたちに伝統芸能を教えてその成果を競わせたり，伝承者たちの歌・説話・演奏などを記録したり，といったプログラムを企画運営している。

　また，各地で，住民たちによる改革のさまざまな試みがなされている。南部のモトゥナ語地域では，先に述べたレウカリによる「シウワイ・モトゥナ文化学校」の創設や，伝統文化復興に向けての動きが活発である。たとえば，男性の文化交流の場でありブーゲンヴィル伝統社会の象徴的存在とも言える，12の割れ目太鼓を設置したクラブハウスの再建（図2-7）が始まっている。この割れ目太鼓は，村人たちにさまざまなメッセージを伝えたり，大きな行事を先導する役割を果たしてきた。現在，ブカにある自治政府の議事堂の入り口には，小振りの割れ目太鼓が，ブーゲンヴィル文化の象徴的存在として飾られている（図2-8）。

　外部の研究者や知識人のイニシアティブで始まっているプロジェクトもいくつかある。数年前にヨーロッパのキリスト教団体や EU の援助で結成された「ブーゲンヴィル伝統治療協会」（BOUTHA：Bougainville Traditional Health

図 2-7　再建されたクラブハウス　　図 2-8　自治政府の議事堂に飾られた割れ目太鼓

Association)（図 2-9）は，薬草に関する伝統的知識を収集し啓蒙する活動を続けており，また，ブーゲンヴィルを舞台にしたベストセラー小説『ミスター・ピップ』(Mr. Pip)を書いたニュージーランドの作家，ロイド・ジョウンズ (Lloyd Jones) は，アラワ市に，地域住民のための図書館，「ブーゲンヴィル・ハウス・ストーリー」(Bougainville Haus Stori)（図 2-10）を建設した。この図書館には，ニュージーランドから，大量の英語書籍が寄付されたが，その他，地域語の口承による伝承芸能や物語を収集するプロジェクトにも着手している。住民たちがその場で語りや歌を演じたり，録音した音声を聞けたりする部屋を確保し，ゆくゆくは英語対訳つきの本を出版する計画も立てている。現在この図書館は，地域住民の代表からなる「ブーゲンヴィル文化遺産基金」(Bougainville Heritage Foundation) によって運営されている。

　私たち数人の日本人研究者と，ブーゲンヴィル出身の研究協力者からなるグループは，過去 20 年間にわたり，特にブーゲンヴィルの南部と中央部の地域住民たちの協力のもと，伝統的な言語・口承文化の記録に努めてきた。また，辞書・口承物語集などの作成を通じて，地域語教育への協力を行なってきた。

　このように，言語文化多様性の継承に，外部の研究者，教育者が果たす役割は決して小さくない。「村の地域語学校」の時にも，制度の導入と維持に重要な役割を果たしたのは，先に述べた，ケメルフィールドやデルピットのような外来の研究者や，アメリカの聖書翻訳団体である「夏期言語学協会」(SIL：The Summer Institute of Linguistics) に属する聖書翻訳者たちであった。SIL

第 2 章　ブーゲンヴィル島（パプアニューギニア）の言語文化多様性　51

図 2-9　「ブーゲンヴィル伝統治療協会」（BOUTHA）

図 2-10　「ブーゲンヴィル・ハウス・ストーリー」（Bougainville Haus Stori）

の翻訳者たちの中には，ブイン語地域のマージー・グリフィン（Margie Griffin）や，ナーシオイ語地域のコンラッド・ハード（Conrad Hurd）のように，1960 年代の初頭から，各地域の言語文化に深く係わってきた人びとがいて，「村の地域語学校」が導入されるや，地域語の識字教育のための教員養成や，言語教材の作成に，大きな貢献をした。また，各地域の伝統的な言語や文化の記録という点でも，ドイツ人の民族学者リヒャルト・ターンヴァルト（Richard Thurnvald），アメリカ人の文化人類学者ダグラス・オリヴァー（Douglas L. Oliver）のような欧米の研究者たちが果たした役割はきわめて大きい。オリヴァーが，1938〜39 年のフィールド調査に基づいてブーゲンヴィル南部のシウワイ社会を記録した古典的な民族誌，『ソロモン島嶼域のある社会』（*A Solomon Island Society*；Oliver（1955））は，今日，この地域の住民たちが，自分たちのクランの歴史を知り，伝統的な土地所有権を確認するときの，拠り所となっているのである。

　ブーゲンヴィルの政治家や知識人の間にも，このような多様性の継承に向けての動きを活性化させ，独立後の教育政策へ反映させていこうとする動きが出てきている。特に，2012 年にブーゲンヴィル地域代表国会議員兼ブーゲンヴィル州知事に選ばれたジョウ・レーラ（Joe Lera）は，現在，ブーゲンヴィル全島を地域毎に定期的にまわり，住民参加のワークショップの積み重ねによる，草の根レベルでの意識改革キャンペーン（awareness campaign）を繰り広

げている。地域住民の議論と実践をボトムアップ方式で積み上げていくことによって，最終的には国家政策として集約することを目指している。その中でも，彼が特に重視しているのは医療と教育の領域である。国連や海外のNPOの支援によるトップダウン方式のさまざまな開発プログラムが，ことごとく効果をあげていないことに対する批判・反省と，内戦前の「村の地域語学校」制度のようなボトムアップ方式の良いモデルがあることが，このキャンペーンの背景にある。

　内戦後のさまざまな困難に直面しつつも，やがて独立を迎えるこの島は，自分たちの教育政策，文化政策を確立し，国策として確実に押し進めていかなければならない。「村の地域語学校」のようなユニークで先進的な政策を導入した島民たちであればこそ，グローバル化の中で，言語文化多様性を発展的に継承していくという困難な課題に，正面から向き合っていくに違いない。

第6節　沖縄とブーゲンヴィル

　最後に，このようなブーゲンヴィルの人びとの試みと，沖縄や，太平洋地域の他の島々の多様性の未来との係わりについて，2，3触れておきたい。
　第1節で，沖縄本島とブーゲンヴィルの類似点と相違について，簡単に触れた。そこでは，自然・社会環境や文化要素などにさまざまな点で共通性が見られるとともに，言語文化継承の段階とガバナンスにおいては大きな相違があることを述べた。
　言語文化の継承という点では，ブーゲンヴィルは沖縄に比べ，「近代化」が後発であり伝統文化がより豊富に残されていると言えるが，逆に沖縄には，急速に失われていく伝統文化を記録し継承してきた体験が豊富にあり，すぐれたノウハウや方法論を持っている。また，言語文化の継承教育に関しても，ブーゲンヴィルの「村の地域語学校」制度は，まだ子どもたちが地域言語を継承している段階で，第2言語の英語による教育に移行する前に，母語や伝統的な文化の基盤をいかに確立するかという課題に対する回答であるのに対

し，沖縄の場合は，すでに生活言語として子どもたちに継承されなくなっている段階で，第2言語としての琉球語方言をいかに教育に導入するかという課題を抱えている。導入の仕方においても，ブーゲンヴィルは自治州ないし国の政策として一気に導入が可能であるのに対し，沖縄の場合は，本書第12章のかりまた氏の報告が詳しく述べているように，日本政府の公教育の理念や制度との葛藤の中で，学校教育の現場への導入を考えなければならない。

　ブーゲンヴィル，沖縄に限らず，太平洋の島毎に，状況の違いがそれぞれ異なった課題を提供する。にもかかわらず，島嶼環境の中で，言語文化の独自性・多様性を未来に向けて継承していこうとするそれぞれの試みに学ぶことは，自分たちの状況や活動を相対化するのに役立つし，実践において他の島の経験を生かせるという利点がある。そのような交流の機会が，今後，もっともっと企画されてもいいのではないかと思う[9]。

注
1) Joe Lera（私信）。2000年のセンサスではブーゲンヴィル自治州の総人口は175,160人であるが，2010年のセンサス（未出版）では30万人を越えると言う。人口の激増が，ブーゲンヴィルの大きな課題の1つである。
2) ブーゲンヴィルの北端のブカ島にあるキル遺跡で，2万9000年前の居住跡が発見されている。彼らがその後連続してブーゲンヴィルに居住していたかどうかは不明だが，彼らの食生活や居住パターンの復元から，現在のパプア系言語話者たちの伝統文化との連続性が指摘されている。ブーゲンヴィル先史時代の考古学調査についてはSpriggs (2005) を参照のこと。
3) 沖縄本島北部は，コンサベーション・インターナショナルによってやはりホットスポットに選ばれている日本列島の中でも，最も生物多様性が高い地域のひとつである。
4) 言語の継承段階を測る指標として最近よく用いられるKrauss (2006) を用いると，ブーゲンヴィルの言語はAレベルなのに対し，沖縄本島の方言はB～Dのレベルである（大西2010参照）。
5) この境界線は，1899～1900年の再分割によって西に移り，現在のブーゲンヴィルまでがドイツ保護領，ソロモン諸島全域がイギリスの保護領となった。詳しくは，Griffin (2003)：pp. 74-75参照。
6) パングナ鉱山の収益は，1972～89年の17年間通算で，パプアニューギニアの輸出収入の45%，政府歳入の17%を占め，GDPの12%に貢献した（Carruthers 1990）。

7) 貨幣経済は、実は、1960年代に、特にブーゲンヴィル中南部でカカオの植林が大幅に増えた結果、鉱山開発以前に、すでに一定の広がりを見せていた（Connel 1978）。
8) 現在進んでいるブーゲンヴィル自治政府の地方組織の再編の中で、「長老評議会」は地域レベルでの行政を担うことになる。
9) 11年前、名桜大学の総合研究所で、中村誠司さんとともに、「ネシア世界の現在─危機に瀕する言語・文化・社会」というシンポジウムを開催したことがある。この時、私は、「村の地域語学校」の実践に深く係わっていた、ブーゲンヴィル出身のテレーズ・ケメルフィールド（Therese Minitong Kemelfield）さんと、共同発表を行なった。この時の、聴衆との間の活発なやりとりは、いまだに私と彼女の記憶に深く刻まれている。

参考文献

大西正幸（2010）「言語の絶滅とは何か：人類共通の知的財産の保全へ」総合地球環境学研究所［編］『地球環境学大事典』弘文堂、pp.186-187.

Blake, D. H. and Y. Miezitis (1967) The Geology of Bougainville and Buka Islands. Bureau of Mineral Resources, Australia, Bulletin 93.

Carruthers, D. S. (1990) Some Implications for Papua New Guinea of the Closure of the Bougainville Copper Mine. In May, R. J. and S. Matthew eds. *The Bougainville Crisis,* pp. 38-44.

Connel, J. (1978) Taim Bilong Mani: The Evolution of Agriculture in a Solomon Island Society. Develop Studies Centre monograph No. 12, The Australian National University.

Delpit, L. and G. Kemelfield (1985) An Evaluation of the Viles Tok Ples Skul Scheme in the North Solomons Province. ERU Report No. 51, University of Papua New Guinea.

Evans, B. (2010) Beyond Pronouns: Further Evidence for South Bougainville. In Evans, B. ed. *Discovering History through Language: Paper in Honour of Malcom Ross, Pacific Linguistics,* The Australian National University, 73-101.

Griffin, J. (2005) Origins of Bougainville's Boundaries. In Regan, A. and H. M. Griffin eds. *Bougainville before the Conflict,* Pandanus Books, Research School of Pacific and Asian Studies, the Australian National University, 72-76.

Jones, L. (2008) *Mr. Pip,* New York, Dial Press Trade Paperback.［ジョーンズ、L.、大友りお［訳］（2009）『ミスター・ピップ』白水社。］

Krauss, M. (2006) Classification and Terminology for Degrees of Language Endangerment. In Brezinger, M. ed. *Language Diversity Endangendered,* Berlin, Mouton de Gruyter, pp. 1-8.

Oliver, D. L. (1955) *A Solomon Island Society.* Cambridge, Harvard University Press.

Saovana-Spriggs, R. (1992) Maintaining the Languages of the North Solomons: The Viles Tokples

Project. In Dutton, T., M. Ross and D. Tryon eds. *The Language Game, Papers in Memory of Donald C. Laycock,* Pacific Linguistics C-110, Canberra, Australian National University, pp. 645-653.

Spriggs, M.(2005)Bougainville's Early History: an Archaeological Perspective. In Regan and Griffin eds., 1-19.

Tanis, J.(2002)Reconciliation: My Side of the Island. In Carl, A. and Sr. L. Garasu eds. *Weaving Consensus: the Papua New Guinea — Bougainville Peace Process,* Conciliation Resources, London, UK, 58-61.

第3章　島おこしと観光
——「観光地」と「生活空間」の両立は可能か——

フンク・カロリン

第1節　「島」という夢

　島という場所は多くの人にとって，特に訪れる観光者にとって，夢であり，理想であり，そこに何かを求めて水面や海面を越えて訪れる。しかし，外部から持ち込まれるこのような強いイメージと，こうあってほしいという期待は必ずしも島の住民のイメージと一致するとは限らない。国際観光の場合はもちろんのこと，国内観光でも，都市住民である多くの観光者が求める特徴やサービス，休暇の過ごし方が島の空間と時間に合わないことも考えられる。本章では，日本とドイツの島を事例として，限られた空間である島において観光の空間と生活の空間がどのような形で共存または両立しているかという点について考察する。

　本章では，国内外の4つの島と地域を取り上げる。日本国内では世界自然遺産として有名な屋久島（鹿児島県），アートツーリズムで注目を浴びている直島（香川県），海水浴の島として地元でも人気の白石島（岡山県）である。また，ドイツの例としてバルト海の島，リューゲンとウーゼドムについて紹介する。

　事例分析に先立ち，「人は島に何を求めて訪れるのか」という点について考察したい。著者自身はヨーロッパの多くの人々と同様，子どもの頃によく夏休みに海沿いで2〜3週間の長期滞在型休暇を過ごしたものである。デン

マークの島を訪れたときには，ほぼ毎日海で遊び，島の方々を車で回ったことで，3週間の滞在の間にはその島を完全に自分たちの空間とするに至った。つまり，島は別世界であると同時に，狭いが故に分かりやすく親しみやすい空間でもある。

個人の視点ではなく，もう少し科学的に整理してみよう。まず多くの人が島に求めるのが「3つのS」，すなわち，海 (Sea)・太陽 (Sun)・砂 (Sand) である。次に，リラックスすること，癒し効果が期待される。空間的に陸から離れることによって日常生活を忘れることができ，また，海そのものが気持ちを平穏にさせてくれる。もう1つの魅力として，島独自の文化や自然があげられる (Johannesson et al. 2010)。ハワイのフラダンスは国際的に有名であるが，この章で紹介する白石島にも，文化財の対象となっている盆踊りが伝わっている。屋久杉のように特別な植物相もあれば，ある島にしか生き残っていない動物も少なくない。最後に，島を訪れる人は，島に対して「自分一人の世界である」ということもおそらく期待している。つまり，島に楽園を求めているのであるが，多くの人が同様の期待をもって集まると，それが観光開発につながり，ハワイの有名なワイキキビーチや，地中海沿岸のような風景になってしまう。これは，もともと楽園であった場所が，普通の都会の風景へと変貌することを意味する。

全体的に見ると，島の魅力の1つは，時間と苦労をかけて行くことにある。生活空間を離れて別世界に行くことによって気分が変わる。しかし，今は飛行機で簡単に行けるようになり，アクセスの苦労もない。その分，訪れる人が増え，島の特別な文化が大衆観光の施設，あるいはテレビの画像を通じて単一化されてしまう。島独特の自然も，人工ビーチやゴルフ場が整備され，ホテルが建築されることにより失われる危険性をはらんでいる。

国際観光においても，島の多い日本国内においても，「島」の夢を追う観光者を引きつけようとする厳しい競争が存在する。ある島で観光を地域経済の1つの柱として検討するなら，島の特別な文化や自然，雰囲気を守る必要がある。つまり他の島と違う空間や場所を守り，あるいは作り，組み合わせることによって差別化を図る。しかし同時に，特別な観光空間を創出しながら，そこで普通の人々が生活するための空間を確保することも不可欠である。島

に限らないが，日本国内の多くの重要伝統的建造物群保存地区は周縁地域に立地しているため，急速な人口減少と高齢化に直面している。大崎下島の御手洗地区（広島県）の例を見ると，島全体での高齢化率は50％，重要伝統的建造物群保存地区内ではおそらく60％から70％に上る。歴史的な街並みの保存に成功したことと架橋により観光者は増えたが，そこで生活する人は次第に少なくなっていく。

　本章では観光地理学の視点から，島の観光について検討したい。地理学は空間と場所を取り上げる学問である。島に観光者が訪れ，泊まったり，行動したり，遊んだりする場所を観光空間という。また，島の住民が居住し，教育を受け，買い物をし，友だちと会うといった日常的な行動を行う場所を，生活空間と考える。これら2種類の空間をどのように組み合わせ，調整するか，上述の5つの島を事例に考察したい。

　なお，日本語の観光に関連する論文では，英語のtouristを「観光客」として翻訳することが多いが，それはサービス産業の立場を表しているため，最近「観光者」を利用する学者が増えている。そこで本章も，観光者という表現を使う。

第2節　注目を浴びる島：屋久島

　屋久島は1993年に世界自然遺産に登録されて以来，観光地，あるいはエコツーリズムのメッカとして人気を博す一方で，縄文杉の管理問題でも注目を浴びてきた（金高，フンク2011）。その背景を見ると，1990年代に入って，島を訪れる観光者が増加し，現在では年間40万人を越えるようになった。しかし，日本のどこから訪れても旅費が高くなるため，観光需要は経済状況の影響を受けやすく，2008年以降増減を繰り返すようになった。そんな中，登山者数の管理を目的として山にカウンターを設置したところ，特に縄文杉方面を訪れる人が増えていることが確認できるようになった。屋久島は世界遺産に登録されるまでは，知る人ぞ知る，限られた登山者が行く島であった。しかし，登録前後には飛行機や高速艇が就航し，その後一般観光者が増え，

有名な場所に人々が集中するようになった。とりわけ縄文杉は屋久島のシンボルとなり、訪問客にとって見逃せない目的地となった。その結果、山間部、特に縄文杉に観光者が集中し、ゴールデンウィークや夏休み中など、特定の時期に混雑状況が発生するようになった。

そこで、屋久島自然保護官事務所ではホームページに混雑時の写真を掲載し、さらにカレンダーに混雑が予想される日や訪問者が少ない日を色分けで提示するなどして、観光者の誘導を図っている。また、島内の様々な委員会において、縄文杉への訪問者数の制限について議論を重ねてきた。2011年には、人数制限を行う条例案が町議会に提出されたが、人数制限による経済的損失の数値が一人歩きしてしまい、観光業への打撃に対する懸念や運用面での疑問などを理由に否決された。これには、縄文杉の立地場所も関係しているといえよう。著者は屋久島で2009年から2011年までの間に3回にわたり観光関連産業従事者に対する聞き取り調査を実施した。すると、ツアーガイド以外の住民にとっての縄文杉は、子どもの頃の遠足で1回行った程度の、生活とは全く無関係な場所であり、また、縄文杉周辺の混雑に対しても、実際には目にしていないので問題を感じない、と答える人が多かった。つまり、縄文杉をはじめ、屋久杉ランドや白谷雲水峡のように観光者が多く訪れる山間地域は、集落から遠く離れた観光専用空間となり、住民は混雑状況や自然の変化を実感する機会がないのである。

屋久島の観光空間に影響する要因として、エコツーリズムの発展があげられる。屋久島はエコツーリズムが定着している島であり、全国でも有数のエコツアーガイドの「産地」ともいえる。観光者も、屋久島に行けばエコツアーをするものだと認識している。エコツアーガイドは、観光空間と生活空間を結ぶ役割、観光者と島を結ぶ役割を担っている。また、このような新しい産業が成り立つことは、島の経済や雇用にとって望ましいことである。一方、世界遺産登録後、特に2000年代に入ってからガイドの人数が急増したことによって、案内の内容や料金設定の差が顕著になり、また、山間部で不可欠な安全の確保についても問題となった。そこで、エコツーリズム推進モデル事業の一環として、2006年にガイド登録制度と育成制度が導入された。

登録制度導入時には120人のガイドが登録し、そのうち約4分の1が島出

身者で，その他は移住者であった。しかし，2009 年の登録更新の際には，登録ガイド数が 30 人ほど減少した。その理由は，ガイドが減ったためではなく，登録することのメリットが感じられないことや，独自に活動した方がやりやすいという考えにより，登録更新を見送ったと考えられる。

　ここで，再度屋久島の観光空間と生活空間の関係について検討したい。観光空間は山の一部，とりわけ縄文杉に集中しているが，訪問者数に制限を設ける条例が採択されなかったため，観光者を縄文杉以外の場所に誘導すること，つまり観光空間を広げることも提案されている。

　たとえば，屋久島には西部林道という世界遺産の一部になっている地区があるが，そこに観光者を案内する，あるいは自然だけではなく里の文化も観光資源として活用することなど，いろいろな取り組みが提案されている。しかし，このように観光空間を広げることによる自然破壊の問題が懸念される。また，里の文化に関しては，ガイドも観光者もあまり興味を示さないというのが実情であろう。

　上述したように，屋久島の観光空間と生活空間にはもう 1 つの特徴が見られる。それはガイドだけではなくて，宿の経営者にもその他の観光産業従事者にも，定年退職者を含む島外からの移住者が多いことである。離島にしては珍しく，人口が漸増しているほどである。彼らは自然を求めて屋久島に移住してくるため，集落の中よりも自然景観を望むことのできる場所を探して家を建てることが多い。屋久島では，都市計画の対象となっている地区が宮之浦と安房の集落に限られているため，それ以外の地区は比較的簡単に家を建てることができるのである。その結果，乱開発とまでは言えないが，島を一周する国道を走ると，山の麓まで家が点在し，メリハリのない景観を呈していることがわかる。古い住宅地図を見ると，その変化がさらによく分かる。つまり，移住者も地元の人も，集落と集落の間の空間を少しずつ埋めるように家や宿泊施設を建てるため，中途半端に集落化された空間が広がっていく。またその結果，集落外に宿泊する観光客は集落に出かけず，宿と山という観光空間のみで時間を過ごすようになるため，観光空間と生活空間がさらに分離される。

　以上のような観光の発展プロセスを見ると，観光者が利用する場所や，観

光関連施設と移住者住宅の立地の集中と分散のバランスを図ることが，屋久島にとって重要な課題であるといえよう。また，環境をめぐる議論は，縄文杉へのアクセス制限をどうするかという話題に集中しているが，全体的な空間の視点で見ると，もっと深刻な問題をかかえている。観光空間は，縄文杉のように観光の対象となる場所と，宿泊などの観光行動をサポートする観光関連施設の立地場所からなる。屋久島の場合，前者は生活空間から離れた山中に立地しているため，住民がそこにおける環境問題を目にすることはない。一方，後者は集落内に発展していたが，移住者の新住宅に加えて，集落外に建設される宿，レストラン，その他の店舗などが増加し，島全体にスプロールして景観を壊すとともに，観光産業と集落の分離をもたらした。移住者の増加は島にとって望ましい傾向であり，また，エコツアーが産業として成り立つことでガイドの雇用も増え，宿も増えるなど，観光が1つの経済基盤となったが，一方で観光空間と生活空間の分離をさらに広げたといえよう。

第3節　自然保護を重視している島々

では次に，ドイツのバルト海にある島々を取り上げたい。ドイツのバルト海沿岸島部は第二次大戦後，旧東ドイツの一部となっていたが，再統一後に急に観光地としての人気が高まった地域である（フンク他2012）。この東岸地域は19世紀後半から，当時首都であったベルリンに最も近い沿岸リゾート地として発展した。現在のリゾート地としての基本的な構造とリゾート建築物の多くはその時代に遡る。旧東ドイツ時代は，社会主義の下でもリゾートとして機能し続けたが，労働者用の単純な保養宿泊施設の建設以外は新たな開発が投資不足のため限られていた。また，伝統的なリゾート建築物はあまり利用されないままで老朽化していた。1990年にドイツが再統一された時点で，昔からリゾート地として知名度が高く，20世紀初頭に建てられたリゾート建造物も数多く残っているのだが，未開発な海岸線が延びているこの地域は，開発業者にとって非常に魅力的な空間であった。再統一後，この地域を

活性化させる唯一の方法は沿岸観光であった。旧東ドイツの開発促進のための補助金を利用し，観光開発への投資が増大した。しかし，旧西ドイツのバルト海沿岸域で大規模なリゾート開発が行われた1970年代とは異なり，1990年代は環境意識が非常に高まった時代であり，海岸リゾートの開発に対して様々な制限が設定されるようになった。

　この地域の島の1つであるリューゲン島は，リゾート地としてだけではなく，白亜岩で形成された真っ白な岸壁景観で有名である。この地域は1990年に国立公園に指定されたが，訪問者は公園の外側に車を置いて，徒歩や自転車，またはシャトルバスで公園に入るという仕組みを最初から導入していた。国立公園の他，沿岸地域にはドイツ独自の「自然公園」制度によって保護されている地区も多く，特定地域となるところには，上述したような入場制限が様々な段階で設定されている。また，海上でも船舶のスピード制限などを設定することにより，渡り鳥の繁殖場所となる自然海岸を保護している。

　リゾート地域の中心となる桟橋と，その周りに並ぶクアハウスや一流ホテルという保養地中心施設など既存のリゾート中心地区を除いては，直接的に沿岸開発を進めることが制限され，条例や都市計画によって自然海岸を保護する対策が取られた。1つの事例としてある複合的リゾート施設の新しい開発プロジェクトの計画図を見ると，数多くの貸別荘と，レストランや店舗，プールなどを含む観光関連施設からなっているが，ビーチとリゾートの間に松林があり，海からは建築物が見えないように作られている（図3-1）。

　このように再統一後の開発ブームにもかかわらず，自然の海岸線が保護されたケースはリューゲン島のみに限ったことではない。隣接するウーゼドムという細長い島でも，42キロも続くビーチが自然海岸として保護されている（図3-2）。この島は自然公園に指定されているが，指定の際，ビーチを分断しないことを地域の中で合意し，自然公園計画に盛り込んだ。昔から一部の町には海に出るための桟橋があるが，それ以外の新たな建物やマリーナを海岸に建設することは認めない。すなわち，ビーチは自然海岸として守られ，開発はそれ以外の空間で進められるという，完全な空間の使い分けがなされているのである。

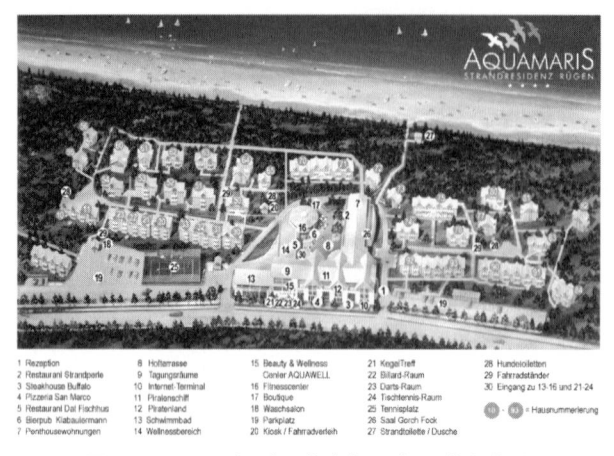

図 3-1　リューゲン島の複合的リゾート施設計画
ウェブサイト：http://www.aquamaris.de/images/orientierungsplan.jpg より

図 3-2　ウーゼドム島の自然海岸（著者が撮影）

　ドイツのバルト海沿岸東部は基本的に平らであり，海が絶えず陸を攻め，海岸線を変えていく。海岸を守るために，砂丘は不可欠であり，砂丘を植物で固め，その保護に力を入れている。そこで国立公園のビジターセンターで砂丘の仕組みを説明し，集落とビーチを別ける砂丘に入らないように呼びかけている。また，各リゾート町では，集落からビーチに出るための入り口が決まっており，それ以外は砂丘に入ることが禁止されている（図3-3）。つま

図 3-3 リゾートの町から砂丘を通ってビーチに出るための出口（著者が撮影）

り，自然海岸を守ることは，町と人の命を守ることでもある。

　このように，バルト海沿岸地域の特徴としては，細かな範囲で開発する場所としない場所，観光者の行動に制約を設ける場所に分離されていることが挙げられる。また，国レベルの都市計画上の規制として，集落外に建物を建てることは原則として禁止されている。したがって観光者が宿泊など様々なサービスを利用する空間が生活空間と重なり，同じ集落の中にある。一方，観光の対象となる沿岸景観とビーチは集落から切り離されているが，海岸線を守ることは沿岸の生活を維持するために不可欠であることから，住民も無関心ではいられない。

第4節　瀬戸内海の島 (1)：観光空間の創出

　屋久島とドイツの例を見た後で，次に瀬戸内海の島を取り上げたい。瀬戸内海を船から眺め，多島海としての景観に感動し，瀬戸内海全体を初めて1つのまとまりのある名所として意識したのは，明治時代に日本を訪れた外国人であったと言われている（前田 1999：p. 274）。それまでは，島，瀬戸，港，社寺などがそれぞれ個別の名所として認識されたにすぎなかった。瀬戸内海

を見た外国人旅行者は，その自然美を地中海に喩えたのだが，その後現在に至るまで，地中海のように海洋リゾートとして発展する姿はみられない。「海のリゾート」といえるような町がほとんどなく，夏の約2ヶ月の間だけ賑わう海水浴場が点在するのみである。1970年代のレジャーブームや，その後のバブル経済の時代に，ヨットやボートでのクルージングなどのいわゆる海洋レクリエーションが流行し，さらには総合保養地域整備法（リゾート法）の下で各県が島嶼部のリゾート開発計画を立案したが，バブルの崩壊後には多くの施設が財政悪化に陥り，また計画そのものが中止となった事業が多く見られた。その後の瀬戸内海のマリン・レジャーは釣りが主流となっている。その背景に日本でマリン・レジャーがあまり普及していないこと（Funck 2006）や，瀬戸内海沿岸の人口密度の高さと経済的発展，自然海岸の少なさなど，様々な理由が挙げられる（フンク 2000）。戦後，瀬戸内海は，日本の経済発展の軸となる太平洋ベルトの一部となり，工業開発と都市化が進んだ。島が丸ごと工場になるような例や，砂利などの採取によって崩壊する島，都会の廃棄物の処分場となる島が以前から存在し，歴史的な例としては，大阪城を建築する石が小豆島から採取された話はあまりにも有名である。公害の発生源となる工場や廃棄物を島に持ち込み，逆に島から石と砂利を持ち出すということが続いてきたため，こうした工業開発の爪痕が数多く残されている。その結果，瀬戸内海という非常に狭い空間の中で，多島美と工業開発が入り交じった景観が形成された。こうした状況にあって，本当に瀬戸内海は美しいと言えるのか，すなわち観光空間として適切なのかという疑問が生じる。一方，このように様々な要因が入り交じっている地域であるからこそ，空間の管理が不可欠なのである。

　そこで，積極的に空間を作る島として直島を取り上げたい。現在，直島は専門家や文化観光に関心のある人々から注目を浴びている。直島は元々，三菱鉱業（現在の三菱マテリアル）のコンビナートが立地する島であり，そこで以前行われていた銅の精錬により環境汚染が進み，北部は今でも植物が生えないほどの状況である。一方，南部は瀬戸内海国立公園の一部に指定されている。コンビナートが立地しているため，税収に恵まれ，島民の労働環境もよく，町の予算で1960年代から公共施設の設計を有名な建築家に依頼する

ことができた。続いて，南部のリゾート開発を手がける企業の誘致を目指したが，最初に開発に取り組んだ企業が撤退した後，教材を作成する企業ベネッセ（当時，福武書店）が興味を示した。「瀬戸内海の島で子ども向けに体験事業をしたい」という福島社長の考えと，直島の当時の町長の考えが一致して，まず直島国際キャンプ場が設置された（長畑・枝廣2010）。その後，建築家の安藤忠雄と提携し，美術館とホテルを組み合わせた「ベネッセハウス」が開館した。1998年からは，古い街並みの残る本村地区で民家そのものをアートに使うという「家プロジェクト」が始まった。また，2004年には安藤忠雄によって「地中美術館」という新しい美術館が建設された。数は少ないが巨大な作品（建造物）と，文字通り地中に半分埋まっていて建物が見えないという特別な設計が関心を集め，直島観光の新しい目玉となった。

　その後もホテル2件の新築，家プロジェクトの拡大，瀬戸内国際芸術祭の開催（2010，2013年）など，ハードとソフトの両面にわたるアートツーリズムの開発がベネッセの手により継続している。その結果，直島では文化観光が発展すると同時に，SIT（スペシャル・インタレスト・ツーリズム）という，建築など特定の分野に関心を持つ観光者をターゲットとした観光が発展し，それに伴って島の至るところにレストラン，喫茶店，民宿やB&Bなどの観光産業が発展した。

　このような観光開発の結果，まず観光空間自体が2つの空間に分かれた。1つはベネッセが島の南部を中心に造った空間である。高級ホテルや美術館などからなるアートの空間であると同時に贅沢な，生活から切り離された空間でもある。一方，各集落に分散している小規模観光産業施設は宿泊費なども安く，集落の中に立地し，生活空間と密接な関係にある。その上に島全体が以前から3つの空間に区分されている。北部は工業と港湾の地区であり，島の玄関ともなっている。島の中央部は，福祉施設とアートプロジェクトが点在する古い街並みで，生活空間と観光空間が入り交じっている地区になっている。南部はアートとリゾートから成る高級な空間が国立公園の中で広がるが，敷地自体には自由に入れるものの，美術館などの入場料やホテルの宿泊料が高く，限られた人しか利用できないのが事実である。生活空間と観光空間を分離したことにより質の高い景観が守られている空間が実現したが，一

部の利用者を排除する結果にも繋がった。

第5節　瀬戸内海の島（2）：交流する島

　最後に，岡山県笠岡市の小さな島である白石島を取り上げる。人口は400人程度で，広島県福山市に近く，笠岡港から20～30分ほどの船旅を経て渡ることができる。本州側の港が笠岡駅に近く，関西方面からのアクセスが便利で，ビーチを中心に地元の海水浴客が集まる島である。しかし，一般的な海水浴場と異なり，ビーチ沿いに並ぶ民宿の中にはカヤックやサーフボードを提供する宿もあり，修学旅行の体験学習も受け入れている。複数の学校との間では，全国的に体験学習が盛んに行われるより以前から，提携関係を結んでおり，ほぼ定期的に訪れてくる学校も多い。そして，この島のもう1つの特徴は，「国際交流ヴィラ」の存在である。国際交流ヴィラは，岡山県がバブル時代に国際化を視野に入れて取り組んだ事業で，当初は県内5ヶ所に設置され，古い建物を活用したり，有名建築家の手による建物が建てられたりした。外国人が安く泊まれて簡単な自炊ができる宿泊施設である。会員になることが条件で設立当時は1泊2,000円程度で宿泊することができた。しかし，次第に建物が老朽化したことや，維持費と採算の問題から，県は2009年に3件を閉館し，2件を立地している自治体に譲渡した。そのうちの1つが白石島に立地しており，ここは海外から訪れる観光客よりも国内で働く外国人に人気が高い。また，島在住のアメリカ人女性が日本の英字新聞に毎週コラムを掲載しており，島の話を書いているため，国内在住の外国人の中で白石島が知られるようになった。現在では，近隣の釣り客や海水浴客，修学旅行生，そして外国人がこの島で一緒に観光とレジャーを楽しんでいる。「ロンリー・プラネット」という有名な英文ガイドブックにも取り上げられている。

　この島の観光空間は，主に民宿と海の家が並ぶビーチに限定されている。そこでは修学旅行生たちが漁業体験に参加したり，ボートやカヤックを楽しんでいる。また，アメリカ人が経営しているビーチ・バーには地元の人も外

図 3-4　地元の人や外国人が訪れるビーチ・バー（著者が撮影）

国人も訪れる。図3-4で見られるように，このバーは木材を主に利用したアジア風のインテリアを取り入れ，余分なものをおいていない空間となっている。一方，その周辺の海の家では，仕事に必要な物があまり整理されていない状態で置かれている。つまり，ビーチという狭い範囲の中にも，生活と観光をきれいに分ける場所と，そうでない場所が混在している。

第6節　結　論

　最後に，各島について紹介した空間を簡単に整理する。屋久島の主な観光空間は山の自然である。それが集落から離れているため，一般住民はその状況を確認できない。観光空間と生活空間を繋ぐ役割は，ガイドや移住者が果たしている。ガイドの「話」を通して，または集落の外にある宿泊施設や飲食店という具体的な建物を通して，両方の空間が繋がるのである。一方で，観光開発が集落間の空間に及び，景色のメリハリがなくなるという問題も指摘する必要がある。
　ドイツのバルト海沿岸を見ると，自然と集落の双方が観光空間となっている。自然海岸は開発規制や観光者の行動に対する規制などにより保護されて

いるが，集落は沿岸と接しているため，住民は自然海岸やビーチを毎日目にしている。また，集落を波から守るためには，自然海岸と砂丘が不可欠であり，住民もその保護に関心を示す一方で，観光産業振興のため，マリーナ開発など観光施設の海沿いへの立地を求める声もある。

　直島の場合，町の発展構想によって島が3つの空間に分かれている。そのうち北部と中央部は生活空間と観光空間が重なっているが，南部は完全に観光空間の位置づけとなっている。しかし，そこには高級な施設が並び立っており，完全に観光商品化されてしまったことが問題視されている。

　白石島では生活空間と観光空間が重なっていて，ビーチが集落の一部になっている。その狭い空間を様々な訪問者が利用し，互いに交流している。また，狭い範囲の中でも観光色の強い場所と，生活色の強い場所が，個人経営者により作り出されている。

　このように観光空間と生活空間との関係を見ると，これら2つの空間が様々な機能を包含していることがわかる。交流する空間，人工的に作り出された空間，自然保護空間，その他にも様々なタイプの空間が存在している。その組み合わせは，各島の観光の対象（自然か文化か），海岸の位置（集落の中か外か），あるいは人口規模や高齢化の水準など，様々な要因によって変わる。そこで，どのような空間が望ましいか検討し，誘導することが必要となる。しかし，それは誰が行うのか，つまり観光空間を創出するアクターは誰であるのか，明確に示すことが最も難しい課題であろう。

参考文献

金高文香，フンク・カロリン（2011）「屋久島における観光産業の発展とその空間的特徴」『環境科学研究』（広島大学大学院総合科学研究科紀要 II）6, 65-82.

長畑実，枝廣可奈子（2010）「現代アートを活用した地域の再生・創造に関する研究―直島アートプロジェクトを事例として」『大学教育』7, 131-143.

前田弘（1999）「観光の瀬戸内海」白幡洋三郎［編］『瀬戸内海の文化と環境』神戸新聞総合出版センター，268-290.

フンク・カロリン（2000）「瀬戸内海―「観光地域」としての可能性―」『地理科学』55-3, 181-191.

フンク・カロリン，柴山仁，宮本雄介（2012）「ドイツ・バルト海沿岸域東部における観光

の実態と課題」『欧米文化研究』19 号, 59-75.

Funck, C. (2006) Conflicts over Space for Marine Leisure: A Case Study of Recreational Boating in Japan. *Current Issues in Tourism,* 9, 4-5, 459-480.

Johannesson, G. T., E. H. Huijbens and R. Sharpley (2010) Icelandic Tourism: Past Directions – Future Challenges. *Tourism Geographies,* 12-2, 278-301.

第4章　ハワイにおける再生可能エネルギーの政策展開

樽井　礼

第1節　はじめに

　本章では，米国ハワイ州における近年の再生可能エネルギー関連政策の展開を紹介する。諸政策が地域のエネルギー利用可能性，価格，エネルギー安全保障，温室効果ガス削減等の観点から見ていかに有効であるか，その有効性を決める要因は何であるかに焦点をおいて議論を進める。

　ハワイ州は米国本土とは異なる独特のエネルギー環境を有している（第2節参照）。輸入原油への高度な依存に対する州政府や一般市民の懸念を背景として，ハワイ州は2008年にハワイ・クリーンエネルギー・イニシアティブ（HCEI：Hawaii Clean Energy Initiative）を策定した。HCEIは，2030年までにエネルギー需要の70%を「クリーンエネルギー」で供給することを目標としている（第3節参照）。その後，この目標達成のために複数の政策措置（feed-in tariffまたは固定価格買取制度，revenue decouplingまたはデカップリング制度，net meteringまたはネットメータリング制度）が導入されている。しかし，現時点ではこのような政策の有効性を包括的に分析する調査研究はまだ少ない。本章では米国内の他州の事例を挙げながら，これらの政策の有効性について検討を行う。

　ハワイと日本（特に沖縄）の事例を比較することは，各地域における現行のエネルギー政策改革に関して有効な示唆をもたらす。エネルギー安全保障

の追求と気候変動緩和という2つの目標達成にあたって，最善のバランスを達成するようなエネルギー転換はどのようなものであろうか。そのためには，再生可能エネルギー政策はどのように改善されるべきか。近年採用された再生可能エネルギーに関する諸政策の有効性を評価することは，これらの課題の分析にあたり重要な政策的示唆をもたらすであろう。また島嶼研究という焦点のもとで興味深いのは，沖縄とハワイのエネルギーに関する状況には類似性も相違点もある，という事実である。両島嶼地域におけるエネルギー政策に関する討論・意見交換は，エネルギー政策研究・島嶼研究の両方において重要な研究の進展に資すると期待できる。

第2節　ハワイにおけるエネルギー事情——その特徴と課題

　米国本土と比べ，ハワイ州は独特なエネルギー事情を有する（図4-1）。2011年，米国のエネルギー源のほぼ70%は石炭と天然ガスであった。対照的に，ハワイ州の電力の70%以上は輸入原油による石油火力により供給されてきた[1]。米国本土では発電のために石油を利用することはほとんどなく，2013年に米国全体で発電に利用された石油の50%はハワイで利用されている。ハワイでは輸入石油を精製して航空燃料，ガソリン，ディーゼルとして利用し，残りの石油を発電に利用している（図4-2）。

　ハワイで利用されているのは「低硫黄重油」であり，アメリカ合衆国を含む世界各地で広く利用されている硫黄成分の多い重油（「C重油」）とは異なる。世界的には低硫黄重油の市場は小規模で，かつ隔離されている。ハワイは低硫黄重油を主にアジア市場から購入している。2011年の東日本大震災以降は日本における低硫黄重油の需要が高まり，その価格は上昇している。

　沖縄とハワイの発電状況を比較すると，両島嶼経済のエネルギー事情の違いがわかる。沖縄も主に化石燃料火力発電に依存するが，石油より石炭が主たる燃料となっている。この違いは，ハワイにおける電気料金（一般家庭でkWhあたり約30セント以上）が沖縄での電気料金（一般家庭で同30円未満）より高いことを説明する一因である。

第4章 ハワイにおける再生可能エネルギーの政策展開　　75

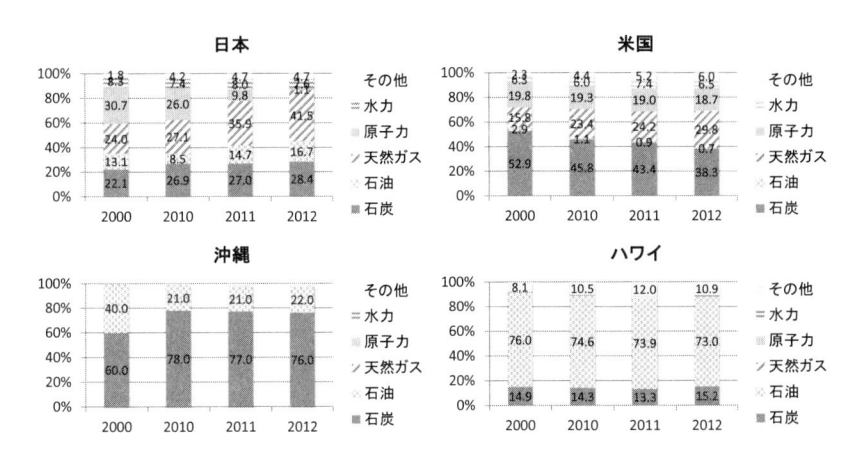

図 4-1　日本，米国，沖縄，ハワイにおける電源別構成比
注：US Energy Information Administration (EIA) Electric Power Monthly, 沖縄電力 Annual Report 2012, IEA Energy Balances of OECD Countries, 高度情報科学技術研究機構「電力各社の電源別構成比（平成12年度計画）」より筆者作成。「その他」には水力発電以外の再生可能エネルギー（風力・太陽光・地熱・バイオ燃料）が含まれる。

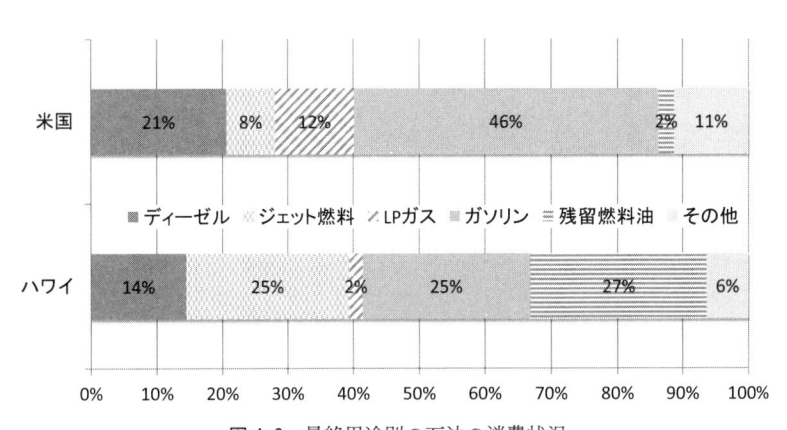

図 4-2　最終用途別の石油の消費状況
注：EIA SEDS Table C2「主要エネルギー源別エネルギー消費量の推定値（2011年）」より筆者作成。

他の多くの島嶼経済同様，ハワイでも低価格のエネルギー源の確保は困難である。米国本土では複数の州にまたがる大きな電力市場が複数存在するが，ハワイの場合は送電網が各島で孤立している。オアフ島の電力消費量は 7.2 GWh（2011 年）で，テキサス州の発電量の 20% 未満である。市場が小規模なため，大規模発電や低価格燃料の利用等による規模の経済性を活かせない。限定的な市場規模は，供給側の競争を抑制する要因ともなっている。ハワイの電力事業では発・送・配電が分離されておらず，非常に独占的な産業構造となっている[2]。

　米国本土におけるエネルギー産業の状況は近年著しく変化しているが，ハワイはその影響を受けていない。北米地域におけるシェールガスという新しいエネルギー源の開発が進展したことにより，近年米国本土では天然ガスの果たす役割が増大しつつある（米国のエネルギー市場とその規制に与える天然ガス開発の影響については Sharp（2012）参照）。低価格化した天然ガスが米国の発電で果たす役割は高まる一方で，石炭火力の規模は縮小している（図 4-1 を参照）。2001 年から 2008 年の間，石炭火力の割合は 48～51% で推移していたが，天然ガスの占める割合は 20% 以下であった。2012 年には石炭の占める割合は 37% に減少し，天然ガスは 30% を占めるに至った[3]。新しい技術（水圧破砕技術（hydraulic fracturing）を含む）の導入は，それまで困難であったシェールガス田での石油採掘を可能にした。結果として，2020 年には米国が世界最大の石油産油国になるという予想もある（International Energy Agency 2012：p. 81）。石炭と比較すると天然ガスの（エネルギー単位当たり）炭素排出量は低いため，このような発電方法の変移は米国の温室効果ガス排出にも影響を及ぼしている。しかし，ハワイには天然ガスを大規模に受け入れられる産業基盤は存在していない。対照的に沖縄電力が 2012 年に液化天然ガス火力発電所の操業を開始したことは興味深い。沖縄電力のアニュアルレポート 2012（http://www.okiden.co.jp/english/ar/）によると，同電力は今後 10 年間に（石炭利用を減らしつつ）天然ガス利用を増やしていくことを計画している。

　気候が温暖なハワイは米国他州と比較するとエネルギー消費量が少ない（一人当たりエネルギー消費量は全米 50 州中 27 位，州の GDP に占める割合は 38 位）。しかし，ハワイの電気料金は米国内で最も高い（2011 年の米国平

均値は $0.10/kWh$，ハワイの平均値は $0.32/kWh$）。石油価格の高騰に伴い，過去 10 年間の電気料金は上昇傾向にある。石油価格の変動による電気料金の変動も懸念材料である。

第 3 節　ハワイにおけるクリーンエネルギー普及の目標

　州政府や市民が抱く石油輸入依存への不安を背景として，2008 年に州政府とハワイの電力会社との間で HCEI が調印された[4]。HCEI の目標は，RPS（Renewable Portfolio Standards，再生可能エネルギー利用割合の基準）と EEPS（Energy Efficiency Portfolio Standards，エネルギー効率向上に関わる基準）の 2 つから構成される。その目標は 2030 年までにエネルギー需要の 70% をクリーンエネルギーで満たすことにあり，そのうち 30% を省エネ対策の導入で，また 40% を地元の再生可能エネルギー技術を活用することで達成することを目指している[5]。

　米国の多くの他州も RPS を設定しているが，ハワイのそれは比較的大胆な目標である。2012 年現在，ハワイでは再生可能エネルギーの発電量は 1,324 GWh（合計 9,639 GWh の中の約 13.7%）であった[6]。発電量が現状のままと想定した場合，2030 年の RPS を達成するためには，更に 26%（2,531 GWh）の発電について再生可能エネルギーを利用する必要がある。この RPS 達成のためには，再生可能エネルギー利用をこれまでの 3 倍に増加せねばならない。

　再生可能エネルギーの利用は 2005 年以降着実に増加している（図 4-3）。図 4-4 は，2006 〜 2007 年の再生可能エネルギーの伸びが風力発電の増加によること，対照的に 2011 〜 2012 年の伸びは電力消費者による自家発電（住宅や商業施設に設置された太陽光発電設備等）によることを示している。2007 年には後者のような「分散型発電」がほとんど存在しなかったことを考えると，近年のその浸透はめざましい。

　図 4-5 は RPS 目標達成に向けた進捗状況を示している。2015 年の目標（15%）達成への進展は順調である。再生可能エネルギー発電の割合増加は，

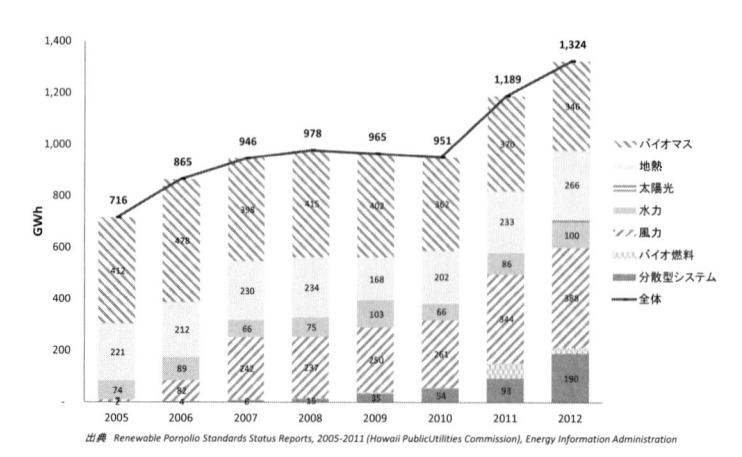

図 4-3　ハワイにおける再生可能エネルギーによる発電量（単位：GWh）
注：Hawaii Public Utilities Commission の RPS 年次報告書にもとづき筆者が作成。

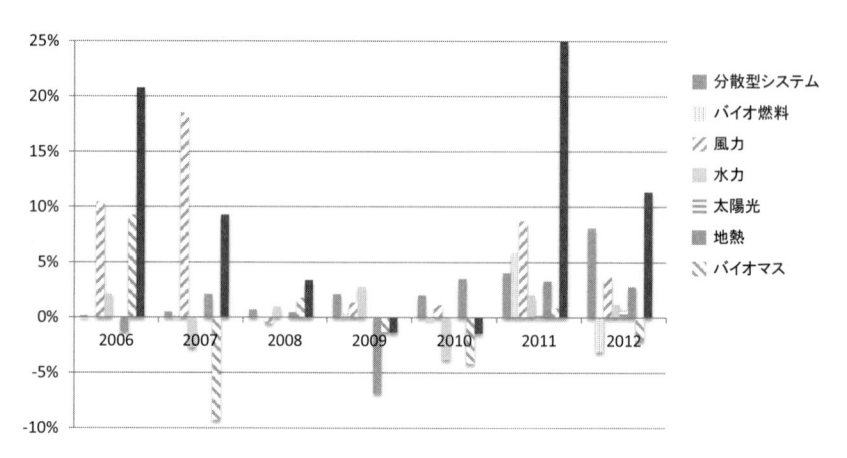

図 4-4　ハワイの再生可能エネルギー発電の成長率への寄与内訳
注：図 4-3 で使用したデータに基づく。

　再生可能エネルギー発電が増えた場合，または化石燃料火力発電が減少した場合に起きる。図 4-6 はそれらの相対的な寄与率を示している。金融危機以前（2006〜2007 年）の再生可能エネルギー発電の割合増加は，再生可能エネルギー利用が増えたことによるものであった。しかし電力総消費量は金融

第4章　ハワイにおける再生可能エネルギーの政策展開　　　79

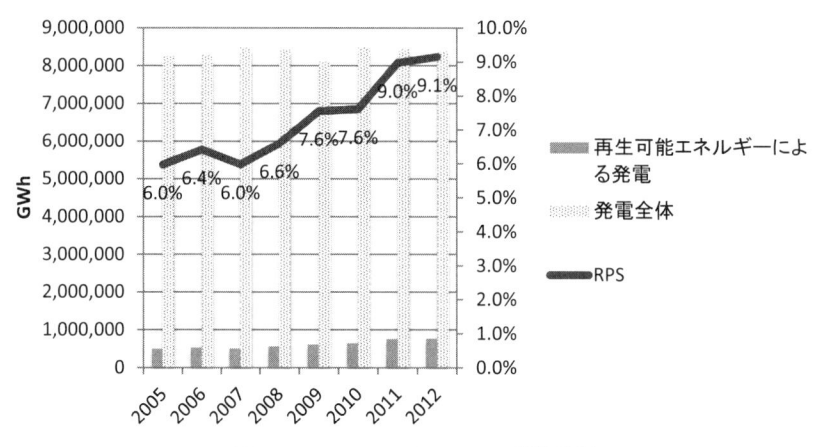

図4-5　ハワイにおけるRPSの進捗状況
注：図4-3で使用したデータに基づく。

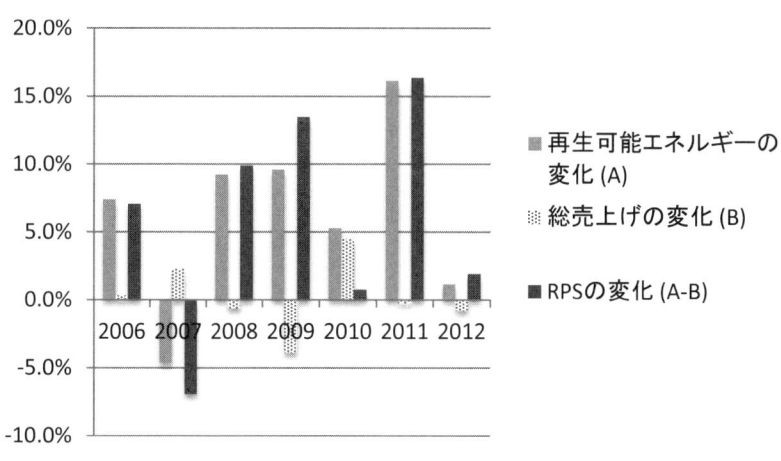

図4-6　ハワイの再生可能エネルギー発電の成長率の内訳
注：図4-3で使用したデータに基づく。

危機直後（2008～2009年）のみならず2011～2012年にも（おそらく省エネルギーを通じて）減少しており，それが結果的に再生可能エネルギー発電の割合を増加させていることは注目に値する。

ハワイでは再生可能エネルギー同様，エネルギー効率の改善が大きな役割

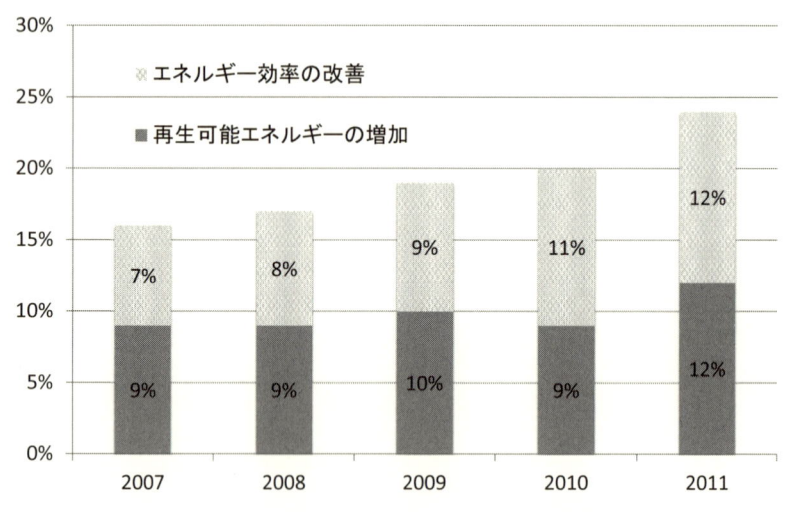

図 4-7　ハワイにおける RPS と EEPS の達成状況
出典：ハワイ州産業経済開発観光局（DBEDT）エネルギー資源コーディネーター年次報告書 2012: p. 11, http://energy.hawaii.gov/wp-content/uploads/2011/10/2012-ERC-Report_FINAL_R3.pdf

を果たしている（図 4-7）。ハワイ州のエネルギー効率改善を進めるため，ハワイ州産業経済開発観光局（DBEDT）のエネルギー効率担当部署であるハワイ・エナジーは，電気消費者から徴収した基金を用いて省エネプログラムを進めている[7]。ハワイ・エナジーの年次報告書 2010（http://www.hawaiienergy.com/information-reports）によると，その「省エネ投資に対する収益率は 474% となっている」(p. 6)（収益率とは，投資 1 ドル当たりの省エネ等を通じた生涯便益の現在価値が何ドルになるかをさす）。電力消費者が自ら省エネプログラムの費用を負担する想定でも，収益率は 300% を超える結果となる。なぜそのような高収益の投資を（州の省エネプログラムなしに）消費者自身が行わないのかは疑問であるが，政府主導の省エネプログラムの費用便益分析は興味深い研究課題となっている（Allcott and Greenstone 2012）。

　これまでいくつかの研究論文が米国州政府の省エネ事業による節約効果を分析している。それらによると，省エネ事業の費用推定値は 1 kWh の節約につき 1 セントから 20 セント以上と幅がある（Arimura et al. 2012）。これらの事

業費用に加え，通常は対象となる消費者にも自己負担が発生する。その費用も考慮すると，省エネ事業の総費用はどれほど大きくなるだろうか。また，数ある事業のなかでどのようなものが最も効果的なのだろうか。この疑問に答えるためのさらなる研究が必要である。

第4節　再生可能エネルギー補助の経済学

HCEI 及び関連政策の有効性を考慮するためには，その経済理論的裏付けを確認することが役立つ。

1　政策介入を正当化する市場の失敗

経済学によると，「一定の条件」のもとでは完全競争市場は政府による政策介入なしに効率的な資源配分を達成する。「効率的な」配分とは，ある消費者の厚生を下げることなく他の消費者の厚生を上げるような他の配分が存在しない状況を意味する。だが「一定の条件」が満たされない場合には，政策介入により市場の効率的な結果を改善することができる。そのような状況は「市場の失敗」と称される。

市場の失敗には多くの種類があるが，そのいくつかはエネルギー利用と深い関連がある。各種の市場の失敗を解決する最善の政策とは，直接的にその失敗に対応するような政策であると経済学は示唆する。以下，それらの市場の失敗と適切な政策を記述する。

2　汚染の外部性

発電，特に化石燃料火力発電の場合，二酸化硫黄（SO_2）と二酸化炭素（CO_2）の排出を伴う。とくに二酸化炭素は主要な温室効果ガスの1つである。発電所の SO_2 排出は長年の間，連邦規制の対象となっており，CO_2 の排出も近年中（2013年以降）に連邦規制の対象となる可能性がある。温暖化の抑制が政策目標である場合，CO_2 の排出への課税または CO_2 の排出量取引導入が最善の政策となる。再生可能エネルギー利用を補助する政策（RPS や後述の

固定価格買取制度）は，直接的に CO_2 の排出を削減させる政策ではない。よってそれらは次善の策でしかあり得ない。近年の研究は「化石燃料火力発電による CO_2 排出を削減する，消費者に省エネを促すような政策は，再生可能エネルギー発電を補助する政策より（費用・排出削減双方の観点から）効果的である」と議論している（Fischer and Newell 2008）。Palmer and Burtraw (2005) によると，RPS の米国全土での採用は電気料金上昇につながる。全米一高い電気料金に直面しているハワイでは，RPS がもたらす価格効果の影響は他州と比べても大きい可能性がある。

2011 年，米国での化石燃料由来の CO_2 排出に占めるハワイの割合は 0.4% 未満であった（米国環境保護庁）。温室効果ガスは，世界中のどこで排出されても地球全体の大気中の温室効果ガス濃度に影響を与える。よって，気候変動緩和を意味のある規模でかつ費用効果的に達成するには，ハワイや米国他州のみならず，温室効果ガスを大量排出している諸外国における排出削減への協調が必要となる。

3　エネルギー技術開発に関わる市場の失敗

それでは，再生可能エネルギーに対する補助金を正当化するのはどのような要因であろうか。例えば，再生可能エネルギー分野における新技術が開発者本人にもたらす便益（特許料等）を超えて社会全体に便益をもたらす（「正の外部経済」，「技術のスピルオーバー」と呼ばれる）ことは，技術の研究開発に対する補助金制度の導入を正当化する。しかし，技術開発の補助金制度を用いて CO_2 排出税と同等の排出削減を実現するためには，排出税の場合に比べて著しく大規模な補助金が必要となる。これは，排出税とは異なり，補助金は電力消費を削減することにつながらないからである（Fischer and Newell 2008）。よって，（排出税なしの）再生可能エネルギーへの補助金制度のみでは，費用効果的な気候変動緩和策とはならない。

なお，上記のような技術のスピルオーバーは再生可能エネルギー技術開発のみにおいて観察されることではない。同様の外部経済は他の産業・市場にもあることを考慮すると，その外部性に対処するための補助金制度は再生可能エネルギー技術開発のみならず他の市場にも適用されるべきである。

4　自然独占の規制と再生可能エネルギー促進政策

「自然独占」（生産の固定費用が高いため，供給者が一企業に限定されることにより生産の平均費用の削減や効率向上が達成される産業をさす）も，市場の失敗の一種である。自然独占は多くの国・地域の電力産業において一般的に観察される。政府による政策介入がない場合，自然独占のもとでは利潤最大化を追求する企業は効率的なレベル以上の販売価格を設定する。そのような独占価格を阻止するため，多くの電気事業には規制がかけられている。ただし，エネルギー産業における技術進歩とともに発電事業は自然独占の性格を失いつつある。事実，米国内の各地で発電事業では競争化が進んでいる。しかし，送電と配電においては現在も自然独占が維持されている。これは送電線の建設や利用及び配電ネットワーク形成には多大な固定費用が必要となるからである。自然独占の規制で重要な政策課題は以下の通りである。

a. 消費者の効率的な電力消費を促し，かつ電力事業の固定費用が確実に回収されるためにはどのような電力料金設定が望ましいか。
b. 電気を効率よく（できる限り低価格で費用効果的に）供給するための規制をどのように設計・実施するか。
c. 最も効率的な価格設定や政策が政治的に実施できない場合，次善策としての価格設定や政策にはどのような選択肢があるか。

以上，エネルギー政策についての経済理論的背景をまとめた。次に，経済学の観点から見たハワイの再生可能エネルギー普及政策について検討する。

第5節　クリーンエネルギー目標達成に向けた政策

ハワイ州はHCEI達成のために近年新たな政策手段をいくつか導入した。ここではその中の販売・収入デカップリング，固定価格買取制度，ネットメータリングという3つの政策，そして再生可能エネルギーにかかわる補助金についてふれる。

1 電力事業者の販売・収入デカップリング

　自然独占という特徴ゆえに，電力事業は長い間（1900年代から）連邦・州政府により規制されてきた（Greer 2012：第3章）。従来，電力事業では企業の事業資本をもとに報酬率が決められ，事業総費用に加えてその報酬が確保されるように電気料金が設定されてきた（公正報酬率を考慮した「総括原価方式」と呼ばれる）。電気料金は，規制当局の許認可なしには変更されない[8]。このような料金設定のもとでは，電力供給に携わる企業は（利潤が販売量に応じて増加するので）電力販売最大化を追求する。このことは，エネルギー効率を改善し省エネを進めるという政策目的とは対立するものである。その対立を解消するために米国の複数の州で導入されたのが販売・収入デカップリング（revenue decoupling）である。

　デカップリングは，文字通り企業の電力販売量と収入額を分離する。たとえば民生部門で予想以上に省エネが進み，電力販売量が当初の見込みを下回った場合，電力事業者の収入は費用を下回る可能性がある。デカップリングのもとでは，このような場合に収入額が下がらないように電気料金の値上げが許容される（デカップリングの詳細については Graniere 1994；Eto et al. 1997 を参照）。2012年現在，ハワイ州を含む16の州でデカップリングが導入されている[9]。同政策はハワイでは2011年に施行されている。

　デカップリングを支持する人は多い。とくに電力業界でこの政策が支持されているのは不思議ではない。しかし，一般的に経済学者は，その効果について懸念を抱いている。代表的な批判は以下の通りである[10]。

- 電力消費量にかかわらず発生する固定費用（送電・配電のための費用）は定額料金で消費者から回収されるのが効率的であるが，デカップリングは従量料金（消費量に応じて変動する料金）を通じた回収の度合いを強くする。
- デカップリングのもとでは一部の消費者の省エネの結果，送電費用回収のために（電気料金上昇を通じ）すべての消費者の負担を増やすことになる。
- デカップリングは，その理由にかかわらず（例：電気事業効率の向上

によるのか，それとも景気循環に応じたマクロ経済的要因による電力消費の増減によるのか）販売額が増減しても一定の収入を事業者に保証する。よって事業者は通常の経営上のリスクを負担しないこととなる。
・同様の理由から，事業者の運営効率向上，販売変動に伴うリスク管理へのインセンティブを低減する。

　デカップリングの効果を厳密に分析した研究はまだ少ない。Knittel（2002）は1981～1996年の米国電力事業者データを使い，電力会社の効率レベルの向上とデカップリングの有無は統計的に相関していないことを示した。Arimura et al.（2012）は1992～2006年の米国電力事業者データを使い，電力需要の減少とデカップリングは統計的に相関していないことを示した。
　筆者の最近の研究は，デカップリングが電気料金，再生可能エネルギーの導入，電力事業の利益，消費者の厚生に与える影響を理論分析している（Tarui and Brucal 2013）。デカップリングのもとでは，（例えば一般世帯での太陽光パネル設置が進むことによる）電力販売量の減少は料金の増加につながる[11]。電気料金の値上げは，太陽光パネルを設置していない家庭に対しては負の影響を与える。太陽光パネルを設置する家庭の厚生は純増するが，消費者全体の厚生は減少することとなる。また，省エネ・再生可能エネルギー導入の規模拡大に伴い，デカップリングはいずれ維持不可能となることも注記に値する。すなわち，料金を変更しても以前と同レベルの収入を事業者に確保することはいずれ不可能となるのである。
　収入デカップリングの根拠は，電気事業者の販売高が減少した時の損失を抑えることにある。電力事業者が電力インフラという公共財を提供するための公正報酬を確保するということは政策上重要な目標である。ただしデカップリングなしでも事業者が適正報酬を得られる場合は，デカップリングの根拠には疑問が生じる。
　図4-8は，ハワイでのデカップリング導入後の電気料金の上昇幅を示している。その結果は，米国本土での調査結果（Morgan 2012）と呼応する。米国全土では2005～2012年に計1,244のデカップリング調整が行われたが，そ

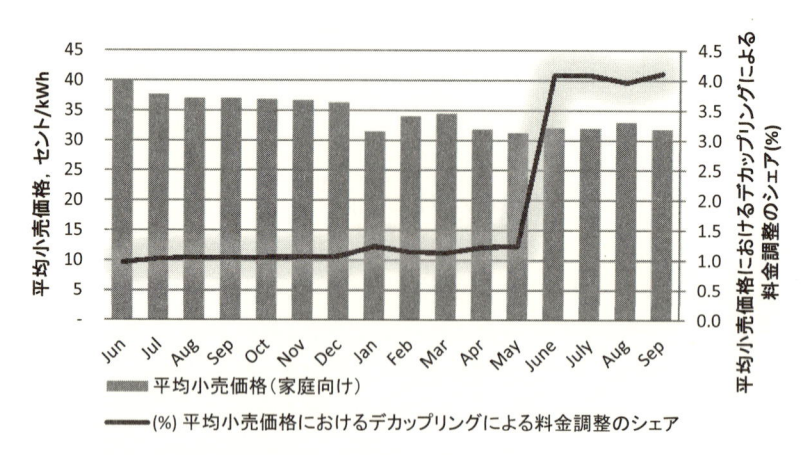

図 4-8　ハワイの家庭向け電気料金とデカップリングによる料金調整
注：ハワイの電力会社（Hawaiian Electric, Maui Electric and Hawaii Electric Light Company）各社の電気料金に基づき筆者が作成。

の 64% は現行価格の ±2% の範囲内であった。しかし，20% の調整は 2% を超える料金値上げをもたらした。ハワイの場合は，図が示す通りデカップリング導入後短期間内に 3% を超える料金値上げが行われた。ハワイ州政府は民生部門での（太陽光パネルなどによる）分散型発電の普及が今後も拡大することを予想している。よって，デカップリングによる料金値上げは今後更に大きくなると予想される。HCEI の分析によると，家庭用住宅に設置された太陽光パネルの容量（2011 年 12 月現在で計 42.1 MW）は 2030 年までに 179 MW に達する[12]。また，商業施設の太陽光パネルは 2030 年までに 600 MW 以上の容量に拡大されると予測している。ハワイ大学経済研究所（University of Hawaii Economic Research Organization）は，計 1,115 MW の発電装置が住宅地に設置されると示唆している。大規模な太陽光パネルの採用に伴い，かなりの電気料金の値上げが避けられない状況になる可能性もある。そうなると，州政府は電気料金の引き下げ（安定化）または再生可能エネルギー推進のいずれを優先すべきかという選択を迫られることになる。

　2013 年 6 月，ハワイ州公益事業委員会（Public Utilities Commission）は，デカップリングの有効性と公平性の調査の実施を開始した[13]。これは上記のよ

うに電力事業者の販売高の減少と電気料金値上げが進んだことへの懸念に起因する。同委員会が提示した主な論点は以下を含む。

(1) デカップリングのもとで，電力事業者（HECO）と消費者の間で価格リスクや関連費用が公平に負担されるか。
(2) デカップリングのもとでは電力事業者はその費用を抑制するインセンティブをもつか。
(3) デカップリングのもとでは，公共の利益にかなう投資を電力事業者が行うインセンティブをもつか。

ハワイを含む米国各州で再生可能エネルギー利用が普及する中で，デカップリングの包括的な評価のためには実際の機能の検証と厳密な実証研究が必要である。

2　固定価格買取制度

　固定価格買取制度（FIT：feed-in tariff）とは，再生可能エネルギー発電事業者に対して（市場価格を超える）電力料金を長期間保証するものである。これはヨーロッパ諸国など米国以外の国で導入されてきた。FIT は，再生可能エネルギー供給者にとって，費用削減と生産の拡大に向けて最も有効なインセンティブとされている。その短所としてはより価値の高い時（例えば需要がピークに達する時間帯）の発電を促すことにはつながらないこと，また（供給者には一定料金が保証されるので）電力の需給に関する全てのリスクを他の市場関係者に転嫁させることが挙げられる。

　ヨーロッパ諸国における FIT の効果については様々な意見が存在する。FIT を導入した多くの国で，その制度の（財政的・価格的な）持続可能性が問題となっている。スペインでは FIT のもとでの電気料金が高く設定されたため，再生可能エネルギー設備（太陽光発電など）の過剰投資につながった。FIT の対象事業者への支払いは，財政支出または電気料金上昇により賄わねばならない。結果的に多額の FIT 補助金支出が必要となり，電気料金の高騰にもつながった。2012 年には再生可能エネルギーに対する補助金は計 81 億

ユーロに達し，同年の国内総生産（GDP）の1%を超えた。政府は財政的にFITを継続することが困難となり，FIT料金の下方調整を余儀なくされ，再生可能エネルギー投資者にとっては負の打撃となった。英国エコノミスト誌は，この状況を次のように要約している。

> 「（スペインにとってFITは）厳しい経験となった。再生可能エネルギーがブームとなった時に政府は補助金を削減しなかったので，その後の削減幅は厳しくならざるを得なかった。補助金対象となる設備容量の規模に制限がされず，その成長は抑制不能な状態となった（同様の事態はドイツでも起きた）。期待されていた雇用拡大は起こらなかった。ピーク時と比べると，太陽光発電事業の雇用者は数万人規模で減少した。FIT料金の度重なる下方修正の後では，再生可能エネルギーに積極的な投資家はもはや存在しない。一方で，投下された補助金は20年間適用されるので，その費用の負担は残ることとなる。削減以後も，再生可能エネルギーに対する補助金額は毎年70億～80億ユーロにのぼる。」（The Economist, 2013年7月20日）

同様に，ドイツでも寛大なFITを背景に再生可能エネルギー産業が拡大した。当初は成功したように見えたが，その後FITを支える財政支出の大幅な増加と電気料金の高騰をもたらした[14]。

ハワイにおけるFIT料金はスペインやドイツにおいてより低く設定されている。FIT対象となる再生可能エネルギー発電容量は2012年8月31日現在で計5.7 MWであり（Hawaiian Electric Company 2012：p. 3），ハワイの安定供給容量の0.3%未満である。しかし，その規模が拡大されるにつれてFITが電気料金に与える影響を抑制することは重要な政策課題となるであろう。

スペインやドイツと同様，ハワイでは再生可能エネルギーの種類により異なる料金（風力発電より太陽光発電の料金が高い）を設定している。経済的観点から見ると，このやり方には疑問が生じる。RPSの導入が風力発電の拡大をもたらしたテキサス州の場合，（少なくとも初期には）各技術に中立な政策がとられていた。その結果，最も費用効果的な技術（とくに他の再生可能

エネルギーより低費用である風力エネルギー）が大規模に利用されるに至ったことは，効率的なFIT設計のあり方にも重要な示唆を与える。

3 ネットメータリング

ネットメータリング (net metering) は，民生部門における分散型の再生可能エネルギー発電を促進し，化石燃料による発電を削減することを促す策として注目されている。そのもとでは，消費者は自家発電設備（例えば屋根に設置した太陽光パネル）から得られて自家消費を上回る余剰電力を電力事業者に（小売価格にて）売ることができる。ちなみに各世帯が太陽光発電からの余剰電力を卸価格ではなく小売価格で販売できることは，それら世帯への間接的な補助金となることを意味する。

ハワイでのネットメータリング対象設備の電力容量はまだ小規模だが，その成長はめざましい。2011年末現在42.1 MWだった総容量は，2012年8月31日までに92.4 MWに成長した。州全体の発電容量（2010年現在で2,536 MW）に占める割合は2%未満から3.6%に成長した（PUC Annual Report：p. 16, HECO Hawaii Clean Energy Update, 2012年9月）。オアフ島内の多くの地域では，太陽光パネルの普及率が（HECOが制限しているレベルである）15%に達している。

太陽光のような自家発電設備を持たない世帯へのネットメータリングの影響については懸念を抱く研究者もいる[15]。太陽光パネルを設置してネットメータリング対象となる世帯が増加するにつれ，電力事業者の収入は減少する。しかし，太陽光発電は時間帯・天気に左右されて不安定であるので，自家発電設備保有世帯は電力事業者から「安定供給」というサービスを必要とし続ける。安定供給のための固定費用は（とくにデカップリングのもとでは）電気料金値上げを通じて賄われるので，結果として自家発電設備のない家計にもエネルギー支出の増加をもたらすことになるのである。今のところ電気代の上昇率は低いが（前節を参照），分散型発電がさらに進むにつれて値上げ幅は拡大すると見込まれる。

4 「ソーラー減税」

米国の多くの他州と同様，ハワイ州は再生可能エネルギーの利用に補助金を提供している。特に太陽光発電設備設置に対する税金控除（以下，ソーラー減税）の是非は論争の的になっている。前記3つの政策はHCEI実施と前後して近年導入されたが，ハワイのソーラー減税導入は1970年代にさかのぼる（Codiga 2013）。個人納税者及び法人税納税企業に対し，太陽光発電を含む再生可能エネルギー技術導入には35%の課税控除が与えられる。この控除は2013年現在存在する連邦政府の再生可能エネルギー課税控除（30%）に上乗せして適用される。両減税措置を合計すると，ハワイでの減税規模は米国内でも最も高いものの1つとなる。

近年，民生部門での太陽光発電システムの普及は目覚ましい（図4-9）。2010年度の再生可能エネルギー関連の税金還付額は4,280万ドルに上り，そのほとんどがソーラーシステムの設置によるものだった。ハワイ税務局によれば，2011年の6ヶ月間で5,490万ドルの税金の還付請求があったという。2013年度はこの額が1億7,380万ドルに上ることが見込まれている。近年の州予算のレベル（120億ドル）を考慮すると，歳出増加に無視できない影響を与えていることがわかる[16]。そのため，州議会や経済学者の間で，ソーラー減税の経済的影響及びその財政的持続可能性について懸念を示す意見も増えてきている。

Coffman他（2013）の研究は，現在の減税レベルの下では計1,115 MWの太陽光発電設備が家庭部門で設置され，減税総額は計14億～21億ドルと推定している。州の予算額を考えるとこれは莫大な支出となる。ハワイ州歳入評議会（Council of Revenues）副議長は，これについて以下のように述べている。「州民はクリーンエネルギー導入にはほぼ賛成しているが，それに要する費用については疑問を投げかけ始めている[17]」。

ソーラー減税については上記のような財政面の懸念に加え，ネットメータリング同様，所得分配面の憂慮も存在する。現段階では，ソーラー減税は持ち家所有者のみが対象となっている[18]。この減税が享受できるのは，税金控除を受けられるのに十分高い税金を払っている納税者で，かつ太陽光パネルを購入・設置する経済的な余裕のある家計に限られる。しかし減税に充てら

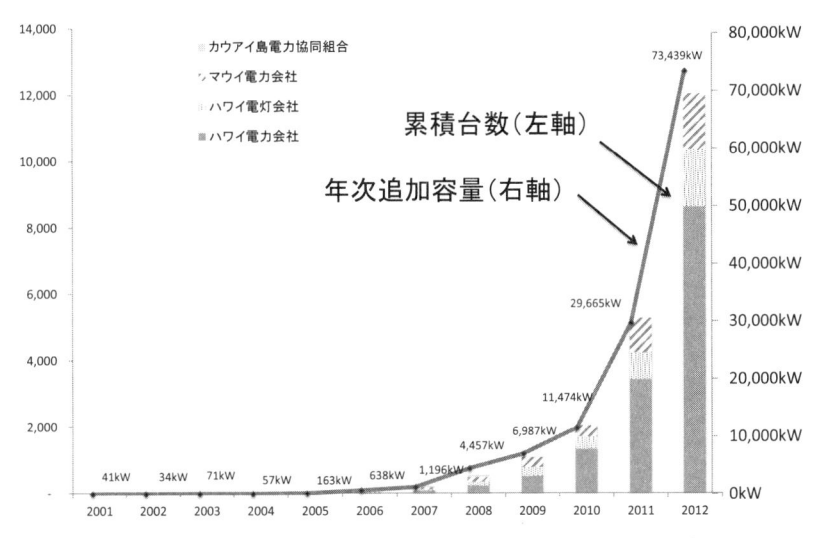

図 4-9　ハワイにおける再生可能エネルギー発電設備の新規設置容量

れる資金は州の一般税収で賄われる。先述の通り，デカップリング政策のもとでは太陽光パネルの普及とともに電気料金の値上げが起こる。よってソーラー減税は，太陽光パネルを設置している住宅の所有者には有利に働き，太陽光パネルのない家計にとっては（電気料金の値上げもあり）不利に働く。このような逆進的な政策効果の実証的検証は，重要な研究課題である。

5　ハワイの「新エネルギー政策指針」

2013年9月，ハワイ州政府は新エネルギー政策指針（Energy Policy Directives）を公表した。Pacific Business News 誌（2013年9月9日）は，「州政府はハワイの歴史上初めて包括的なエネルギー政策を作成し，クリーンエネルギーに基づくエネルギーシステム導入に対する長期的な投資をすることを公約した」と評している。政策指針は次の5つの原則で構成される。

(1) 州のエネルギー源の選択肢を多様化する。
(2) ハワイ各島間を統合された近代的送電網で連結する。
(3) エネルギーの技術，経済，環境，文化面をバランスよく配慮する。

(4) ハワイのクリーンエネルギーの「試験台」（先駆的なエネルギー・政策導入地域）としての国際的地位を向上させる。

(5)（どのような種類の再生可能エネルギー導入が進むかについては）市場に取捨選択をまかせる。

上記の政策指針が実施された場合，ハワイのエネルギー環境は大きく変わる可能性がある。原則（1）は，先述した米国本土の安価な天然ガスをハワイが（インフラの整備を通じ）受け入れ始める可能性を示唆している。政策指令には「真に費用を削減する形で利用できれば，限定された規模での液化天然ガス利用は再生可能エネルギー移行への過渡期の燃料として将来性がある」としている。事実，HECO は発電源を石油から天然ガスに転換する構想に賛同していると報道されている（National Public Radio, 2013 年 9 月 4 日）。

原則（2）の海底ケーブルを使い送電網で各島々を結ぶ計画は，これまで長い間政策立案者や研究者の間で議論されてきた。特に「ビッグウィンドプロジェクト」は，電力需要が最も高く再生可能エネルギー資源が比較的限られたオアフ島と風力資源が豊富なラナイ島・モロカイ島を結ぶ計画で，話題となっている。ラナイ島とモロカイ島からオアフ島に送電するための海底ケーブルの建設と維持管理のコスト，ケーブルの海洋環境への影響，そしてラナイ島・モロカイ島住民の合意が得られるかが懸念材料である。いくつかの研究は，ビッグウィンドプロジェクトは費用を上回る便益をもたらすと予測している[19]。

原則（5）が忠実に実行されるならば，エネルギー技術の開発・普及は費用効果的に行われることになる。第 3・4 節で述べた通り，異なるエネルギー源（または技術）に対する差別的な政策対応（例えば適用される FIT 料金や減税レベルが異なる場合）は，市場での効率的な技術の選択を阻害することにつながる。実際，原則（5）は RPS の有効性・存在理由に疑問を投げかけることとなる。（温室効果ガスを含む）汚染物質が（排出税等を通して）正しく課税され，効率性を阻害するような全ての補助金制度が撤廃されれば，再生可能エネルギーの導入レベルは RPS 目標を上回るかもしれない。その場合には RPS は不必要となる。逆に，再生可能エネルギーが効率的に利用されて

もその浸透度が RPS を下回る場合は，RPS は結果的に（再生可能エネルギーの過剰促進により）非効率的なエネルギー利用を促すことになる。

原則（4）は，革新的なエネルギー政策を導入する点で島嶼経済が持つ優位性に触れている点で興味深い。以下にこの点について考察し，章の結論とする。

第6節　今後のエネルギー・島嶼研究に関する示唆

ハワイのエネルギー事情は独特であり，米国本土で望ましいとされる政策を単純に適用することはできない。ハワイ独特のエネルギー政策課題は，将来的に更に高騰し続ける電気料金と相まって，効率的なエネルギー安全保障を促進する政策設計の必要性を示唆している。

再生可能エネルギー導入を（HCEI が目標とするように）大規模に拡大することの費用を推定し，その目標の是非を検討することは緊急課題である。また，最近州で採択された政策（特にデカップリング，ネットメータリング，FIT）の効果を調査研究する必要がある。既述の通り，既存研究ではデカップリングが発電効率または電力需要に大きな影響を与えるという結果は得られていない。ハワイがデカップリングを施行したのは 2011 年なので，その評価にはまだ時期尚早かもしれない。だが，電力事業者の行動をエネルギー効率向上と整合的にするような（デカップリングに代わる）新たな政策設計についての研究はまだ発展途上にあり，今後の進展が望まれる。民生部門での自家発電のような分散型発電が進む中で，エネルギー利用効率を向上させるような電力料金体系の構築についても多くの研究余地が残されている。近年採用されたエネルギー政策の効果を評価することは気候変動問題への取り組みとエネルギー安全保障のバランスがとれるような政策，効率的なエネルギー転換を可能にする政策を模索する上で役立つ。

ハワイと日本（特に沖縄）の事例をさらに詳細に比較することで，各地域におけるエネルギー政策改革に関する有用な示唆が得られるであろう。原油価格の高騰と 2011 年福島原発事故後の原子力発電への依存を不安視する傾

向が高まる中で，日本では石油・天然ガス火力発電への依存度が高くなっている。その一方で，再生可能エネルギー技術の採用を促進する政策（2012年の固定価格買取制度を含む）も推進されている。両地域における政策転換の背景にある詳細な政治経済的背景を分析することにより，再生可能エネルギー政策をより効率的に進める方策も明らかになるであろう。

　本章の結びとして，新しい島嶼学の方向性への示唆に触れる。この章での考察は，島嶼地域におけるエネルギー政策問題の研究方法に関する革新的な見解とは言いがたい。しかし，上記の議論で明らかなのは，ハワイが直面するエネルギー問題は米国本土が直面している問題（そして沖縄が直面する問題）と異なり，結果として各地で望ましい政策は異なるということである。また，島嶼地域におけるエネルギー事情の改善のためには，（経済学を含む）社会科学，そして自然科学・工学の堅実な基盤に基づいた慎重な学術研究が非常に有効であることも示唆される。高いエネルギー価格に直面しているハワイのような島嶼経済では，費用効果的でないエネルギー政策を用いることの悪影響は他地域に比べて大きいことが予想される。筆者が知る限り，前出のHCEIの目標（30％，40％）は理論・実証的裏付けのもとに設定されてはいない。その目標達成のための効果的な政策が何であるのか，そしてその目標達成が本当にハワイの住民にとって最大の利益をもたらすのか。島嶼地域の研究者はこれらの疑問を直視する必要があるのではないだろうか。

　ハワイのエネルギー問題を研究することは学術的にも非常に有意義であるかもしれない。長期的には，化石燃料を基盤とする経済から再生可能エネルギーを基盤とする経済への転換は，島嶼地域のみならず世界的に避けられない。よって，ハワイが現在直面するエネルギー政策課題は，将来的に他の経済地域が広く直面する課題の縮図であると言える。ハワイの新エネルギー政策指針が提示するように，ハワイの事例はクリーンエネルギー改革の試験台として機能する可能性を秘めている。ハワイの政策経験を通じて得られる知識は，他地域における政策への示唆を多分に含んでいると筆者は考える。

謝辞

　本論文の図の作成やデータ収集にあたり，Arlan Brucal 氏に協力していただい

た。ここに謝意を表する。

注
1）本論文中に引用した米国エネルギー関連データは，米国エネルギー情報局（US Energy Information Administration）の State Energy Data System（EIA SEDS, http://www.eia.gov/state/seeds）に基づく。
2）ハワイ電力会社（HECO）は，民間の公益事業会社であり，その子会社にマウイ電力会社（MECO）とハワイ電灯会社（HELCO）があり，オアフ，マウイ，ハワイ，ラナイ，モロカイの各島に住む120万人の住民の95%に電気を供給している。カウアイ島の電力はカウアイ島電力協同組合（KIUC）が供給している。
3）米国環境保護庁，http://www.eia.gov/electricity/data.cfm
4）ハワイにおけるクリーンエネルギー法及び HCEI を含む政策については Codiga（2009）を参照。
5）ハワイ州の議会が 2009 年に義務づけたのは「2030 年までに，ハワイの電気事業者が供給する電力の 40% を再生可能エネルギーでまかない，エネルギー効率向上により消費量を 30% 低減する」というものだった。よって，RPS と EEPS の各比率を求める際の分母は異なる。事実，EEPS の目標値はエネルギー消費量であり，省エネ対策がない場合に 2030 年に達成されるであろう消費量より 4,300 GWh，つまり消費見込み量のおよそ 30% 削減，となっている。
6）ハワイ電力会社（2012）RPS 報告書，http://www.heco.com/vcmcontent/StaticFiles/pdf/2012-05-04_RPS%20Report_2011.pdf，2012 年 11 月 13 日にアクセス。
7）EEPS にはエネルギー監査の実施，省エネ機器への代替，住宅・商業施設・政府建造物の改善，車輌運転の減少，代替燃料車輌（電気自動車等）の利用等が含まれる（HCEI, http://www.hawaiicleanenergyinitiative.org/energy_efficiency/）。2015 年以降，再生可能エネルギーへの転換やオフセット技術の利用（太陽光温水暖房設備や海水による地域冷房システムを含む）による節電も EEPS に計上される（PUC Annual Report, 2010-11 年度：p. 21）。
8）電力事業の伝統的な規制の詳細については，Joskow（1974）を参照。
9）"Decoupling Policies," Center for Climate and Energy Solutions, http://www.c2es.org/us-states-regions/policy-maps/decoupling（2013 年 9 月 13 日にアクセス）による。
10）Brennan（2011）American Council for an Energy Efficient Economy, http://aceee.org/sector/state-policy/toolkit/utility-programs/lost-margin-recovery（2013 年 9 月 13 日にアクセス）を参照。

11）これは需要の価格弾力性（価格の変動に比して需要量の変動がどれだけ大きいか）が（1より）小さい場合に成立する。実際，数多くの研究は家計部門の電力需要は価格非弾力的であると推定している。Bernstein and Griffin（2005）によれば，米国内の短期の弾力性は約0.2で，長期（家計が省エネ機器に投資することも考慮した場合）の弾力性は0.32となっている。

12）2012年，182,638 MWhがハワイの分散システムにより発電された。2011年12月現在，7,201基の発電装置がネットメータリング（第5節3項参照）対象となっており，合計容量は42.1 MWである。

13）Hawaii Public Utilities Commission Order No. 31289, Docket No. 2013-0141（2013年5月31日）に基づく。この調査に関してはPUC's News Release on June 3, 2013にも掲載された。調査に関する新聞記事としてはCivil Beat, "Did Hawaii's Energy Reform Leave Consumers Vulnerable?" http://www.civilbeat.com/articles/2013/06/06/19213-did-hawaiis-energy-reform-leave-consumers-vulnerable/（2013年6月6日）を参照。

14）ドイツのFITについてはエコノミスト誌2012年7月28日号を参照。ヨーロッパにおける再生可能エネルギー関連の補助金制度に関する上記の問題は，Helm（2012）に詳述されている。

15）Borenstein, S. "Solar Initiative has a dark side," www.mercurynews.com（2004年8月20日），Star Advertiser誌 "Hawaii leads the nation in electricity prices," "Loss of tax credits might dim solar industry," 2012年2月1日号・5日号を参照。

16）http://www.pewstates.org/projects/stateline/headlines/sunshine-overruns-hawaiis-solar-tax-credits-carry-soaring-price-tag-8589942972を参照。

17）Stateline, 2012年11月13日付 "Sunshine Overruns: Hawaii's Solar Tax Credits Carry Soaring Price Tag" での引用に基づく。

18）2013年，ハワイ州上院では借家に住む住民も利用できるような太陽光発電設備への融資を開始する法案が可決された。

19）Braccio et al.（2012）の調査は「代替案を考慮すると，ビッグウィンドプロジェクトへのさらなる投資と開発は正当化できる」と結論している。Coffman（2012）の一般均衡モデル分析によれば，長期間石油の価格が高騰するとプロジェクトの便益が費用を上回ることになる。

参考文献

Allcott, H. and M. Greenstone（2012）Is There an Energy Efficiency Gap? *Journal of Economic Perspectives,* 26 (1), pp. 3-28.

Arimura, T. H., S. Li, R. G. Newell and K. Palmer (2012) Cost-Effectiveness of Electricity Energy Efficiency Programs. *Energy Journal,* 33 (2), pp. 63-98.

Bernstein, M. A. and J. Griffin (2005) Regional Differences in the Price-Elasticity of Demand for Energy. Technical Report TR-292-NREL, RAND Corporation.

Braccio, R., P. Finch and R. Frazier (2012) Hawaii Clean Energy Initiative Scenario Analysis. National Renewable Energy Laboratory, http://www.hawaiicleanenergyinitiative.org/storage/pdfs/Hawaii%20Clean%20Energy%20Initiative%20Scenario%20Analysis_March%202012.pdf

Brennan, T. J. (2010) Decoupling in electric utilities. *Journal of Regulatory Economics,* 38 (1), pp. 49-69.

Brennan, T. J. (2011) Energy efficiency policy: Surveying the puzzles. Resources for the Future Discussion Paper (pp. 11-27).

Codiga, D. A. (2009) Hawaii Clean Energy Law and Policy. *Hawaii Bar Journal,* 13 (9), pp. 4-17.

Codiga, D. A. (2013) Hot Topics in Hawaii Solar Energy Law. *Hawaii Bar Journal,* 17 (5), pp. 4-15.

Coffman, M. (2012) An Integrated Top-Down and Bottom-Up Analysis of Wind Energy. Paper presented at the Association for University Business and Economic Research Conference, October 2012.

Coffman, M., S. Wee, C. Bonham and G. Salim (2013) Tax Credit Incentives for Residential Solar Photovoltaic in Hawai'i. Research Report, University of Hawaii Economic Research Organization.

US Energy Information Administration (EIA). State Energy Data System, http://www.eia.gov/state/seds/.

US Environmental Protection Agency (EPA). State CO_2 Emissions from Fossil Fuel Combustion, 1990-2011.

Eto, J., S. Stoft and T. Belden (1997) The theory and practice of decoupling utility revenues from sales. *Utilities Policy,* 6 (1), pp. 43-55.

Fischer, C. and R. G. Newell (2008) Environmental and technology policies for climate mitigation. *Journal of environmental economics and management,* 55 (2), pp. 142-162.

Graniere, R. J. (1994) Decoupling and public utility regulation. The National Regulatory Research Institute, The Ohio State University, Research Report, 94-14.

Greer, M. (2012) *Electricity Marginal Cost Pricing.* Elsevier.

Hawaiian Electric Company (2012) Hawaii Clean Energy Update, 2012年9月。

Helm, D. (2012) *The Carbon Crunch.* Yale University Press.

International Energy Agency (2012) World Energy Outlook, OECD.

Joskow, P. L. (1974) Inflation and environmental concern: Structural change in the process of public utility price regulation. *Journal of Law and Economics,* 17, p. 291.

Knittel, C. R. (2002) Alternative regulatory methods and firm efficiency: stochastic frontier evidence from the US electricity industry. *Review of Economics and Statistics,* 84 (3), pp. 530-540.

Morgan, P. (2012) A Decade of Decoupling for US Energy Utilities: Rate Impacts, Designs, and Observations. Graceful Systems LLC.

Palmer, K. and D. Burtraw (2005) Cost-effectiveness of renewable electricity policies. *Energy Economics,* 27 (6), pp. 873-894.

Sharp, P. (2012) US Energy Policy: A Changing Landscape. *Resources Magazine,* 181, pp. 23-28, Resources for the Future.

Springer, R. (2012) Initial Economic Analysis of Utility-Scale Wind Integration in Hawaii. Report NREL/TP-7A40-54248, National Renewable Energy Laboratory.

Tarui, N. and A. Brucal (2013) The short-run effects of utility revenue decoupling. Unpublished working paper, University of Hawaii at Manoa.

第5章　太平洋島嶼の漁村における海洋管理責任と女性の役割
―― 原点からの再考 ――

ヴィナ・ラム-ビデシ
池田知世：訳

第1節　はじめに

　太平洋島嶼の国々にとって，海洋資源は，文化，社会，そして経済発展を支える重要な役割を果たしてきた。多くの太平洋島嶼の国々において魚の消費量が高いということは，島民たちの食の安全保障にとって魚介類が決定的に重要であることを意味する。しかしながら，漁獲圧の高まりは，多くの主要な食用魚の資源減少を招いてきた。さらに，都市化による海洋資源の喪失，汚染による漁業環境の劣悪化，生息環境の変化もまた，漁業資源の生産性と海洋環境の健全性に影響を及ぼしている。

　本章では，漁村における女性たちの権限強化が，行動や態度に望ましい変化をもたらし，それによって漁業の管理改善のための統合的なアプローチが実現可能となることを指摘する。このアプローチでは，現行の方針や政策が今まで見過ごしてきた，漁業に対する人々の意識や行動規範に注目することで，持続可能な漁業の達成のためのより明確な戦略が検討されている。また，沿岸域における女性たちの多様な活動に注目し，女性たちが漁業における前向きな変化をもたらす中心的な役割を担う可能性についても述べる。例えば，女性たちは，子どもの養育の担い手として，幼少期の性格を形成する重要な発達段階において，子どもたちが望ましい社会・道徳的な価値観を養う手助けをする役割を担っている。それゆえに，女性たちは，子どもたちが自

発的な海洋管理責任（marine stewardship）と海洋市民意識（marine citizenship）を養う上で影響を及ぼし，海洋環境の保護と漁業を行う上での望ましい行動を促すのである。しかしながら，重要な役割を担っているにもかかわらず，女性たちは社会的には従属的な地位におかれ，必要とされる科学的知識を入手できないこともあり，重要な決定がなされる際に，それに影響を与えたり変えたりすることが適切にかつ積極的にやりにくいという文化的に不利な背景がある。社会・経済的発展における女性の貢献度は表に現れにくく，数値で表すことも困難なため，国家レベルの政策決定の際には無視されることが多い。

　本章では，太平洋島嶼を事例に，小規模な島嶼社会における海洋資源管理の重要性を指摘し，持続可能な生活の実現と健全な海洋環境を保全するための方針作りの一環として，漁業資源の管理と利用における個人の果たす責任と役割の重要性について検討する。その際，海洋学習に関するカリキュラムが学校の低学年を対象とする教育システムにおいて欠落していることを指摘し，労働市場において地域のジェンダー意識に対する配慮がなされれば，この分野でも女性が重要な役割を果たす可能性があることを示す。したがって，漁業計画や漁業管理を考える上で，ジェンダーに関連する問題を認識し，それを総合的に検討することの必要性を主張することになる。また，母親が間接的に子どもたちに教える重要な身体的，個人的，社会的なスキルが，海洋資源を管理するための方針や政策における大きな全体像によって，往々にして見えづらくなっていることも指摘する。

第2節　研究の背景

　本研究は，個人の行動規範や意識が漁業の管理に影響をもたらすため，効果的な漁業管理の実現のためには，人々の強い道徳観と倫理観が必須であるという前提のもとで行われている。漁業の管理・監督の立場にある人は，管理基準や規約に対する漁師たちの反応を知るために，漁師たちのモチベーションや漁業に従事するためのインセンティブを理解することが求められる

(Hilborn 2007)。すべての漁業を成功させる鍵は，人間の行動と動機を理解することにあり（Hilborn 2007），それらはとりわけ社会や文化，環境に影響されているのである。経済学者たちは，市場において人のやる気を向上させる方法について主張し，社会学者たちは，コミュニティを基礎にした管理の在り方に焦点を当てている。また，生態学の専門家が海洋保護地域の効果的なネットワーク形成を主張しているのに対して，政策決定者や弁護士らはより強固な法律や制度でコントロールすることを支持する。このように，持続可能な漁業の達成というものは，それぞれの立場によって異なる。しかしながら，漁獲高を最適なレベルに維持しながら，雇用を生み出しかつ健全な生態系の維持を可能にするような，明確な社会的目的を設定する必要性があることは確かである。Kooiman and Jentoft（2005）の研究では，資源の保全，雇用の確保，輸出の増大，コミュニティの維持など，お互いに対立するような懸念材料，原則，目標について取り組まなければならない漁業管理における多面的なガバナンスの問題について検討している。これらのジレンマがあるため，議論を呼びかつ政治的に痛みを伴う難しい決断が求められ，コストも大きい（Kooiman and Jentoft 2005）。彼らの研究によると，すべての環境に配慮した政策手段を講じるためには，誰が利益を得るかという道徳的な選択が要求され，何らかの価値観によって決定が下されている（Kooiman and Jentoft 2005；Chang 1997）。それはつまり，意思決定が，不明瞭であろうと明瞭であろうと，明らかであろうと暗に示されたものであろうと，技術的なものであろうと実践的なものであろうと，それらの価値観に関係しているということを示している（Kooiman and Jentoft 2005）。

環境に対する価値観は，自然環境とのかかわりにおける，人々の多様な見方から生み出される。その見方が人間中心的原理に根付いたものであっても，または，すべての生き物には価値があると考える生物中心的価値観であっても，人間には生物を守る義務がある（Schug 2008）という点で，環境政策は，政策決定者がもつ規範と価値観によって強く影響されることが示唆されている。それゆえに，漁業コミュニティと環境関連当局は，専門家としての価値観を通して環境問題に対処し，彼ら自身の制度上の優先順位によって変化させられる個人やグループで構成されているといえる（Schug 2008；

O'Neill and Spash 2000)。環境問題に関する政策決定において，一定の枠内の様々な価値観や利害関係を考慮することは，最小限度の安全基準を満たし，環境が本来もっている価値を認識した道徳的価値を生かすという予防原則を適用する上で役に立つ。しかしながら，異なる価値観をどのように統合して，海洋資源の効果的な利用，保全，管理に寄与することができるのかが課題である。このような状況で，漁業に最も有益な参照枠組みや政策枠組みは，1995年のFAO（国際連合食糧農業機関）による「責任ある漁業の行動規範（Code of Conduct for Responsible Fisheries）」である。この規範は，技術的，社会的，経済的，政治的な観点から設定されており，明示はされていないが，いくつかの基本的な倫理的側面への配慮が含まれており，人間と生態系の両方に対する取り組みが述べられている（Food and Agriculture Organization 2005）。

　国家レベルの漁業政策と海洋政策を実施する方法として，個人としての国民ではなく，政府機関やNGO各機関の協力組織に依存する場合が多い。McIlgorm（2000）は，漁業管理責任（fishery stewardship）を改善し，多様な政策的なパラダイムを通して持続可能な漁業管理を達成するために，成熟した関係性と社会的に責任を果たすことができる「新しい漁師（a new fisher）」が必要であると述べている。管理者として成功するためには，人格の形成が求められている。さらに，McKinley and Fletcher（2010）は，政策の策定と実施における個人の参加を促すことによって，海洋環境の保全と持続可能な管理の実践が可能となるための，「海洋市民意識（marine citizenship）」という社会的な意識について論じている。個人によって選択された日々の行動やライフスタイルが，全体として海洋環境の悪化をもたらす一因となることがある。海洋保全と管理における個人の果たす役割は，それゆえに重要であり，海洋市民意識を通して海洋ガバナンスの向上に貢献することができる。海洋市民意識を促進するための2つの重要な要素は，海洋環境に対する個人の意識または教育，並びに責任感であり，海洋環境のオーナーとなることである（McKinley and Fletcher 2010）。彼らの研究において，環境教育は個人の意識や態度の変化を通して，環境問題への長期的な解決策を示すことができると示唆している。個人の生き方，行動，責任感は，個人的な能力の範囲内で，どのように知識を生かすかを決定づける（McKinley and Fletcher 2012）。このこと

は，海洋関連の問題に対する意識を向上させ理解を深めるためには，海洋環境に対して個人として責任を負う方向に，価値観の変更を促す努力をしなければならないため，海洋市民意識にも重要な意味がある（McKinley and Fletcher 2012：p. 842）。一方で，教育理論では，幼少期の早い段階で受けた影響により，個人の性質や性格がおおかた形成されるとされている（Morrison 2008）。

それゆえ，ここでは，太平洋島嶼における漁業という面において，漁師にとって満足のいくインセンティブを生み，環境に対する感性を養うために，人間の行動や態度に影響を与える施策を提案することで漁業管理と海洋教育に関連する問題に取り組みたい。子どもたちに，ひそかに，しかしいろいろな影響を与えることを通して，女性たちが多くの沿岸コミュニティで中心的役割を担っている事実は注目に値するものであり，望ましい社会的変化をもたらすための重要な要素である点は認識されるべきである。

女性たちは，子どもたちの社会的，道徳的な発達を養うための重要な時期において，子どもたちの養育を担っている。このため，彼女たちは，1995年のFAOによる「責任ある漁業の行動規範」における実践と原理に基づいた漁業実践の行動規範や，海洋環境の保全意識を子どもたちに植え付けるために重要な存在なのである。しかしながら，このような重要な役割を担っているにもかかわらず，女性たちは社会的に重要な地位に就くことがほとんどなく，基礎的な科学的知識も限定的であったり，あるいは文化的な背景から活発に意思決定の場に参加することが難しい状況下に置かれていたりする（Vunisea 2007）。他方では，いくつかのコミュニティにおいて，女性たちは膨大な伝統的知識や技能を有している場合があるにもかかわらず，それは活用されず，逆に，あるコミュニティでは科学的な知識や情報が必要とされる状況にありながら，彼女たちは，文化及び制度を背景とする制約のため，拒絶されている。国家政策において，女性の働きは非公式なものであり，彼女たちの経済発展に対する直接的な貢献度は明確なものではなく，その貢献度を数値化するのは難しい。そのため，政策決定者や計画者たちによってその貢献度は無視されてしまうのである。残念ながら，彼女たちの貢献は直接的ではなく，様々な活動に組み込まれていて見えにくいことが多いが，彼女たちの役割を見過ごしてよいということではない。

本章では，太平洋の島々の例を挙げながら，学校教育及び教育システムにおける早い段階での海洋教育のカリキュラムが欠落していることを指摘するだけではなく，漁業の計画と管理におけるジェンダー問題を取り上げ，統合する必要性も指摘したい。そして，本研究は母親が子どもたちに間接的に教える身体的，個人的かつ社会的なスキルは，管理政策を実施するためのより大きな枠組みのため往々にして影の薄いものになっていることを主張する。人生の早い段階に身につける道徳的，倫理的価値を重視することは費用効率性が高く，長期的な持続可能性の達成にプラスに働き，生きる糧として海洋資源を必要とする地域に，世代間の平等をももたらしてくれるのである。

本章では，太平洋島嶼での経験に基づき，教育，ジェンダー，資源管理に関する文献をレヴューしつつ，漁業管理の問題改善のための統合的な方策を検証していきたいと考えている。さらに，フィジーの4つの村の調査結果は，女性たちの母親，養育者としての役割と子どもたちとの意思疎通，海洋環境に対する意識，漁業活動における女性たちの関与の度合い，海洋に対する認識，子どもたちの交流と母親並びに養育者としての役割などを測るためにおこなった聞き取り調査などの社会経済的調査を通して収集した一次データから得られたものである。

第3節　太平洋島嶼が抱える漁業の主要な問題

海洋資源への太平洋島嶼国の依存性は，それらの国の文化，社会そして経済開発において重要な役割を占めてきた。その地域の海岸及び海洋の生態系は，多くの太平洋地域の島民たちの生計維持のためになくてはならない環境である。低い島々は陸地に対して海の占める割合が高く，耕作可能な土地が限られ，しかも土地が痩せているため，住民の海洋資源への依存度は高くなっている。人口増加により，この依存度はさらに高くなっている。漁業や観光業そして貿易のような経済活動は，海洋環境への高い依存度を示している。

多くの太平洋島嶼国で魚の消費量が高いことが，太平洋の島民たちの食の

安全保障にとって魚介類が決定的に重要であることを意味する（Bell et al. 2009；Gillett and Cartwright 2010）。魚は，地方部において摂取される動物性たんぱく源の50～90％にあたり，都市部においては40～80％にあたる（Secretariat of the Pacific Community 2008）。地方部に住む人々のたんぱく質の摂取量は，必要最低限の漁業活動を通して供給され，年間の一人あたりの消費量は，世界平均の17 kgと比べ（Food and Agriculture Organization 2010），しばしば30 kgを超える（Bell et al. 2009）。

　太平洋島嶼の漁業の主要なカテゴリーは2つに分類される。1つは，主に海外輸出向けのマグロ類の漁獲を目的とした沖合漁業であり，もう1つは，国内の食糧需要にあてられる小規模な沿岸漁業である。実際，女性たちはどちらの漁業においても活躍している（Vunisea 2007; Ram-Bidesi 2008, 2010）。島々の小規模な沿岸漁業は，自給的漁業，零細な商業的漁業，そして水産養殖業で構成されている。女性や子どもたちは，日々の食物を得るために，簡単な方法や技術を使いながら，家の近くの海で魚を捕獲することで，自給部門において最も活発な担い手となっている。女性と子どもたちは，氷や燃料といった入手可能な材料や天候に左右される船によって行われる男性たちによる漁業よりも，より安定した供給者なのである。零細な商業的漁業では，男性たちが船に乗り漁業を行っている間，女性はとった魚類を市場に出し，あるいは加工作業に主に従事するなど，漁獲作業後の仕事を行い家計を支え，また畑仕事もこなす。水産養殖業においてさえ，たとえ研修や技術的なサポートが得られないとしても，女性たちは，円滑な事業展開のために，養殖場のメンテナンスに積極的にかかわっている。産業としてのマグロ漁業において，女性たちは，海岸沿いの加工場で，最も高い労働力を提供しているのである。

　貨幣経済の進展と技術の進歩と技術の進歩に伴い，人口増加とそれに伴う需要の高まりは，重要な漁業資源の減少に拍車をかけている（Secretariat of the Pacific Community 2013）。都市中心部に近い沿岸域の多くは，もはや必要最低限の漁業を支えることはできず，漁師たちは，ますます深く遠い外洋に出かけなくてはならなくなっている。同様に，太平洋地域は世界のマグロ類資源の55％を供給しているが，重要な種の資源量の減少が問題となっている

(Hampton 2008；Gillett and Cartwright 2010)。沿岸諸国と遠く海を隔てた国々との間の協調的な取り組みを通した効果的な管理を実現するための地域の漁業管理組織として中西部太平洋まぐろ類委員会（Western and Central Pacific Fisheries Commission）を設立したのにもかかわらず，種の保全のための非常に重要な管理対策の実施は膠着状態が続き，資源は減り続けているのが現状である。漁業管理者や国のリーダーの中には国際的並びに地域的に承認された法規や指針を遵守している者もいるが，汚職に手を染める者もおり，社会的，環境的な大きな損失を招く結果となっている（Hanich and Tsamenyi 2009）。

第4節　乱獲と資源管理

　乱獲は，メガネモチノウオ，ハマダイ類，シャコガイ類，ナマコ類，ヤコウガイやサラサバテイ（タカセガイ）といった商業的に重要な食用海産資源の多くが失われるという結果を招いており（Ram-Bidesi et al. 2011），特に都心部の近くに位置する多くの沿岸域における乱獲が問題になっている（King et al. 2003；Teh et al. 2009）。加えて，海洋資源の喪失は，都市化及び生活排水，農業排水，工業廃水による汚染が魚介類の生息環境を悪化させた結果でもある（Thistlethwait and Votaw 1992；Center for Ocean Solutions 2009）。マングローブの伐採，海草藻場の浚渫，サンゴの除去，破壊的な漁法などによる生息環境の変化もまた，沿岸の海洋資源の生産性を低下させ，沿岸のコミュニティの生計に直接的な危機をもたらしている。生計維持の悪化と資源喪失の代償は高く，輸入を通してその代償を補うには余裕がない状態である。したがって，持続可能性を担保し，沿岸漁業の管理を確実に実施することが，沿岸域の生活を維持する上で非常に重要となっている。

　沿岸域の資源管理に向けた取り組みとして，現在複数のプロジェクトが実施されており，中央政府主導の法規の順守を徹底させる方法から，地方に分散した地域主体型管理方法まで，各種レベルにわたっている。各コミュニティ・政府機関・NGO との間での協働的な管理は，太平洋島嶼で促進されている（例えば，フィジーとソロモン諸島の「海域の地域管理（Locally

Managed Marine Area)」，サモアの「村の漁業管理プロジェクト（Village Fishery Management Project）」，バヌアツの「地域主体型の漁業プログラム（Community Based Fishery Programme）」）。この根底にある考え方は，漁師に対して，自身の漁業活動への自制や自己管理をしたり，他の漁師や沿岸環境の利用者に配慮したりする意欲を起こさせる，あるいはそれらを強制するといった様々な対策を講じることで，資源への漁獲圧をコントロールするというものである。漁業の管理の実践並びに戦略的な見地は，1995年のFAOによる「責任ある漁業の行動規範」で規定されており，その行動規範は，生態系を基礎とした管理方法（EBM：Ecosystem Based Management）を導入するなど漁業の統合化を認識する必要性の自覚を促すことを目的としている。生態系を基礎とするアプローチとは，漁業管理を漁場の生物・非生物・人間まで拡大して考える方法である。そのため漁業管理の目的は，人々のニーズと要望に向き合い——つまり人々を中心にアプローチをとりつつ——，それにより，好ましい行動に結びつくような動機づけを設定することである。さらに，国を超えた共有資源という海洋環境の性質上，漁師には「誠意」の原則に基づき，あるいは文化や宗教上の規範や責務に従い，合意が形成された規則や手順に協力し，遵守することが求められている。

　前記の全ての管理アプローチの本質およびFAOの「責任ある漁業の行動規範」の背景にある本義は，海洋資源の効果的利用と長期的な持続可能性を確保するための海洋環境の保全に対する人々の行動と意識を変えていくことである（Food and Agriculture Organization 2005）。個人やグループ，産業，国家間での折り合い，トレードオフ等の協力を通して，お互いの透明性のある意思決定と配慮が国際的かつ地域的な環境協定の中で必要とされている。共有している海洋資源を，個人の福祉を最大限可能にするための利己的な利益追求のために利用する場合，このアプローチはうまく機能しないということを人々は認識しなければならないのである。規制的なルール，慣習や規範は，了承され同意を得た条件として確実に遵守される手段として必要である。「グッド・ガバナンス」とは，このような管理体制に対して引用される場合が多い。グッド・ガバナンスを達成することが，最終的には社会の安定と資源の持続可能性に貢献し，結果的に，コミュニティの生活状況を改善する経済発展を

支援することにつながるのである。多くの太平洋島嶼の沿岸域の漁業では，地域主体型の資源管理システムが，集団の意思決定の一部として，海洋資源管理の問題に対処するためのひとつの手段である。その資源管理が機能するか否かは，社会構造や調整単位としての政府機関，地域の指導者，NGOとのパートナーシップのあり方に左右されてきた。

第5節　管理行動に対する倫理的な留意事項

　グッド・ガバナンスの重要な側面は，漁業の実践において，人々を従わせることができるようなルールと制度にある。それはただ，評価基準をつくり出すだけではなく，環境保全にとって，効果的な漁業管理を可能にするものである。この目的は，価値観，道徳観，倫理的な配慮を形成していくことを通して，漁師たちの中に意識や行動様式の変化をもたらすことで，自発的行動もしくは強制力をもった行動として人間と生態系の好ましい環境を生み出すために必要な行動と姿勢を確実に実現することにある。Oxford Dictionary (2013) によると，倫理 (ethics) とは，「人々の行動規範あるいは活動の実施を統制する道徳的な原理」である。それゆえに，倫理とは，意思決定をコントロールする行動規範の規則といえる。それは他者と公共の一般的な利害に関心をもつことを意味している。自己啓発と相互依存性の倫理は，規範と信念，この2つによって統制される他者とのかかわりとそれぞれの価値観を反映する。価値観は，幼少時代に両親，宗教，地域社会，身近な環境を通して，私たちが学び身に付けたものである。倫理観が道徳観を試すような難しい状況において，私たちが実際にどのようにふるまうのかを意味するのに対して，道徳観とは，与えられた状況の中でどのように私たちがふるまうべきかという価値観からもたらされる信念のことを意味する。環境倫理とは，増加する環境問題に直面した時に生じる道徳的な義務感に対する問題意識のことである。

　もしも人々が他者におもいやりをもち，それぞれの文化や習慣を超えて，お互いの信頼関係を育むことができるなら，管理上の取引コストを減らすこ

とができ，相互の協力を促進するための社会資本を増やすことができるようになるかもしれない。それゆえに，個人は利益を常に追い求めると主張するような経済学的議論は，考え直さなければならないのである。さらに，自分たちの狭い視野に基づいた利益を追い求める個人が競争的な環境で成功しないのに対して，例えば，協力，公平さ，正直さ，愛，自己犠牲や共感のような動機に従って行動することは，しばしば，競争が激しい環境においてさえも，大きな経済的な利益をもたらしてくれるものという信念が浸透しつつある（Frank 1988, 2003；Kulshrestha 2005）。例えば，人々は，持続可能な漁業の実現を願う意識から，良い海洋市民になることを実践するために，値段が高くなるとしてもエコマークが付いた魚を買うかもしれない。あるいは，安価で購入できるとしても，ダイナマイトや魚毒を使用して捕獲された魚を買うことを拒否するかもしれない。

　実際には，漁業管理において最も一般的に使用される政策手段は，直接的取締りなどの強制力のある規約あるいは命令と抑制措置，例えば，許可証や税金，使用権のような強い規制を基礎とした市場における有益性か，倫理的な判断の下での自発的な行動に基づいた倫理観を反映させたものか，どちらかである。2つの方法のうち，後者は，漁師たちが正しいことを行うため，あるいは，世代間の公平性を保つための海洋環境の「管理」をするという意識のもと，彼らの道徳的な義務感を通してある特定の行動を取る，あるいは社会に対しての心配から，何らかの良い振る舞いをすることにおいて，効果的な手段となる可能性をもっている。それに対して，前者の手段は，漁業管理における品質保証のみに焦点が当てられている。実際には，もし人々がFAOの「責任ある漁業の行動規範」のもと，責任ある漁師としての正しい行動をするのであれば，少なくとも理論的には，調査や管理，モニタリングをする必要がなくなることから，管理コストは劇的に減少する。

　どのように人々に倫理的かつ道徳的に行動をするように促すべきか。例えば，社会的かつ環境的な問題に取り組まなければいけない漁業との関連性の中で，FAOによって強調されている問題（表5-1）などを考えてみる必要がある。目標達成のための戦略を改善することも有効な方法となりえる。倫理観は，幼少期における個人的体験とフォーマルな教育やインフォーマルな教育

表5-1 漁業における倫理的対象と目標

対　象	目　標
生態系	生態系の好ましい居住環境の維持
魚種資源	保護
漁業	責任ある漁業と持続可能な開発
漁師	船舶での安全管理，公平なアクセス，ジェンダー配慮
漁業コミュニティ	食の安全保障，貧困削減，文化の多様性
他の利害関係者	分野横断的な公平さ，社会的な効率性
伝統的知識	経験や実践よりもたらされた知識
文化的道徳観	価値観や信念体系が反映された管理
消費者	食の権利，食の安全保障
政府	透明性のある政策

出典：FAO 2005：p. 7

から得た知識により習得した個人の価値観，信仰，習慣を明らかに反映している。それゆえに，漁師たちや他の海洋環境の利用者たちの考え方に好ましい変化をもたらすためには，海洋環境の知識，海洋への意識の向上，海洋教育が重要となる。幼少期における適切な情報の普及や価値観の植え付けは，責任ある市民として必要とされる自発的な行動を促すことにつながる。太平洋島嶼の場合，習慣や文化，宗教は，人々の行動規範や価値観に大きな影響を与えている。政策手段の中に道徳的説得を含ませることは，公共での不正行為を防ぐために有効である。この原則は，海洋分野など他の領域にも簡単に広げることができる。例えば，生命を支えている生態系の安定性と脆弱性を幼少期の子どもたちに理解させることは，彼らが海洋保全活動に積極的に参加する動機となる。

第6節　海洋教育と学習環境

　幼少期は，脳の発達においても学習と人生の在り方を基礎づける重要な時期である（Morrison 2008）。学習は，知識や好ましい行動規範，スキル，態度，現実の概念にそった課題を習得するプロセスである（Wals 2009）。教育理論に

おいて（Thomas 1999；Neuman and Dickinson 2002），フォーマルな教育の場としての託児所，幼稚園や小学校は，社会的かつ道徳的な価値観を発達させる場としての学習環境を子どもたちに与える上で，非常に重要である。加えて，インフォーマルな場として子どもたちが育つ家庭やコミュニティ環境もまた，文化的な規範や価値観を養う上で，重要な役割を果たしている（Correa-Chavez et al. 2011）。社会的学習理論において，大人たちを観察することで，いかに子どもたちが大人たちの行動規範を学びかつ模倣するのかについて述べられている（Bandura 1986；Correa-Chavez et al. 2011）。それゆえに，幼少期は，身体的な発達のみならず，精神的な発達においても重要な時期なのである（Talay-Ongan and Ap 2005）。米国に本部を置く特別利益団体 'zero to three' は，赤ちゃんや幼児の生活を改善するために，専門家や両親を支援している。彼らは，生後最初の3年間が，知的，感情的かつ社会的なスキルを発達させる上で，非常に大事な時期だと考えている（Morrison 2008）。世界や他者に接し反応することによって形成される子どもの行動規範や気質は，この時期に始まる（Zero to Three 2013）。子どもたちは，学校に行き始めると同時に，模倣することや指示に従うことを学び，徐々に分析的なスキルを身に付けていく。大人になり，独立し，自分の世界観をもった時期よりも，小さい時期に型にはめることは簡単なのである。J. A. コメニウスが述べているように，「若い木は——成木になった後にはできないが——植えることができ，移植もでき，不必要なものを取り除き，この方向，あの方向に曲げることができる」（John Amos Comenius (1592-1670) cited in Morrison 2008：p. 55）。もし子どもたちが，早い時期に，海の生態系の知識，あるいはコミュニティでの関係性や権威に敬意を払うことや神を畏れることを学ぶことができるのであれば，彼らはより持続可能な漁を行い，環境に対する行動規範はより望ましいものになるだろう。子どもたちは，実際の家族活動の目的とその重要性が明確な場において，その活動に貢献している時に，最もよく学び，知識を習得するのである（Fleer and Raban 2005）。

　フォーマルとインフォーマルの両方の場において，幼少期における海洋についての啓蒙と教育の実施は，基礎的な概念を学ぶことと，海洋生物の動態や「責任ある漁業」に対しての合理性，そしてその根底にある漁業の倫理的

な側面を支えることについての一般的な理解を得るために重要である。すべての島々が漁業を行っているにもかかわらず，ほとんどの太平洋島嶼における科目としての海洋教育は，南太平洋大学やグアム大学等の第三レベルの教育においてのみ実施されているのが現状である。小学校や中・高教育では，生物，社会科学，地理や社会科等の分野において，海洋環境，生態系や自然現象等のいくつかの話題のみが取り上げられている。例えば，フィジーでは，他の科目において海洋教育に関してのシラバスがないのに対して，上記の科目に1～14％の関係した内容が含まれている (Chong 2013)。幼稚園や保育園での就学前の教育においては，子どもたちは限られた課外活動の中で，草木や動物について紹介され，知識を得る機会がある。農業がいくつかの高校において，選択科目になっているのに対して，海洋環境に関しての勉強は，生物や地理のような他の主流の科目の中で触れられているのみである。さらに，僻地においては，幼稚園もしくは保育園さえもない。それゆえに，海が人々の生活に直接影響を与えるもので，生活を維持するための大事な供給源であり，文化，伝統，経済的な発展や，津波や暴浪，洪水等の強烈な自然現象によって貧困など生活に直接の問題をもたらすものであるにもかかわらず，海洋教育は大事な科目として認識されていないのである。

第7節　太平洋の島々の子どもたちの学習環境

　沿岸域に住む太平洋島嶼の子どもたちの学習環境の一部が日常生活の一部になっているため，幼少期における早い段階で，子どもたちは環境に対する価値観を学ぶことができる。子どもたちは，海岸もしくは砂場で多くの時間を過ごし，泥の中で遊び，漁や他の関係のある活動に参加して過ごしている。写真5-1では，太洋州の子どもたちが海岸で遊ぶなど，沿岸コミュニティの典型的な光景を見ることができる。

　それゆえ，この状況は，彼らの学習環境はどうなっているのか，また，重要な幼少期においての価値観や知的な学習，そして子どもたちの社会規範に影響を与える重要な役割を一体誰が担っているのか，というような様々な疑

写真5-1 太平洋島嶼の沿岸域の子どもたちの典型的な遊びと学びの場

問をもたらすのである。

　文化的実践や観察，調査によって，子どもたちが多くの時間を，母親，姉妹，叔母（または伯母）や祖母といった家族内の女性たちと過ごしているということが分かった。それゆえ，家族内の女性たちは子どもの性格発達において重要な役割を果たしているのである。例えば，表5-2で要約されているように，フィジーの3つの村で行われた調査では，子どもたちは，貝類の収穫や漁といった活動に，活発に彼らの母親に同行していることが分かった。インタビューを行ったすべての女性たちは，彼女らの子どもたちに魚や貝類の捕獲技術を見せ，子どもたちのお手本になっているのである。

　生まれた時から小学校に入学するまで，子どもたちは家族内の女性たちと多くの時間を過ごすようになる。彼らの学習は，料理，漁，ガーデニング，編み物，掃除，読書，その他のどのような活動であろうと，母親や祖母の行動の観察を中心に展開しているのである。子どもたちが基礎的な価値観や信念を習得する場において，母親たちはエコロジカルで社会的な学習環境を創り出すのである。母親と子どもの情緒的な愛着心もまた，彼らの社会性に重要な影響を与える（Hendrick 1992）。さらに，多くのコミュニティにおいて，日曜学校や子どもたちに対する宗教的な教育においても，基本的な人としての在り方や忠誠心，およびライフスキルを子どもたちに身に付けさせる上で

表 5-2 ナタリア村，セルア村，カロカレブ村での女性たちの漁の様子と子どもたちの世話人

女性たちと子どもたちとのかかわり	ナタリア村	セルア村	カロカレブ村
サンプル数*	n=20 HHs; P=67 HHs	n=15 HHs; P=50 HHs	n=12 HHs; P=40 HHs
家に居る子どもたち（生後1ヶ月〜5歳）の主な世話人	母親	母親	母親
母親の不在時	祖母，叔母，姉妹	祖母，叔母，姉妹	祖母，叔母，姉妹，父親
1日及び1週間のうち海で過ごす時間の平均値	3-5 時間 /3-4 日	2-4 時間 /3-5 日	2-3 時間 /2-3 日
子どもたちが漁に付き添う割合	85%	80%	65%
女性たちが子どもたちに漁の技術を伝授する割合	100%	100%	100%
子どもたちがマーケティングにかかわる割合	時折かかわる程度 75% 自給 25%	村内での収穫物を売る活動 60%（内部マーケティング）自給 40%	マーケティング活動なし 自給 100%

*n は各村でインタヴューした世帯数（HHs；households），P は各村の全世帯数

も，女性たちは，重要な役割を果たしているのである。

太平洋の島嶼国において，女性たちは食物の生産や準備をこなすことから，家族の健康を支える上で重要な役割を担っていると認識されている（Ram-Bidesi 2008）。女性たちはまた，食物の加工や保存にも大きな責任を負っている。多くの沿岸地域のコミュニティでは，女性たちと共に子どもたちが，漁や海藻，さらに海産動物の捕獲において主要な役割を果たしている（Novaczek et al. 2005）。写真 5-2 が示しているように，少女たちは大人の女性たちと一緒に魚の洗浄や仕分けを行っている。

家庭内では，彼女たちは，家計と衛生面の維持において大きな責任を担っている。すなわち食べる物を選ぶことを通して，家族の健康と生活状態に影響を与えているのである。子どもたちは乳幼児期には，家族内の年上の女性たちや母親たちに，注意深く見守られる。子どもたちは成長するとともに，母親や祖母たちと海や庭に出かけ始めるのである。表 5-2 が示しているよう

写真5-2 子どもたちと一緒に魚を洗い仕分けをする女性たち

に，子どもたちは，高い割合で母親たちや家庭内の女性たちと漁に出かけるのである。

　また，自分たちの収穫した海産物，もしくは自分の夫たちや息子たちの獲ってきた海産物を売り，市場経済に活発に参加する女性たちが増え始めている（Sullivan and Ram-Bidesi 2008）。母親が公設市場や道端の露店に働きに出ている間，子どもたちの世話をする者がいないため，物を売る女性の傍でその仕事を手伝う子どもたち，あるいはただ傍にいる子どもたちをよく目にする。子どもたちは，市場で母親の傍で一日中，彼女たちを助けながら，その言動を模倣することで，多くを母親から学ぶのである。

　学校教育や就学前の教育を受ける代わりに，子どもたちは両親や周りの大人たちの活動の観察や模倣を通して学んでいく。こうして海岸沿いのコミュニティでは，父親が村で仕事をしたり，船で漁に出たり，村で仲間たちとリラックスしている間に，子どもたちが魚や他の海産物の捕り方を母親から学ぶのである。

　子どもたちは，漁の技能や魚の種名または民族生物学的な知識もまた，自然に母親から学ぶ。それは，もし母親が家庭内のゴミや廃棄物を近くの小川に捨てていたとしたら，子どもたちもまたそれに倣い，同じことをするということを意味している。幼い時からの「習慣」を大人になってから変えるの

は非常に難しいことである。同様に，とる母親が衛生的に漁を行っている場合は，子どもたちはそれを学ぶのである。母親の識字率，知識，技能，そして経験は，子どもたちの社交性や道徳観および文化的価値観に直接影響するのである。

　表5-2は，2010年と2011年の5月にフィジーの海岸沿いの3つの村で行われた調査結果をまとめたものである。それぞれの村から30％の割合で無作為に，インタビュー対象の家庭を抽出した。調査対象の3村の主要な都市部の市場との位置関係は様々であるが，女性たちが沿岸域で活発に漁をしているという点で共通している。ナタリア村では，村から都市部までバスが運行しており，1時間足らずで中心部に出られるので，女性たちはしばしば家計のために漁を行い，その収穫物の一部をタイレブやナウソリの市場で売っている。セルア村は，ビィチレブ島の近くの小さな島に位置しており，首都のスバから約2時間の距離に位置している。セルア村の女性たちは，都市部の市場が遠いため，収穫した魚を市場で売ることはないが，その代わり，村の中で魚を売ったりしている。カロカレブ村は，車で都市中心部まで約30分のところにある。この村の人々は，漁の他に都市で働くなどの収入源がある。本調査ではまた，資源が過剰に搾取され，それゆえに村の女性たちの20％足らずの小さなグループしか，家計を支えるための定期的な漁が行えないことが分かった。カロカレブ村では，働いていない夫が子どもの面倒を見て，女性が貝や魚等の捕獲に出ているケースが1件あった。ナタリア村やセルア村では，母親が漁に出ている間，祖母や叔母や姉妹たちが赤ちゃんや小さな子どもの世話をしていた。ナタリア村では，女性グループを組織し，採った魚や海産物を交代で売りに出ている間，その女性グループが赤ちゃんや小さな子どもの面倒を見ていた。

第8節　変化をもたらす主体としての女性たち

　子どもたちは多くの時間を母親や家庭内の女性たちと過ごし，共に様々な活動にかかわる。漁もまたその活動の一環である。それゆえに，女性たちは

子どもたちの漁業や海洋資源に対する感覚を養うという，非常に重要な役割を果たしているのである。また，それは，女性たちが自分たちの技術を高めながら，漁業の管理に対しての責任感や技術を子どもたちに伝えていくという，教育的な観点からも重要である。

女性たちの漁は全体として非常にシンプルで，手摑みから手網や釣り針，釣り糸の使用まで，である。いくつかの沿岸のコミュニティでは，女性たちは伝統的な知識や漁法を用いて漁を行っており，その方法は，季節の変化や獲物たちが見つかる時間や生息場所を正確に把握しながら，生産物や消費量の変化にも適応することができる（Thaman 2001）。この女性たちが使用する伝統的な漁法は，天候や市場の状況など，長い期間の経験から得た知識に基づいている。このようなインフォーマルな過程を経て得る漁業や海産物に対する意識や伝統的な生態系に関する知識を伝えていく上で，女性が果たす役割は非常に重要である。また，この伝統的・生態学的知識は，太平洋島嶼国において，子どもたちの生活に寄り添った知識として正式な学校教育カリキュラムによる海洋科学教育として導入されるべきである。実際に，フォーマルな教育による幼少期の経験はより強い印象を残し，効果的である。子どもたちのお手本となるように必要な資源にアクセスすることを促すことやコミュニティでの意思決定への参加を通して，女性たちの権限を強化していくことは，海洋資源の理想的な管理をしていく上で重要な戦略である。

それゆえに女性たちは，コミュニティにおいて，より良い漁業を促進していくために，中心的な役割を担っていると言える。子どもたちに望ましい社会的・道徳的価値観を身に付けさせることの重要性は認識されるべきであり，漁業への意識向上においてインフォーマルな教育は重要な部分を占めている。しかしながら，地方における就学前の教育施設が十分でないために，NGO や政府による教育が多くを占め，海洋教育は正式な科目としては未だ認識されていない状態である。女性たちは，社会における人々の体や心の健康の重要なバロメーターである（Sharma and Diouf 2010）。したがって，家族の栄養管理だけではなく，求められるべき社会的な規範や道徳的な価値観を子どもたちに習得させるという役割を認識することは，責任を伴った漁業を実践するためにも重要である。このことは，海洋資源に対する人々の意識を向

上させていく上で当然重要であるが，同時に，新しい見方や考え方を要求されるだろう。社会変化のプロセスは常にゆっくりであり，長い期間を必要とするのである。

第9節　ジェンダー問題の解決にむけて

　海洋資源や環境に対する人々の管理意識や市民意識を養うためには，女性たちが単に家計を切り盛りするだけではないことを認識しなければならない。それゆえに，女性たちの役割に注目し，その活動を支援していくことが求められている。漁師たちの活発な活動と同様に，インフォーマルな教育において，幼少期における子どもたちの学習環境とそこでの学びを支える彼女たちが果たす中心的な役割もまた，漁業の管理とその方針を検討するにあたって考慮すべきである。捕獲後の海産物の管理やその販売に至るまでのプロセスを支援するための女性たちへの教育や技術研修もまた，漁業を活性化させるために必要である。そして，女性たちへの教育や研修を通して，彼女たちの収入や知識が増えていくということは，家族の健康を支えていく助けになるとともに，子どもたちの教育にも良い影響をもたらす。女性たちが様々な情報や資源にアクセスしやすくなるということは，彼女たちの仕事の質および効率性の向上につながる。そして，何より，子どもたちと過ごす時間が増え，子どもたちの養育により多くの時間を費やすことができるようになる。フィジーの沿岸での漁業におけるジェンダー問題の解決への取り組みは，実に様々な効果を生み出す。例えば，食の安全保障とそれによるコミュニティ全体の健康維持，家計の自立，幼少期の子どもの教育，伝統文化の保護，環境保全や地域の漁業資源の管理など，様々な課題や問題を解決し，そしてより良い海洋市民意識を促進していくことにつながるのである。

第10節　結　論

　家庭における女性たちの多様な役割は，特にコミュニティの子どもたちの教育という観点から認識する必要がある。太平洋島嶼やその他の発展途上国における沿岸域の女性たちは，通常，子どもたちの健康管理に責任をもち，子どもたちに望ましい道徳的・社会的価値観を習得させる役割を担っている。子どもたちは，母親や家族内の女性たちと多くの時間を過ごすことから，女性は子どもたちを取り巻く環境形成に大きな影響を及ぼす。例えば，一緒に漁を行ったり，獲ってきた海産物を加工したり売りに出したりする過程そのものが，子どもたちの学習環境となっている。それゆえに子どもたちは，海洋資源利用に関する技能（スキル）や技法（テクニック）を，女性たちの日常的な態度や信念と共に身に付けていくのである。子どもたちが身に付けたこれらの知識や技術は，フォーマルな教育においてさらに深められていくが，幼少期において取得した知識や価値観は，子どもたちの性格の発達に強い影響を及ぼし，環境に対する一人ひとりの責任感を伴った漁業の実践のために，非常に大きな役割を果たすこととなる。

　政府機関やNGO，それぞれのコミュニティによる発展途上国の沿岸域におけるプロジェクトは，ジェンダー問題や女性たちの活動により焦点を当てる必要がある。特に，責任ある漁業促進のためのFAOによるプロジェクトの実施にあたっては，その戦略において漁業における女性たちの問題意識を考慮すべきである。女性たちはただ単に資源の利用者や海産物の管理者としての利害関係者であるだけでなく，未来の資源利用者である子どもたちの教育の点でも重要な役割を担っている。さらに，女性たちのもつ環境に関する伝統的な知識や情報は，科学的な知識と情報によって深められ，持続可能な資源の利用や管理の実践を可能にするのである。それゆえに，ジェンダー問題を主流化することは，人権の観点から必要であるだけではなく，より実践的で持続可能な漁業管理を実施していくためにも，個人の役割や責任感に焦点を当てた新しい視点が必要になるということである。すでに漁業管理に関するプログラムにおいて，漁師たちの望ましい行動を促すことの重要性は認識

され，考慮されている。また同時に，計画者や政策決定者たちは，環境に与えるダメージを最低限のものにし，長期間にわたって持続可能な漁業を達成するためにも，より慎重に政策を策定，実施する必要がある。

上記に示した視点は，女性たちの権限強化を通して，漁業管理の改善のために，相互に関連したいくつかの問題を明らかにした。しかしながら，漁業政策体系と実施，海洋環境教育やジェンダー問題を総合的に捉え，それぞれが抱える問題を解決していくためには，学際的調査を通したより統合的なアプローチが必要である。その際には，持続可能な開発を達成するためにも，個人の行動意識を考慮する必要があることは明らかである。それゆえに，人々の漁業管理意識と海洋市民意識を向上させることが最重要課題なのである。そして，太平洋島嶼において，女性たちの多様な役割を認識していく上で，ジェンダーの視点を取り入れることは，より有益な効果をもたらすのである。

短期的な視点では，近年まで海洋教育を実施していない地域でNGOや宗教活動を行うグループ，他のコミュニティアウトリーチ・プログラムが，沿岸地域に住む女性たちや子どもたちを含めた漁業教育プロジェクトに一致協力して取り組むことで，人々の環境意識や価値観，倫理観を高めることにつながっていくと考えている。

参考文献

Bandura, A. (1986) *Social foundations of thought and action: A social cognitive theory*, Englewood Cliffs, NJ, Prentice Hall.

Barker, R. G. (1968) *Ecological Psychology: concepts and methods for studying the environment of human behavior*, Standford, Standford University Press.

Bell, J. D., M. Kronen, A. Vunisea, W. J. Nash, G. Keeble, A. Demmke, S. Pontifex and S. Andréfouët (2009) Planning the use of fish for food security in the Pacific. *Marine Policy*, (33), 64-76.

Center for Ocean Solutions (2009) *Pacific Ocean Synthesis: Scientific Literature Review of Coastal and Ocean Threats, Impacts and Solutions*, The Woods Center for Environment, Stanford University.

Chang, R. ed. (1997) *Incommensurability, incomparability, and practical reason*, Cambridge, Harvard University Press.

Chong, A. (2013) *An Assessment of Marine Education in the South Pacific: a case study of Fiji's school curriculum.* Research Project. School of Marine Studies, University of the South Pacific, Suva, 2013.

Correa-Chavez, M., A. L. D. Roberts and M. M. Perez (2011) Cultural patterns in children's learning through observation and participation in their communities. In Benson, J. B. ed. *Advances in Child Development and Behaviour,* Elsevier Inc.

Fleer, M. and B. Raban (2005) *Early Childhood Learning Resources: Literacy and Numeracy: a review of literature,* Commonwealth of Australia.

Food and Agriculture Organization (2005) *Ethical issues in fisheries. FAO Ethical Series 4,* Rome, Food and Agriculture Organization.

Food and Agriculture Organization (2010) *The State of World Fisheries and Aquaculture,* Rome, Food and Agriculture Organization.

Frank, R. H. (1988) Beyond Self-Interest. *Passions Within Reason: The Strategic Role of the Emotions,* London, WW Norton and Company.

Frank, R. H. (2003) *What price the moral high ground?: ethical dilemmas in competitive environments,* Princeton, New Jersey, Princeton University Press.

Gillett, R. and I. Cartwright (2010) *The future of Pacific Island fisheries,* Noumea, Secretariat of the Pacific Community.

Hampton, J. (2008) *Update on Tuna Fisheries 1. Secretariat of the Pacific Community,* Noumea, Secretariat of the Pacific Community.

Hanich, Q. and M. Tsamenyi (2009) Managing Fisheries and Corruption in the Pacific Islands Region. *Marine Policy,* 33, 386-392.

Hendrick, J. (1992) *The whole child developmental education for the early years,* New York, Macmillan Publishing Company.

Hilborn, R. (2007) Managing fisheries is managing people: what has been learnt? *Fish and Fisheries,* 8, 285-297.

Johannes, R. E. (1998) The use for data-less marine management: examples from tropical nearshore fisheries. *Trends in Ecology and Evolution,* (13), 243-246.

King, M., U. Fa'asili, S. Fakahau and A. Vunisea (2003) *Strategic Plan for Fisheries Management and Sustainable Coastal Fisheries in the Pacific Islands,* Noumea, Secretariat of the Pacific Community.

Kooiman, J. and S. Jentoft (2005) Hard Choices and Values. In Kooiman, J. and M. Bavinck, S. Jentoft and R. Pullin eds. *Fish for Life: Interactive Governance for Fisheries,* Amsterdam:

Amsterdam University Press, 285-299.

Kulshrestha, P. (2005) Business Ethics Vs Economic Incentives: Contemporary Issues and Dilemmas. *Journal of Business Ethics,* (60), 393-410.

McIlgorm, A. (2000) Towards an Eco-theology of fisheries management. *International Institute of Fisheries Economics and Trade Conference.* Oregon: Oregon State University, USA.

McKinley, E. and S. Fletcher (2010) Individual responsibility for ocean? An evaluation of marine citizenship by UK marine practitioners. *Ocean and Coastal Management,* 53, 379-389.

McKinley, E., and S. Fletcher (2012) Improving marine environmental health through marine citizenship: A call for debate. *Marine Policy,* 36, 839-843.

Morrison, G. S. (2008) *Fundamentals of Early Childhood Education,* New Jersey, Peason Edwards, Inc.

Neuman, S. B. and D. K. Dickinson (2002) *Handbook of Early Literacy Research,* New York, The Guilford Press.

Novaczek, I., J. Mitchell and J. Veitayaki eds. (2005) *Pacific Voices: equity and sustainability in Pacific Island Fisheries,* Suva, Institute of Pacific Studies, University of the South Pacific.

O' Neill, J. (1997) Value pluralism, incommensurability and institutions. In: J. Foster, J. ed. *Valuing nature: economics, ethics and the environment,* London: Routledge.

O'Neill, J. and C. Spash (2000) Appendix: Policy brief, conceptions of value in environmental decision-making. *Environmental Values,* 9 (4), 521-536.

Oxford Dictionary (2013) *Definition "Ethics"* http://oxforddictionaries.com/definition/english/ethics (accessed 18 September, 2013).

Ram-Bidesi, V. (2008) Recognising Women in Fisheries: policy considerations for developing countries. *Yemaya, The International Collective in Support of Fishworkers* (ICSF), 12-13.

Ram-Bidesi, V. (2010) Employment Opportunities for Women in the Tuna Industry in Small Islands: is it really restrictive? A case study of Fiji Islands. *South Pacific Studies,* 31 (1), 17-42.

Ram-Bidesi, V., P. N. Lal et al. (2011) *Economics of Coastal Zone Management in the Pacific Islands.* An IUCN Report to SPREP. Suva, Fiji.

Roskos, K. and S. B. Neuman (2002) Environment and its influence for early literacy teaching and learning. In Dickinson, D. K. and S. B. Neuman eds. *Handbook of Early Literacy Research,* New York, Guilford Press.

Schug, D. M. (2008) The Institutional implications of environmental ethics for fishery management in the US EEZ. *Marine Policy,* 32, 514-521.

Secretariat of the Pacific Community (2008) *Fish and Food Security: Policy Brief 1. Secretariat of the Pacific Community,* Noumea.

Secretariat of the Pacific Community (2013) *Status report: Pacific Islands reef and nearshore fisheries and aquaculture 2013.* SciCO Fish Project Team (compiled), Noumea: Secretariat of the Pacific Community.

Sharma, K. and A. Diouf (2010) The Obligations of Leadership. *The Fiji Times.*

Sullivan, N. and V. Ram-Bidesi (2008) *Gender Issues in the Tuna Fisheries: case studies in Papua New Guinea, Fiji, Kiribati,* S. Diffey and R. Gillett. Honiara.

Talay-Ongan, A. and E. A. Ap (2005) *Child Development and Teaching Young Children,* Thomson, Social Science Press.

Teh, L. C. L., L. S. L. Teh, B. Starkhouse and U. R. Sumaila (2009) An overview of socio-economic and ecological perspective of fisheries inshore resources. *Marine Policy,* (33), 807-817.

Thaman, R. (2001) Indigenous and local ethnobiological knowledge as a foundation for the conservation and sustainable use of biodiversity in the Pacific Islands. *Paper for the UNESCO Pacific Sub-regional Experts Workshop on Indigenous Science and Traditional Knowledge,* Wellington: New Zealand.

Thistlethwait, R. and G. Votaw (1992) *Environment and Development: a Pacific Island Perspective,* Manila, Asian Development Bank.

Thomas, R. M. (1999) *Human Development Theories,* London, United Kingdom, Sage Publications Inc.

Vunisea, A. (2007) Women's changing participation in the fisheries sector in the Pacific Islands. *SPC Women in Fisheries Bulletin,* Noumea, Secretariat of the Pacific Community, 12-13.

Wals, A. E. J. ed. (2009) *Social Learning towards a Sustainable World. Principles, Perspectives, and Praxis,* The Netherlands, Wageningen Academic Publishers.

Zero to Three (2013) Promoting social emotional development.
　http://www.zerotothree.org/child-development/ (accessed September 18, 2013).

第6章　太平洋島嶼における地域主体型の漁業管理とその意義

ジョエリ・ヴェイタヤキ

岩木幸太：訳

第1節　はじめに

　太平洋島嶼国における沿岸漁業資源の持続可能な利用は，そこで生活する人々にとってだけではなく，動植物の生息環境の状態や生産性，また，これらの沿岸コミュニティを支える資源にとっても重要なことである。沿岸域では人口密度が高く，人々は海洋資源に依存しているからである。例えば，アジア開発銀行（ADB：Asian Development Bank）によると，地方に住むフィジー人の80％は，沿岸から5km以内に住み，食料や収入，祭式などを沿岸海洋資源に大きく依存している（ADB 2009）。こうした状況は，太平洋島嶼地域のほとんどの国々に当てはまるものであり，沿岸漁業資源の過度な開発と，環境の悪化を招いている。太平洋島嶼国における地域主体型の漁業資源管理制度（community-based fisheries resources management arrangements）の拡大は，このような枯渇していく沿岸漁業資源に対する動きであり，政府主導で推進されている漁業管理システムの一翼を担うものである。

　太平洋島嶼国における地域主体型の漁業管理は，慣習的なものであり，沿岸環境や動植物の生息域，並びに漁業の健全さと保全に脅威となる問題に取り組むための積極的な漁業管理施策を望む人々によって実践されてきた。一方で，漁業資源の商業利用や沿岸コミュニティの近代化が進み，沿岸漁業資源は過度に利用され，ますます脅かされている。こうした変化は，漁業資源

と同じように急速に悪化しつつある周辺環境の健全さと複雑に結びついている。太平洋に数多くみられる群島型国家においては，調査の必要な島が多く，調査に要する資金なども限られているため，この問題の大きさを考察するのが難しい。事実，これまでも，地元コミュニティの動員があったからこそ，全国的に人々が沿岸の漁業資源管理に参加するようになったのである。

国連食糧農業機関（FAO：Food and Agriculture Organization）によれば，太平洋島嶼国は比較的健全な環境を維持しているが，開発に伴う活動と急速な人口増加が，それらの国々の沿岸の景観を急速に変化させている（FAO 2009）。当該地域において一般的に見られる環境問題として，外来種の植栽や侵入種による在来種の森林の置き換わり，不適切で無駄な土地の開発利用により起きる地滑りや侵食，魚類の乱獲や沿岸漁業資源の枯渇，不適切な廃棄物処理や下水道管理，流出堆積物による水質汚濁，極端な干ばつや洪水の原因となっている気候変動の影響，海岸線の破壊，サンゴ礁の劣化が挙げられる（ADB 2009）。

沿岸漁業は，沿岸域の地元住民にとって食料を確保するため，また大多数の住民の現金収入源となるため，重要である（Gillette 2011）。例えば，フィジーでは，年間一人あたりの魚の消費量が，1986年の26 kgから，1990年の47 kg，1997年の50.7 kgへと増大したが，後の2002年には，33 kgへと落ち込んでしまった（FAO 2009）。これらの消費量は，世界平均である一人あたり16.5 kgを大きく上回るものであり（Gillette 2011），地元コミュニティにとって沿岸漁業資源が重要であることを示している。同時に，沿岸の魚類資源量の持続可能性が乱獲により脅威にさらされていることも示している。これが，沿岸漁業資源を管理する上で，統合的沿岸管理というアプローチが求められている理由である。

太平洋島嶼の熱帯地域で管理された環境でのみ生息している種が多数ある中で，沿岸資源に依存して生活する人々がいて，地域の人口増加と漁業の商業化が進み需要が拡大しつつある，全ての沿岸コミュニティにおいて，持続可能な沿岸漁業を保持することが，最大の課題である。これらの国では，漁業資源の管理より，開発と乱獲が先行する形になっており，安定性と持続性のある漁業を推進する責任を負う政府機関にプレッシャーを与えることと

なった。太平洋島嶼国の環境問題を考えると、持続可能な沿岸漁業には、統合的な沿岸管理というアプローチが必要であるだろう。それにより、環境資源と生態系サービスを利用することが、これらのサービスを健全かつ本来の状態で保全しようとする人々の生活改善につながると期待できる。このアプローチが、沿岸漁業における種の多様性の維持や、健全で生産的なサンゴ礁環境の維持、河口の生態系の保存や復活のための、"コーラル・トライアングル・イニシアティブ（Coral Triangle Initiative）"にみられる手法であった（ADB 2009）。

革新的な沿岸漁業管理制度は、太平洋島嶼国の各地で導入されている。生態系に基づく沿岸管理（EBM：Ecosystem Based Management）や統合的沿岸管理を重要視するか否かにかかわらず、当該島嶼国の地元コミュニティでは、反復性と適応性のある管理に重きを置く現代科学に基づいた取り決めと共に、伝統的な慣行が実施されている。新しい管理に関連する課題の解決に古い方法を適用することは、当該地域で現在実施されている共同管理制度の優位な点である。これらの異なるアプローチは、漁業資源に対する自然と人間双方の活動による影響が、漁業資源の自然回復力を妨げないようにすることの重要性の認識という、有益な教訓を与えてくれる。

地域主体型の漁業管理が、中心部から遠く離れた地方で持続可能な漁業を達成するための有効なアプローチとして、正式に政府に認められるべきであることを明らかにすることが、本章の目的である。このアプローチは、漁業資源を効果的に管理するための財源などの資源とそのために必要とされる要件が不足している太平洋島嶼国の沿岸漁業管理にとって、特に適した方法である。広範囲にわたる漁業海域をもち、広範囲に分布しているこれらの小さな国々にとって、地域主体型の沿岸漁業管理と、養殖漁業並びに人工浮魚礁（パヤオ）や水揚げされた魚類の加工設備の向上など革新的な対策の導入が、沿岸漁業資源の持続可能性を脅かしている問題に対する非常に重要な解決策となる可能性がある。多様な脅威に取り組み、現在と将来の持続可能な漁業を保証するために、本章では、慣習や伝統、科学的で反復性や適応性のある管理方法について主に述べることとする。

第2節　沿岸漁業の現状

　太平洋島嶼における沿岸漁業は，発展途上にある小規模島嶼国の経済にとって最も重要な産業分野であることはほぼ間違いないが，そのことはあまり理解されていない。沿岸漁業の重要性，人々の生活と経済への貢献，漁業管理の切迫した必要性という点に情報が欠如していることがその理由である。沿岸資源は，地元のコミュニティにとって食料と所得の主要な源泉であり，かけがえのない海洋生物多様性を担う生息域でもあり，広範囲にわたる海洋資源管理の対象でもある。人間の活動が最も活発な沿岸域で行われる沿岸漁業は，陸地や海岸，干潟，海草藻場，マングローブ，サンゴ礁および外洋で展開されるあらゆる活動の悪影響を受けやすい。このように，沿岸漁業に関係する植物や動物が数多いことや利害関係者の存在が，資源管理を複雑ではあるが，非常に重要なものにしている。

　沿岸漁業には，商業的漁業，零細な商業的漁業，自給的漁業，養殖業，栽培漁業がある。これらの漁業形態は，複雑な組み合わせで統合されつつある。自給的漁師のなかには，自分の生活に必要な魚をとるだけでなく，海藻を養殖したり，自分が獲った魚類の販売など時々商業活動を行ったりする者もいる。沿岸漁業では，海面や海中でも使用可能な漁網や手釣り糸，銛が使われる。その他の収入源には，生きたリーフフィッシュ，真珠の養殖，ナマコ，ライブロック（live rock：「生き石」。訳者注：生きたサンゴ藻やその他の海洋生物で被覆された石片），水槽用や観賞用の魚の売買などがある。漁業活動の急速な拡大と商業化は，経済への多大なる貢献をもたらしたが，また，資源の乱獲や長年漁業に携わってきた人たちよりも優れた装備を備えた人々の参入も招いている。沿岸漁業活動がますます貨幣経済化されているため，広範に行われている島々における自給的漁業，零細な商業的漁業，商業的漁業の違いは，徐々に曖昧になってきている（FAO 2009）。

　自給的漁業は，主に自家消費を目的として，その漁場は3〜4時間で到達できる範囲内に限定されている。この漁師たちは，主に伝統的な漁具を使用するが，その漁獲量は全漁獲量のほぼ半分を占めている（FAO 2009）。自給的

漁師は，魚からナマコ，タコ，海藻，ロブスター，ノコギリガザミ，さまざまな二枚貝類や軟体動物まで，ほぼ全ての魚介類を対象として漁をしている。捕獲された魚介類は，全て消費または交換されるが，余剰分がある場合やロブスターやカニなど市場価値の高いものについては，この限りではない。少なくとも地方に住む家庭の50％は，何らかの形での自給的漁業に携わっており，また約半数以上の国内生産は，この自給部門によるものである。明確な数字によるデータは乏しいが，自給的漁業は国内の食料供給に最も大きな貢献をしている（FAO 2009）。

　沿岸資源の商業化は，資源の乱獲と地域市場への継続的な食料供給と結びついている。Rawlinson 他（1995）による，フィジー諸島のヴィティレブ（Viti Levu）島での1990年代半ばの調査によれば，小規模漁業の60％は礁湖（ラグーン）で行われており，人口集中地域に近い地域における小規模漁業が，沿岸域における商業的に重要な魚種の乱獲を引き起こしている（FAO 2009）。このような人口が集中した主要地域の漁師たちは，魚の乱獲域を作り出しており，乏しい市場の需要や可能性が低いことから零細な商業的漁業があまり発達していないような，沿岸からより遠い漁場へと移動するため，その領域は拡大している（FAO 2009）。

　太平洋島嶼のコミュニティのすべてにおいて，漁業は主なタンパク源である。1994年のADBによると，ツバルでは，一人が1日におよそ500gの魚を消費しているが，これはフナフティ（Funafuti, 編者注：ツバルの首都）全体では1日に約2,000 kg，1年で730 t もの量になる。残りの国々では（表6-1），一人あたり魚消費量が一番低いのは，広大な土地を有しているパプアニューギニア（16.9 kg）で，キリバスが181.6 kg と一番高い（Gillett 2011：p. 83）。この依存の度合いは，沿岸資源の重要性と，沿岸の魚類資源量の持続性への脅威を示すものであった。Lang（2008）は，フィジーを含む太平洋島嶼の全ての国のデータを示し，沿岸の魚類資源量の減少と乱獲，そしてこのような事態がもたらす，タンパク質供給への影響や地元コミュニティと国の経済活動への影響について明確にし，この報告を通してその状況を明らかにした。

表6-1 太平洋島嶼における年間一人あたりの魚消費量　　　（単位：kg）

国　名	南太平洋フォーラム漁業機関 (South Pacific Forum Fisheries Agency) へのR. Gillettのデータ（1997）[1]	FAOデータ，2001-2003年の平均[2]
クック諸島	67.8	44.6
フィジー	50.7	35.9
キリバス	181.6	75.2
マーシャル諸島	67.8	11.3
ミクロネシア連邦	73.4	46.9
ナウル	50.0	
ニウエ	62.3	
パラオ	107.7	58.8
パプアニューギニア	16.9	13.8
サモア	31.8	57.3
ソロモン諸島	44.8	42.6
トンガ	34.5	49.1
ツバル	113.0	40.6
バヌアツ	27.0	30.2

[1] 出典：http://www.spc.int/coastfish/Countries/countries.htm
[2] 出典：Laurenti, G. (comp.) 1961-2003 Fish and fishery products: world apparent consumption statistics based on food balance sheets. FAO Fisheries Circular No. 821, rev. 8. FAO, 2007. p. 439

第3節　持続可能性に対する脅威

　南太平洋大学海洋資源研究所（IMR：Institute of Marine Resources）によれば，太平洋における気候変動とサンゴ礁保全に関するアジア太平洋ネットワークプロジェクト（Global Change and the Coral Reef Management Capacity in the Pacific）の一環をなす協議プロセスに参加したフィジー，サモア，ツバル，トンガの科学者と政策立案者は，サンゴ礁への主な脅威は地球温暖化や魚の乱獲，汚染，沿岸の生息域の変化，侵入種であることを確認した（Institute of Marine Resources 2010）。魚と海洋植物に対する気候変化の影響は未だ明確にされていないが，高水温がいくつかの魚類資源量の分布や生殖，回遊に影響を与え

ると考えられている。

　1960年代半ばから後半の政治的独立以来みられる経済発展の追求は，太平洋島嶼国の至るところで，広範囲に及ぶ環境の変化をもたらした。これらの変化は，沿岸漁業を行う国に多大なる影響を与えた。加えて，2011年までに人口が1,000万人に増加（SPC 2010）したことは，沿岸漁業資源の消費の増加を意味し，これにより，他の海域から来る資源を含め，さらなる供給が必要となった。また，現存する漁業管理手段のほとんどは，農業，畜産，林業，観光業，インフラの開発および居住地整備など，陸上における活動には，何ら影響を与えるものではなかった（ADB 2009）。

　2012年を含むそれ以前の6年間に，太平洋島嶼国を襲った大規模な洪水は，沿岸の生息域に害をもたらす巨大な量の淡水と堆積物を運んできた。この問題は，魚の乱獲や沿岸の生息域の変化，汚染，新たな動植物種の侵入のような人々の活動から生まれる悪影響によって，さらに悪化してしまう。陸上における活動の影響は，海洋や海域に及び，その地域の状況の安定が乱され，沿岸漁業にとって有害となる藻類や海藻の大量発生，資源の枯渇，生息域の変化などを引き起こしている。

　現在，太平洋島嶼国で広がっている「廃棄物災害（waste disaster）」は，長年にわたる怠慢と，廃棄物を企業が負担すべき環境コストと見なさず，持続可能な開発に対する脅威と考えずに，経済発展政策を追求した結果である。小さな島々が，下水や産業廃水並びに商業活動と家庭から出る廃棄物によって，文字通り溺れかかっている地域もある。小さな島々をもつ開発途上の島嶼国は，急速に悪化する環境への対応ができていない。例えば，クック諸島の主な観光地の一つであるラロトンガ（Rarotonga）のタキツム礁湖（Takitumu Lagoon）は，増加する排泄物や沿岸の砂地にある不適切な浄化槽システムによる汚染が進み，沿岸漁場の一部でもある礁湖に地元の養豚場から直接汚水が流れ込み，魚類の生息域が著しく汚染されている（PACNEWS 2009）。

　南太平洋地域環境計画（SPREP：South Pacific Regional Environment Programme）によれば，トンガのヌクヘトゥル（Nukuhetulu）などの地方の村では，これまでずっとゴミは燃やされ，裏庭に埋められるか，ファンガウタ礁湖（Fanga'uta Lagoon）の端のマングローブに捨てられていた（SPREP 2010a）。村人たちは，

自らのマングローブへのゴミ投棄が，自分たちの漁業環境を脅かしていることに気づいていなかったのだ。同様に，環礁，洲島，サンゴ島などの低い土地にある汚水処理タンクと汲み取り便所は，排泄物が水路に入り込むのを助長し，人々が食料を確保している海において，藻類の大量発生を引き起こしている (Easter 2010)。こうした事態は，洪水の際にはいっそうひどくなる。

下痢が，これらの小さな太平洋島嶼のコミュニティにおいて，主な死因となっているが，人々は，この病気と排泄物管理方法との間に関連性があることに気づいていない (SPREP 2010b, 2010c, 2010d)。キリバスのキリスマス島 (Kiritimati Island) では，赤色の植物性染料がトイレに流れ込みピンク色の溶液が井戸から出た時に，初めて人々は水洗トイレと汚染された地下水との関係性を学んだ (Easter 2010 ; SPREP 2010b, 2010c)。Leonie Crennan 博士によれば，汲み取り便所や水で栓をされたトイレと，水洗トイレの汚水処理タンクは，地下水と海岸線から適切に離されて設置される場合には許容できるが，環礁からなる国々での利用は勧められないという (SPREP 2010b, 2010c, 2010d)。環礁島など低い島々にあるこうした設備を何年も過剰に利用することで，これらの国における沿岸漁業の持続可能性に損害を与えることとなるだろう。

ゴミの収集と処分方法は，重大な脅威となっている。ほとんどのゴミ捨て場は沿岸域にあり，漁場に影響を与えている。マーシャル諸島政府は，5年間でマジュロ環礁 (Majuro Atoll) に4つのゴミ捨て場を建設した後で，そこを全て閉鎖した (Chutaro 2010 ; SPREP 2010e)。これは大きな出費であったが，マジュロのゴミはまだ海岸線に残ったままであり，そのゴミの多くが沿岸漁場に流出している。

パプアニューギニアでは，バラカウビーチ (Barakau Beach) の西端に積み上げられたプラスチックの山が，ビーチ上の満潮線に沿うような形で並んだトイレから出る家庭の排泄物と共に問題となっている。バラカウの人々は，何世代にもわたって人や動物の排泄物をこのような方法で処理してきたが，今日では人畜の排泄物の多大なる増加により，情勢が変化してきている (SPREP 2010f)。残念なことに，人々は不適切な廃棄物処理と住民の健康や幸福との関係性を理解しておらず，生活ゴミと産業廃棄物を海洋管理区 (MMAs：Marine Managed Areas) に排出し続けている。漁場の現状を改善する

には，状況を好転させるための慎重な計画と地元民の意識を高めること（Lang 2008）が必要であろう。

　沿岸漁業資源は，太平洋島嶼のコミュニティにとって非常に重要であるが，開発途上にある島嶼国における変化がこうした資源の持続可能性を著しく低下させていることは明白である。現在の沿岸漁業管理の取り決めは，魚類資源量の持続可能性に対する取り組みにはなっておらず，変更されなければならない。統合的アプローチは，沿岸域全体が生態系を重視する取り組みの重要性を核とする伝統的な慣行と，近代的な方法を組み合わせたものである。このアプローチは，沿岸漁業の健全さの保持や環境保全に影響を与える全ての問題と脅威に焦点をあてた取り組みである。それゆえ，政府による技術的支援や助言を得て，地元の沿岸コミュニティが取り組みを実行するのが適切である。

第4節　地域主体型資源管理の合理性

　持続可能な沿岸漁業では，長期にわたる漁業活動の発展と維持，また漁業資源と周辺環境の保護に重点がおかれる。その原理は論理的でわかりやすいものであるが，ほとんどの太平洋島嶼国政府の実施能力を超えてしまっている。なぜなら，それらの政府では，未だに縦割りの管理方法が実施され，国の各コミュニティの積極的な参加が得られていないからである。そのため，主流となっている政府主導の近代的なシステムの代替案として，地域主体型の資源管理がより適切な方法であると考えられる。地域主体型の漁業資源管理は，実際に資源を使用し，資源に依存している地元の人々が中心となり活動するため，有効である。地元のコミュニティが実施するため，そこの住民の慣行を取り入れることもできる。またこのアプローチなら，特定の問題に関する研修会を開き住民の自覚を促すことができ，コミュニティが解決したい問題を解決するための適切な活動を重点的に促進することができる。この多面的で集中的なアプローチは，現代の資源管理制度の一例であり，縦割りで単独的な解決方法より有効である。

太平洋島嶼国において，伝統的な資源管理方法の実施に対する関心と利用の機運が高まっていることは，昔から環境が厳しい地方の小さなコミュニティに，人々が快適に住むことを可能にした伝統的知識の価値に対する正しい評価の結果である（Veitayaki 1994, 2002）。加えて，このような進化し続ける強力なシステムは，導入が簡単で，関連性が高く，低コストで実施でき，健全で生産的な沿岸漁業を維持しながら，地方の生活状況を改善するという人々の願いを達成するのにより適した方法である。

　地域主体型の漁業資源管理のビジョンは，自然環境の健全さと生産性を保護すると同時に，何よりもまず貧困と有効に戦うために食料源を保護することである。これは，政府主導の管理手法とは異なる。政府主導は，荷揚げ場の改善や漁業製品の売上による所得の最大化を目標にし，高い漁獲効果を維持できるかどうかを顧みない。このことは，開発などの活動の結果として資源が急速に枯渇している沿岸漁業構想を通して学ばれてきた。開発活動における沿岸コミュニティの参加が限定的であり，政府主導の現代の資源管理制度には一貫性のない関与をしている中で，このような事態が明らかになっている。これと比較して，地域主体型の資源管理制度は，その資源管理慣行が，本来，地元住民の文化や知識，伝統の一部であったため，より多くの住民に受け入れられている。

　ソロモン諸島など，いくつかの太平洋島嶼国では伝統的漁業権が憲法で承認されていることがこの権利の重要性を示しており，これらの国々にふさわしい沿岸漁業の持続可能な発展の根拠とみなされるべきである。フィジーでは，約410もの伝統的漁業権区（qoliqoli）が登録されており，かつ，自給的漁業のみを支えていたが，今では次第に商業活動者にも共有されてきている。その結果，地元漁師による漁獲圧がもはや持続可能でないような，乱獲が激しい漁業権区では，資源管理が危機的な状況にある（Muehlig-Hofmann 2008）。地元のコミュニティでは，住民が漁業権区の所有権を有しており，漁業権区の重要性を認識し，その管理を任せられている。2000年以降，フィジーでは，地域主体型の管理活動が，常設禁漁区から限定的な海洋資源の利用が許される範囲にまで及んだ。しかし，コミュニティは海洋資源の利用を制限し，沿岸資源を保護・管理し，また，生計手段の代替源を探すという難

しい決断をした。これらのコミュニティの多くは，彼らの漁場における魚類資源量の復活を目の当たりにしており（FAO 2009），自分たちと関係があるその他の地方の開発問題にも取り組んでいる。目下重要なことは，政府の支援を確保することであり，管理活動に取り組む重要性を全ての利害関係者に納得させることである。

　サモアやフィジーなど，いくつかの国における二重の沿岸資源管理システムは，非公式な慣習システムを改正し，政府主導で法律に基づき正式に制定された管理システムと共存させる形で，資源の利用者と所有権保持者によって導入された。これに加えて，キリスト教の影響によって，その教えと環境保全が結び付けられたに違いない（Lang 2008）。本章では，地域主体型の資源管理協定の履行改善に資する教訓を導き出すために具体的な例を考察するものとする。課題は，各々のシステムの強みが沿岸資源の有効な管理のために利用されるような共同管理に向けて，人々に利用されている異なるシステムをどのように統合するかという点である。

第5節　地域主体型の漁業管理

　有効な地域主体型の漁業経営には，優れたコミュニティ計画と組織が必要である（Lang 2008）。資源管理構想には住民の同意が必要であり，決定された取り決めに従う姿勢が求められる。また，彼らが取り組むべき全ての問題に確実に取り組むためには，よいリーダーシップと適応性のある共同作業が必要とされている。こうした理由で，太平洋島嶼では，統合的な沿岸漁業資源管理の計画や実施において，コミュニティが一体となって取り組むことが一般的に受け入れられており，より効率的である。Lang（2008）によって報告されたいくつかの取り決めのイニシアティブから得られる教訓は，現在進行中の漁業資源管理に有用な洞察を与えるに違いない。

　バヌアツにあるマレクラ（Malakula）島のクラブ湾（Krab Bay）イニシアティブとは，1980年に宣言された特定種の禁漁区と，手のひらの大きさ以上の幅のカニのみ捕獲が許される，マングローブ林内でのカニの収集ゾーンを決め

ることだった。この構想に対して，南太平洋基金 (Foundation for the South Pacific) を通して外部資金が投入された (Lang 2008)。資源管理委員会が設立され，伝統的な首長らと共に，資源管理に関する決定を下し，調査を行い，条例の施行に向けた政府の支援を受けた。2003年には，参加型状況分析 (participatory situation analysis) と，マングローブの類型と調査方法，女性の参加に関するトレーニングに，国際水域プロジェクト (IWP：the International Waters Project) から資金援助があり，その後，資源管理構想の実施状況が大きく改善された (Lang 2008)。この構想は，資源価値の高まりや捕獲区へのスピルオーバー効果による消費の増加が実感につながり，地元のコミュニティにとって有益なものとして受け止められた。監視と法令遵守は全住民の責任で，彼ら自身が違反を報告し，違反者に科される 5,000 バーツの罰金の中から，1,000 バーツを受け取ることができた。彼らはまた，進行中の管理や必要とされる調査の資金源となる，エコツーリズムの発展を望んだ。

　南太平洋基金によれば，気がかりなのは，行動計画の同意に向けた調整にかなりの長期間を要することがある点だ。これは，コミュニティの住民が，取り組むべき問題とその解決方法について対立したためであった。結局，彼らが合意する行動計画を得るために，2年もかかった。その上，禁漁区でさえ，回復の速度が緩やかであったため，人々は改善された状況を目にするまで忍耐強くなければならなかった。彼らはまた，計画のために管理地区周辺の漁業と網のサイズを縮小しなければならず，また，利害の対立を低く抑えるために，より大きな規模の保護区を設定するよう，他の資源管理者たちと協働しなければならなかった (Lang 2008)。

　バヌアツのグナ・ペレ海洋保護区 (Nguna-Pele Marine Protected Area) は，8つのコミュニティが管理する禁漁海洋保護区で構成され，付随する環境保護措置が取られている。2003年以降，海洋保護区は，14の村を含むまでに拡大し，乱獲の防止，環境汚染に対する取り組み，廃棄物の管理，天然資源の保護という目的の下に団結した (Lang 2008)。各村には海洋保護区委員会が設立され，それぞれが各村内での資源管理を実施し，取り決めの順守を促した。例えば，ウナカプ (Unakap) 海洋保護区では，シュノーケリングが許可されている常設保全区，シュノーケリングが許可されていない保護区，そしてヤ

コウガイ，サラサバテイ（タカセガイ），二枚貝，ナマコの捕獲が禁止されている漁業区という，3層からなる管理計画が実施されていた。2008年には，ゲストハウスがオープンし，シュノーケリングツアーの観光客の受け入れも始まった（Lang 2008）。

グナ・ペレ海洋保護区には，ナショナルジオグラフィックが供与した5,000ドルの補助金によって設立された研究所があり（Lang 2008），専門的なサポートを提供するピースコー（Peace Corp：アメリカ平和部隊）のボランティアが配置されていた。グナ・ペレ海洋保護区が設立したボートタクシーサービスは収入源となり，地元民にとって交通費の節約につながり，村と共に観光業と保全活動に関わる3人の有給スタッフの雇用ポストも生み出した。研究所に導入されたソーラーテクノロジーは，地域主導型管理海域（Locally Managed Marine Area）ネットワークや，オーシャンズウォッチ（Oceanswatch）など，協働者同士の結びつきを高め，これにより，トレーニングやネットワーキング，支援などが強化された（Lang 2008）。

グナ・ペレ海洋保護区は，水産省と合意書を交わしたが，これは政府に支援された構想に基づき，ポスターやリーフ・チェック（Reef Check）を通じて認識を高めるためであり，サンゴ礁を横断して魚やサンゴ礁を調査する村人を養成するためでもあった。リーフ・チェックのトレーニングでは，若者に様々なサンゴ礁を見せて，より標準化された定期的な調査の必要性を理解させるようにした（Lang 2008）。グナ・ペレ海洋保護区は，環境キャンプや村の清掃活動を組織するために，非常に成功を収めたワン・スモルバッグ劇団（Wan Smolbag "one small bag" Theatre Company）と共に活動を進めた。ワン・スモルバッグ劇団は，バヌアツのニ（Ni）に住む人々に，カメやその他の海洋生物を保護するよう説得する際に力を発揮した。彼らは，村々を見て回り，環境や社会の問題を提起し，若者に雇用を提供した。こうした活動は拡大し，オーストラリア政府やNGOから支援を受けた。グナ・ペレ海洋保護区はまた，サンゴ礁への単一乾電池の投棄を防止するため，再充電可能な電池を使用する運動を村々の人々と共に行った（Lang 2008）。

1999年のサモアでは，国際自然保護連合（IUCN：International Union for Conservation of Nature）と世界銀行，コンサベーション・インターナショナル

による共同の地域主体型の資源管理イニシアティブにより，ウポル（Upolu）南東の沿岸43平方マイルの保護が認められた。この海域を管理する決定は，先の社会経済調査に基づくもので，これにより海洋資源を保護するための2つの海域が認定された（Lang 2008）。サファタ（Safata）海洋保護区は24.4平方マイルまで延長され，マングローブ保護区と，8.5平方マイル以上に拡大された10の小さな禁漁区を含んでいた。これらの海洋保護区は，9つの村々によって集合的に管理されていた。アレイパタ（Aleipata）海洋保護区は，11の禁漁区と，カメが産卵する沿岸の島を網羅していた。この海洋保護区は，11の村々に管理されていて，それぞれが禁漁区を海洋保護区内にもっており，そこでは，海洋保護区外の人々による商業的漁業や観光，自給的漁業が行われなかった。

　プロジェクトの世話役であるプレア・イフォポ（Pulea Ifopo）氏は，コミュニティ活動を監督する首長たちを通して働きかけた。プレア・イフォポ氏は，地元の経験や伝統的知識や地元における優先順位に基づく管理計画を考案するために，伝統的なシステムを使用して若者や漁師，女性，教会の聖職者の参加を促した。どちらの海洋保護区も，合意された管理計画に沿って，各村の首長で構成される委員会によって管理されていたが，これは，村もしくは政府機関の委員会との合意に基づく，共通のビジョンと指標となる原則を要約したものであった。管理を進める上で，2つの基本となる柱は，キリスト教とファア・サモア（Faasamoa：サモア人の生き方）だった。だが一方で，施行や罰金に関しては，伝統や慣習に合わせてコミュニティによって管理され，資源管理はコミュニティの責任であると教えられた人々によって，このような自主的な貢献が促進された。ピースコーのボランティアたちは，地元の学校では海洋科学教育を教え，一方，日曜学校や若者グループミーティングを通して，若者の気付きを促す活動を行った。

　プレア・イフォポ氏は，海洋保護区の管理計画と，所得創出，生物学調査に関して責任を負っていた。彼は，2005年から2009年の間に，南太平洋サンゴ礁イニシアティブ（CRISP：Coral Reef Initiative for the South Pacific）が提供する資金を得ながら，政府と協働した。年に一度の海洋保護区調査の間，各村から4人のボランティアを募り，調査の手伝いができるように訓練した。

これにより，2003年以来，魚のサイズと数が増大していることが分かり，これらの結果は村人たちを大いに励ますこととなった。

　海洋保護区は，各コミュニティからの寄付とCRISPから分配された10,000タラ（米国ドルで$3,450）により，トラストファンド（信託資金）を立ち上げた（Lang 2008）。トラストファンドからの利子だけが海洋保護区の運営に使用されたが，この利子は資金の提供者にとって，この方法がより魅力的であり，彼らは，個人労働者よりもファンドに資金を提供することを希望した。トラストファンドは，アレイパタとサファタそれぞれから3人の受託者を設定した。受託者は，弁護士やコンサベーション・インターナショナルの海洋プログラムマネージャー，ならびにプレア・イフォポ氏から助言を受けた。海洋保護区委員会のその他の収入として，海洋保護区を訪れた観光業者とコミュニティに宿泊した人たちからの一人あたり5タラ（監視はされていない）の徴収金が充てられた（Lang 2008）。

　各村は，プロジェクトが進行している全ての村において広く交付された管理ルールを監視し，実施した。違反があった場合は，誰でも地区の委員会に報告することができ，罰金の50％はトラストファンドへと割り振られた（Lang 2008）。罰金は違反によって異なる金額が科された。重大な違反行為には，村から2～5年間の追放が科されることもあったが，「ウスファアイ（Usufaai）」地区の伝統では，密漁者を出した村が全体の地区に食料品を提供することと決められていた。また，外部者が海洋保護区と関連する紛争に巻き込まれた場合は，地元の慣習的な手順に従うか，もしくは裁判所の判断に任せるかの，どちらかを選ぶことができる。海洋保護区に関連する全ての条例は，漁業法の下につくられており，国の裁判所を通して，住人でない者にでも行使される可能性があった（Lang 2008）。全てのルール違反は，人々に警告の意味を込めて公表された。

　最後に，2つの事例をフィジーから紹介する。天然資源の管理のためにヴァヌアレブ（Vanua Levu）島で試されたEBMと，ガウ（Gau）島の統合的沿岸管理は，天然資源の利用と管理に影響を与える社会経済的要因の重要性を示した。ヴァヌアレブ島では，マズアタ，マリ，ササ地区のココヴァタ漁業権区，マズアタのドレケティ漁業権区，そして，ブア地区のクンブラウ漁業

権区において，人々は，一定期間，沿岸漁業資源を自ら管理し，地元の資源管理構想がよい結果に繋がるように，役立つ洞察を提供してきた。

　マズアタやブアのコミュニティにおける人々の収入獲得と資源利用の様式は，周辺の土地や森林，淡水，海洋資源との結びつきと依存を示していた。資源の管理保護に注意が払われていなかった頃，この込み入った結びつきは，対象エリア内の天然資源に多大なる負荷を与えた。現在の高い中途退学者数が，区域内の天然資源への負荷を徐々に増しているため，高い人口増加率が続くと仮定すると，漁業資源を利用している人々の数は望ましいものではなくなると予見されていた（Bolabola et al. 2006）。

　都市の中心部に近いコミュニティは，より多くの経済活動を達成したが，そのほとんどは主な収入源を海洋と陸上の資源に依存したものであり，天然資源の収穫による収入は，全ての家庭収入の75％に達した。若年人口がこうした資源の乱開発を増加させ，自然環境を悪化させることは避けられないため，このような傾向は続くと予想された。

　ゾコヴァタ漁業権区のおよそ8.6％（すなわち，全面積1,349 km^{2}のうち，116.5 km^2）は，2004年11月以来，海洋保護区と禁漁区として管理されている（Bolabola et al. 2006）。これらの海洋保護区の3分の1は，マングローブの島をふちどるサンゴ礁だった（Bolabola et al. 2006）。当初の計画は，海洋保護区のネットワークの下で，漁業権区全体の30％にまでエリアを拡大するために，地元の人々と協働することだった。海洋資源の保護は，土地にまで拡大する予定だった。これは，伐採や農業活動により植物にダメージを与え，土壌の侵食や地すべりが起きていた，川岸と流域の森林の回復を図るのが目的であった。生態系に基づく管理は，海や海洋保護区に流れ込んだ土の堆積量を減らすために使用され，結果的にサンゴ礁とサンゴ礁に生息する海洋生物が成長できる状況をつくりだした。このヴァヌアレブ島での地域主体型の資源管理介入は，食料源と漁業権区保有者の生活に必要な食料源を保護することが期待された。

　ガウ島のロマニ・ガウ（Lomani Gau）は，2002年にヴァヌアソ・ティキナ（Vanuaso Tikina）の5つの村で開始された試験的なプロジェクトであるが，2005年以降は，島全体で統合的沿岸管理を推進している。このプロジェクト

は，MMAs を管理するために結成された地元のコミュニティでも実行できることが示された。全ての地方部でもそうであったように，沿岸資源の漁獲圧はガウ島の村々でも認められたが，そのような過渡期にある自給自足社会では，お金の必要性が増加し，資源の利用度も恐ろしいまでに増大した。加えて，新たな科学技術の導入が自然環境の変化を早めている。こうした漁業管理の課題に取り組むために，人々は MMAs を宣言し，また，将来の不測の事態に十分に備えるために，自分たちの環境資源と開発行為を管理している。

　このイニシアティブの下での計画は，住民とその子孫にとって持続可能な未来をもたらすために，住民が計算された資源管理を決定して，ガウ島を変えていくことだった。このプロジェクトは，沿岸域で直面している過ちや課題に取り組んだ。そこでは，収入や生活のための代替源を考案するために，比較的優位な点を利用することに焦点が当てられ，また人口増加と生活資源の減少，資源の開発や枯渇，現金の必要性，気候変動や災害などによって悪化している貧困問題など，グローバルな変化に備えるための支援も行われた。人々が直面している重要な課題に取り組み，既存の好機や新しいチャンスを生かすために，沿岸コミュニティの統合的管理が必要であると説き，人々の資源管理活動を統合するのがこのプロジェクトの狙いだった。

　このアプローチでは，コミュニティごとに沿岸環境の管理と回復案を考案するために，村人との協働を必要とした。主なプロジェクト活動は，マングローブ，湿地帯，海岸植物などの沿岸植生の回復と保護，流域と農地の保護，自由に歩き回り沿岸環境に害を与える家畜の管理，村の廃棄物と流出物の管理，参加型意思決定プロセス，リーダーシップと統制の強化，適正な代替収入源の確保における村人の参加，などである。

　このプロジェクトは，将来世代を含めた村の全ての人々に利益を与え，村の生活を改善し，危機的状況にある沿岸環境を保護し，生計の代替案を提供することが期待された。また，地球の持続可能な発展という大望に沿って，環境資源のより良い利用をするために，政府と人々によって取られた構想に敬意を払うことが期待されていた。

第6節　取り組むべき課題

　地域主体型の資源管理は，ほとんどの太平洋島嶼国において，論理にかなった選択肢ではあるが，その実効性は，人々が本章で述べた課題にいかにして取り組むかにかかっている。これらの課題が解決されない場合は，地域主体型管理制度は衰退することになる。こうした課題には，食料と所得の源泉としての沿岸漁業資源の重要性や，地元のコミュニティで起こっている社会・経済的な変化の影響，政府からの支援のレベルに加え，地元の参加，リーダーシップ，社会的繋がりなども含まれている。

　自給的漁業の少なくとも90％が沿岸のサンゴ礁域で行われ，近代的漁具の使用によって漁獲高が増大し，資源が減少するような状況下では，地域主体型管理を組織するのは困難である。商業的漁業への移り変わりは，集中的で破壊的な漁業という結果に繋がる。このことによって，漁業権区と資源は不毛となり，食料源がすぐに金銭的利益と交換されてしまうため，人々の食の安全保障が脅かされる。これらのコミュニティにとって，資源管理は外部からの歓迎されない過大な要求でしかなく，住民の伝統的権利を奪おうとする行為と同じものである。フィジーのマズアタでは，管理区内で漁業をすることで，管理に対する反対の意思表示をしている人々もいる（Bolabola et al. 2006）。それゆえ，もし彼らの管理エリアを，科学者が適正であると考える大きさにまで拡大することを要求すれば，どのような反応が返ってくるかは想像に難くない。こうした理由で，人々が自らの利益が無視されていると感じないようにするためにも，巧みに彼らの参加を促すよう交渉し，管理を実施しなければならない。事実，地元住民の伝統的権利への執着は強いため，生計の代替源を，彼らの失った権利や利益を補償するために紹介し，管理活動における彼らの支援を得るのがよいだろう。

　部外者は，地元住民の信頼と支持を勝ち得なければならない。住民が，自分たちの利益がしっかりと守られていることを理解することによって，こうした信頼は得られるにちがいない。良好な関係性の確立は簡単ではない。漁師たちが，近い将来には，減少した漁獲量や増大するコストの負担を負わね

ばならないが，それはより多くの漁獲量をより長期にわたって得るためのものだと理解すれば，有益なものになるであろう。海洋保護区のネットワークを築くための努力は，最終的には，保護区から生まれる漁獲量の向上という形で報われることが，すでに世界的にも証明されている。ブア地区のクンブラウ漁業権区の人々と，そこで最近ダイビングをした人々によれば，保護区内の魚のサイズと量は向上しており，おそらく国で一番とのことだった。漁業エリアへのスピルオーバー効果はまだ確認されていないが，コミュニティはすでに保護区の利点を目の当たりにしている。

　太平洋島嶼のコミュニティは辺境にあり，彼らは自らの天然資源を，自らの慣習に従って管理してきた。過去にはそのシステムもうまく働いたが，現在，これらの国々で起こっている社会的・文化的変化は，そうした慣習的な取り決めを弱体化させている。現在の人々は，より個人主義的考えをもち，かつては年長者によって守られていた伝統にもはや厳密に従っていない人もいる。加えて，人々は，今日では漁業権をもつ漁師とその仲間と資源を共有しなければならないが，その漁師らは地元コミュニティの資源管理義務に協力的ではないかもしれない。太平洋島嶼の多くの島々では，慣習的漁場での漁業監視の責任と伝統的な資源管理制度の施行は地元コミュニティが負うことになるが，彼らは望ましくない訪問者を防ぐための力もろくに持っていないのが現状である。これが，密漁が広く行われている理由である。

　地域の至るところでみられる伝統的な資源管理制度であるにもかかわらず，人々はしばしば，生息域の海水や空気などの要素の間に存在する相互作用や生息域間の接続性（connectivity）を理解していない。多くの場合，人々は漁獲量の減少と，何年にもわたって過度に利用された結果劣化した漁場の状況との関連を結びつけて考えることができていない。これらの沿岸コミュニティの多くでは，人々はもはや漁業に依存しておらず，資源量を復活させることや，復活のために協力することへの動機を全くもっていない。資源管理は長い時間を必要とするため，しばらくした後に人々が諦めてしまうエリアもある。他にも，しばらくの間は保護がみられても，最終的には人々が海洋保護区や管理区での漁業を要求し始める，という場合もある。人々が，禁漁区と漁獲量の増加，または漁業区と漁獲量の減少を関連づけることができな

い場合，こうした状況になることがよくある。管理区で漁業をすることによって管理が始まる前と同じ状態に戻ってしまうことを理解していない人々もいるのだ。悲しいことに，フィジーのナヴカヴ（Navukavu）海洋保護区においても，上記のような漁業の影響に気づいていたにもかかわらず，人々はまだ考えを変えられずにいた。このようなことがあるため，多くの人から尊敬され，明確なビジョンを持ったリーダーシップが求められるのである。尊敬されているリーダーたちは，たとえ人々と立場を共有しなくとも，人々に信じてもらえることが多い。地元の優秀な人材や模範的な人物と共に働くこともまた重要である。実証や事例を通して，態度を変えさせることもできる。これに加えて，規則を設定することで，設定した目的や目標に人々の注目を集められるだろう。

　海洋保護区と資源管理区の理想的な大きさをめぐっては，議論が続いている分野でもある。地元のコミュニティによって宣言された資源管理区は，はじめに設計される際には小さくなりがちであり，生態系の回復を支援するためには拡大される必要があるだろう。留意するべき重要な点は，政府が果たしていない資源管理への責務を，これらのコミュニティが実施していることである。科学技術を利用すれば，より適正な資源管理区を設計するために必要な，一般的な種の分布を示すことができるため，正しいアプローチと科学の利用を組み合わせれば，コミュニティを説得するのは難しくないはずである。サモアのアレイパタでは，住民が，禁漁区において繁殖期の間に魚が保護されないのではないかと心配していたという例もあった（Lang 2008）。

　財源は，地元のコミュニティにとって主な制約となる。そのため，サモアやバヌアツにあるようないくつかのNGOや政府機関は，地域主体型の資源管理イニシアティブを支援するために，プロジェクト資金を使用している。太平洋島嶼国の地方のコミュニティの人々にとって，お金は必要不可欠なものであるため，彼らが資源の管理に財政的に寄付するなどの行為を通して貢献することは難しいのである。太平洋島嶼のコミュニティが，時にはアクセスが困難であるNGOや海外の資金援助に依存しているのは，こうした背景がある。太平洋島嶼国の政府は，それに値するコミュニティへ資金援助をすることで，地方のレベルでの資源管理を高めることができる。

また，資源管理活動が長期にわたって持続するかどうかという点は，3～5年という与えられたプロジェクトの期間の長さからみて，重要な問題である。漁業活動に求められているような，人の行動に変化を生み出すことは，そのような期間内では不可能であり，成功する地域主体型の資源管理のケースのほとんどは，長期間で引き受けられるものである。ガウ島では，約10年にわたる準備会合や協議，能力強化，試行，協力の後に，ようやく活動に勢いがでた。ロマニ・ガウは今，村人の発展への強い思いを訴えるために，国際協力機構（JICA）からの資金を得て，フィジー政府や三重大学と共に活動を推進している。バヌアツとサモアでは，有効な地元の資金戦略を生み出すために，より良く運営された地域主体型のプロジェクトが始まっている(Lang 2008)。

　森林流域の保護と，水路と沿岸の森林区域の再生は，生態系に基づく管理と統合的資源管理の一部である。ガウ島では，環境的に健全な国家が，環境にやさしいサービスの提供ができるように，農業や土地利用，自然環境への人為的影響，廃棄物管理，漁業活動などを含めた，資源の持続可能性への脅威に取り組むことを目標としている。また，海洋保護区のネットワークの利益を得るために，海洋環境に影響を与える管理活動に加えて，長期的（もしくは永続的）にわたる全ての活動を停止するために，海域の区画の閉鎖が専門家によって推薦された。ロマニ・ガウは現在，何年も失われたままであった植林地の再生利用をするための植林構想を実行中である。幸運なことに，ガウ島では商業的な伐採は全く行われていない。

第7節　進むべき道

　沿岸の魚類資源量の減少は，太平洋島嶼全体で起こっている。これは，十分な注意が向けられていない深刻な問題である。ナマコの周期的な急騰と暴落の歴史は，問題が目の前で起こっていることを示す合図である。太平洋島嶼地域における地方のコミュニティは，魚類資源量の減少を止め，持続可能な管理戦略を推進し，伝統的沿岸漁業コミュニティの長きにわたる繁栄を支

援するために，地域主体型の資源管理に投資をしている。

　本章で言及されたさまざまな事例は，魚類の資源量を増大させ，海洋システムを回復させ，沿岸環境を再生させ，そして人々に生計の代替源を提供するために，地域主体型管理の効果を明示したものである。太平洋島嶼国は，各国の地元イニシアティブを支援するべきであり，このことは，彼らの国際的な責務にも大きく貢献することになる。2005年，モーリシャスで開かれた小島嶼開発途上国にかんする国際会議では，フィジーの代表が，領海の30％を管理下におくと誓った。今日までに，この活動のほとんどが地元のコミュニティグループによって行われた。太平洋島嶼国の政府は，以下のことを実行すべきである。

・地域主体型復興・増進プログラムの支援
・国と地方の活動を強化するための国家戦略と地域戦略の策定
・コミュニティ間における情報照合と情報交換の促進
・コミュニティ活動を促進するための，地元グループとNGOへの資金提供（Lang 2008）

　地域主体型の取り組みは，適正で的を射たものである。それは，立案や実施が難しいかもしれないが，導かれる解決策は地元の住民独自のものである。彼らの参加は，考え方を変えるきっかけをつくりだし，将来世代への利益を確保し，彼らの生活を向上させるのに必要な自己決定と推進力を奨励するために重要なものになる。政府は，地域主体型構想から得た教訓を広めるためのトレーニングセンターを設立するのもいいだろう。地方の村々では，村の外で生活したことのある人はほとんどいないが，彼らは同地域で手に入る関連のある事例から，経験や持続可能性に向けたスキルを学びとることができる。

　太平洋島嶼のコミュニティは，精力的で実践的な社会集団である。彼らは，彼らの結びつきや責任を形作る，首長，リーダー，継承プラン，慣習，伝統をもっている。それゆえ，このシステムは関連するアイデアを広めるために活用され，また，現代の統治に取り入れられるべきである。意思決定，合法

性の判断，施行もまた，村の統治システムの一部である。今必要なのは，個人の権利や自由，平等，透明性，ジェンダーなどの現代的価値観や権利を慎重に導入することであり，そのことは，これらのコミュニティの生き方が，国際的に受け入れられることを確実にするのである。

太平洋島嶼の政府は，率先して地域主体型の漁業管理を形づくるための努力をリードしなければならない。得られた経験を活かして，地元のコミュニティへの種まきを支援すべきである。これが，局所絶滅（local extinction）の地域や，成長の遅い種や価値のある種がかつて生息していた環境の再生に繋がることになる。破壊的な漁業や深刻に減少した種の漁獲は禁止し，しっかり監視する必要があろう。全ての枯渇種に対する制限も同様である。植林や農業，鉱業，インフラ開発，工業と製造業，海運業，観光業，商業的漁業などの活動との関係性を維持したまま，統合的なアプローチが，沿岸漁業資源を管理するために採用されるべきである。サモアとフィジーで見られたような，地元のビジネスとの協働は，多くの地域主体型の取り組みと，地元の成果達成のさらなる増進を促すことができる。

多くの太平洋島嶼のコミュニティは，地域主体型の漁業資源管理がうまくいくことを証明している。その手法は，沿岸漁業資源管理において革新的である。これらのコミュニティは，政府やNGOと協働しているものもあれば，独立しているものもある。全てに責任と犠牲が伴うが，多くの場合，生計を守ることにつながり，その有益性が見え始めている。国際社会は，地域主体型グループとそのパートナーが作り上げた努力を認め，地元住民が依存している環境資源を保全するために，漁業資源管理のこの方式を主流にすべきである。世界でも最も脆く，不利なコミュニティにおいては，これが持続可能な発展を明確にするために，費用対効果も優れており，適正なやり方である。

参考文献

ADB (2009) Draft for Discussion Interim Report RETA 6471 Strengthening Coastal & Marine Resources Management in Coral Triangle Phase 1 Prepared for ADB by UniQuest Pty LTD in association with The University of Queensland's Centre for Marine Studies.

Bolabola, A., J. Veitayaki, K. Tabunakawai and S. Navuku (2006) *Socio-economic baseline survey of Qoliqoli Cokovata area: districts of Mali, Dreketi, Sasa and Macuata, Vanualevu,* WWF Pacific, Suva.

Chutaro, S. (2010) Jenrok Models Improved Waste Management for the Marshall Islands. Retrieved on Jan 11, 2010 from http://www.sprep.org/iwp/index.asp, pp. 1-8.

Easter, E. (2010) Paradise Lost. Retrieved on Jan 11, 2010 from http://www.sprep.org/iwp/index.asp, pp. 1-8.

FAO (2009) National Fishery Sector Overview, Fiji. Fishery and Aquaculture Country Profile, FAO. FID/CP/FJI, 1-13.

Gillett, R. (2010) Fisheries Centres in the Pacific Islands: Lessons learned?. Gillett, Preston Associates Inc.

Gillett, R. (2011) *Fisheries of the Pacific Islands Regional and national information.* Bangkok: Food and Agriculture Organisation of the United Nations Regional Office for Asia and the Pacific.

Institute of Marine Resources (2010) *Global Change and Coral Reef Management Capacity in the Pacific: Engaging Scientists and Policy Makers in Fiji, Samoa, Tuvalu and Tonga Prepared By: The Institute of Marine Resources,* University of the South Pacific, Suva, Fiji.

Lang, M. (2008) Report of a South Pacific fisheries study tour to Papua New Guinea, Vanuatu and Samoa. Led by the Commonwealth Policy Studies Unit University of London in association with the Commonwealth Human Ecology Council and Commonwealth Foundation & with financial support from the UK Department for International Development and AUSAID.

Laurenti, G. (comp.) 1961-2003. Fish and fishery products: world apparent consumption statistics based on food balance sheets.

Muehlig-Hofmann, A. (2008) Ownership of Fijian inshore fishing grounds: community-based management efforts, issues of traditional authority and proposed changes in legislation. *Ocean Yearbook,* Vol. 22, 291-321.

PACNEWS (2009) Pacific a "Waste Disaster", July 15, p. 2.

Preston, G. L. (2008). The Ecosystem Approach to Coastal Fisheries and Aquaculture in Pacific Island Countries.

Rawlinson, N. J. F., D. A. Milton, S. J. M. Blaber, A. Sesewa and P. Sharma (1995) A Survey of the Subsistence and Artisanal Fisheries in Rural Areas of Viti Levu, Fiji. *ACIAR Monograph,* No. 351.

SPC (2010) http://www.spc.int/coastfish/Countries/countries.htm

SPREP (2010a) The True Cost of Tonga's Waste. Retrieved on Jan 11, 2010 from http://www.sprep.org/iwp/index.asp, p. 1.

SPREP (2010b) The International Waters Project 2000-2006. Strengthening the management of coastal fisheries, freshwater and waste in the Pacific Islands. Retrieved on Jan 11, 2010 from http://www.sprep.org/iwp/index.asp, pp. 1-8.

SPREP (2010c) Waste Management. Retrieved on Jan 11, 2010 from http://www.sprep.org/solid_waste/index.htm, p. 1.

SPREP (2010d) Promoting the adoption of Safe Toilet Systems in Tuvalu. Retrieved on Jan 11, 2010 from http://www.sprep.org/iwp/index.asp, p. 1.

SPREP (2010e) Working to Improve Waste Management in the Marshall Islands. Retrieved on Jan 11, 2010 from http://www.sprep.org/iwp/index.asp, p. 1.

SPREP (2010f) Championing Waste Reduction in Papua New Guinea. Retrieved on Jan 11, 2010 from http://www.sprep.org/iwp/index.asp, p. 1.

Veitayaki, J. (1994) The Contemporary Applicability of Traditional Fisheries Management in the South Pacific. In *Traditional Marine Resource Management and Knowledge Information Bulletin*, Noumea: SPC.

Veitayaki, J. (2002) Taking Advantage of Indigenous Knowledge: the Fiji case. *International Social Science Journal*, Issue 173, 395-402.

Veitayaki, J. (2005) Learning from Experience: Lessons from Coastal Fisheries Development in the Pacific Islands. In South, G. R. and C. Boese eds. *Conference Proceedings Pacem in Maribus XXXI. Building Bridges Towards Integrated Ocean Governance: Linking Ocean Science, Engineering, Technology and Policy*, 31 October–3 November 2005, Townsville, Queensland, Australia, 449-467.

Veitayaki, J. (2006) Caring for the Environment and the Mitigation of Natural Extreme Events in Vanuaso Tikina, Gau Island, Fiji: a self-help community initiative. *Island Studies Journal*, Vol.1, No. 2, 10-13.

Veitayaki, J. (2010) Pacific Islands Drowning in their Waste: waste management issues that threaten sustainability. *Proceedings of International Seminar on Islands and Oceans 2010*, Tokyo, Ocean Policy Research Foundation, 19-33.

第7章 パラオにおける自然共生型地域計画

飯田晶子

第1節 はじめに

1 自然共生型地域計画とは？

　人間をとりまく環境は，自然環境と人間社会の総和として成り立っている。熱帯・亜熱帯島嶼でいえば，森林，河川，湖沼，マングローブ林，藻場，サンゴ礁といった生態系が存在し，それぞれが内外の物質の循環やエネルギーの流れを通して相互に連関しあい，全体として島嶼生態系を形成している。そして，島における人間の暮らしは，そのような自然環境の基盤の上に築かれている。

　しかしながら，人間による自然への働きかけは，時に大きな脅威となる。例えば，人間が森林を大規模に伐採すれば，雨水浸透量や土砂供給量が変化し，河川生態系のバランスが崩れる。さらに，その影響は，川の流れを介して沿岸に到達し，藻場やサンゴ礁などの生態系にも影響を与える。また，それらの変化は，自然資源に依存する島民の暮らしにも影響を与える。約半世紀前，レーチェル・カーソンが「生態系の破壊は人間の生存基盤を破壊する」と指摘したように，生態系秩序を破壊する行為は，人が生きていくための基盤を劣化させることにつながる。

　本章で扱う「自然共生型地域計画」は，地域における自然環境と人間社会との相互関係を把握することを通して，問題の所在を特定し，それを解決す

るための計画づくりを行うことを目指している。それは、インフラや市街地等の開発が自然生態系に与える影響を最小限にするための空間配置計画、危機にさらされている重要な生態系を保全する計画、あるいは、一度破壊された自然を再生させる計画など様々である。

2　パラオの概要

本章で対象とするのは、ミクロネシアのパラオ共和国（以下、パラオ）である。パラオは、人口約2万人、総面積456 km^2、16の州より構成される小さな島嶼国家である。平均気温28℃以上、年間降水量3,800 mmという年間を通じて高温多雨な気候の下に、生物多様性豊かな熱帯雨林やサンゴ礁が発達している。2011年に「ロックアイランド南部ラグーン」として世界遺産に登録された、世界のダイバー憧れの地でもある。

パラオでは、元来豊かな自然資源を活用した狩猟・採集・農耕・漁労による完全な自給的生活が営まれていた。グローバル化の進んだ現代においても、伝統的な集落を訪れると半農半漁の暮らしの一端を垣間みることができる。一方で、19世紀末からの植民地支配や昨今のグローバル化の影響により、人々の暮らしや環境は徐々に変化してきた。また、海水面上昇などの気候変動による影響も新たな懸念事項として浮上してきている。

本章では、まずパラオの集落にみられる自然と共生する暮らしの原型を読み解き、次に近代における発展の一方で生じた環境の変化について述べる。最後に将来的なパラオの自然共生型地域計画の展望を描く。

第2節　地域分析の方法

地域の将来のあり方を計画する場合、まずはその地域を深く知ることが何よりも重要である。そこで、本論に入る前に、地域を分析し、理解するための代表的な方法をここで3つご紹介しておきたい。

1　地理情報システムを用いた空間解析

　地理情報システム（GIS：Geographic Information System）は，位置に関する情報を持ったデータを処理し，視覚化するコンピューター技術である。GIS は，複数の主題の地図を一元化して管理でき，それらの空間的な関係性を解析し，最適な土地利用や開発計画を導くのに用いられる。そのような技術は，1960 年代にアメリカの造園家・地域計画家のイアン・マクハーグが示したオーバーレイ手法（McHarg 1969）を，コンピューターで行えるように発展させたものであり，現代の地域計画の基礎的ツールとなっている。

2　GPS を用いた空間調査

　発展途上国では基本的な地図が整備されていないことがしばしばある。あるいは，先進国であっても，既存の地図には記載されていない空間データも数多い。そのような場合，フィールドワークを通して独自にデータを取得し，地図を作成する必要がある。その際に利用するのが，GPS（Global Positioning System）である。GPS で記録した空間データをパソコン上の GIS ソフトでただちに読み取り，それを元に独自の地図を作成することができる。

3　ヒアリング調査・アンケート調査

　一方で，地域の人々の暮らしについては，GIS や GPS を用いた空間調査だけでは理解することができない。それには，各種統計資料の把握も有効であるが，新たに必要な情報がある場合，現地の方々へのヒアリング調査やアンケート調査を行う（図7-1）。生計の立て方，資源の利用の仕方，暮らしの変化など目的に合わせて調査する。また，得られたデータを住民の方々へフィードバックするため，ワークショップを開催することもある（図7-2）。現地の方々と顔の見える関係を築きながら，地域をよりよく理解し，将来の計画をともに考える。そのようなプロセスは地域計画に携わる者にとっての醍醐味ではないかと思う。

図7-1 ヒアリング調査の風景　　図7-2 住民ワークショップの風景

第3節　自然と共生する暮らしの原型

1　流域生活圏：山と海と川の連なり

　島嶼は，利用可能な土地が限られており，また周囲を海に囲まれている。そのような特徴は，一般的に狭小性，環海性などと表現され，島嶼を特徴づける言葉となっている。島の人々は，これらの環境条件に適応する中で，特異な環境認識を育んできた。

　その一例をパラオ人の画家 Ado Imetuker 氏が描いた20世紀初頭の伝統的な集落の絵をもとに見てみよう（図7-3）。この絵に表現された集落は，背後に山並みを背負い，前面に海が広がり，川がそれらを繋いでいる。集落は，山と海の間に立地し，集落内の耕地に川から水が引かれている。木材や薪の採れる山があり，魚や貝の捕れる海があり，暮らしに必要不可欠な水をもたらす川がある。この絵には，山・海・川の一連の自然生態系と人々の暮らしとを一体的に捉える島の人々の環境認識の原型が描かれている。

　そのようなパラオの人々の環境認識は，少し専門的な言葉を用いると「流域生活圏」と表現できる。「流域」とは「分水嶺に囲まれた，表面流が集まる集水域」を指す地理的概念であり，自然の地形に沿った大地の領域を示す。一方の「生活圏」は，人々の暮らしのまとまりを意味する。先の絵でみたように，パラオでは山から海までの自然生態系と暮らしが一体となった生活圏を形成しており，これが流域圏とほぼ重なる。つまり，パラオの伝統的集落

第 7 章 パラオにおける自然共生型地域計画　　　155

図 7-3　20 世紀初頭のパラオの伝統的集落の絵
（Bureau of Arts & Culture 2012）

は，自然生態系と人間活動が相互に結びついて形成された流域生活圏を基礎として成立していると捉えることができる。

２　流域圏の土地利用秩序

次に，実際の集落空間を事例に，「流域生活圏」がどのように形成されているのか詳しくみてみよう。

図 7-4 は，パラオのバベルダオブ島に位置する典型的な伝統的集落，イミョング集落（Imeong）を含む流域の土地利用図である。この図は，衛星画像をもとに，前節で述べた GPS を用いた空間調査を行い，GIS を用いて作図したものである。図中の太線は流域の境界を示す。

ここから，流域圏の地理的空間が，集落の立地を規定する要因となっていることが読み取れる。集落は，周囲を山に囲まれた谷間の川沿いに位置し，そこに移動のための船着場が設けられている。そして，その近くの湿地には，主食である湿生のタロイモを育てる水田が分布する。このように，山に囲ま

れた領域性，移動のモビリティ，食料の生産性の3つの観点により，集落の立地がある程度規定されているのである。

また，土地利用も，流域内の土地の自然的条件に即して成立しており，その秩序は上流から下流にかけて4つの区域に分けて捉えることができる。図7-5は，それを示した集落の断面的な模式図である。

1つ目は，上流の丘陵地に広がる森林・草地域である。森林は急峻な斜面の土地に，草地は比較的斜面の緩やかなところに立地する。森林は，生活用水の水源として機能するほか，狩猟・採集の場でもある。一方の草地は，人間により形成されたものであり，多様な薬草が野草として生育する。

森林・草地域の下流は，集落域である。そこでは，次項で詳述するアグロフォレストリーと呼ばれる土地利用が発達し，家屋や道路の合間に多様な果

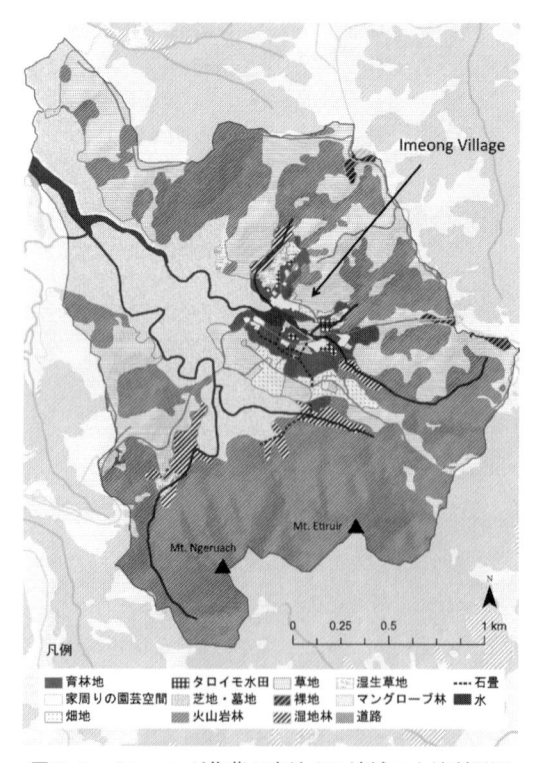

図7-4　イミョング集落が立地する流域の土地利用図

第7章　パラオにおける自然共生型地域計画　　　　　　　　　157

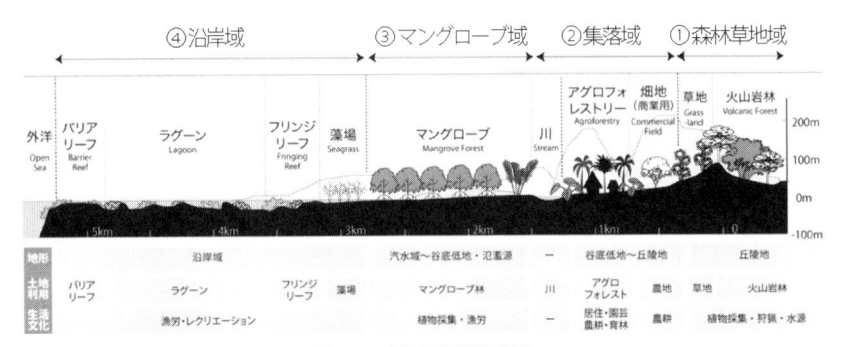

図 7-5　流域断面模式図

樹・作物が栽培され，居住・生産の中心的空間となっている。

さらに下流には，マングローブ域が発達している。上流からの土砂が堆積した湿地であり，潮の干満に合わせて海水が流入する。マングローブ林は，防潮，防風，防波といった緩衝効果を有するほか，材は建材となり，入り組んだ根はマングローブ蟹などの生物の棲息場所となっている。

最後に，沿岸域には藻場・サンゴ礁が広がる。藻場や浅瀬内ではナマコや貝などを採集し，その沖のバリアリーフ付近は魚を捕獲する漁場となっている。また近年は観光・レクリエーションにも活用されている。

3　アグロフォレストリーの持続性

流域生活圏の中心部の集落域は，ほぼ全体がアグロフォレストリーに覆われている。アグロフォレストリーは，アグリカルチャーとフォレストリーとを組み合わせた言葉であり，「一つの土地単位における空間的な配列，または，時間的な継続性の中において，多年生の樹木を栽培し，樹間で農作物の栽培や家畜の飼育を行う統合的な土地利用システムと行為の総称」(Lundgren and Raintree 1982) と定義される。

パラオのアグロフォレストリーには，家周りの園芸空間 (Mekesokes)，育林地 (Telemetamel)，タロイモ水田 (Mesei)，畑地 (Sers) の4タイプがみられる (図7-6)。これらは，フィールドワークでの空間調査とヒアリング調査の結果より明らかとなったものである。

図7-6 パラオでみられるアグロフォレストリー
左上：家周りの園芸空間　右上：育林地　左下：タロイモ水田　右下：畑地

　家周りの園芸空間は，家屋の周囲の比較的平坦な土地に形成され，飲食用，薬用，祭祀用，鑑賞用などの植物が，高木，亜高木，低木，草本まで空間を多層的に利用して栽培されている。

　育林地は，居住には比較的不適な斜面上の土地に広がり，果樹や建材用，燃料用の樹木が植えられている。家周りの園芸空間よりも，管理は粗放的であり利用頻度も劣るものの，面積的には集落域の大部分を占める。

　タロイモ水田は，川沿いの肥沃な湿地に形成され，主食である湿生のタロイモが栽培される。河川から引かれた灌漑システムがタロイモ水田に真水を供給しており，定期的に維持・管理されている。

　畑地は，主に斜面から丘の上にかけての水はけのよい場所に設けられ，芋類や野菜類などが栽培されている。

　そのようなアグロフォレストリーでの土地と資源の利用方法からは，自然共生型地域計画を考える上で重要な3つのことが読み取れる。

1つ目は，土地の自然的特性に適した土地利用の選択である。傾斜，土壌，水環境，日当たりといった自然の条件に即して，その土地に適した樹種・作物が選択されている。

　2つ目は，降雨による土壌流出を防ぎ安定性を高める土地の保全的行為である。家周りの園芸空間や育林地でみられる高木層から草本層までの多層的な樹木栽培は，表土を植物が覆い，かつ，根が縦横に張ることで，土壌浸食を防ぐ効果を持つ。また，タロイモ水田や畑地では，バナナの葉などで土を覆うマルチングという行為により，意図的に土壌浸食を防いでいる。

　3つ目は，物質の循環を生産の過程に組み込むことで，土地の生産性を維持していることである。例えば，アグロフォレストリー内では鶏や犬猫などが放し飼いとされており，その排泄物が肥料となっている。タロイモ水田や畑地では，植物の葉や海藻などの有機物がすき込まれ，土壌の生産性をあげるのに一役かっている。

　このように，アグロフォレストリーでは，土地利用の適正配置，土地の保全的行為，物質循環による生産性の維持という特性により，資源を持続的に利用する仕組みが存在している。すなわち，アグロフォレストリー自体が，人間の活動と自然の摂理の均衡がとれた一つの生態系として成立していると捉えることができる。これは，熱帯島嶼という有限な環境に適応する中で生み出されてきた文化的知恵である。そのままの状態で保全することだけが良いわけではないが，先人の知恵から学ぶべきことは多い。

第4節　近代の発展の光と影

　ここまで伝統的集落の流域生活圏と土地利用にみる持続性をみてきたが，一方で，近代化の過程で様々な変化が生じている。本節では，3つの典型的な事例をもとに近代の発展の光と影について具体的にみていく。

1　島内の土地開発による影響

　パラオは，19世紀末より1994年の独立までの間，スペイン，ドイツ，日

本，アメリカに相次いで植民地支配を受けた。特に，1914年から1945年までの日本委任統治時代には，社会制度の充実や産業開発が積極的に図られた。経済の中心地であったコロール島には南洋群島を統括する南洋庁本部が置かれ，パラオ最大のバベルダオブ島には農業開拓村や鉱物採掘場が設置された。特にバベルダオブ島での開拓規模は大きく，島の面積の約20%の森林や草地が一掃され，パイナップルの栽培やボーキサイトの採掘が行われた（飯田 2012）。それらは短期的には大きな経済的利益をもたらした一方で，土地の保全的観点が欠如しており大量の土壌流出を引き起こした。当時開拓された土地の中には，現在でも荒れたまま残されているところもある（図 7-7：左上）。

また，独立後のパラオでは，インフラ，住宅，リゾートなどの開発が外国資本を元にして行われている。先述したバベルダオブ島では，2006年にコロール島から首都が移転し，2007年には島内の周遊道路が開通し，一気に島内開発の機運が高まった。それらの開発は，日本委任統治時代の開拓と比較するとまだ小規模ではあるが，土地改変に伴う土壌流出は顕著である（図 7-7：右上）。流出した土砂は川を通じて海へと到達し，沿岸生態系に影響を及ぼしている（Golbuu et al. 2011）。また，農地に過剰な土砂が堆積し収穫高の減少を招いたり，漁獲高へ打撃を与えたりしている。土地利用改変に伴う赤土流出は，流域の水系を通して連鎖的に問題を発生させ，自然環境の劣化だけでなく，人間の生活文化にも影響を及ぼしつつある。

2　ライフスタイルの変化による影響

ライフスタイルも20世紀初頭と比較すると大きく変化している。近代的な教育・就業のシステムの普及により，男性も女性もその多くが集落の外で仕事を持つようになり，完全な自給的生活を営む人は減っている。加えて，外国から米，肉類，缶詰などの食料や，家電や車などが大量に輸入され，島の生活に浸透した。

そのようなライフスタイルの変化は，肥満や糖尿病などの生活習慣病を増加させた。2010年度の世界保健機構の調査によるとパラオは世界第5位の肥満率に達している。また，食生活や労働形態の変化に伴い，タロイモ耕作の

従事者は減少し，耕作放棄されるタロイモ水田の面積は増加している。さらに，輸入品により生活の質が向上した一方で，増大する廃棄物は分別や焼却など適切な処理が施されないまま埋め立てられ，周辺環境への汚水の流出や，公衆衛生の悪化が生じ問題となっている（図7-7：左下）。

外国資本による開発という外からの力だけでなく，ライフスタイルの変化という内からの力によっても，島内の環境は大きく変化していると言える。

3　気候変動による影響

昨今，気候変動による影響も島民の大きな関心ごととなっている。海水面上昇による居住地や農地の浸水，海岸の浸食，海水温上昇によるサンゴ礁の生き物への影響，台風や豪雨の頻発による土壌流出などである（Office of

図7-7　近代における環境の変化
左上：日本委任統治時代のボーキサイト採掘跡地。酸化した大地がむき出しとなっている。右上：開発により山が削られ，あらわとなった表土。土壌流出が著しい。左下：廃棄物の処分場。分別や焼却されずそのまま埋め立てられる。右下：高潮により浸水するようになった土地。

Environmental Response and Coordination, Office of the President of the Republic of Palau 2002)。

　中でも，パラオでは1993年以降毎年9mm海水面が上昇しているとされており（Australian Bureau of Meteorology and CSIRO 2011），それに伴う高潮被害が表面化している。具体的には，沿岸居住地の浸水被害や（図7-7：右下），低湿地部のタロイモ水田の塩害の発生頻度が高まっている。しかしながら，それらの被害は海水面上昇だけが原因というわけではない。例えば，沿岸居住地の浸水被害は，かつては人が住んでいなかった低地部や埋立地に人が住むようになり生じた問題である。タロイモ水田の塩害は，周辺土地利用の変化による真水の供給不足が原因となっている場合も見受けられる。

　すなわち，これは自然現象の問題だけではなく，人間が自然とどのように付き合うかという社会的な問題でもあると言える。そのため，課題解決にあたっては，土地利用の転換や灌漑システムの改善などを通して気候変動に適応する社会的な対策を見出していくことが重要である。

第5節　自然共生型地域計画の展開

　最後に，以上のような課題の解決に向けたアプローチとして，現在パラオで取り組まれている新しい政策を2つ紹介し，それらに対し専門家としてどのように関わり，貢献できるか述べてみたい。

1　パラオ流域協議会による流域保全

　1つ目の取組みは，パラオ流域協議会（BWA：Belau Watershed Alliance）による流域保全である。BWAは，流域の水資源と生態系の健全性を維持し，環境的に持続可能な経済的発展を遂げていくことを活動理念として2006年に設立された（BWA Steering Committee 2008）。BWAは，州の代表者の連携組織であり，地元の環境NGOがその調整にあたっている。

　これまでにBWAは，水源林や河畔林などの自然保護区化を重点的に推し進めてきた。自然保護区の多くは，国が2003年に策定した自然保護区ネッ

トワーク法（PAN：Protected Area Network Act）で位置づけられており，国が各州へ自然保護区管理のための財政支援を行っている。2006年にBWAが設立されて以降，9ヶ所の陸域の自然保護区がPANに登録された。

　自然保護区管理の財源には，主に，2010年より開始された，通称グリーン・フィーと呼ばれる外国人観光客から徴収する環境保護税や，国際的組織からの支援金があてられている。また，自然保護区の設置には，州が自然資源管理計画を策定する必要があるが，その計画策定にあたっては，国の専門機関のほか，米国農務省自然保護局など，国内外の様々な専門性を持ったテクニカルチームが支援にあたる仕組みがとられている。小さな島嶼国ゆえの技術的・人材的・経済的な制約を，多様な主体とのパートナーシップにより克服することを目指す新たな取り組みであると言える。

　今後のBWAは，そのような自然保護区政策の他に，次に述べる持続的な土地利用管理政策とも連動しながら，土壌流出防止，気候変動への適応など，より包括的な流域管理の政策をすすめていく（Beouch 2011）。

2　持続的な土地利用管理政策

　もう1つ近年の動向として特筆すべきことは，2012年4月に国連開発計画の支援により策定された持続的な土地利用管理政策（Sustainable Land Management Policy）である（PALARIS 2012）。これは，島嶼の有限で脆弱な土地の持続的管理のために，今後国をあげて取り組むべき課題を示したものである。国の土地利用管理の統括力の強化，土地利用管理のガイドラインの作成，持続的な財源確保の3点が優先事項としてあげられている。

　中でも，2点目の土地利用管理のガイドラインは，州毎にマスタープラン，土地利用ゾーニング，建築基準を策定する際に運用可能であるように意図されている。現在，パラオにある16の州のうち，マスタープランと土地利用ゾーニングを定めているのは2州のみであり，残りの14州は未だ計画策定プロセスの進行中か，そもそも計画作業に至っていない。また，建築基準はどの州も法律を定めるに至っておらず，これからの課題である。ガイドラインはそのような計画策定作業を円滑に進めるために必要不可欠なものである。

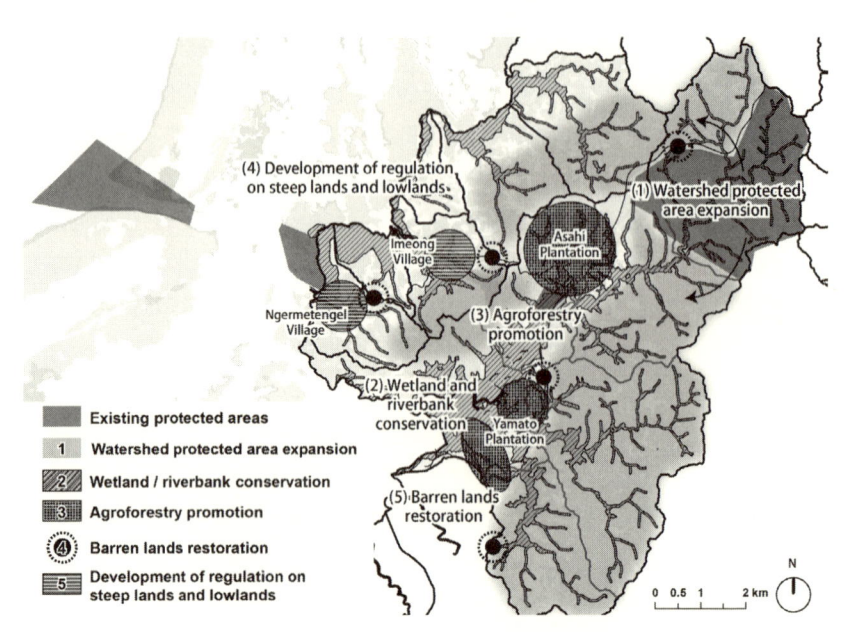

図7-8 流域単位での土地保全計画案の例

流域単位での土地保全計画内容：(1)水源の原生林保護（指定区域拡張）(2)土壌流出防止に資する河畔林・湿生草地・マングローブ林の保全 (3)開拓放棄地におけるアグロフォレストリー型農林業の促進 (4)土砂崩壊地点と裸地の緑化 (5)既存集落の急傾斜地・浸水危険地での開発規制。

　前節でみてきたように，高潮による浸水の可能性のある土地の開発，赤土流出を引き起こしやすい土地での配慮を欠いた開発などは，災害の危険性を高め，環境破壊を引き起こす。熱帯島嶼の有限な環境の中で，いかに人間活動の折り合いをつけていくか，持続的な土地利用管理政策にはそのための具体的な道筋が求められている。

3　専門家としての地域との関わり

　以上のような国や州や，BWA などの組織の取り組みに，専門家としてどのように関わり，貢献できるだろうか。

　その1つは，計画策定者・意思決定者への科学的情報とアドバイスの提供である。例えば，米国農務省の自然資源保護局の専門家は，土壌，地形，植生に関する GIS データを提供し，パラオ国際サンゴ礁センターの研究者は，

第 7 章　パラオにおける自然共生型地域計画　　165

図 7-9　現地での研究発表セミナー　　図 7-10　住民活動への参加

土地開発に伴う赤土流出によるサンゴ礁の被害を報告している。筆者も過去100年間の土地被覆図などの基礎的な GIS データを提供し，人間活動の環境への長期的な影響について報告を行ってきた。また，先に述べた伝統的集落の持続的な土地利用の特性を踏まえ，現在，土砂流出などの課題が生じている地区への対策のため，島単位，流域単位，集落単位での土地保全計画案の提示を行ってきた（図7-8）。その中では，水源の原生林保護，土壌流出防止に資する河畔林・湿生草地・マングローブ林の保全，開拓放棄地におけるアグロフォレストリー型農林業の促進などを盛り込んだ計画案を示している。そして実際に，筆者の提供した資料は，2つの州のマスタープランづくりに用いられている。ただし，専門家による助言は，必ずしも計画策定や意思決定に反映されるわけではなく，経済的発展の要求や政治的要因と競合した場合，政策に反映されないこともしばしばある。そのような中でも諦めることなく，第三者の立場から客観的意見を述べ続けることが重要であろう。

　また，コミュニティによる草の根的活動の支援を行うことも専門家に期待されることである。例えば，住民が参加するワークショップやセミナーにて発表したり（図7-9），住民によるエコツーリズム・プログラムの企画づくりや土壌流出防止のための植林プロジェクトに助言・参加したり（図7-10），研究内容を出来るだけ地元に還元するよう努めている。また，そのような場を通して逆に住民から教えられることも数多い。住民と話すたびに新たな発見がある。このように，専門家は，研究を行ったり，計画査定のアドバイスを行ったりするとともに，様々なかたちで地域社会と関わりをもつ。

第6節 おわりに

　人間と自然が共生する環境を築こうとすることは，絶え間ない試行錯誤のプロセスである。人間と自然との関係性は常に一定ではなく，時代とともに変化する。自然共生型地域計画では，様々な手段を用いてその変化の情報を取得，診断し，よりよい関係性へと導くための計画づくりを行う。時に過去の経験から学びつつ，新しい情報技術を活用し，多様な主体が関わる仕組みをつくりながら，計画を実行する。そして，そこからフィードバックを得て，次の計画へとつなげていく。そこには，明確な解答があるわけではなく，常に試行錯誤の繰り返しであるが，だからこそ，やりがいがあって面白い。

　また，時代は，環境を保全・再生することに経済的価値を見出す方向にシフトしている。本節でとりあげたBWAによる流域保全の事例のように，パラオでは近年外国人観光客から環境保護税を徴収し，生態系保全の費用にあてることによって，一定の成果をあげている。島嶼のような資源が少ない地域がグローバル社会の中で生き抜くことは容易ではないが，豊かな自然環境，及び，それとともに歩んできた歴史と文化がその助けとなるであろう。自然共生型地域計画は，そのような地域の発展を支えるものであり，今後重要性を増していくと考える。

謝辞

　本章は筆者の学位論文を元に執筆しました。博士研究をご指導ご鞭撻くださいました石川幹子中央大学教授・東京大学名誉教授，ならびに，大澤啓志日本大学准教授に心から感謝の意を表します。

参考文献

飯田晶子 (2012)「熱帯島嶼パラオ共和国における流域圏を基礎とするランドスケープ・プランニングに関する研究」，東京大学，博士（工学）学位論文。

Australian Bureau of Meteorology and CSIRO (2011) Climate Change in the Pacific: Scientific Assessment and New Research. Volume 2, Country Reports.

Beouch, J. K. (2011) The 3rd Belau Watershed Summit Report 2011, Palau Conservation Society.

Bureau of Arts & Culture (2012) Beluu er a Belau er a Irechar [Palau Tradional Village, Early 1900s], Ministry of Community & Cultural Affairs, Republic of Palau. (A picture of a poster)

BWA Steering Committee (2008) Babeldaob Watershed Alliance Action Plan Financial Year 2008-2010, Babeldaob Watershed Alliance.

Golbuu, Y., E. Wolanski, P. Harrison, R. H. Richmond, S. Victor and K. E. Fabricius (2011) Effects of Land-Use Change on Characteristics and Dynamics of Watershed Discharges in Babeldaob, Palau, Micronesia. *Journal of Marine Biology*, Vol. 2011.

Lundgren, B. O. and J. B. Raintree (1982) Sustained agroforestry. In Nestle, B. ed. *Agricultural research for development: Potentials and Challenges in Asia, International Service for National Agricultural Research*, 37-49.

McHarg, I. L. (1969) *Design with Nature*, Natural History Press.

Office of Environmental Response and Coordination, Office of the President of the republic of Palau (2002) First National Communication to the United Nations Framework Convention on Climate Change.

PALARIS (2012) Republic of Palau Sustainable Land Management Policy, Ministry of Public Infrastructure, Industries and Commerce, Republic of Palau.

第 2 部

琉球・沖縄からの発信

第8章　戦後沖縄における食事・栄養と食環境の変遷

等々力英美

第1節　はじめに

　大きな社会経済的なパワーを持つ大国から 500 km 前後の距離があり，歴史文化を有する 100 万人規模の島嶼地域は少ない[1]（等々力・白井 2012）。亜熱帯地域に限ってみれば，沖縄はまれにみる島嶼地域であるといえよう。沖縄の歴史文化は，日本，中国の 2 つの文化圏の周縁部の重なりあう環境から成立してきた。このような二大文化圏の影響を受けた沖縄は，独自の文化を展開していった。
　一方，食事は文化的作用により様々な食文化が融合しかたちづくられてきた。食事は地域的パターン（食パターン）を持ち，食材，調理，味覚などによってきわめて多彩な組み合わせを持つ。食事の内容はある集団において一定のクラスターを持ち，これを，地域別にみると沖縄（琉球）料理，日本料理，地中海料理といった形で呼ばれる。沖縄の料理は日本と中国の 2 つの文化圏から影響を受け，さらに米国統治による食文化が，沖縄の食事に少なからず作用し，現在の沖縄の食事パターンが形成された。
　食事パターンはある集団において，一定の食材，味覚などの組み合わせによって継続し，内容によっては健康や生活習慣病などの疾病に影響を与える。したがって，食事パターンが変化すると，健康や疾病構造の分布も変わり，結果的に集団を単位とした地域において平均寿命や死亡率などの差を生

じることになる（Caballero 2002）。

　沖縄の特徴である島嶼性についてみると，島嶼は地域的規模が小さいことが多いので，自然災害の影響や外部からの病原菌の侵入に対して脆弱である。たとえば，天然痘の疾病流行の例でみれば，琉球列島の人口規模が小さいことにより，天然痘は内部で循環できずに免疫能を有する集団はいなくなる。また，孤立性も高いことから，長期にわたる流行は生じないので，外部からの病原体の持ち込みにより，子供だけではなく大人までもが感染し，大流行となり社会的影響は甚大になる。沖縄における過去の感染症の流行パターンを見ると，天然痘や風疹のような大規模に一斉に流行する感染症は，日本だけではなく中国からも沖縄に伝播した歴史がある（小林 2003）。

　このように，沖縄の場合，食事だけではなく健康・疾病の変遷も，外的要因により大きな影響を受けていることがわかる。

　本章では，戦後の沖縄における食環境の変遷について述べ，脂肪と食塩由来の栄養・健康転換の可能性について考察する。

第2節　栄養転換とは？

　栄養転換の概念は Popkin によれば，ヒト集団系における食事―環境系の中で，Step (1) 食物採取→ Step (2) 飢餓→ Step (3) 飢餓からの脱出→ Step (4) 栄養由来の非感染性変性疾患→ Step (5) 食行動の変容のプロセスで開発途上国でも，先進国でも，Step (1) から Step (5) の過程をへるという概念モデルである。現在，多くの地域（主として開発途上国）において，このモデルの実証研究がなされている（Caballero 2002）。

　第二次世界大戦後，生活習慣や食事摂取の急激な変化が，特に開発途上国において見いだされている。人口の増大と都市化が進行し，栄養転換の証拠はより明白になってきた。Step (3) から Step (4) の過程における栄養転換の概念図を図 8-1 に示した。Step (3) においては，食事は炭水化物が主体で，高繊維質摂取と低脂肪摂取であり，摂取エネルギー，タンパク質と熱量，微量栄養素が不足がちとなる。労働形態も集約型に変遷し，死亡率は緩慢に減少

第8章　戦後沖縄における食事・栄養と食環境の変遷　　173

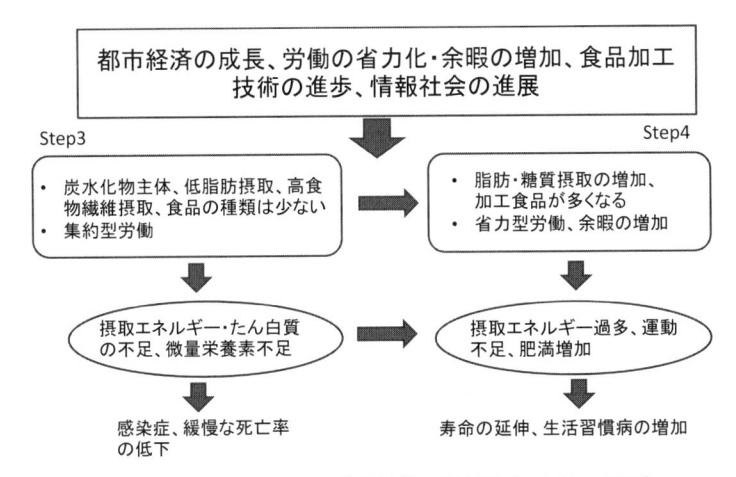

図 8-1　Step 3 と 4 における栄養転換の概念図（Caballero 2002）
Popkin らの図を引用改変。

するが，疾病形態は感染症の占める割合が多くなる。Step (4) においては，食事は脂肪，砂糖，加工食品の摂取量が増加し，労働も省力化が進み余暇も増加する。その結果，栄養過多となり，肥満や骨密度低下が増加する。死亡率はさらに減少し，平均余命は増加するが，疾病は非感染性変性疾患が増加する（Caballero 2002）。

以上の過程において，経済成長と都市化，マスメディアの成長，食品加工技術の進歩が加わり，栄養転換は Step (5) へと進行していく。

第3節　沖縄における栄養転換を考える意義とは？

沖縄における栄養転換モデルを考える意義は何を意味するのであろうか？これに関して考慮しなければならないのは，沖縄の長寿性にある（あった）といえよう。沖縄は最近までは，世界で最も高い平均寿命を有するわが国の中で，最も高い平均寿命と，超高齢者（100歳長寿者）出現率を持つ地域であった。しかし，沖縄の平均寿命の延びをみると男女とも 1985 年ころから鈍化し，1995 年から 2000 年までの伸び率は男性で 0.42 歳（全国最下位），女

性で 0.93 歳（全国 46 位）となった（桑江 2010）。75 歳以上の高齢者の平均余命は全国で首位を維持しており，75 歳以下の集団との相対的な低下の要因を明らかにできれば，沖縄の長寿再生のカギになるであろう。

　このような沖縄の 75 歳以上の高齢者と，75 歳未満の集団との違いはどこにあるのであろうか。これを考えるにあたり，沖縄のおかれた社会経済的な歴史背景について俯瞰する必要がある。沖縄は第二次世界大戦の後に大きな節目を 2 回経ていると考えてよい（等々力 2009）。

　すなわち沖縄は 1945 年に米国管理下におかれ，1972 年の日本復帰まで 27 年間の異文化統治による環境にあった。日本復帰後，沖縄は一つの県として本土の行政機構に組み込まれた。復帰前は，沖縄は本土と切り離されたまま，本土とは異なった米軍による直接統治を受けた。

　1949 年には沖縄の食糧事情はひっ迫し，沖縄民政府知事の志喜屋孝信による食糧支援の要請までは（GHQ/SCAP/PHW Okinawa Records 1949），十分な援助がなされていなかった。占領初期の沖縄の食糧配給は，ほとんどが米軍の野戦用携帯食（米軍が予想していたよりも早く戦争が終結したので軍用物資が余っていた）であった（金城 2004）。このように 1949 年の沖縄県民の栄養状況は満足な状況とは言えず，その結果，当時の県民の肥満度（BMI：Body Mass Index）は，本土のそれよりも低い結果になっていた（等々力 2010）。これは，おそらく 1950 年までの沖縄が低栄養状態にあったことを示唆している。現在の沖縄県民の BMI が全国の平均値を大きく超えていることを考えると，1949 年の BMI 水準は低値であったが，1960 〜 1970 年代に沖縄県民の BMI は，全国平均と逆転したことに注目したい。

　ハワイ，ポリネシア，ミクロネシアなどの太平洋島嶼地帯でも沖縄と同様な BMI と食の関係がみられる。ハワイ先住民の主食は，サトイモの仲間であるタロイモであったが，米国に併合された後，イモ類に対する依存度が，急速に下がった。その理由として，都市化と西欧化によりコメやパンを現地の人々が購入して食べるようになったからと考えられている（McMurray et al. 2001）。特に，ポリネシアやミクロネシアでは，1980 年代にエネルギー密度の高い輸入食品が，伝統的食品に置き換わった。太平洋島嶼は，沖縄よりも食形態の西欧化が進んでおり，WHO によると太平洋島嶼民の肥満率は世界

的に高水準にあると報告されている（WHO Regional Office for the Western Pacific 2003）。特に女性の肥満が問題となっており，例えば，BMI が 25 以上の肥満率は，米国領サモア（女性）の 87.6%，トンガ（女性）の 84.1%，サモア（女性）の 74.3%，ナウルの 77% となっている。沖縄と太平洋島嶼地帯は，イモを主食としていた時代から，コメやパンの時代に変化したが，この背景には，島嶼地域は地域経済が脆弱であり，輸入食品などが流入し，西洋の食文化の影響により食事摂取の構造が大きく変換した（McMurray et al. 2001）。沖縄と太平洋島嶼国の食環境の変遷は島嶼地域としての共通性が見られる（等々力 2010）。

以上のように戦後，沖縄は本土と異なる歩みを取ることになったが，復帰までの栄養転換の意義について考えるにあたり，①異文化による統治が 30 年近く継続した，②島嶼地域であることから，人的な移動は少なく，かつ外部からの影響を受容しやすい，③精神的基盤である地域共同体における人的絆やネットワーク，宗教観（祖先崇拝）が保持されていた，などの背景を考慮する必要がある。

第 4 節　米国統治下における沖縄の栄養転換：脂肪を中心に

1950 年以降の沖縄における脂肪，炭水化物，タンパク質のエネルギー比率の推移は，脂肪摂取において 1960 年から 1975 年にかけて大きく変化しており，炭水化物は反対に減少している。タンパク質は大きく変化していない（厚労省 1954-2003；沖縄県 1967-1970；沖縄県環境保健部 1982-1993；沖縄県福祉保健部 1998）。この 1960 年から 1975 年の期間は米国統治の後半と本土復帰の時期と重なっている。脂肪摂取のエネルギー比率の量的な変化をみると，沖縄における脂肪の栄養転換の知見が見いだされた。脂肪摂取の栄養転換は，動物性由来の脂肪によるものであるが，脂肪摂取の変化は，食肉加工食品輸入量と豚肉の生産量の合計と一致していた（Todoriki et al. 2004）。

脂肪エネルギー比率は，厚生労働省の脂肪摂取基準の上限値である 25% を，沖縄は 1970 年前後に，全国は 1980 年前後に超え，全国は沖縄に比べ約

10 年遅れて栄養転換を迎えた（Todoriki 2004）。沖縄の場合，現在は 30% を超えており，全国で最も高く（中村他 2003），欧米の水準とほぼ等しい。

米を主食とする東アジア地域において，脂肪の栄養転換をみると，韓国，中国は日本よりも遅れて栄養転換を迎えており（Kim et al. 2000），沖縄はおそらく東アジア地域の中でも，早い時点で栄養転換を迎えた地域であろう。

2010 年の沖縄県県民健康・栄養調査の結果を見ると，脂肪のエネルギー比率は，近年減少傾向にあるが，今後の推移を見守る必要がある。

第 5 節　日本復帰後の沖縄の栄養転換：食塩と外食環境の変遷[2]

わが国の食塩摂取量は国民健康・栄養調査によれば 1970 ～ 1990 年代は 12 ～ 14 g（1 日平均摂取量）であったが，近年は約 11 g まで低下した。しかし，1,000 kcal あたりのエネルギー摂取量換算ではほとんど減少しておらず，日本人の食事がうす味傾向になっているか疑問である（厚生省公衆衛生局栄養課 1954-2003；佐々木 2012）。一方，沖縄は，わが国の中でも最も低い食塩摂取レベルにあることは，種々の食事調査，疫学調査や 24 時間蓄尿の結果などから明らかになっている（Tsugane et al. 1991；中村他 2003）。また，食品摂取別の解析からも，漬物，干物類などの高塩分食品の摂取頻度が低い（厚生労働省がん研究助成金による指定研究班 2007）。

しかし，近年の食塩摂取の様相はだいぶ異なってきている。2005 年国民健康・栄養調査，および 2006 年沖縄県県民健康・栄養調査の食塩および摂取エネルギーにおける年齢階級別データから，20 ～ 29 歳から 70 歳以上の年齢階級別の食塩摂取の推移をみると（厚生労働省 2006；沖縄県福祉保健部 2008），男女総数で 20 歳代→ 70 歳以上で，9.1 → 8.7 g/日（沖縄），10.4 → 11.5 g/日（全国），男性で 9.8 → 9.6 g/日（沖縄），11.4 → 12.1 g/日（全国），女性で 8.5 → 8.1 g/日（沖縄），9.3 → 11 g/日（全国）であった。沖縄は加齢とともに食塩摂取は減少するが，全国は上昇する。一方，摂取エネルギー 1,000 kcal あたりに補正した食塩摂取量は，男女総数で 20 歳代→ 70 歳以上で，5.0 → 5.5 g/日（沖縄），5.4 → 6.5 g/日（全国），男性で 4.6 → 5.3 g/日（沖縄），

5.1 → 6.2 g/日（全国），女性で 5.3 → 5.7 g/日（沖縄），5.5 → 6.7 g/日（全国）であった．沖縄と全国の差をみると，若年者群において全国との差は縮小しており，その傾向は若年者群ほど大きい（図 8-2）．沖縄における食塩の摂取の変化は，復帰後，本土からの食品が流入し食環境が変わり，県民の嗜好の変化に起因していることが考えられた．

沖縄本島における外食環境の時系列解析を行うため，1972～2011年の職業別電話帳沖縄県版（日本電信電話公社）（日本電信電話公社 1972-2000），タウンページ沖縄県本島版（NTT，NTT 西日本）（NTT 西日本 2001-2011）を4年ごとに，外食関連で食塩摂取の累積割合の多い食事（佐々木 2012）を扱う外食，中食のカテゴリーにおける店舗について店名，住所データをすべて抽出した．以上の電話帳データから，外食店舗として，すし，焼鳥，焼肉・ホルモン料理，ラーメン店，中食店舗として，すし（持ち帰り），惣菜店，弁当（持ち帰り）を選択し，該当年度の人口1万人当たりの店舗数を計算した．

沖縄のファストフード店の人口当たりの店舗数の推移についても同様に解析した（日本電信電話公社 1972-2000；NTT 西日本 2001-2011）．

1972～2011年における外食店舗数の推移は，すし店が1976年から増加したが，1990年頃をピークに減少し，焼肉，ラーメン店が1980年以降増加した．焼鳥は1988年以降に増加している．これらの人口1万人当たりの店

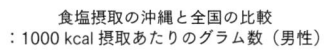

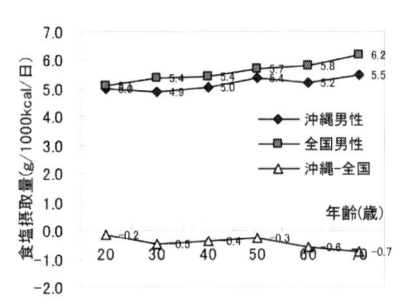

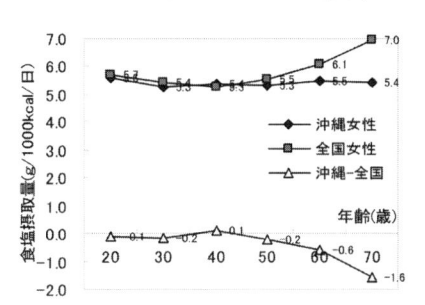

図 8-2　食塩摂取量の沖縄，全国の男女別年齢階級別比較：1,000 kcal 摂取当たりグラム数（平均値）

舗総数の経時的変化は1976年前後から急激に増大し，1999年以降は大きな変化は示していない（図8-3）。中食店舗数は，外食と同様の伸びを示した。すし（持ち帰り）の店舗数は1990年以降，減少傾向にあるが，その後，惣菜店，弁当（持ち帰り）が上昇し，近年は大きな変化を示していない（図8-4）。

　ファストフード店の推移も同様の結果を示した（図8-5）。沖縄のファストフード店は，米国統治下では2店舗のみであり，利用者の8割が米国人であり，その他は沖縄人の富裕層が利用していた（金城他1995）。このことから，米国統治下においては大半の県民はファストフードの利用はしておらず，復帰後の県民所得が向上してきた1980年代になってから一般的になったと考えられる。従って，沖縄の脂肪の栄養転換はファストフード店舗の増加の前に起こっているので，ファストフードによる影響ではなく，むしろ家庭における料理由来の脂肪摂取の影響が大きかったと考えられる。

　以上のように，沖縄の外食・中食環境は，本土復帰後急激に変化し，特に，近年は食塩摂取量の多い本土型食事の外食・中食店が多くなっている。

　戦後の沖縄の栄養転換についてまとめると，米国統治下においてみられた脂肪による栄養転換の後に（Todoriki et al. 2004），日本復帰後における食塩による栄養転換が生じている可能性が大きい（図8-6）。

　脂肪と食塩の2つの栄養転換は，それぞれ1965年と1995年頃に始まっており，これらは米国統治開始年（1945年）と日本復帰年（1972年）から，およそ20年経過後に，起こっている。この時間的遅延は，約1世代（20歳に出産したとして）の間隔である。少なくとも，沖縄において観察された食事

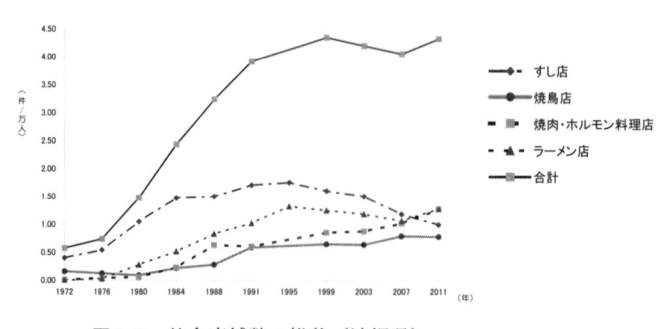

図8-3　外食店舗数の推移（沖縄県）

第8章 戦後沖縄における食事・栄養と食環境の変遷　　179

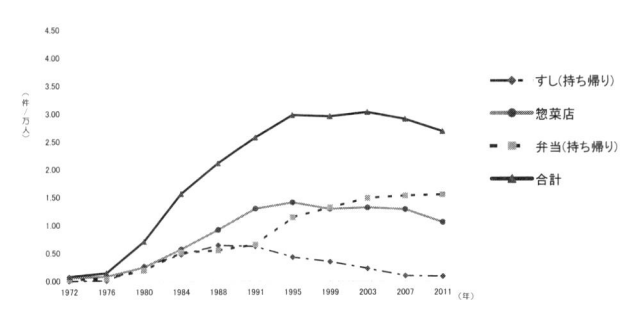

図 8-4　中食店舗数の推移（沖縄県）

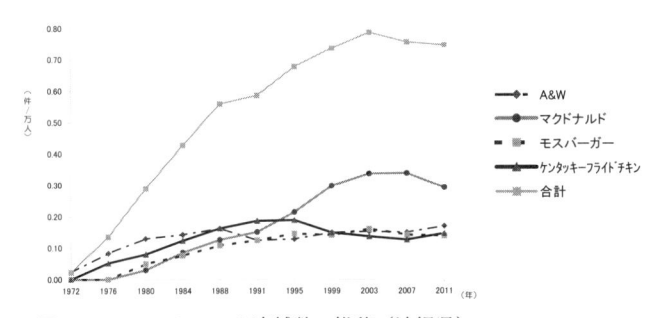

図 8-5　ファストフード店舗数の推移（沖縄県）

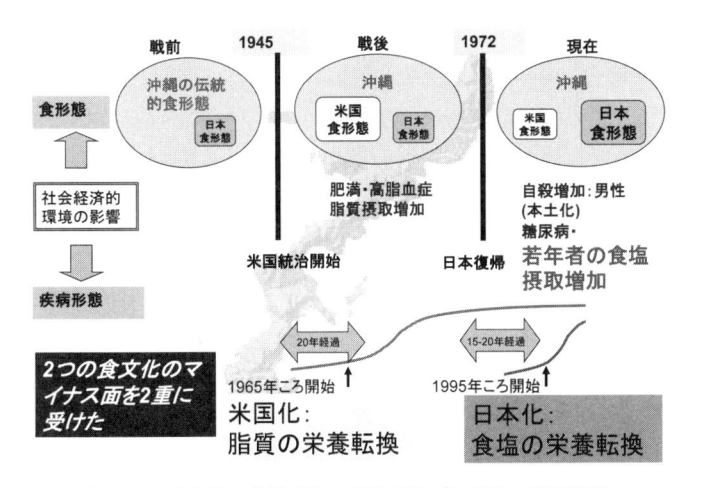

図 8-6　食習慣の非沖縄化の結果が及ぼす栄養・健康転換

変遷の受容には，親と子供の世代間隔程度の時間を要したものと考えられる。

注目すべき点は沖縄県民の食事嗜好が本土化する傾向を示してきたことである。日本食の大きな特徴の一つとして，醤油・味噌による高塩分嗜好の食事である点がある。沖縄の食塩摂取は，本土と比較して最も低い水準にあるが，図 8-2 から推測されるように，高齢者は低い水準を維持しているが，若年者においては本土並みの水準になっている可能性がある。食事調査によって食塩摂取量を正確に測定することは困難であり，24 時間蓄尿の結果から推定を行うことが望ましいが，数多くの人を対象にすることは困難であることが多い。

沖縄の食塩環境は，わが国のなかでも最も良好であったが，近年の若年者の食環境の状況をみる限り，悪化していると言わざるを得ない。

若年者の外食率は高齢者よりも高く，中食の利用者も増加しており，沖縄全体における食塩摂取環境は悪化の傾向にあるが，減塩食環境の整備は容易ではない。

第 6 節　今後の展望：「チャンプルースタディ」による試み

沖縄の食事・栄養と健康状況を改善する鍵はないだろうか。その鍵となるのは，県民全体の生活習慣病の一次予防のための戦略の策定と，予防に向けた行動変容の実現である。そのためには集団全体へのポピュレーションアプローチ（集団全体への働きかけにより健康改善を行う方法）の取り組みが重要である（Rose 1994）。しかし，食事・栄養について，実効性があり長期的に持続しうる科学的な検証を経たポピュレーションアプローチの方法論の開発は，わが国では十分とは言えない。

最近欧米において食事パターンへの介入によるポピュレーションアプローチが有効である証拠が蓄積されてきている。日本人全体に対する食事・栄養のポピュレーションアプローチでは，高塩分摂取の食習慣を背景にした減塩のための取り組みが行われてきた（Takahashi et al. 2006）。

わが国の食塩摂取に寄与している食品は，欧米のような食品工業が製造した加工食品由来ではなく，卓上調味料や調理において使用される調味料であり，家庭における使用頻度が高いことがわかっている（佐々木2012）。このような背景から，社会全体の食塩の使用量を，法律などで減らす政策的アプローチが重要ではあるが，これと並行して家庭，個人に対する減塩に向けた働きかけも重要である。

沖縄の高齢者の過去の食事内容を分析すると，野菜の量が多く，塩分が少ないことが食事調査などでわかっている（柊山2000）。沖縄の長寿性には現在の高齢者が大きく貢献しており，高齢者の食べていた食事の内容を若い世代に食べてもらえるように改良し，血圧や体重などの減少効果が得られれば，現在の沖縄の健康水準の改善に役立つのではないかと考えられる。

われわれは，高血圧および動脈硬化性疾患の一次予防の試みとして，2005年から8年以上にわたり，約1,100名の日本人（沖縄，東京・横浜在住）および米国人（沖縄在住）の地域住民を対象に，にがうり（ゴーヤー），島にんじん，しま菜などの沖縄野菜がふんだんに使用された沖縄伝統食の食事パターンによる介入研究を試みている（この一連の研究を名付けて「チャンプルースタディ」と呼んでいる）（等々力2012）。チャンプルースタディとは，

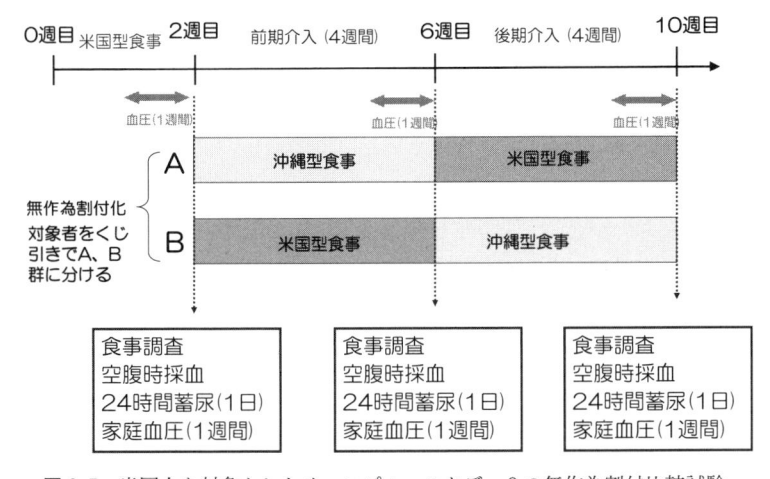

図8-7 米国人を対象としたチャンプルースタディ3の無作為割付比較試験

無作為割付比較試験（RCT：Randomized Controlled Trial）による介入研究（intervention trial）で行われている。介入研究は疫学研究の方法論のひとつであるが，ヒト集団に対して人為的に何らかの介入，たとえばチャンプルースタディの場合は，沖縄型食事（メニューが定められた配布食）による介入を行い，その介入効果の程度を見る疫学研究方法である。介入研究は，原因と結果の因果関係を明示する方法として最もエビデンス・レベルが高い研究方法の一つである。例として，図8-7に沖縄在住の米国人約150名を対象に行ったRCTのスキームを示した。このスキームにあるように対象者をAとBの2つのグループにくじ引きで割り付け，Aグループは伝統的沖縄型食事を食べてもらい，Bグループは通常食（大半は米国型食事）を食べてもらう。2つのグループの介入が開始されてから1ヶ月後に交代する交差試験を採用している。チャンプルースタディの結果をまとめると，介入食により収縮期血圧が3～5 mmHgの減少を示したことに加えて，対象者の大半が高血圧を有しない健常人であり，降圧剤を服用したわけではなく食事のみで降圧した（Todoriki et al. 2008）。また，研究担当者らが栄養指導や運動指導をしたわけではなく，対象者へ，配布された食事を食べてもらうことを要請したのみである。

　チャンプルースタディの目的は，単一の食品や栄養素のみの摂取に偏ることなく，沖縄産野菜と伝統的食事パターンを組み合わせて，若年者層にも受け入れやすいレシピを提案し，血圧や体重などの健康指標が改善されることを介入研究によって明らかにすることにある（等々力2013）。チャンプルースタディによって，沖縄野菜を主体とした伝統的食事パターンによる食事摂取が効果的であることがわかった。さらに，野菜中心の食事をとるということで健康意識が向上し，行動変容と高血圧予防につながると考えている。野菜中心の食事は，結果的にカリウムや抗酸化栄養素摂取量を増加させるだけではなく，低エネルギー摂取，低脂肪摂取の食習慣へとつながり，加えて沖縄伝統食は，鰹節などの'だし'が豊富であり，低塩分摂取に誘導される（瀬戸2003）ことからも高血圧予防にとって効果的な食事パターンを有している。

　ポピュレーションアプローチの考え方からみても，集団全体で約2 mmHgの降圧効果があっただけでも，わが国における循環器疾患者全体の年間死亡

者が約 2 万人以上減少（健康日本 21 報告書）（健康日本 21 企画検討会 2000）すると推定されており，地域住民全体の効果としてみれば，食事による降圧の効果は非常に大きなものになると考えられる。

　チャンプルースタディのような食事パターンを小児期から組み込んだポピュレーションアプローチによる働きかけが，対象者の無意識のうちの行動変容につながるであろう。たとえば，減塩について言えば，うす味の食事に慣れる介入を小児から行うことにより味覚閾値を下げることで塩分の摂取量の低下を無意識のうちに行う行動に誘導する。地域住民，地域企業，行政が健康づくりのために連携し，地域全体の健康に向けた取り組みが必要である。

第 7 節　おわりに

　沖縄は島嶼地域としての特質が，食事の内容に影響している。日本・中国の 2 つの文化圏から影響を受けた伝統的沖縄型（うす味，豊富な野菜，鰹・昆布だし）の食事パターンは，DASH 食[3]の組成に近い。いわば，歴史が作ったレシピといっても過言ではない。また，血圧や体重などの健康指標を改善する科学的知見が得られており，若年者にも受け入れられるレシピの開発も進んでいる（根川他 2012）。

　戦後，沖縄県民の健康指標は悪化しており，その改善は急務である。健康改善に向けた戦略は，地域住民全体に働きかけるポピュレーションアプローチに重点を置き，ハイリスクアプローチ（集団の中のハイリスク・グループへの働きかけ）も並行して実施すべきである。特に，若年者世代をターゲットにした食育や予防教育を学童の時期から取り組む必要がある。

　最終的には，地域における社会経済的資源（ソーシャルキャピタル）の活用や，地域のきずなを生かした包括的戦略が重要となろう。

追記

　本章は，日本学術振興会科学研究費基盤研究（B）　研究課題番号：18300254,

21300279 および 25282023 の援助を受けて行われた。

注

1) 下表に沖縄を含む人口が約 50 万人から 1,000 万人以下の主要な島嶼地域を示した。沖縄は，時間空間的側面からみてユニークな島嶼地域である。人口は約 100 万人規模であり，社会的文化的に影響力の強い地域（日本，中国）からの物理的距離は約 600 km 前後であり，人口移動や流入は，近年まではある程度，限定的であった。このことは，集団として遺伝的に固定され，蓄積されることを意味する。

島嶼名	国名	人口	面積 km²	気候帯	距離100 km圏 至近文化圏	距離300 km圏 至近文化圏	距離600 km圏 至近文化圏	距離4000 km圏 至近文化圏
海南島	中華人民共和国	約 785 万人	33,572	亜熱帯＋熱帯	中国大陸			
シチリア島	イタリア	約 503 万人	25,460	亜熱帯	ヨーロッパ大陸			
サルデーニャ島	イタリア	約 165 万人	23,813	亜熱帯	ヨーロッパ大陸			
キプロス島	キプロス，北キプロス	約 110 万人	9,251	亜熱帯	ヨーロッパ大陸			
コルシカ島	フランス	約 30.2 万人	8,681	亜熱帯	ヨーロッパ大陸			
クレタ島	ギリシャ	約 50 万人	8,261	亜熱帯	ヨーロッパ大陸			
沖縄本島	日本	約 140 万人（本島約129万人）	1,206	亜熱帯			日本本土，中国大陸	
マルタ島	マルタ	約 41 万人	246	亜熱帯		ヨーロッパ大陸		
参考（亜熱帯地域以外の主要な島嶼）								
キューバ島	キューバ	約 1124 万人	110,860	熱帯	北米大陸			
セイロン島	スリランカ	約 2022 万人	65,268	熱帯	インド大陸			
台湾島	中華民国	約 2300 万人	35,801	亜熱帯＋熱帯	中国大陸			
シンガポール島	シンガポール	約 507 万人	697	熱帯	マレー半島			
オアフ	アメリカ合衆国	約 91 万人	1,545	熱帯				北米大陸
済州島	大韓民国	約 55 万人	1,825	温帯	日本本土，朝鮮半島			
ハワイ島	アメリカ合衆国	約 15 万人	10,414	熱帯				北米大陸

2) 脂肪および食塩の摂取量は，摂取エネルギー割合に換算して求めているが，県民健康・栄養調査における摂取量データをエネルギー割合に換算しないで直接用いると，明瞭な栄養転換の変化は見いだされない。

3) DASH 食（Appel et al. 1997）：米国の高血圧予防ガイドラインで推奨されているモデル食。野菜，果物を多く含み，乳製品は低脂肪のもので，飽和脂肪酸，コレステロールが少なく，ミネラルが多い食材で構成されている。

参考文献

イチロー・カワチ，等々力英美［編著］（2013）『ソーシャル・キャピタルと地域の力：沖縄から考える健康と長寿』日本評論社。

第 8 章　戦後沖縄における食事・栄養と食環境の変遷　　　　　*185*

NTT 西日本（2001-2011）『タウンページ沖縄県本島版職業別』.
大蔵省（1973-1999）『沖縄管内外国貿易月報・年報』.
沖縄県（1967-1970）『沖縄県住民栄養調査』.
沖縄県環境保健部（1982-1993）『県民栄養の現状』
　　http://www.kenko-okinawa21.jp/kankobutu/eiyo/
沖縄県農林水産部畜産課（1982）『畜産関係資料』.
沖縄県農林水産部畜産課（2002）『おきなわの畜産』.
沖縄県福祉保健部（1998）『県民健康・栄養の現状』
　　http://www.kenko-okinawa21.jp/kankobutu/eiyo/
沖縄県福祉保健部（2008）県民健康・栄養の現状（平成 18 年度沖縄県県民健康・栄養調査成績）.
金城須美子（2004）「異文化接触と食文化」『平成 14 年度～平成 16 年度科学研究費補助金（基盤研究 A. 戦後沖縄とアメリカ―異文化接触の総合的研究―研究成果報告書）』197-248 頁.
金城須美子他（1995）「沖縄の食にみる米国統治の影響（第一報）―外資系洋風ファストフード（米国型）の導入と受容」『琉球大学教育学部紀要　第一部，第二部』第 47 巻，173-180 頁.
桑江なおみ（2010）「沖縄県における性・年齢・死因別死亡率の推移―1973 年から 2009 年における沖縄県と全国との比較」『沖縄県衛生環境研究所報』第 44 巻，71-82 頁.
桑江なおみ，新垣あや子，下地實夫（2009）「沖縄県における平均寿命，年齢調整死亡率，年齢階級別死亡率の推移（1975-2005）」『沖縄県衛生環境研究所報』第 43 巻，129-135 頁.
健康日本 21 企画検討会（2000）「21 世紀における国民健康づくり運動（健康日本 21）についての報告書　平成 12 年」健康日本 21 計画策定検討会。http://www1.mhlw.go.jp/topics/kenko21_11/pdf/all.pdf
厚生省公衆衛生局栄養課［編］（1954-2003）『国民栄養の現状―国民栄養調査成績』第一出版.
厚生労働省（2006）平成 15 年度国民健康・栄養調査報告，健康・栄養情報研究会編，第一出版株式会社.
厚生労働省がん研究助成金による指定研究班（2007）『多目的コホート研究―10 年後調査データ集―』1-546 頁.
小林茂（2003）『農耕・景観・災害―琉球列島の環境史』第一書房，306 頁.
佐々木敏（2012）「日本人の食塩摂取量減少のための生体指標を用いた食事評価による食環

境整備に関する研究　平成 23 年度総括研究報告書』『厚生労働省科学研究費補助金　循環器疾患・糖尿病等生活習慣病対策総合研究事業』1-107 頁。

ジェフリー・ローズ（1998）『予防医学のストラテジー――生活習慣病対策と健康増進』医学書院。

瀬戸美江, 澤田崇子, 遠藤金次（2003）「味噌汁に対する「だし」の減塩効果について」『日本調理科学会誌』第 36 巻, 219-224 頁。

総理府統計局（1982-2002）『家計調査年報』。

等々力英美（2009）「戦後沖縄における公衆衛生の独自性と特異性――アメリカ統治の視点から」『保健の科学』第 51 巻, 第 7 号, 468-473 頁。

等々力英美（2010）「沖縄の長寿はなぜ失われつつあるのか？」『生存科学』第 21 巻, 5-14 頁。

等々力英美, 白井こころ（2012）「戦後沖縄における Well-being の転換とソーシャルキャピタル」『国際琉球沖縄論集』第 1 巻, 9-28 頁。

等々力英美（2013）「地域住民の行動変容を目指した沖縄野菜主体と型食事による介入研究」『日本学術振興会科学研究費助成事業研究成果報告書』1-6 頁。

中村美詠子, 吉池信男, 田中平三（2003）『国民栄養調査データを利用した都道府県別栄養関連指標の検討』。

日本電信電話公社（1972-2000）『沖縄県職業別電話帳』。

根川文枝, 等々力英美, 西大八重子（2012）「チャンプルースタディの研究成果に基づいた学校給食レシピの開発と評価」『減塩サミット in 呉　抄録』。

柊山幸志郎［編］（2000）『長寿の要因――沖縄社会のライフスタイルと疾病――』九州大学出版会。

琉球銀行調査部編（1984）『戦後沖縄経済史』琉球銀行。

琉球政府企画統計局編（1953-1972）『琉球統計年鑑』。

琉球政府経済局畜産課（1964）『琉球の畜産』。

琉球政府厚生局（1960-1965）『衛生統計年報』。

Appel, L. J., T. J. Moore, E. Obarzanek and DASH Collaborative Research Group (1997) A clinical trial of the effects of dietary patterns on blood pressure. *N Engl J Med,* 336, 1117-1124.

Bäckman, G. (2010) Health, Longevity and Life Conditions in Okinawa. In Nordberg, N. eds. *Commentationes Scintiraum Scialium,* Vammalan Kirjapaino Oy. Sastamla.

Caballero, B. and B. M. Popkin (2002) *The Nutrition Transition: Diet and Diseases in the Developing World,* Academic Press.

General Headquarters (1949) Supreme Commander for Allied Powers, Public Health and Welfare

Section, Okinawa Nutrition Survey August.

GHQ/SCAP/PHW Okinawa Records (1949) Application for Supplementary Budget on Purchase of Relief Food, To: Deputy Commander, Military Government From: Koshin Shikiya, Chiji of Okinawa Gunto. 公衆衛生福祉局沖縄文書データベース 1945 年 -1953 年（責任編集 等々力 英美）CD-ROM 版

Kim, S., S. Moon and B. M. Popkin (2000) The nutrition transition in South Korea. *Am J Clin Nutr* 71, 44-53.

Marmot, M. G. and G. Davey Smith (1989) Why are the Japanese living longer? *BMJ,* 299, 1547-51.

McMurray, C. and R. H. Smith [eds.] (2001) *Diseases of globalization: Socioeconomic transitions and health,* Earthscan.

Rose, J. (1994) *The Strategy of Preventive Medicine,* Oxford University Press, USA.

Takahashi, Y. et al. (2006) Blood pressure change in a free-living population-based dietary modification study in Japan. *J Hypertens,* 24, 451-458.

Todoriki, H. (2010) Nutrition transition and nourishment policy in postwar Okinawa - Influence of US administration -. In Laurinkari, J. ed. *Health, Wellness and Social Policy,* Europäischer Hochschulverlag, 195-203.

Todoriki, H., Y. Katsumata, Y. Ohya, D. C. Willcox, K. Zheng and S. Sasaki (2008) A clinical trial of the effects of the traditional Okinawa diet on blood pressure and other health indicators: Can DASH-like results be achieved? 22nd Scientific Meeting International Society of Hypertension, Abstract, 515.

Todoriki, H., D. C. Willcox and B. J. Willcox (2004) The effects of post-war dietary change on longevity and health in Okinawa. *The Okinawan Journal of American Studies,* 52-61.

Todoriki, H., D. C. Willcox, H. Kinjo, M. Takakura and S. Sasaki (2002) The Nutrition transition in post-war Okinawa: Changes in body weight and fat intake. Final Programme & Book of Abstracts, The XVI IEA World Congress of Epidemiology, Montreal.

Tsugane, S., M. Akabane, T. Inami, S. Matsushima, T. Ishibashi, Y. Ichinowatari, Y. Miyajima and S. Watanabe (1991) Urinary salt excretion and stomach cancer mortality among four Japanese populations. *Cancer Causes & Control,* 2, 165-168.

Willcox, B. J., D. C. Willcox and M. Suzuki (2001) *The Okinawa Program,* Clakson Potter, New York.

WHO Regional Office for the Western Pacific (2003) Diet, the food supply and obesity in the Pacific. http://www.wpro.who.int/publications/docs/diet_food_supply_obesity.pdf

第9章　沖縄におけるソーシャル・キャピタルと健康

白井こころ

第1節　ソーシャル・キャピタルと健康

　1972年の本土復帰以降，沖縄県は世界的にも有名な長寿の島として，長らく知られてきた。しかし，現在沖縄県では，健康長寿のイメージに相反して，男性の肥満率や早世率が全国一高く，糖尿病の新規罹患率が全国平均の2倍近く高いなど，特に中高年層では，生活習慣病リスクの先進県となりつつある。

　2013年に公表された2010年度国勢調査に基づく平均寿命では，沖縄県の男性の平均寿命は79.40歳，女性は87.02歳と発表され，女性も長寿県第1位から下降した。県内ではそれぞれの全国順位をもじって330ショックと呼ばれている（女性の平均寿命全国3位，男性30位）。寿命を左右する要素には，遺伝的要因や，食生活・睡眠・運動・喫煙等をはじめとする生活習慣要因，その他に医療制度や社会経済的な格差，心理的・社会的要因など，様々な要素が関連していると考えられる。

　本章ではその中でも，日本の健康長寿に影響を与えた要因の一つと議論される「ソーシャル・キャピタル（社会関係資本）」という概念に着目して，沖縄社会における健康長寿の変遷との関連を検討する。島嶼地域としての特徴を持つ沖縄地域の健康を考える上で，地域のソーシャル・キャピタルが，長寿を実現するポジティブな面と，肥満や成人の早世率が急増する現在のネガ

ティブな面の両面から，健康に影響を与えたことが考えられる。本章では，沖縄社会が持つ人と人の関係性や，地域社会・文化と「健康」の関係について，探索的検討を試みる。

1 ソーシャル・キャピタルの概念

ソーシャル・キャピタルとは，日本語で「社会関係資本」と訳されるが，定義や構成要素には諸説あり，統一が図られていないのが現状である。Putnam（1993）はソーシャル・キャピタルを「社会的な繋がりとそこから生まれる規範・信頼であり，効果的に協調行動へと導く社会組織の特徴」と定義した。また，OECDはソーシャル・キャピタルについて「グループ内かグループ間で協力を容易にする規範，価値，理解が共有されたネットワーク」としての要素を強調する。他に，世界銀行では，「ソーシャル・キャピタルとは，社会的なつながりの量・質を決定する制度，関係，規範であり，社会的つながりは経済の繁栄や経済発展の持続に不可欠」であると指摘し「ソーシャル・キャピタルは単に社会を支えている制度ではなく，社会的つながりを強くするための糊の役割を果たしている」と理解する。その他にも，ブルデューやフクヤマ，ハニファン，稲葉，リンらを含め，多くの研究者による定義づけが行われてきた。本章では，Putnam（1993）の定義を基礎的理解とし，互酬性の規範・信頼感・ネットワークを主な構成要素と捉えて論を進める。

ソーシャル・キャピタルの構成要素については，組織活動の量的・質的評価などの構造的要素と互酬性の規範や信頼感といった，認知的要素に分けて考えることもできる（Harpham et al. 2002）。認知的あるいは構造的ソーシャル・キャピタル（Lindström 2008），また橋渡し型（Bridging），結束型（Bonding），リンキング型（Linking）など，異なるソーシャル・キャピタルの形態が，それぞれに健康指標に異なる影響を与える結果も報告されている（Avlund et al. 2004）。例えば，Lindström（2008）は，構造的ソーシャル・キャピタルに比べて，認知的ソーシャル・キャピタルの方が，健康行動の関連指標と正の関係を示すことを報告した。他にも，同じ信頼感でも，個人間の戦略的信頼（Strategic trust），社会全般に対する道徳主義的信頼（Moralistic trust），同じバッ

クグラウンドを持つ者に対する特定化信頼（Particularized trust），異なるバックグラウンドを持つ者全般に対する普遍化信頼（Generalized trust）など，その効果と関係性は異なることが指摘されている。

そのため，ソーシャル・キャピタルの構成要素や種類を明確に区別することは重要であると考えられる（De Silva et al. 2005；Harpham 2009）。しかし一方で，そのために必要となるソーシャル・キャピタルの定義は，まだ明確にコンセンサスが得られておらず，前述のとおり学問分野ごとの見解や理解が様々に存在するのが現状である。

しかし，定義の曖昧さの一方で，ソーシャル・キャピタルの豊かさが地域レベル，個人レベルでそれぞれに健康と関連していることが実証研究等により数多く示されている（Cramm and Nieboer 2012；Cramm et al. 2012）。1997年以降，ソーシャル・キャピタルと健康に関連する研究は対数的に増加しており（Kawachi et al. 2013），我が国においても研究蓄積が進んでいる（Aida et al. 2009；Ichida et al. 2009）。

2 ソーシャル・キャピタルが健康に影響を及ぼす経路の検討

ソーシャル・キャピタルと健康の関係において，そのメカニズムについても，様々な機序が検討されている（Berkman and Kawachi 2000；Subramanian et al. 2002）。例えば，ソーシャル・キャピタルが豊かなコミュニティは，1）健康情報の伝達スピードが，ネットワークの豊かさや情報信頼性の高さを理由として，速くなることが考えられる。また，ソーシャル・キャピタルが豊かなコミュニティでは，2）向社会行動が増えることも報告されている（Payton et al. 2005）。これは地域での互いの見守りや社会的統制により，健康的な行動規範の適応を促進し，逆に社会的な逸脱行動を規制する効果が考えられる（Vaske and Koblin 2001）。結果として，3）健康行動の機会が増え（Emmons 2000），4）心理社会的なストレスも軽減されることが期待される（Glanz et al. 2008）。逆にソーシャル・キャピタルの豊かでないコミュニティでは，人々は他者への信頼感の低さから他者の忠告や助言に従わない傾向にあり（Lindström 2003），逸脱行動や不健康行動が増え，結果的に健康阻害の要因を増やすと考えられる。一方で地域の社会的凝集性は弱まり，政策展開や地域

のサービス展開にも格差を助長するものが増え，結果的にコミュニティ全体の健康も損なわれることが予想される。

　ソーシャル・キャピタルについては，格差が社会関係資本や一般的信頼感を棄損し，さらに格差を拡大させるという方向性の議論（Uslaner 2008）と，逆に社会関係資本が格差の縮小や社会全体の経済状態の改善（Robinson et al. 2011）や健康状態の向上に寄与するとする議論の両方がある。また，格差とソーシャル・キャピタルの関係について，Wilkinson（2005）や Uslaner（2002）らは，平等なコミュニティでは，経済格差が大きいコミュニティよりも，構成員が同じ価値観を共有することが比較的容易であり，逆に同じ価値観を共有することが困難な場合，階層を超えた協同作業を行う努力が損なわれる可能性が高い，と論じている。言い換えると，格差社会の進行により，社会の構成員間での情報の非対称性や，力関係の明確化が進むことが，階層間の社会的距離を増大させ，富裕層と貧困層の対決的な社会関係を生み，階層を超えた協調行動を困難にする可能性も指摘される（Wilkinson 2005）。すなわち，経済的不平等は持つ者，持たざる者の可視化により，持たざる者の自尊心や自律性を損ない，持つ者との協働によるコミュニティや社会に対する貢献へのインセンティブを減少させ，さらには情報の非対称性に起因する，社会の取引費用等によるコストの増大を招くと考えられる。

　沖縄本島，八重山諸島ならびに周辺離島を含む島嶼地域沖縄のコミュニティの中で，ソーシャル・キャピタルが健康に影響を及ぼしてきたとすれば，同様の機序が考えられるのであろうか？　それともまた沖縄の地域性に根付く別の機序もあり得るのだろうか？　沖縄地域には，特徴的な言葉として人と人との絆や信頼感を想起させる「ユイマール」という言葉や，模合，郷友会などの地域組織，また祖先崇拝や地域行事など地域の絆を維持・醸成する装置として機能しうる社会的な資源が多く存在する。これらの資源は，沖縄地域におけるソーシャル・キャピタルと健康長寿の関係にポジティブな影響を与えてきたと考えられるのだろうか？

第2節　沖縄のコミュニティにみるソーシャル・キャピタルの関連資源

　沖縄社会におけるソーシャル・キャピタルの関連資源を考える場合に，現代社会においても「ユイマール」の言葉が生活の中に残り，若年層の日常会話の中にも用いられる機会があることは，興味深い。ユイマールという言葉は，地域社会における助け合いの精神や信頼感を象徴する言葉の一つとも感じられる。また，沖縄は島嶼地域であり，経済的指標では厳しい状況にあるにもかかわらず若年層の県内における就職希望率が非常に高い地域でもある。Iターンや，Uターンによりコミュニティに戻ってきた成員は，価値規範をある程度踏襲する社会の中で，濃密なネットワークを再生産することが指摘される。加えて，移民によりブラジルやハワイなど世界各地に広がった沖縄県人コミュニティの中でも，こうした濃密なネットワークとユイマールの精神，沖縄に特徴的な地域行事や習慣が色濃く残っていることが知られている。沖縄コミュニティにあるソーシャル・キャピタルに関連すると考えられる資源について，社会疫学的な観点からの考察に絞って，本章では検討を試みる。

1　地域資源と健康への影響：一例としての模合

　沖縄地域にみられるインフォーマルな地域組織として，例えば「模合」や「郷友会」，「門中」，「共同売店」等の存在は，日本国内の他地域にはみられなくなったものも多く，特徴的であると指摘される。

　「模合」は，他地域においても，頼母子講や無尽講などの名称で近年まで残っている場所もあり，世界中の他諸国においても同様の形態の組織が観察されている。例えば，ナイジェリアにおけるエスス（esusu），トリニダードトバコやガーナにおいてはスス（susu）が同様の組織に相当する。他にも，エクブ（ekub；エチオピア），トンティン（tontine；コンゴ共和国，トーゴ，カンボジア，カメルーン），ニアンギ（niangi；カメルーン），アリサン（arisan；インドネシア），パルワガン（paluwagan；フィリピン），ケ（契，ke；韓国）などのように，アフリカ地域，アジア地域をはじめ，世界各地で同様の組織形態が確認

されている (Bascom 1952 ; Bouman 1994 ; Dekle and Hamada 2000 ; Seibel 2003)。

日本でも山梨県 (Kondo et al. 2007) や岡山県 (Iwase et al. 2012) において，模合と同様の組織として，頼母子講や無尽講が現代まで残っており，健康との関連についての疫学調査も行われ，科学的検証の結果，同組織の健康へのポジティブな影響が報告されている (Kondo et al. 2013)。

沖縄地域においても，2010-2011年から実施された JAGES-Study Okinawa の結果として，高齢者の模合参加と個人の健康状態との間にポジティブな関連がみられた。本研究は，JAGES-Study プロジェクト（厚生労働省科学研究費補助金「介護保険の総合的政策評価ベンチマークシステムの開発」(H22―長寿―指定―008) 代表：近藤克則教授）の一環として，全国10万人データのベンチマークプロジェクトのために，沖縄地域で行われた調査研究である。加えて，同調査実施に際して，関連研究として沖縄地域に特徴的な健康の社会的決定要因に着目し，生活習慣や社会経済的背景と共に，地域関係やソーシャル・キャピタル，ソーシャル・ネットワーク，ポジティブ心理要因等との関係についても調査研究を行っている（科学研究費補助金「沖縄におけるポジティブ心理資源とソーシャル・キャピタルの健康長寿への影響研究」(若手科研B：課題番号22700694) 白井こころ）。

ここでは，沖縄の調査対象地域の一部として，N村在住の65歳以上高齢者全数2,418名（2010年）に実施した結果を報告する。調査は，留置法による自記式の質問紙調査法を用い，客観的な健康指標の評価は質問紙回答者のうち，提供同意者を対象に介護保険データならびに検診データの結果を結合して行った。対象者のうち，認知症や寝たきりなどの状態にあり要介護度2以上の認定を受けている者，入院中の者等を除き，性・年齢ならびにソーシャル・キャピタル関連項目などの主要解析項目について回答のある者に限って分析を行った。最終的な分析対象者は，1,106名（19字地区，男性472名・女性634名）とした。解析には，地域組織参加（模合組織，自治会や老人クラブ等への参加）・信頼感・相互扶助の質問を，個人の認知的ソーシャル・キャピタルの評価指標として用い，健康状態との関連検討を行った。なお，模合を含む地域組織参加について，結束型 (Bonding) と橋渡し型 (Bridging) に分けて検討を行った。

結果1として，模合組織参加について，収入や教育歴等の社会経済的状況や，飲酒や喫煙など健康リスクに直結する生活習慣等を調整した上でも，模合に参加していない者に比べて，定期的に模合に参加している者で，健康状態がよい傾向が認められた。また，結果2として，同じ模合組織への参加でも，社会経済的背景などが類似した者が集まる「結束型（Bonding）」の模合よりも，性・年齢・職種などが多様な者が集まり，異なる資源を持ち寄ることができる「橋渡し型（Bridging）」の模合組織に参加している者で，より健康状態が良好である傾向を認めた。この傾向は特に女性で顕著であった。結果2も結果1と同様に社会経済的状況や，飲酒・喫煙・運動・BMI等の状況を考慮した上で，認められた結果である。さらに，傾向性スコアによる検討を追加し，模合参加のプロペンシティ・スコアを作成し，同程度の模合参加確率を持つ生活習慣や身体状況の異なる者をマッチさせて検討した結果も，同様に模合参加と健康状態との間には，ポジティブな関連性がみとめられた。

解釈として，現在健康な高齢者が，継続的に模合参加が可能になっているという，因果の逆転の可能性も示唆されるが，本分析の結果は，男女で異なる傾向を示しており，単純な因果の逆転とは考えにくい。加えて，プロペンシティ・スコアを用いた検討の結果得られた分析結果によっても，関連性は支持されており，無作為化比較試験（RCT：Randomized Controlled Trial）と同様にバイアス調整を行った上での分析と理解すれば，単純な因果の逆転とは考えられず，高齢者層においては，模合参加によるポジティブな健康影響が存在することが示唆される。

(1) 模合の持つポジティブな健康影響の仮説

高齢期においては，定期的な組織参加や，友人知人とのネットワークの維持，ソーシャル・サポートの授受がそれぞれ健康へのポジティブな影響をもつことが，数多く報告されている（Berkman and Class 2000；Hughes et al. 2010；Fratiglioni et al. 2004）。模合参加は，定期的な仲間との交流を可能にする地域の資源であり，わざわざ約束して会うことは難しくても，毎月の行事として日常生活の中に他者との交流が組み込まれるシステムとなっている。互いに交流し，見守る仲間がいることを実感できることは，精神的な安定や健康状

態へもプラスの影響が考えられる。個人として豊かなソーシャル・サポートを有するというだけではなく，地域文化としてこうした交流の場が複合的に多く存在することは，地域の資源としてのソーシャル・キャピタルの豊かさが，高齢者の良好な精神的健康状態に影響することを示す研究報告とも一致することが示唆される（Nyqvist et al. 2013）。

　また，金銭的な意味合いは小さくなっており，親睦の意味が大きい模合ではあるが，精神的なサポートを含むセーフティ・ネットの役割も果たす機能は備えており，互いのライフコースを配慮した上での金銭の授受の順番が組まれることも報告されている。例えば，利子を目当てとした規模の大きな模合とは異なり，友人同士の親睦模合の場合，子どもの入学式や，親の介護，家族の入院など，それぞれが仲間の状況を考慮して，掛け金を取る順番や時期を変更することで，互いのサポートが行われることも日常生活の体験として共有されていると聞く。これは，金銭的な補助としての役割は小さくとも，自身のことを心配し，共有してくれる仲間の存在を認識するプロセスになると考えられる。加えて，情報交換やストレス解消の場となっていることも考えられる。模合の場合は，通常の飲み会や集まりの場とは異なり，金銭の授受が介在することで，義務意識や役割意識が共有され，外出する理由として社会や家庭で容認されやすく，定期的な仲間を堅持しやすい傾向にあると解釈される。

　沖縄地域における「模合」は，公的な金融システムの発達が遅れた地域において，地縁血縁による金銭的相互扶助組織として広く浸透し，それが目的や形を変えながら現在まで存続していると理解される。「模合」組織は頼母子講等と同様に，ROSCA（Rotating Savings and Credit Association）と呼ばれるマイクロファイナンスの一形態として解釈され，銀行組織の代わりに，身内や友人・知人で，少額を持ち寄ることで，担保を取らずにまとまった金銭を都合できるシステムである。一方で，社会的な信頼関係を担保として成り立つ金銭の循環であるとも考えられ，担保となるべき関係性による資本であると捉える解釈も成り立つ。言い換えれば，メンバー同士の信頼と互助の精神が担保としての役割を担っており，この「社会的担保（social collateral）」により，早期に掛け金を取得したメンバーが，その後支払いの不履行を起こすことを

予防するなど，ROSCA の一形態としての模合が成立することが可能になっている（Besley and Coate 1995）。

模合参加について，1972 年に沖縄開発庁で行われた県民調査では模合の参加割合は全県民で 60％を超えたことが報告されている（沖縄開発庁沖縄総合事務局総務部調査企画課 1974）。現代の沖縄社会においても，全ての年代を合わせて約 40％の者が何らかの模合組織に参加していることが調査の結果示されている。2006 年に実施された OGSS（Okinawa General Social Survey）の結果では，40.9％が模合組織への参加を報告しており，特に多かった 60 歳代女性では 61％の者が模合組織に参加していた（白井 2012）。OGSS 調査は安藤他（2012）が実施した 20 ～ 64 歳の沖縄県民から無作為抽出された 1,739 名を対象とした標本調査であるが，模合参加の特徴として，すべての年代で参加者が多かったことが挙げられている。

島嶼地域沖縄では，戦後の通貨政策や基地の問題も含め社会的な環境により基幹産業が育ちにくかった状況があり，本土との経済格差は大きいことが指摘されてきた。沖縄は，2009 年度に高知県を逆転し，全国最下位を脱したが，依然として高知県に次いで全国で 2 番目に県民の所得平均が低く（東京都 408.4 万円に対し，沖縄県 204.5 万円）（内閣府県民経済計算平成 23 年公表：平成 21 年度データ），最低賃金水準が最も低いランクであり（平成 24 年度地域別最低賃金額答申），一人親世帯の割合が高く（平成 18 年度国勢調査），完全失業率が最も高い（平成 22 年度総務省統計局労働力調査）地域であるとされる。

加えて，消費実態調査によれば，沖縄県は，大阪府，徳島県とならびジニ係数[1]による地域内経済格差が大きいトップ 3 の地域である。2004 年度調査では，全国平均が 0.308 に対し，1 位が徳島県で 0.345，次いで沖縄県 0.344，大阪府 0.323 であった。この結果は，ジニ係数が小さい地域については，年度ごとで大きな変動があり，この指標のみを用いることには注意が必要である。しかし，続く 2009 年度調査でも，全国平均 0.311 に対して，沖縄県 0.339，大阪府 0.336，徳島県 0.334，長崎県 0.331 となっており，沖縄県は，地域内の経済格差が複数年度を通して，大きい地域と報告されている。すなわち沖縄は，県外他地域との経済格差と県内での経済格差という二重の格差を抱える地域となっている。

絶対的な貧困が健康に負の影響を与えることはよく知られているが，相対的な貧困率の高さが，健康に悪影響を及ぼし，地域内に存在する経済格差が，健康格差，ひいては命の格差につながることについても，近年社会的な認識が高まっている。加えて，相対的格差が，貧困層などいわゆる社会の負け組だけでなく勝ち組の健康にも負の影響を与え，社会全体の健康状態を損なうことについても，近年注目が集まっている (Kawachi and Kennedy 2002 ; Wilkinson and Pickett 2006)。模合のシステムは，資源が限られ，また格差が可視化されやすい島嶼地域沖縄において，互いに助け合い，周囲の人間と資本を循環させることによって，経済的に不利益な状況を，一部に集中させずにリスクを分散させ，格差を広げずに地域と健康を守る役割を果たした可能性も考えられる。

　その意味において，模合という社会資源は島嶼地域沖縄において経済の格差を健康の格差につなげず，コミュニティの成員の健康長寿を実現したソーシャル・キャピタルの可視化された組織の一つとも考えられる。地域行事やユイマールの習慣など，沖縄社会のソーシャル・キャピタルは，資源が限られるコミュニティの中でこそ，その力を発揮してきた可能性が示唆される。

　社会疫学研究の分野で，健康の決定要因についての議論は，世界保健機構 (WHO) が，「健康の社会的決定要因 (SDH：Social Determinants of Health)」の重要性と対応を加盟諸国に求める総会決議を 2009 年に提出するなど，国際社会や地域社会の在り方が，個人や集団の健康に与える影響について，改めて緊急性と重要性が認識されつつある。その観点から捉え直すと，沖縄の長寿と短命は複合的な「社会的な決定要因」によって左右されていると考えられる。その原因や解決策の一つとも考えられる要素に，ソーシャル・キャピタルがあり，沖縄の経済的格差や社会環境の変化を人々に媒介したり，緩衝したりした要素の一つとも捉えられる。地域のつながりや，人と人との絆が，資源として機能し，人々の健康に影響すると考える説には，Social Capital, Social Cohesion, Social Support, Social Network 等と，個人レベル，地域レベルでそれぞれ諸説があり，「絆」がもたらす効果など，健康行動や健康状態への影響が小さくないと考えられる。

(2) 模合の持つネガティブな健康影響の仮説

　高齢者世代の健康長寿については，ポジティブな影響が大きかったと考えられる模合であるが，一方で多量飲酒や喫煙などの不健康行動と結びついたり，飲酒との関係で事故死と関連すること等が指摘されており，中高年層の今後の健康を考える上では注意が必要である。沖縄における肝疾患の罹患率は全国の2倍であり，「健康おきなわ21」の重要課題としてアルコール摂取の問題は取り上げられている。特にアルコール由来の肝疾患の死亡率が県別統計で沖縄県では男性が1位，女性が2位となっている状況も注目に値する。模合参加がアルコール摂取の機会と密接にかかわることを考えると，アルコールを飲む機会として模合参加を手放しで推奨するのは難しい面もある。一方で，アルコール摂取と脳卒中発症ならびに死亡リスクとの関係について，多量飲酒の害はソーシャル・サポートやソーシャル・ネットワークの乏しい人でより大きくなることも報告されている（Ikehara et al. 2009）。

　ソーシャル・キャピタルとは純粋に社会関係に基づく交換可能な資源であるため，使い方によって毒にも薬にもなり得る。張り巡らされたネットワークの上を，健康によい情報が伝わっていけば，信頼度の高い仲間からもたらされた情報は，選択されるのも，定着するのも早いと考えられている。また信頼する仲間からもたらされた情報は大切に取り扱われ，次の仲間へと伝搬する。一方で，悪い情報が伝わっていくのも早く，悪い行動規範についても，同じ方向性の行動が強化され，定着されやすい。より強化された関係性の中で伝わる情報の伝搬は，社会行動や個々人の生活習慣に影響を与えることが報告されている。

　Christakis and Fowler（2007, 2008）の研究によれば，肥満も幸福感も喫煙などの生活習慣もネットワークを通じて伝搬するという。例えば，肥満に関する研究結果では，自分の「友人」が肥満になった場合，自身が肥満になるリスクは45%上昇する。また，「友人の友人」が肥満になった場合20%，「友人の友人の友人」の場合10%，「友人の友人の友人の友人」まで隔たって，ようやく肥満の伝染の関連性は見えなくなる。「肥満は伝染」すると一般報道でも話題になった同研究では，フラミンガム心臓病研究のデータセットを用いて，ネットワーク分析により，肥満や喫煙，幸福感が，ネットワークの近い

者で相関する確率が高いことが示されている。

　沖縄は島嶼地域であるため，ネットワークの密度が高く，共有される友人・知人が重複することで，更にネットワークの密度が高まっていく循環が考えられる。この濃密なネットワークや助け合いの規範が，世代や地域によって異なる影響を与えたことも考えられる。例えば，高齢者以上の人口については，濃密なネットワークが地域の中での助け合いや支え合いとなり，健康や生活を支えるポジティブな要因として機能したことが考えられる。しかし，一方で，ネットワークや関係性が密であるが故に，沖縄における現在の肥満傾向や悪化する生活習慣が共有され，早くに悪い生活習慣が広がり，ネットワークの中で強化され，早く定着したとも解釈される。

　沖縄の模合は，現在の多量飲酒機会の増加と密接に関連する状況では，健康長寿の資源として推奨するのは難しい側面を持つ。ただし，依然多くの県民が参加する組織として模合組織が持つ，コミュニケーション機能や他者とのつながりへの影響は小さくないことが予測される。そのため，模合などの人がインフォーマルに集まる場所を，意図的な健康づくりの場や，健康習慣の伝搬の場として利用するような取り組みにも検討の余地があると考えられる。

　例えば，N村で展開されているバドミントンなどの運動グループの行う模合は，男女年代の異なる多様な者が参加し，運動の機会を確保すると共に，飲食を共にしてコミュニケーションを行う。また，グループの精神的なリーダーが，健康づくりに取り組まれている医師であることから，仲間内での健康づくりや運動習慣，生活習慣の変容への動機づけの場にもなっていることが考察される。情報交換の場所としてかつてのコミュニティが持っていた集いの機会を代替している場所であるとすれば，その活用の方法には期待がもたれる。

　多量飲酒や交通事故との問題から，現段階では手放しに推奨だけされるべきものではないが，多くの県民が参加する伝統的な社会資源として，利用の仕方によっては，今後の県民の健康状態の向上に寄与する可能性も十分に示唆される。沖縄における模合を含む強い，地域の絆に基づくソーシャル・キャピタルも，その影響力を正しく理解して，今後の健康づくりに資する資

源として捉えなおすことが重要であると考えられる。

2　沖縄におけるソーシャル・キャピタルと地域の健康づくりへの展開

　前項では既存の地域資源としてのソーシャル・キャピタルについて検討した。本項では，国が国民健康づくり対策として2000年から実施している「健康日本21」に明文化されたように，新たな資源としてこれを活用する可能性について考える。「健康日本21」の第2次計画の中で，健康寿命の延伸および健康格差の縮小が謳われている。その中で，ソーシャル・キャピタルの向上や活用も目標として挙げられている。厚生労働省の指針の中に示されたことで，ソーシャル・キャピタルは科学的エビデンスが不足したままで，大きな期待を寄せられているようにも思われる。

　しかし，ソーシャル・キャピタルとは決して安価な代替資源ではなく，その醸成と維持のためには，投資が必要となる。沖縄県N市で行われている取り組みは，既存のソーシャル・キャピタル資源に加え，意図的に新たな資源を地域に投入することで，ソーシャル・キャピタルが向上・活用され，地域の健康づくりに効果を上げたと解釈できる。

　沖縄県N市では，区ごとに特定健診受診率を競い，受診率が高い地域に，市が報奨金を出す制度が施行されている。これは，地域の人数規模に合わせて，甲・乙・丙・丁に段階を分け，同程度の人数規模の地域ごとに，特定健診受診率の向上を競うシステムである。各区分でトップとなった地域と受診率の向上が目覚ましかった地域には，報奨金が支払われ，その使途は核となる各自治会や公民館，健康推進委員らに委ねられる。各自治会が呼びかけて対象者を募り，20人以上集まると，行政の補助を受けて地域主導で追加健診やナイト健診を実施できる環境も準備されている。集団検診に加えて，地域住民により身近な公民館で健診受診希望者を募り，夜の時間帯や休日の時間帯に健診受診が可能となる環境も，受診率向上に資する資源であると考えられる。新しく報奨金制度を導入したことで，地域毎の健診受診率の向上に対して地域住民の関心が高まり，加えて周辺地域との競争の要素があることで，地域の結束力と，全体での受診率アップという結果への意欲が向上したことが考えられる。また，保健師たちによる全戸への個別訪問などの取り組

みも，保健指導修了率，フォローアップ率を向上させている。

　これらの取り組み後，N市のTK地区では，平成19年度に12.8％（男性8.1％，女性18.2％）だった健診受診率が，平成20年度に46.4％，平成22年度には63.1％まで上昇している。これは，健康づくり推進委員の発足と，区長の熱心なリーダーシップが大きな要因であると地域住民にも認識されている。加えて，TK地区は，古くからの住民だけでなく新しく他地域から流入した新住民も多い地域であり，空き家や空き地が目立つ地域であったことが報告されている。新しく住民の組織化を進め，花を植える活動や地域の活動への声掛けを熱心に行ってきた結果，地域の結束力が向上し，地域の活力が上がってきたことが，住民へのインタビューからも聞かれた。活動が地域の中で共有されてきた過程が，受診率の飛躍的な向上の過程にリンクするとも報告されている。

　同様に健診受診率向上が目覚ましい地域として，F地区やTH地区が挙げられる。こちらは，元々地域のつながりが強い地域であったと指摘されるが，同時に農業就業率が高く健康診断受診の習慣が少なく健診受診率が低い地域であった。健康推進員を中心にして，健康イベントや毎日のラジオ体操活動，健康講話やニュースレターの配布による健康情報の提供，追加の健診受診機会の増加等，種々の取り組みを進めた結果，大幅な受診率向上が報告されている。長野県等他地域でも効果を上げている健康推進員（保健補導員）の組織化と同様に，地域のつながりを核とする健康づくりが，比較的昔からの絆が強い伝統的なコミュニティでも，新しい外からの移入者が多い地域でも成果を上げていることは，注目に値すると考えられる。

　いずれの地域にも共通の特徴として，強いリーダーシップを発揮する住民の存在と，それを支える周囲との関係性が挙げられる。また，行政組織でリーダーシップを発揮してきた住民が地域へ戻り，地域と行政をつなぎながら，地域の活動を効果的に進めている要素も考えられる。また，この地域では区ごとで対抗する運動大会の開催が伝統的に行われており，運動サークルの仲間が，そのまま推進員のリーダーとなっている例も多い。結果として，N市では公民館を核にした健康づくりの取り組みに，他地域では参加の少なさが指摘される男性の推進委員が非常に熱心に取り組んでおり，地域の資源

として機能していることも他地域に少ない特徴と考えられる。

　活動継続の持続性や次世代への橋渡しなど，他地域と同様に今後の課題は指摘されているが，地域の既存資源を活用しながら，リーダー達の呼びかけに応え，地域組織が健康づくりの主役として大きな成果を上げている取り組みには，沖縄の健康長寿復活のためのカギが隠されていると考えられる。加えて，ソーシャル・キャピタルというキーワードによって今まで行われてきた地域づくりを再評価し，地域へのエンパワーメントを行うことが重要であることの査証とも解釈できると考える。長野県における中核病院を中心にした，地域医療システムの充実と，保健補導員の活動が，現在の長野県の健康長寿を実現した鍵であると指摘される。沖縄県に眠る豊かな地域資源の潜在的な力は沖縄の健康課題を考える上でも大切な要素であると考えられる。

　加えて，この地域において行われた，客観的な調査研究の結果も健診受診行動と地域との関係性を支持している。前述のJAGES-Study Okinawa調査対象地域のうち，N市在住の65歳以上高齢者5,714名に対して，自記式の質問紙調査を実施した。回答を得た4,033名のうち，要介護認定を受けている者，入院中の者，性・年齢・健診受診の記述に欠損がある者等を除いた3,744名（男性1,704名・女性2,040名）を分析対象者とした。分析は，男女別に前期・後期高齢者に，1年以内・3年以内それぞれの健診受診に関連する要因の検討を行った。ソーシャル・キャピタルについては，Putnam（2000）の定義に従い，「信頼」「規範」「ネットワーク」の構成概念を用い，組織参加の状況や，信頼感，助け合いの規範等を評価に用いた。

　検討の結果，図9-1に示すとおり，男女ともに喫煙者，外出頻度の低い閉じこもり傾向のある者など，生活習慣が良好でない者で健診受診のオッズ比が低い傾向が見られた。一方，地域組織の参加数が多くネットワークが豊かな者，他者への信頼感や地域での助け合いの規範が高い，認知的ソーシャル・キャピタルの高い者で健診受診のオッズ比が高い傾向が示された。一方，海外の先行研究に示されている教育歴等の社会経済的な指標との関連は認められなかった。この結果は，所属団体のメンバーや地域の健康推進員からの声掛けが健診受診のきっかけになったとするインタビュー結果とも合致しており，地域の絆やネットワーク等の地域資源の有効活用が今後の健診受

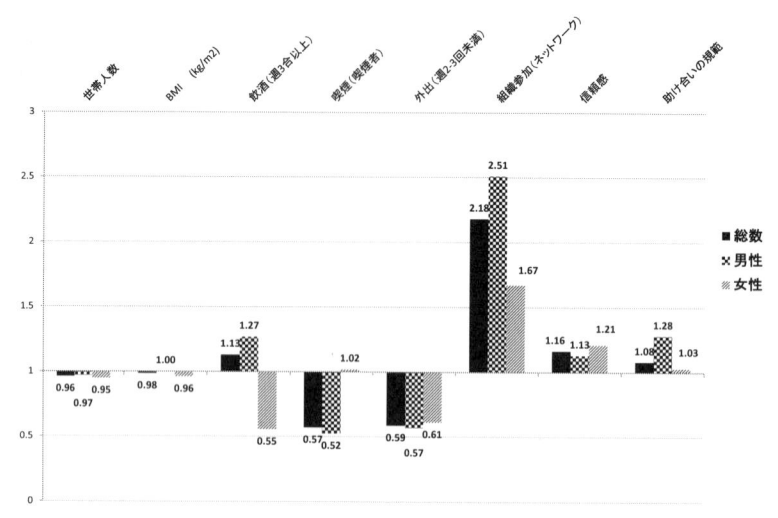

図 9-1　健診受診行動に関連する要因の検討
（白井・磯・Kawachi・等々力他，日本疫学会総会，2013）
注：結果は性・年齢・経済状況・教育歴による影響を調整した上での結果

診勧奨にも重要と解釈された。沖縄では地域の絆の強さがよく議論されているが，健診受診への影響についても，質・量両面の検討から肯定的な影響が支持されたと考えられる。

　N市の取り組みは，沖縄の健康長寿復活のための対応策が必要とされるなか，行政の専門的な対応とバックアップのもと，ソーシャル・キャピタル等の地域資源の活用を健康づくりに生かすことの有効性を示唆すると考えられる。加えて，既存の住民同士のつながりを生かすだけでなく，報奨金制度や健康推進員の組織化など新たな資源が導入されることで，住民の組織活動や主体的な取り組みが活性化され，更にソーシャル・キャピタルの醸成が進んだ好例とも捉えられる。健康日本21でもその活用が明言されており，今後地域の健康づくり活動におけるソーシャル・キャピタルの重要性は増すと考えられるが，住民主体の活動を行政がエンパワーメントして，目的に沿う活用を意図する場合，新たな資源の投入や行政の支援も重要な要素となると考えられる。その点からも，N市の取り組みはグッド・プラクティスの好例と理解されるのではないだろうか。

第3節　沖縄における「健康の社会的決定要因」(social determinants of health)

　現在の沖縄県では，80年前に生まれた人達は健康長寿で，同じ沖縄県で50年前に生まれた人達は，比較すると不健康である。これは，沖縄県民の寿命が遺伝子要因のみで決定されず，沖縄県民が体験する社会環境の変化が健康に影響を与えていることを示唆すると考えられる。外的要因の変化による社会環境の変化に多く曝されてきた島嶼地域沖縄では，短い期間に，急激な社会経済状況や生活習慣の変化を体験してきたと考えられる。沖縄市コザ出身の歌手，佐渡山豊の唄「ドゥーチュイムニイ（独り言）」の中に，「中国の世から大和の世へ，そして大和の世からアメリカの世へ／不思議に変わったこの沖縄」という意味の歌詞が出てくる。大国の間で翻弄される沖縄を歌ったものと考えられるが，外的な要因によるこうした急激な生活環境の変化が，沖縄県民の栄養摂取状態や，運動，睡眠などその他の生活習慣に影響を与え，健康状態に変化をもたらしてきたことが考えられる。

1　沖縄の健康長寿：環境変化とライフコースの視点

　加えて，こうした急激な変化を人生のどの時点で経験したかの違いは，その後の健康への影響に大きく関係していると考えられる。例えば，島嶼地域沖縄の健康長寿をめぐる変化仮説の一つとして，胎児期の低栄養状態と，出生後の米国統治の影響を受けた高カロリー摂取が可能な環境とのミスマッチが考えられる。オランダの飢餓時に胎児期を過ごした子どもに，成人期の肥満や糖尿病のリスクが高かったとする研究が報告されている（Ravelli et al. 1999）。これは，子宮内で飢餓状態に曝された子どもたちに環境変化に対応するための遺伝疫学的な変化が起こり，エネルギー摂取が限られた環境でも生き抜ける身体に変化したことが考えられる。すなわち，胎児期を過ごした環境よりも，カロリー摂取が容易な環境下で生活するようになると，エネルギー消費がされにくい体により，肥満や糖尿病のリスクが上昇することになる。バーカー仮説で知られるBarker（1995）は，出生時体重が青年期の虚血性心疾患リスクと循環器疾患リスク上昇に関連することを示した。加えて，

幼少期からの生活習慣の積み重ねによって高齢期の健康状態が決定されることは重要な視点であり，沖縄の中高年者の健康を考える上でも，社会環境の変化と人と人とのつながり方の変化による影響の伝搬を検討することは重要であると考えられる。

沖縄の中高年者の健康状態を考える上で，幼少期の発達過程が成人期以降の健康状態に与える影響を重要視する Early Determinants of Health（幼児期・胎児期等の人生の初期段階における健康の決定要因）の視点は特に重要であり，沖縄を取り巻いてきた外からの環境要因が，ドラスティックな変化の波の中で，どのように幼児期からの生活習慣や健康状態に影響を与え，沖縄県の中高年・高齢者の健康状態を形成してきたかについての検討は重要であると考えられる。

加えて，沖縄県は島嶼地域であるという特徴も併せ持っており，外的要因による社会変化の結果起こる食環境や住環境等の変化が，個々の生活習慣に影響を与え，健康状態として顕在化するまでの期間が，比較的短いことが仮説される。外的環境が伝わるパスが，地理的側面，人的環境側面のいずれからみても短いため，環境変化から，生活習慣変化，さらに疾病構造変化が起こるまでのスパンが凝縮され，短縮されていることが考えられている。加えて外からの環境変化を考える場合，沖縄の特徴的な歴史背景にも理解が必要であると考えられる。

沖縄は，琉球王朝時代，1879年の琉球処分まで，独立した海洋国家として貿易等を活発に行ってきた。現在は，旨味調味料等の消費量が増え，昆布やカツオなどの消費は下降傾向にあるが，かつては生産地の北海道や青森を抜いて，昆布の消費量が日本一であった。沖縄では生産されないこれらの食材が，食文化に早くから根付いたことも，海洋貿易が盛んであったことを示す査証と指摘される。沖縄の伝統食は旨味を効果的に用い，塩分が比較的少ないと言われるが，これは海洋国沖縄の社会性が可能にした味といえるかもしれない。一方，沖縄は，琉球王国として中国との冊封体制の後，薩摩の侵攻，日本の統治，米国の占領など，社会体制の大きな変化を幾度も経験してきた。米軍統治時代の影響として，米軍基地周辺では，現在も欧米式のステーキハウスやレストランが軒を連ねる。その後進んだ日本本土化の影響では，塩蔵

の食品や，寿司やラーメン店，焼き肉店などが急増して食生活に影響を与えたと指摘される。これらの変化を，人生のどの時点で体験したかによりその影響は異なると考えられる。例えば，戦後，高齢期を迎えた人口には，低栄養がリスクになる高齢期にタンパク質・脂質摂取量が上昇した環境が健康長寿にプラスに働いたことが考えられる。一方で，子どもたちにも，塩分や脂質の高い食品摂取が習慣として残ったことが考えられ，その味覚や食習慣はその後の中高年期におけるリスクになったことが考えられる。沖縄の気候風土では，生鮮食品の腐敗が進みやすく，揚げ物が食事の中にも多く，比較的高脂質の食品を受け入れる土壌があったことは指摘される。現在も，人口10万人対のハンバーガー・ショップの件数の多さや，ポーク缶・コンビーフ缶等の加工肉の摂取量は高いことが知られる。一方で，農作業等の重労働が減り，鉄道などの公共交通機関の整備も進まない環境では，運動習慣のある人の割合は全国的に見て決して低くないにもかかわらず，歩行や運動など日常生活動作の中での，エネルギー消費が進まない状況が指摘される。幼少期と成人期以降の環境のミスマッチを含め，こうした外的環境の大きな変化により住民の生活習慣が変化し，現在の生活習慣病リスクが高くなっている地域として，パラオ周辺の島嶼地域における例にも，沖縄に類似する点がある。今後他地域との比較検討や生活習慣改善のための事例の共有等も必要であることが考えられる。

　食生活の変化や生活環境の変化は，最終的には個人の行動の選択であると理解することもできるが，一方で食材の手に入りやすさや，経済的な価格設定の違いなどの環境的要因が個人の選択行動を大きく左右し，健康状態にも影響を与えることが示されている。たとえば，Andreyeva他（2010）は，160の論文をレビューした結果，清涼飲料水の値段が10%上がれば，個人消費が8–10%抑えられることを示した。また，CARDIA Studyによる研究報告でも，清涼飲料水やピザの価格が1ドル上がるごとに，それぞれ124 kcalの総摂取カロリー減少，1.05 kgの体重の減少，HOMA–IRスコアによる耐糖能0.42ポイント減少に効果が出ることが示されている（Brownell et al. 2009；Dušey et al. 2010）。行動を規定する要因として，個人の嗜好だけでなく環境的な要因が影響することを示している。

食行動や運動習慣をはじめとする生活習慣の変化は，一つの例であるが，社会環境の変化によって遺伝的に同じ背景を持つ移民の集団で，生活習慣が変わり健康状態が変化したことも報告されている (Moriguchi et al. 2004)。大国の間で社会環境が劇的に変化してきた沖縄の状況は，個人の社会生活に影響を及ぼし，良い点でも悪い点でも多くの日本一が存在する，現在の健康状態を形成した一因と考えられる。

　現在の生活習慣の形成過程に，社会環境の変化による影響が大きかったのと同様に，沖縄の生活習慣病予防対策には，個々人の努力や責任を強調し，危険度の高い者を中心に対策するハイリスク・アプローチ (Rose 1985) だけでは解決しきれない部分も多く，社会経済的な背景を含む環境要因の影響の検討や，環境変化のための介入も含めた人口全体を対象にするポピュレーション・アプローチの重要性が指摘される。

　外的な環境変化の影響が，超高齢者世代の健康長寿と，中高年世代の肥満傾向の両方に影響している可能性があり，今後社会的な要因が健康を決定する過程を検討することが，沖縄にとって重要であると考えられる。今後子ども世代・中高年世代・高齢者世代と3世代の健康状況や生活環境の違いを，世代間格差と世代間連鎖の両方の視点で，分析考察し，健康政策等への手がかりとすることも必要であると考えられる。

2　まとめ

　社会疫学分野のソーシャル・キャピタル研究が注目される一つのきっかけになった事例として，地域の経済格差の増大と，それに伴うソーシャル・キャピタルの毀損が，地域の虚血性心疾患の罹患率や死亡率を上げ，健康への悪影響を与えたことを示した地域がある。ソーシャル・キャピタルが，経済格差を健康格差に直結させない資源として機能したこの効果は，「ロゼト効果」と呼ばれる。実証研究としても，州内や地域単位の経済格差の大きさが寿命やその他の健康指標と関連していることを示した研究が欧米を中心に数多く報告されている (Kawachi and Kennedy 1997；Robinson et al. 2011)。

　Lochner 他 (2001) は，個人の所得を調整した上でも，地域のジニ係数の差により個人の総死亡リスクが上昇することを示している。この結果は，個人

の所得が高い場合でも，地域内での経済格差が大きい地域に居住していると，格差の小さい地域に居住するよりも死亡リスクが高くなることを示唆する。これは，NHIS-NDI (National Health Interview Survey linked to National Death Index) による546,888人の追跡調査データ (1987-1994) を分析した結果であり，日本より格差が大きい社会として知られる米国の結果であるが，日本でも同様に，社会経済的にdisadvantageがある"負け組"に属する者だけでなく，経済的に豊かな"勝ち組"に属する者においても，格差社会は健康状態への負の影響があると考える論拠の一つになると考えられる。

伝統的な沖縄地域には，社会経済的なdisadvantageを，健康におけるdisadvantageに直結させない社会資源が存在し，社会経済的条件の厳しさによる悪影響を軽減したり，格差を緩衝したりする機能を有していたのではないかと予想される。

本章では，仮説の一つとして，ソーシャル・キャピタルが，伝統的な地域文化の中で維持・醸成され，沖縄において不足する資源を補い，助け合いによる情報や資源の分配を助ける意味でも，地域内格差による健康資源へのアクセス等を是正する役割を果たし，健康長寿を支えてきた面があると考え論を述べてきた。一方で，脂質やカロリー比率の高い食品が市場に多く出回り，生活環境の変化と共に運動不足が進行し，消費カロリーが減少する中，人と人とのつながりの濃さゆえに，負の生活習慣や情報伝達のスピードもある程度早くなったことも一方の仮説として考えられた。通常，社会状況の変化が，人々の生活習慣の変化に影響を及ぼし，更に健康状態にまでその影響が現れるには，20～30年以上のタイムスパンが必要であると考えられる。しかし，島嶼地域という性格ゆえに沖縄における社会的影響の顕在化が早かったと考えれば，沖縄は，日本社会が今後直面する問題の一部を先取りして，一歩早めに映しだしているとも考えられる。

沖縄は，高齢者世代の健康長寿維持の良い面と，対策すべき中高年者の生活習慣病指標の悪化の両面で，トップランナーとなっていると言える。学ぶべき超高齢者における健康長寿の秘訣と，理解して予防すべき中高年層の健康リスクが混在する沖縄の生活要因，文化的，社会経済的背景と健康の関係について解明し，ソーシャル・キャピタルという地域資源についての理解を

進めること等，今後沖縄の健康長寿をめぐる議論は，より精緻な検討が求められると考えられる。

　今後の対策としても，沖縄の地域資源としてソーシャル・キャピタルを活用した取り組みは重要であり，今後の展開が期待される。マイナスの面として現在顕在化しているのが，ネットワークの強さによる肥満傾向等，不健康な生活習慣の増加であるならば，今まで，無意識に活用してきた地域資源を意図的に健康づくりに生かし，ポジティブな面での影響を期待することも可能であると考えられる。一方でソーシャル・キャピタルは，万能薬ではなく，地域の重要な健康資源であると同時に，単なる資源であるが故に，その影響はプラスの面にもマイナスの面にも働くことを認識して活用することは大切であると考える。さらに，ソーシャル・キャピタルは決して安価な解決策ではないことへの認識も重要であるだろう。ソーシャル・キャピタルはただ存在するものではなく，形成・維持するための基盤や資源が必要である。特に，健康日本21に明記されるような，特定の機能を活用して目的に特化した成果を目指す場合は，なおさら基盤となる資源整備と行政の協力体制が重要であると考える。N市のように，信頼関係に基づく官民の協働体制を可能にし，地域資源を活用しながら進める健康づくりの取り組みにはメリットが大きく，沖縄における特有のモデルとしてだけではなく応用可能なグッド・プラクティスの例として，沖縄から発信していくことも可能であると考えられた。もしも，今までの沖縄の健康長寿が，既存の豊かな社会資源に守られてきたと考えるならば，今後行政と一体となった地域の健康づくりを，沖縄の資源である地域の絆を活用しながら進めていくことは重要であると考えられる。

　しかし一方で，沖縄におけるソーシャル・キャピタルと健康の関係が，生活習慣病リスク増加の文脈の中で，ソーシャル・キャピタルの毀損による経済格差の緩衝効果の縮小によって説明されるのか，それともネットワークやソーシャル・キャピタルが豊かであるが故の，ダーク・サイドと言われる負の影響の顕在化として説明できるか，今の時点では検証可能な科学的データは限られている。沖縄のソーシャル・キャピタルと健康の関係の検討は，多くの期待が寄せられる中で，まだ緒に就いたばかりであると言え，今後より

精緻な検討と対策への示唆が求められると考える。

注
1) 所得や資産の分配の不平等度を測る指標の一つ。0～1の値をとり，1に近いほど不平等度が高いことを示す（広辞苑）

参考文献
安藤由美，鈴木規之［編著］(2012)『沖縄の社会構造と意識―沖縄総合社会調査2006による分析―』九州大学出版会。
沖縄開発庁沖縄総合事務局総務部調査企画課(1974)「沖縄の模合実態調査」沖縄県。
沖縄地域科学研究所［編］(1985)『沖縄の県民像―ウチナンチュとは何か』ひるぎ社。
沖縄心理学会［編］(1993)『沖縄の人と心』九州大学出版会。
川上憲人，小林廉毅，橋本英樹［編］(2006)『社会格差と健康：社会疫学からのアプローチ』東京大学出版会。
近藤尚己，白井こころ(2013)「マイクロファイナンスと健康」(第10章)，髙尾総司，近藤尚己，白井こころ，近藤克則［監訳］(2013)『ソーシャル・キャピタルと健康政策：地域で活用するために』日本評論社。
崎原盛造，芳賀博［編著］(2002)『健康長寿の条件：元気な沖縄の高齢者たち』株式会社ワールドプランニング。
柊山幸志郎［編］(2000)『長寿の要因―沖縄社会のライフスタイルと疾病―』九州大学出版会。
白井こころ(2012)「沖縄県民の社会参加活動と地域帰属意識―沖縄県におけるソーシャル・キャピタルとSocial Determinants of healthへの考察―」(第7章)，安藤由美，鈴木規之［編著］『沖縄の社会構造と意識―沖縄総合社会調査2006による分析―』九州大学出版会。
白井こころ(2013)「沖縄共同体社会における高齢者とソーシャル・キャピタル」(第9章)，イチロー・カワチ，等々力英美［編著］『ソーシャル・キャピタルと地域の力：沖縄から考える健康と長寿』日本評論社。
白井こころ，磯博康，Ichiro Kawachi，等々力英美，髙江洲順達，石川清和，大屋祐輔，鈴木佳代，中川雅貴，近藤克則(2013)「高齢者の健診受診行動の関連要因：沖縄におけるソーシャル・キャピタルの検討―JAGES-OKINAWA Study」日本疫学会総会，大阪，2013年1月。
髙尾総司，近藤克則，白井こころ，近藤尚己［監訳］(2013)「ソーシャル・キャピタルと健

康政策：地域で活用するために」日本評論社。[Kawachi, I., S. Takao and S. V. Subramanian (2013) *Global perspective on Social Capital and Health,* Springer.]

等々力英美 (2013)「戦後沖縄の体重転換と社会経済的要因」(第5章), イチロー・カワチ, 等々力英美 [編著]『ソーシャル・キャピタルと地域の力：沖縄から考える健康と長寿』日本評論社。

埴淵知哉, 中谷友樹, 花岡和聖, 村中亮夫 (2012)「都市化・郊外化の度合いと社会関係資本の関連性に関するマルチレベル分析」『地理科学』第67巻, 71-84頁。

Aida, J., T. Hanibuchi, M. Nakade, H. Hirai, K. Osaka and K. Kondo (2009) The different effects of vertical social capital and horizontal social capital on dental status: a multilevel analysis. *Soc Sci Med,* 69, 512-8.

Andreyeva, T., M. W. Long and K. D. Brownell (2010) The impact of food prices on consumption: a systematic review of research on the price elasticity of demand for food. *Am J Public Health,* 100 (2), 216-222.

Avlund, K., R. Lund, B. E. Holstein, P. Due, R. Sakari-Rantala and R. L. Heikkinen (2004) The impact of structural and functional characteristics of social relations as determinants of functional decline. *J Gerontol B Psychol Sci Soc Sci,* 59 (1), S44-51.

Barker, D. J. (1995) Fetal origins of coronary heart disease. *British Medical Journal,* 15; 311 (6998), 171-4.

Berkman, L. F. and T. Class (2000) Social integration, social networks, social support, and health. In Berkman, L. F. and I. Kawachi eds. *Social Epidemiology,* Oxford University Press, pp.137-173.

Berkman, L. F. and I. Kawachi eds. (2000) *Social Epidemiology,* New York: Oxford University Press.

Bascom, W. R. (1952) The Esusu: A Credit Institution of the Yoruba. *The Journal of the Royal Anthropological Institute of Great Britain and Ireland,* 82 (1), 63-69.

Besley, T. and S. Coate (1995) Group lending, repayment incentives and social collateral. *Journal of Development Economics,* 46 (1), 1-18.

Bouman, F. J. A. (1994) ROSCA and ASCRA: Beyond the Financial Landscape. The Netherlands: Mansholt Graduate School of Social Sciences (MGS).

Bourdieu, P. (1986) The forms of capital. In Richardson, J. ed. *Handbook of theory and research for the sociology of education,* Greenwood press, pp. 241-258.

Brownell, K. D., T. Farley, W. C. Willett, et al. (2009) The public health and economic benefits of taxing sugar-sweetened beverages. *N Engl J Med,* 361 (16), 1599-1605.

Christakis, N. A. and J. H. Fowler (2007) The spread of obesity in a large social network over 32 years. *N Engl J Med,* 26; 357 (4), 370-9.

Christakis, N. A. and J. H. Fowler (2008) The collective dynamics of smoking in a large social network. *N Engl J Med,* 22; 358 (21), 2249-58.

Cramm, J. M. and A. P. Nieboer (2012) Relationships between frailty, neighborhood security, social cohesion and sense of belonging among community-dwelling older people. *Geriatr Gerontol Int,* 2012 Nov 27: 1-19. doi: 10. 1111/j. 1447-0594. 2012. 00967. x.

Cramm, J. M., H. M. van Dijk and A. P. Nieboer (2012) The Importance of Neighborhood Social Cohesion and Social Capital for the Well Being of Older Adults in the Community. *Gerontologist.*

Dekle, R. and K. Hamada (2000) On the development of rotating credit associations in Japan. *Economic development and cultural change,* 49(1), 77-90.

De Silva, M. J., K. McKenzie, T. Harpham and S. R. Huttly (2005) Social capital and mental illness: a systematic review. *J Epidemiol Community Health,* 59 (8), 619-27.

DuŠey, K. J., P. Gordon-Larsen, J. M. Shikany, et al. (2010) Food price and diet and health outcomes: 20 years of the CARDIA Study. *Arch Intern Med,* 170 (5), 420-426.

Emmons, K. M. (2000) Health Behaviors in a Social Context (Chap 11). In Berkman, L. F. and I. Kawachi eds. *Social Epidemiology,* New York: Oxford University Press, pp. 242-266.

Evans, R. G., M. L. Barer and T. R. Marmot eds. (1994) *Why are some people healthy and others not? The determinants of health of populations,* Aldine de Gruyter.

Fratiglioni, L., S. Paillard-Borg and B. Winblad (2004) An active and socially integrated lifestyle in late life might protect against dementia Review Article. *The Lancet Neurology,* 3 (6), 343-353.

Glanz, K., B. K. Rimer and K. Viswanath (2008) *Health Behavior and Health Education: Theory, Research, and Practice, 4th ed,* Jossey-Bass.

Gustafson, P. (2001) Roots and Routes ; Exploring the relationship between place attachment and mobility. *Environment and Behavior,* 33 (5), 667-686.

Halpern, D. (2005) *Social Capital, Polity Press,* Cambridge University Press.

Harpham, T. (2009) Urban health in developing countries: what do we know and where do we go? *Health and Place,* 15(1), 107-16.

Harpham, T., E. Grant and E. Thomas (2002) Measuring social capital within health surveys: key issues. *Health Policy and Planning,* 17, 106-111.

Hughes, T. F., C. C. Chang, J. Vander Bilt and M. Ganguli (2010) Engagement in reading and hobbies and risk of incident dementia: the MoVIES project. *Am J Alzheimers Dis Other Demen,* 25 (5), 432-8.

Hummon, D. M. (1992) Community Attachment: local sentiment and sense of place. In Altman, I.

and S. Low eds. *Place Attachment,* Plenum Press.

Ichida, Y., K. Kondo, H. Hirai, T. Hanibuchi, G. Yoshikawa and C. Murata (2009) Social capital, income inequality and self-rated health in Chita peninsula, Japan: a multilevel analysis of older people in 25 communities. *Soc Sci Med,* 69 (4), 489-99.

Ikehara, S., H. Iso, K. Yamagishi, S. Yamamoto, M. Inoue and S. Tsugane (2009) JPHC Study Group, Alcohol consumption, social support, and risk of stroke and coronary heart disease among Japanese men: the JPHC Study. *Alcohol Clin Exp Res.,* Jun; 33 (6), 1025-32.

Iwase, T., E. Suzuki, T. Fujiwara, S. Takao, H. Doi and I. Kawachi (2012) Do bonding and bridging social capital have differential effects on self-rated health? A community based study in Japan. *J Epidemiol Community Health,* 66 (6), 557-62.

Kawachi, I. (1999) Social capital and community effects on population and individual health. *Ann N Y Acad Sci,* 896, 120-30.

Kawachi, I. and B. P. Kennedy (1997) Health and social cohesion: why care about income inequality? *British Medical Journal,* 314, 1037-1040.

Kawachi, I. and B. P. Kennedy eds. (2002) *The health of the nations: why inequality is harmful to your health,* The New Press.

Kawachi, I., S. V. Subramanian and D. Kim (2008) *Social Capital and Health,* Springer Science +Business Media.

Kawachi, I. and B. P. Kennedy (1997) Health and social cohesion: why care about income inequality? *British Medical Journal,* 314, 1037-1040.

Kawachi I., S. Takao, S. V. Subramanian eds. (2013) *Global Perspectives on Social Capital and Health,* Springer.

Kondo, N., J. Minai, H. Imai and Z. Yamagata (2007) Engagement in a cohesive group and higher-level functional capacity in older adults in Japan: a case of the Mujin. *Soc Sci Med,* 64, 2311-23.

Kondo, N., K. Suzuki, J. Minai, Z. Yamagata (2013) Positive and negative impacts of finance-based social capital on incident functional disability and mortality: An 8-year prospective study on elderly Japanese. *Journal of Epidemiology,* 22 (6), 543.

Lindström, M. (2003) Social capital and the miniaturization of community among daily and intermittent smokers: a population-based study. *Preventive Medicine,* 36 (2), 177-184.

Lindström, M. (2008) Social capital and health-related behaviors. In Kawachi, I., S. V. Subramanian and D. Kim eds. *Social Capital and Health,* Springer, New York, pp. 215-238.

Lochner, K., E. R. Pamuk, D. Makuc, B. P. Kennedy and I. Kawachi (2001) State-level income inequality and individual mortality risk: A prospective, multi-level study. *Am J Public Health,* 91,

385-391.

Moriguchi, E. H., Y. Moriguchi and Y. Yamori (2004) Impact of diet on the cardiovascular risk profile of Japanese immigrants living in Brazil: contributions of World Health Organization CARDIAC and MONALISA studies. *Clin Exp Pharmacol Physiol,* 31 (Suppl 2), S5-7.

Marmot, M. (2004) *The Status Syndrome: How Social Standing Affects Our Health and Longevity,* Henry Holt and Company.

Nyqvist, F., A. K. Forsman, G. Giuntoli and M. Cattan (2013) Social capital as a resource for mental well-being in older people: A systematic review. *Aging Ment Health,* 17 (4), 394-410.

Payton, M., D. Fulton and D. Anderson (2005) Influence of Place Attachment and Trust on civic action: A study at Sherburne National Wild Refuge. *Society & Natural Resources,* 18, 511-528.

Pena, M. and J. Bacallao (2000) Obesity and Poverty: A New Public Health Challenge, PAHO & WHO

Putnam, R. (1993) *Making Democracy Work,* Princeton University Press.

Putnam, R. D. (2000) *Bowling Alone: The Collapse And Revival of American Community,* Simon & Schuster.

Ravelli, A. C., J. H. van Der Meulen, et al. (1999) *Am J Clin Nutr.,* 70, 811-6.

Robison, L. J., M. E. Siles and S. Jin (2011) Social capital and the distribution of household income in the United States: 1980, 1990, and 2000. *Journal of Socio-Economics,* 40 (5), 538-547.

Rose, G. (1985) Sick individuals and sick populations. *International Journal of Epidemiology,* 14 (1), 32-38.

Seibel, H. D. (2003) History matters in microfinance. Small Enterprise Development, 14 (2), 10-12.

Subramanian, S. V., D. J. Kim and I. Kawachi (2002) Social trust and self-rated health in US communities: a multilevel analysis. *J Urban Health,* 79 (4 Suppl 1), S21-34.

Uslaner, E. (2002) *Moral Foundations of Trust,* Cambridge University Press.

Uslaner, E. (2008) *Corruption, Inequality, and the Rule of Law,* Cambridge University Press.

Vaske, J. and K. Kobrin (2001) Place attachment and environmental responsible behavior. *The Journal of Environmental Education,* 32 (4), 16-21.

Wilkinson, R. G. (2005) *The Impact of Inequality: How to Make Sick Societies Healthier,* Routledge.

Wilkinson, R. G. and K. E. Pickett (2006) Income inequality and population health: a review and explanation of the evidence. *Soc Sci Med,* 62, 1768-84.

第10章　離島における教育の情報化と広域連携の効果[1]

三友仁志

第1節　はじめに

　大城肇琉球大学学長[2]は，1999年に開催された公開シンポジウム「多島域と情報社会」（鹿児島大学多島圏研究センター・日本島嶼学会共催）の発表要旨[3]のなかで，「島嶼地域の振興課題は「小規模の悪循環」をどう断ち切るかである。産業振興に限ると，垂直型統合をネットワーク型の水平的統合に再編し，各島嶼地域のもつポテンシャリティをいかにして発揮させるかという点にある。そのために，島嶼間を結ぶネットワークを構築して，島嶼間の一体化を図り，共同開発や共同事業，相互発展のための情報の共有化・交流事業等に積極的に取り組んでいく必要がある」（大城1999）と述べている。そしてそのために，情報通信技術の重要性に触れ，「情報化の進展に伴って，情報の共有とネットワークの構築が可能となっている」（出典同）ことを指摘し，さらに，「社会経済システムとしてみた場合，20世紀型の垂直的な「規模の経済システム」から水平的な「ネットワークの経済システム」へ」（出典同）の移行を離島間に確立することの重要性を説いている。ブロードバンドが普及する以前であるにもかかわらず，将来の方向性を正確に示唆しており，先見の明には驚きを感じる。本章では，情報通信技術がようやく水平的な離島間のシステムの構築を可能にする水準にまで到達し，それによって実現が可能になった広域連携のメリットを，小中学校教育における校務支援シ

ステムを事例に紹介する。

　近年，情報通信技術（ICT：Information and Communication Technology）が急速に進展し，高度化された多様なサービスが提供されている。ICT を用いれば，地理的距離を克服することが可能なので，離島のような条件不利地域においてこそ，さまざまな場面でその活用が期待されている。都市部に比べ，離島や中山間地などでは，情報通信インフラ（ブロードバンドサービスを提供可能な通信ネットワーク）の整備が遅れていたが，図 10-1 および表 10-1 に示されるとおり，2013 年 3 月末時点で，その世帯カバー率は，移動系を除いてもほぼ 100％に達し，光ファイバーなどによる超高速のブロードバンドも 99.4％と，100％に近いカバー率となっている（総務省 2013）。したがって，この数字に基づきブロードバンド環境だけに注目すれば，離島における整備もかなり進んできているといえる。情報通信はわれわれの社会，生活のさまざまな側面で活用が可能で，地域においても，ネットワークを通じたサービスの利活用の重要性が認識されるようになってきた。教育においてもその恩恵を享受する取り組みが進んでいる。本章では，沖縄県宮古島市において進められている教育の情報化プロジェクトを事例に，離島の教育に ICT を活用することの効果を述べ，費用負担を軽減し，小規模の自治体でも導入が可能となるために必要な枠組みについて解説したい。

　離島は地理的条件に加え，人口規模の点においても，不利を抱えている。沖縄県を例にとると，人口規模が 1 万人を超える離島は，宮古島と石垣島だけであり，数千，数百という人口規模が多く，しかも高齢化，過疎化が進んでいる。教育においても，同様に条件が非常に厳しく，その質を保つことはおろか，少子化の影響もあり，教育そのものの維持が困難となっているケースもある。その厳しい条件を克服し，より高い水準の教育を実現するため，距離に依らない情報通信すなわち ICT をうまく活用していくことが期待されている。

　沖縄県宮古島市では，総務省「ブロードバンド・オープンモデル実証実験（小・中学校教員の事務軽減支援）（2010 年）」（総務省 2010）に続き，総務省「フューチャースクール推進事業」と文部科学省「学びのイノベーション事業」（2011〜15 年）との連携事業の対象に宮古島市立下地中学校が選ばれ（総

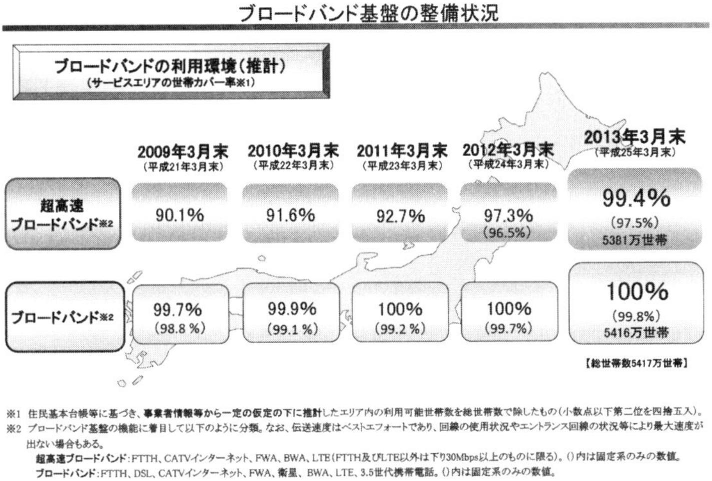

第 10 章　離島における教育の情報化と広域連携の効果　　　219

ブロードバンド基盤の整備状況

	2009年3月末 (平成21年3月末)	2010年3月末 (平成22年3月末)	2011年3月末 (平成23年3月末)	2012年3月末 (平成24年3月末)	2013年3月末 (平成25年3月末)
超高速 ブロードバンド※2	90.1%	91.6%	92.7%	97.3% (96.5%)	99.4% (97.5%) 5381万世帯
ブロードバンド※2	99.7% (98.8%)	99.9% (99.1%)	100% (99.2%)	100% (99.7%)	100% (99.8%) 5416万世帯

【総世帯数5417万世帯】

※1 住民基本台帳等に基づき、事業者情報等から一定の仮定の下に推計したエリア内の利用可能世帯数を総世帯数で除したもの（小数点以下第二位を四捨五入）。
※2 ブロードバンド基盤の機能に着目して以下のように分類。なお、伝送速度はベストエフォートであり、回線の使用状況やエントランス回線の状況等により最大速度が出ない場合もある。
　超高速ブロードバンド:FTTH、CATVインターネット、FWA、BWA、LTE及びLTE以外は下り30Mbps以上のものに限る。（ ）内は固定系のみの数値。
　ブロードバンド:FTTH、DSL、CATVインターネット、FWA、衛星、BWA、LTE、3.5世代携帯電話。（ ）内は固定系のみの数値。

図 10-1　我が国ブロードバンド基盤の整備状況
出典：総務省，2013，http://www.soumu.go.jp/main_content/000147332.pdf

表 10-1　都道府県別ブロードバンド基盤の整備状況（2013年3月末時点）

【2013年3月末】

都道府県名	超高速ブロードバンド 利用可能世帯率(%)	ブロードバンド 利用可能世帯率(%)
北海道	98.6	100.0
青森県	98.6	100.0
岩手県	95.5	99.9
宮城県	99.9	100.0
秋田県	97.5	100.0
山形県	99.6	100.0
福島県	99.2	100.0
茨城県	99.8	100.0
栃木県	100.0	100.0
群馬県	99.9	100.0
埼玉県	99.9	100.0
千葉県	100.0	100.0
東京都	100.0	100.0
神奈川県	100.0	100.0
新潟県	99.1	100.0
富山県	100.0	100.0
石川県	100.0	100.0
福井県	98.6	100.0
山梨県	99.5	100.0
長野県	99.1	100.0
岐阜県	99.2	100.0
静岡県	98.8	100.0
愛知県	100.0	100.0
三重県	100.0	100.0

都道府県名	超高速ブロードバンド 利用可能世帯率(%)	ブロードバンド 利用可能世帯率(%)
滋賀県	99.9	100.0
京都府	99.8	100.0
大阪府	100.0	100.0
兵庫県	99.6	100.0
奈良県	99.9	100.0
和歌山県	99.1	100.0
鳥取県	99.0	100.0
島根県	97.2	100.0
岡山県	98.8	100.0
広島県	98.9	100.0
山口県	97.8	100.0
徳島県	98.7	100.0
香川県	98.6	100.0
愛媛県	98.3	100.0
高知県	94.5	100.0
福岡県	99.9	100.0
佐賀県	99.9	100.0
長崎県	95.7	100.0
熊本県	97.2	100.0
大分県	99.4	100.0
宮崎県	99.2	100.0
鹿児島県	95.6	100.0
沖縄県	97.5	100.0
全国	99.4	100.0

※1 ブロードバンド:FTTH、DSL、CATVインターネット、FWA、衛星、BWA、LTE、第3.5世代携帯電話。
※2 超高速ブロードバンド:FTTH、CATVインターネット、FWA、BWA、LTE及びLTE以外は下り30Mbps以上のものに限る。
※3 小数点以下第二位を四捨五入。
※4 事業者情報等から一定の仮定の下に推計しているため、誤差が生じる場合がある。

出典：総務省，2013，http://www.soumu.go.jp/main_content/000147332.pdf

務省 2011），2件の ICT 教育関連実証実験を受託した。小中学校教員の事務軽減支援システムは，事業終了後，市の事業として市内の全小中学校に導入され，本格的運用に至っている。

　宮古島市で展開されている先進的事例をもとに，離島における教育の情報化の可能性を探ることが本章の目的である。上記の2件の実証実験事業には技術的な共通点がある。それは，クラウドコンピューティングを活用しているという点である。詳細は後述するが，実はクラウドコンピューティングこそが，離島などの条件不利地域における教育の情報化を推進する大きな技術的役割を果たすのである。

第2節　我が国の情報化と教育の課題

1　我が国の情報化の現状

　まず我が国の情報通信の現状を理解しよう。図 10-2 は総務省が平成 23 年版情報通信白書において紹介している情報化の国際ランキングである（総務省 2013）。我が国の情報通信が，各国と比べどのような状況であるかがよくわかる。際だった特徴は，情報通信インフラの整備，特に光ファイバーの整備率が非常に高いことである。他方，その他の項目はあまり成績が思わしくなく，特に，利活用は 18 位という低い評価となっている。これらからわかるように，インフラは整備されているものの，それを利活用するところに工夫の余地があるのである。前節で述べたとおり，日本のブロードバンドの世帯カバー率はほぼ 100％に達しており，ほとんどすべての家庭でブロードバンドが利用可能になっている。表 10-1 に示されているとおり，沖縄県においても，超高速ブロードバンドの世帯カバー率は 97.5％であり，超高速でない一般的なブロードバンドは，ほぼ 100％に達している（総務省 2013）。事業者の企業努力，政府の政策による支援，さらに企業間競争の促進によって，日本のブロードバンド整備は世界一の水準に達しているのである。ところが，実際の固定系ブロードバンドへの加入，すなわち実際に固定系ブロードバンドを利用している世帯はカバー率に比して低く，超高速ブロードバンドでは

第 10 章　離島における教育の情報化と広域連携の効果　　221

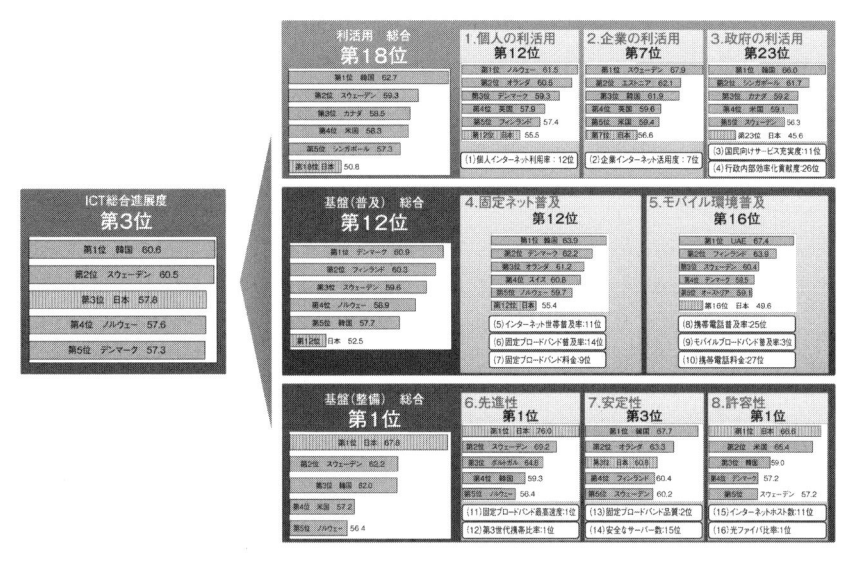

図 10-2　我が国の ICT 総合進展度，分野及び指標別のランキング
出典：総務省平成 23 年版　情報通信白書
http://www.soumu.go.jp/johotsusintokei/whitepaper/ja/h23/pdf/n1010000.pdf, p.30

50％に満たない。整備率と利用率との差を埋めることが大きな課題となっている。さらに，都市部とその他の地域との間の，デジタルディバイドと呼ばれている ICT の格差問題は，ネットワーク整備については徐々に解消に向かっているものの，利活用についてはいまだ深刻であるといってよいであろう。すなわち，ブロードバンドの利活用が都市に集中する一方で，地域におけるブロードバンドの利活用が進まず，その差の解消には至っていない。

　地域情報化という概念はこれまで長年に亘って使われているものの，意味するものは変化しており，現在の地域情報化は，もはやいかにインフラを整備するかの問題ではなくなってきている。もちろんまだ光ファイバー網が整備されていないところもあるので，インフラ整備の余地はあるが，一般的なブロードバンドのレベルでいえば，すでにほぼ全世帯をカバーするネットワークが構築されているといっても過言ではない。沖縄本島から約 400 キロの距離にあり，沖縄県の代表的な遠隔離島である大東諸島においても，南大東島と沖縄本島との間に敷設された海底光ファイバーケーブルを利用して，

ブロードバンドサービスが提供されているのである。

　一方で，既設のネットワークをどう活用するかは喫緊の課題となっている。なぜならば，どの程度利用されるか，すなわち加入率の水準は，ネットワークが維持されうるかどうかを左右する，非常に重要な問題でもあるのだ。近年，社会インフラであっても事業継続性はいっそう重視されており，ましてや情報通信は民間企業によって提供されるため，需要のないものを提供し続けることのインセンティブはないのである。かつて，地方ローカル線やバス路線が利用者減に伴い，廃止や第三セクターに経営委託されたように，ネットワークの利用者が少なければ，同様の事態が生じないとも限らない。したがって，いかにネットワーク利用を促進するかが，人口の少ない地域においてはますます重要な問題となってくる。

　条件不利地域においても，あまねく通信サービスを提供することを目的とした制度として，ユニバーサルサービス制度がある。これは最低限の通信を全ての人が利用できるようにするという，政策によるまさにセーフティネット的な支援スキームである。しかし，元来，通信の利用可能性を担保するための政策であるため，ブロードバンドに関してこの政策スキームを援用できるかについては，検討が始まった段階であり，仮に議論が進んだとしても，その結果を楽観視することはできない。

2　教育の課題

　OECD（2013）の調査によれば，2011年において，我が国の小中学校教員の年間総労働時間は平均1,883時間であることが示されている。総労働時間のうち授業に割いた時間は，小学校では731時間，中学校では602時間となっている。同年，OECD諸国における総労働時間の平均値は，小中学校それぞれ1,671時間，1,667時間，授業時間については，790時間および709時間となっている。単純には比較できないものの，我が国の小中学校教員は，総労働時間は平均よりも多い一方で，授業に向けられる時間は少なく，統計上はOECD諸国において下位に属することが窺える。残りの労働時間は，校務や課外活動などに費やされているのが実情といえる。他方，児童・生徒が授業を受ける時間は，小学校754時間，中学校866時間であり，OECD平均

値791時間および907時間に比べると少ない。

　地域的な教育格差も深刻である。文部科学省の全国学力テストの結果（文部科学省・国立教育政策研究所 2013）によれば，離島の多い沖縄県は小中学校ともに，多くの科目で全国最低となっている。これには多くの要因があろうが，その改善のためにも，より多くの時間を教育に費やすことができる体制づくりが必要であろう。

　効果的な教育の実現をめざし，教員の校務処理を効率化するために，校務をICTによって支援するシステムが導入されはじめている。校務支援のためのシステムはすでに実用化されており，大規模な自治体を中心に，利用が進んでいる。ただし，システムの大半はクライアント・サーバ型のサービス提供であるため，導入に多大なコストがかかるばかりでなく，メンテナンスにも多くの費用がかかる。費用負担力の大きさから，都市部にある人口規模の大きい自治体ならば，自前のシステムを導入してサービスを提供することは可能である。他方，小規模の自治体，特に離島や中山間地など人口規模が限られている地域にとっては，その導入はきわめて困難である。校務支援システムの利用は，教員負担の低減のみならず，学校間，教員間の連携を保ち，地理的な不利を克服するためにきわめて有効であるものの，その費用を単独で賄うことはできない。しかし，技術の発展に伴い，制度的枠組みさえ柔軟に対処できるならば，中小の自治体でもその恩恵にあずかることが可能になってきた。

第3節　地域情報化の新しい方向性

1　条件不利地域の情報化

　離島・中山間地は，一般に人口密度が低く，高齢化が進んでおり，ブロードバンドへの需要が期待できない地域といえる。ブロードバンドサービスは民間通信事業者によって提供されるので，これらの地域では，事業者にとって，提供のインセンティブはきわめて低い。しかし，通信インフラの整備のために政府補助金を民間事業者に直接投入することはできない。そこで，地

方自治体が肩代わりしてインフラを整備し，その運営を民間に委託する「公設民営」方式が推進された。IRU（Indefeasible Right of Use）契約により，通信事業者はネットワークの所有者から，無条件かつ排他的に設備を利用する代わりに，通信サービス提供と設備の維持管理を行う（総務省 2004）。「使用権を取得する電気通信事業者の同意なしに契約を破棄することができない」（総務省 2004，［参考］を参照）ことから IRU 契約と呼ばれ，これにより，条件不利地域でも，自治体によってネットワークが構築されたうえで一定の条件を満たせば，民間事業者によってサービスが提供されることとなった。NTT東日本（2010）によれば，2010 年 11 月時点で，東日本エリアで 203 の自治体が IRU 契約を利用し，光ブロードバンドサービスの利用が可能となった。

IRU 契約は，通常 10 年程度の契約であり，収益性が認められない場合には，契約が更新されないおそれがある。利活用の低さは契約率の低さに反映するため，IRU 契約によってインフラが整備された地域では，ブロードバンドサービスの維持のためにも利活用を促進する必要がある。

2 ブロードバンドが提供するもの

ブロードバンドの整備をすすめていた時期には，ブロードバンドが整備されることによってさまざまなことが可能となるという，過大ともいえる期待があった。しかし，上述したように実際に利用する世帯数は伸び悩み，それゆえ，インフラ整備に続く施策として，利活用の促進策がとられた。

地域における情報化を考える場合，ニーズとシーズを考慮する必要がある。ニーズとは求めているものそのものを提供することであり，他方，技術的に可能であることから商品化し提供することをシーズという。地域情報化に関連してこれまでさまざまな実証実験やプロジェクトが実施されてきたが，多くは技術やサービスを与件に，それらが地域に役立つことを実証的に確認することに主眼が置かれてきた。したがって，どちらかといえばシーズ志向のプロジェクトということができる。しかし，大半は，実験期間が終了すると，事業の継続性が保たれないまま技術やサービスの提供が終了してしまっている。

これらの経験からいえることは，地域ではシーズ的な技術やサービスの提

供は，現実問題として難しいということである。技術的なノウハウから地域に新しいサービスを展開しても，真のニーズあるいは隠された欲求であるウォンツを顕在化させることにはなかなか結びつかない。地域住民の利便が高まるであろうという判断と期待に基づき，実験やプロジェクトは実施されるが，提供する側が描くシナリオと地域住民の感覚とが一致しないケースが多く見受けられる。たとえば地域保健医療における活用は，ICTアプリケーションの代表的な例のひとつである。地域の高齢者世帯にバイタルセンサー（心拍や血圧などを計測する装置）を配置し，計測した情報を地域の保健センターにICTを通じて集約する。異常を発見した際には医師の診察を促すことなどによって健康を管理し，地域の健康向上に貢献するというものだ。しかし，現実には活用されないケースが多い。もともと健康への意識が高い住民は，自発的に健康管理を行うであろうし，普段あまり健康に気を遣わないあるいは健康な住民は，何かあった時にすぐにかかることができる医療機関があればよく，毎日計測するようなことは面倒で，結局，こうした仕組みから真に利便を受ける住民は期待ほど多くないのかもしれない。

　まずは基本的なニーズが何かを確認し，それに合ったシステムを提供することが肝要である。その際にはより広い視野で地域の活動をとらえなければならない。地域住民による活用を考えるだけではなく，例えば，その地域を支える人たちにICTの利便をもたらすような使い方を考えていく必要がある。地域医療を例にとれば，医療そのものを情報化するよりも，在宅医療のために医師や看護師が地域を巡回する際の情報連携をICTによって効率化するといった発想が必要である。学校の情報化においても，児童・生徒がパソコンを直接使うだけでなく，教育に付随する業務の効率性を高めて，教育を支えている先生たちがなるべく児童・生徒と一緒に時間を過ごせるようにICTでサポートするといった使い方を考えていかなければならない。

第4節　地域とクラウドサービス

　離島をはじめとする条件不利地域では，地域間の連携を実現することが，

単独では不可能なことを可能にするために必要である。人口規模は一般に小さく，自前のシステムを所有するだけの負担力を持つことは難しい。この困難を解決するための方策は，1つのシステムに複数の地域が「相乗り」することである。個々の自治体あるいは島が単独で事業を実施するのではなく，同様の課題を持つ他の地域や離島と共同し，同じシステムの上でサービスを共有する。相乗りをすることによって，地域が共同して高度化を図るというアイデアは，自治体に共通して実施されているさまざまな業務にあてはまることである。経済学的にその原理を説明すれば，「ネットワークの経済効果」あるいは「ネットワーク上の規模の効果」を追求することといえる。スケールが大きくなれば，1件あたりのコストの低減が期待でき，規模の小さな自治体でも負担が可能になるというメリットが利用側に生じる。さらには，供給する側にとっても，多くの地域で採用されるならば，それだけビジネスとしてリスクが下がり，事業可能性が増すことになる。ひとつの市町村や島だけにサービス提供しようとすると，その収益性が問題になるが，より広い地域で採用されるのならば，事業として成り立つ可能性も上がるということである。

　その際に必須となるのは，「クラウド」システムの活用である。すなわち，みずからサーバ等のシステムを所有せず，データセンターにシステムやデータを置き，ネットワークを通じてそれらにアクセスしてサービスを受けるのである。利用者が各自ソフトウェアを持つ必要はなく，システムはすべてネット上で提供され，さらにデータもクラウド上で保存されるため，パソコンはあくまでもそのシステムの入り口に過ぎなくなる。個人が使用するパソコンの中にデータ等を一切保存せず，全てWeb上でそのサービスが実現される。個人情報保護に関する意識の高まりの中で，セキュリティ上も好ましい環境が実現する。また，サイバー攻撃や大規模な自然災害に対しても強靭である。クラウドシステムは，利用者間で共通の仕様の多いサービスにおいて効果が顕著であり，自治体業務や教育においてその活用が期待されている。

　共通化実現の重要な鍵は「カスタマイズしない」ということである。自治体における多くの業務が自治体間で共通であるにもかかわらず，処理の方法や表現が微妙に異なっているのが現状だが，個々のニーズに合わせてカスタ

マイズしてしまうと，それぞれ別のシステムを適用しなければならなくなる。ところがもし標準化された同じ仕様を用いることができれば，1つのシステムで全てをカバーすることができる。すなわち，一つのシステムを複数の地域や島でシェアできるようになり，その維持管理費の削減を含めてかなりのコストダウンが期待できる。情報通信技術の高度化とネットワークの普及によって，このようなシステムがようやく離島でも利用可能になってきた。

第5節　地域ICT利活用における課題

　地域における最大の問題は，負のスパイラル，すなわち，利活用をしないので必要性もない，だからビジネスにもならない，さらにディバイドが広がるという負の循環が起きてくることである（図10-3参照）。これをいかにプラスの方向すなわちシナジーに変えていくかが大切である。その際には，とりわけ「地域の課題」を解決するために，ブロードバンドを利活用した取り組みが重要となる。離島における教育はまさにその典型で，地理的条件，人口規模，過疎化，財政の逼迫などに起因する厳しい教育条件をICTの利活用によって改善を図り，それによってブロードバンドの重要性を示すことができる。地域の問題解決に向けた重要性，必要性からICTへの需要が生まれれば，供給側にも提供するインセンティブが働く。その結果としてディバイドが解消されるという，ポジティブな相乗効果が形成されるように地域の情報化をとらえていく必要がある。より具体的には，①教育の効率化・高度化，②校務負担の低減，③学校，教員間の連絡の効率化・高度化，④児童・生徒や保護者との連絡の強化，といった離島の教育における課題の解決にICTを積極的に活用していくことが必要である。しかも，克服すべき課題として地域自体がこれらの重要性を認識しているべきであり，お仕着せのニーズであってはならないのである。

　これまで，地域の情報化は国に強く依存してきた。国の役割は非常に重要であるが，情報通信インフラそのものは，国が提供するのではなく，原則的

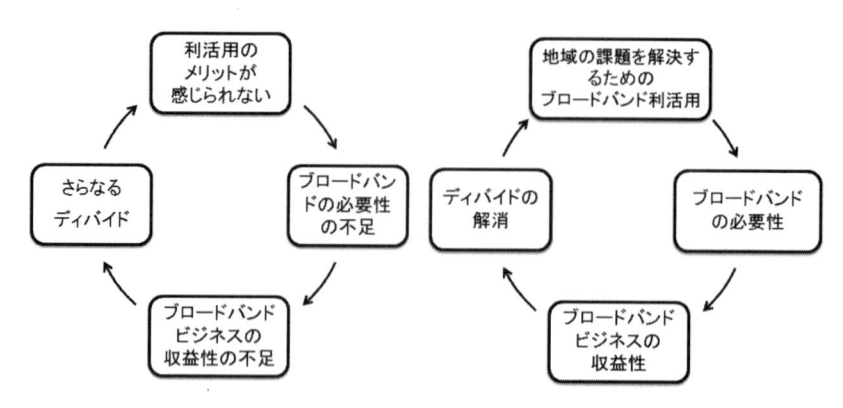

図10-3 地域情報化の負のスパイラル（左）から正のシナジー効果（右）へ

に民間企業が提供することになっている。教育におけるICT利活用に関しては，例えば韓国のように，政府の強いリーダーシップによってトップダウンの政策を取ることは難しい。それゆえ，ボトムアップを意識した日本的な整備の仕方，利活用の仕方を考えていかなければならない。その際に，地域レベルで重要となるのは，地域における「協働（コラボレーション）」を形成していくことである。地域単独で情報化を推進するだけでなく，それをきっかけとして，周辺地域や同様の問題を抱える地域との協働を図るのである。そのためには，通信事業者，システムを提供するベンダーなどが主体となり，自治体などの事業主体，地域住民，利用者を巻き込みながら，さまざまな主体が協働する枠組を作り，それを国がサポートする必要がある。

　地域情報化の推進はこれまで，地域リーダーが存在し，リーダーの主導のもとに情報化を推進するケースが多かった。そうした人物あるいは組織の存在はとても重要なことであるが，情報化の進展が特定の個人あるいは組織に依存してしまい，範囲も狭く，情報化の推進が脆弱になってしまうおそれもある。クラウド時代の地域リーダーシップは，特定の個人や組織に依存するよりもむしろ，さまざまな関連主体の地域間，組織間の人的ネットワーク全体でプロジェクトを支える仕組みをつくることが主眼となる。単に地域内の情報化の推進を目的とせず，地域間の連携を図る広い視野が必要である。そのような意味での「まとめる力」が，新しいリーダーに求められる資質であ

ろう。

　さらに実証実験を含めた補助金等のあり方についても注意が必要である。財政条件が厳しい離島等において，補助金付きの実証実験は地域の情報化推進に不可欠ではあるが，これまでの補助金のあり方と，これから先の補助金のあり方は，大きく変わる可能性がある。実験内容の有効性を確認するような従来型のプロジェクトは役割を終え，今後は事業としての継続性をより強く求められるようになろう。国家財政が非常に厳しい状況になっていることに伴い，実効性の高い事業の推進が求められるため，社会実装に向けた事業性がますます重要となるであろう。補助金が終了すると蜘蛛の子を散らすように，誰もいなくなってしまい，事業自体の継続性がない補助金事業を繰り返しても，地域の真の情報化にはつながらない。補助金事業は，最初の試みをサポートするばかりでなく，社会的に実装されて活用されるプロジェクトに重点的に投下されるべきであろう。金の切れ目が縁の切れ目になってしまうようなプロジェクトをいつまでも続けてはいけないし，昨今の財政状況からするとそうしたプロジェクトを続けることはいっそう難しくなると思われる。

　そこで，広域連携の重要性が高まる。広域連携というのは先述したように，ひとつの地域だけで完結するのではなく，他の地域と協働してネットワーク効果を追求することである。人口規模が小さくても，他の地域と一緒になることによって，単独では不可能なことを可能にするのである。それにより，ビジネスとしても成立する可能性が高まる。そのためには，サービスのスケーラビリティ（拡張可能性）が確保されなければならない。スケーラビリティがあれば，規模に関係なく同じシステムを適用することができ，それによって複数の地域が相乗りできる。繰り返しになるが，そのときに注意すべきことは，サービスを地域に合わせてカスタマイズしてはいけないということだ。システムを提供する側は，地域ごとにカスタマイズすればそれぞれ別のシステムが提供できるため，短期的にはビジネスとしてより儲かるかもしれない。ところが地域ごとに別々のシステムが存在してしまうと，地域同士が連携することが困難になるため，スケーラビリティがなくなる。その結果，財政規模の小さい自治体では利活用の進展がない。ビジネスにおいても，カ

スタマイズすることによって儲けるという発想から脱却しなければならない。導入側も，従前使い慣れてきた仕様をシステムに求めがちである。しかし，そのことが共通仕様によるスケーラビリティの追求を阻害するのである。公的な機関による共通化の推進が求められる。

第6節　教育におけるクラウド活用

　離島の教育には，解決すべきさまざまな課題がある。地理的な条件は厳しく，人口が限られることによって多様な教育機会を得にくくなる。教育の質の問題や，児童・生徒の数が少ないことに起因して，自身のモチベーションが十分に上がらないということも起こりうる。さらに，交流の機会が少ないため，情報発信力が弱く，コミュニケーション力が育ちにくいという問題もある。こうした問題のいくつかは，ネットワークをうまく活用することで，解決あるいは軽減することが可能になる。

　人口規模の小さい自治体にとって，ICT を活用した教育を実践するには，クラウドの活用が鍵となる。教育における ICT 活用にせよ，校務支援にせよ，サーバによる管理が必要となるので，市町村が単独で導入する場合には，その費用負担の問題，さらには費用対効果の問題が深刻となる。しかし，クラウドサービスを活用して，市町村間の連携を図れば，相乗り効果によって1自治体あたりの負担は減少し，導入が可能となる。

　図 10-4（a）は，インターネット利用の初期的な状況であるスタンドアローン型の利用，すなわち，各学校がそれぞれ独自にインターネットアクセスを持っている状態を示している。調べ学習などにおいて，情報収集の必要性などから学校ごとに情報機器が導入され，ネットの活用が始まった。この場合，導入は比較的容易である。また，実情に合わせて，適宜情報化が可能である。他方，学校間に情報化レベルに格差が生じやすいという問題もある。学校ごとに，学校サーバ・ソフトウェア費，校内 LAN システム構築維持費，セキュリティ対策費，回線使用料等が発生する。

　大規模自治体では，教員間の連絡やグループウェアの活用のため，みずか

らサーバを設置し，各学校に共通のネットワークサービスを提供するようになり，校務支援のためのアプリケーションも提供されるようになった。そのイメージは図 10-4（b）で示すとおりである。自治体ごとに統一的なシステムの構築ができるため，セキュリティなどの面でメリットは大きい。他方，セキュリティ対策やサーバの構築維持に多大な費用が生じるため，中小自治体では導入しがたいのが実情である。また，各自治体が独自のシステムを導入すると，共通化が困難となる。

　この費用面の問題を解決できるのが，クラウド型サービスの活用である。クラウド型サービスでは，データの蓄積，アプリケーションの提供をデータセンターが行う。サービスは企業によって提供され，データセンターはこれら企業がクラウドサービス提供のために管理しており，セキュリティレベルは高い。また，セキュリティに関する管理やサーバの維持管理が自治体から切り離されるだけでなく，データの利用と保存が地理的に分離されるため，激甚自然災害の際にも，データが保全されることになる。さらに，情報はデータセンターに保存されるので，教員の端末には一切の情報は残らない。そのため，個人情報の漏洩などの問題も回避でき，教員が自宅等で作業をすることも可能となる。ただし，サービスは標準化された仕様であるため，大幅なカスタマイズをすることができないことは，欠点とみることもできる。

　クラウド型サービスの最大のメリットは，標準化された仕様のサービスを相乗り的に利用することによって，これまで大規模な自治体に限られていた校務支援システムなどのサービスを，中小の自治体でも比較的安価に導入できる点にある。図 10-4（c）に示されるように，データセンターに全体的なシステムがあるので，例えば別の市が，このシステムに相乗りしたいときには，この枠組みをそのまま使うことができる。複数の自治体が相乗りして，統一的なシステムを利用すると，1 自治体あたりの単価が下がり，財政規模の小さな自治体でも参加が可能になってくるのである。参加自治体数（あるいは学校数）の増加による 1 自治体あたりの費用の変化を図示すると，図 10-5 のようになる。横軸に参加する自治体（学校）数をとり縦軸に総費用をとる。最初の一例を作る際には，クラウドサービスでも，提供開始に必要な固定費用要素があるので，初期の費用は相応に大きくなる。参加する学校や

(a) スタンドアローン型

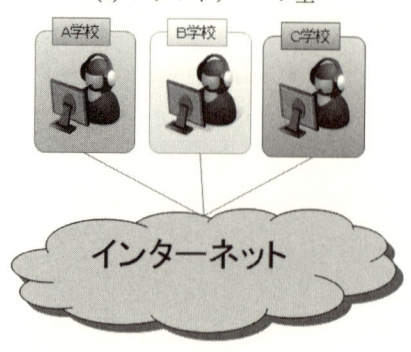

(b) クライアント・サーバ型

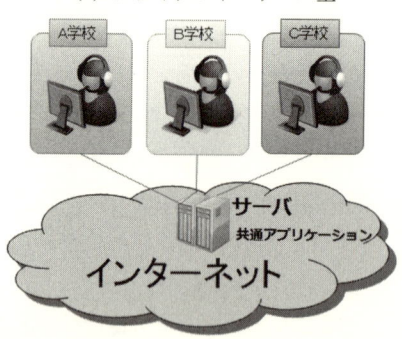

(c) クラウド型

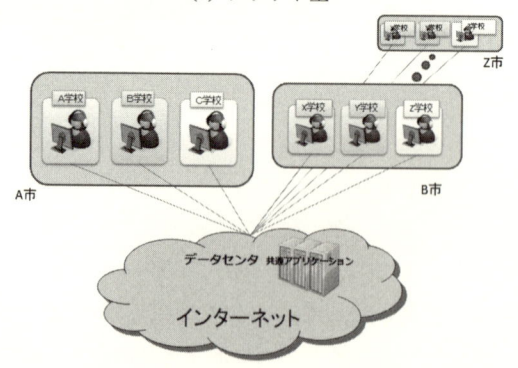

図 10-4　学校におけるインターネット利用システムの類型

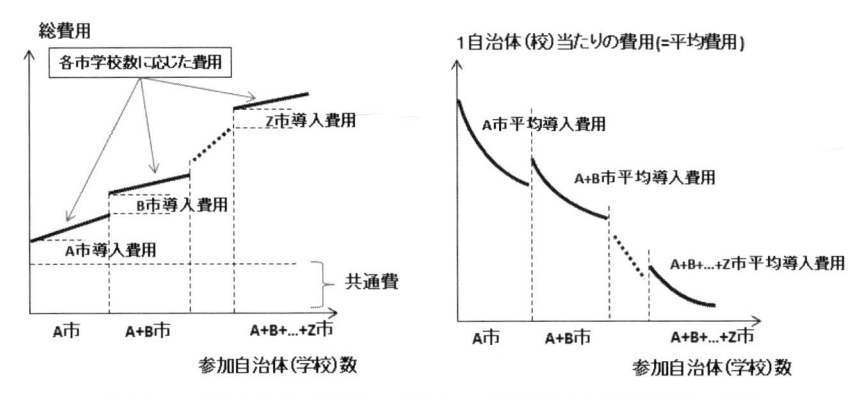

図10-5 参加自治体（学校）の増加による総費用および平均費用の変化

表10-2 教育におけるインターネット利用システムごとのメリットとデメリット

	スタンドアローン型	クライアント・サーバ型	クラウド型
自治体負担費用	・学校サーバ・ソフトウェア費×学校数 ・校内LANシステム構築維持費 ・セキュリティ対策費 ・回線使用料　等	・WAN構築維持費 ・クライアント・サーバシステム構築維持費 ・ソフトウェア費 ・データベースの運用費 ・セキュリティ対策費 ・回線使用料　等	・システム利用費（応分の負担） ・ソフトウェア費（応分の負担） ・回線使用料　等
メリット	・導入が容易	・自治体ごとに統一的なシステム構築	・統一的なシステム構築 ・多数の参加による低コスト化 ・小規模自治体でも参加可能
デメリット	・統一的なシステム構築ができない ・機能が限定される	・構築維持管理コストが膨大	・標準化された仕様（カスタマイズできない）

　参加する自治体の数が増えると，総費用は右上がりになるが，固定費用部分の負担は徐々に小さくなる。1自治体あたりの費用（すなわち平均費用）は結果的に右下がりになる。1自治体だけでは規模の効果は得られにくいものの，参加する自治体数（あるいは学校数）が増えれば，1自治体あるいは1校あたりの負担は段階的に減っていくのである（それぞれのシステムのメリッ

トおよびデメリットについては表 10-2 を参照)。

第 7 節　沖縄県宮古島市の教育情報化

　教育におけるクラウドサービスの例として，クラウド型校務支援システムを我が国で初めて導入した沖縄県宮古島市の例を紹介する。学校の情報化には大きく 2 つの方向性がある。第一に，教育そのものを情報化することが挙げられる。電子白板（Interactive White Board）や，電子教科書などの教材を積極的に活用するために，タブレットなどネットワークに接続された情報機器を活用することにより，より効率的な教育を実現する。第二に，校務を ICT によって支援することが挙げられる。

　宮古島市では，総務省「ブロードバンド・オープンモデル実証実験（小・中学校教員の事務軽減支援）(2010 年)」を受託し，クラウドサービス利用による校務支援システムを全国に先駆けて導入した。1 年間の実証実験を経てその効果を確認し，市内全ての小中学校 35 校と市教育委員会に，校務支援システムを導入した。

　宮古島市では，教員にひとり 1 台ずつパソコンが配布されている。インターネット経由でデータセンターにアクセスし，すべての作業を行う。自宅からもこのシステムにアクセスできるので，必要に応じて帰宅後も作業することができる。認証を含めたセキュリティには万全を期している。特筆すべきことは，データを端末に保存しないため，不注意による情報漏洩のリスクが非常に小さいことである。個人情報を携帯可能なメモリにコピーして，そのメモリを紛失してしまうということがしばしば発生するが，そうした心配がない。自宅からのアクセスでは，利用者が誰であるかを確認した上で，アクセスが可能となるセキュリティ・システムが組み込まれている。

　システムは主に 3 種類の機能を有する。すなわち，連絡の機能，日常業務を支援する機能，さらに児童・生徒に関する機能である（表 10-3 参照）。連絡の機能としては，掲示板や教員間の連絡，教育委員会からの連絡，さらには会議室の予約が可能である。日常業務を支援する機能としては，週案や日課

表10-3 校務支援システムの主な機能

連　絡	日常業務	児童・生徒
教員間のスムースな情報共有を支援 ・連絡掲示板 ・会議室 ・書庫 ・個人連絡（イントラメール） ・施設・備品 ・予定表（スケジューラ）	文書作成を容易にし，日常業務を効率化 ・学校日誌 ・日課 ・日誌 ・週案 ・文書収受 ・出欠席集計管理	児童・生徒の情報を一元管理し，共有 ・出席簿 ・成績管理 ・通知表 ・調査書 ・指導要録 ・いいとこみつけ

出典：宮古島市校務支援システム内部資料に基づき作成

などの作成，学校の日誌などの作成機能がある。さらに，児童・生徒の管理に関する機能については出席簿，成績の集計，先生全員の視点から児童・生徒の良いところを記録する「いいとこみつけ」などが可能である。日々の入力データを利用して，最終的に通知表を作成する，さらには，高校受験の際に提出が必要となる調査書をそのシステムを用いて作成することも視野に入れている。地理的条件の不利，台風が襲来すれば外出もままならない厳しい自然環境のもと，学校および教育委員会との間の連絡等で大変な時間と手間がかかっていた離島の教育環境を，ICTを活用することにより，効率化する実感を利用者が得たことが，本格導入の決め手となった。この種の実証実験ではICTの利用を促進すること自体が目的化しがちであるが，教員や教育委員会がそれぞれにメリットを実感できたことが，実証実験にとどまることなく，その後も利用を続けている最大の理由であろう。もっとも大切なことは，校務を効率化することの結果として，単に教員の負担を軽減するだけでなく，教員が教育の準備等に費やす時間や児童・生徒と接する時間を増やすことを期待できる点にある。より効率的に校務を処理できれば，時間という限られたリソースを教育本来の目的のために使うことが可能となる。

　このシステムのもうひとつの利点は，非常に高いセキュリティと，対災害性があることである。東日本大震災においては，津波によって多くの公的資料が流失してしまったが，クラウドシステムを活用することによって，そのような事態を避けることができる。

総務省の実証実験は1年弱の期間であったが，約8割の教員がその間に利用し，そのうちの9割がもっと続けて使いたいという意思を表明した。実験の評価として，職員間の情報共有がしやすくなった，学校間の連絡が密になったという利点がヒアリングによって多く得られた。例えば，教育委員会から各学校に文書を送達するときには，導入前は前日に印刷して1日かけて配達して回ったが，システム導入後は一斉送信ができるので，以前のような時間と手間はなくなった。また，荒天時には離島への連絡ができないことがあったが，そうした不便も解消された。その結果，宮古島市は総務省の実験終了後に，自前で予算を立て，平成24年から本格的に校務支援システムの導入を決めたのである。

　副次的な効果ではあるが，ICTの利活用に対する機運が高まり，総務省と文部科学省との共同実験であるフューチャースクール推進事業＋学びのイノベーション事業（平成24年から5年間）に下地中学校が採択され，校務支援とフューチャースクールを両輪として宮古島市の小中学校の情報化は進んでいる。

第8節　おわりに

　これまで実施されたICT関連実証実験，補助金プロジェクトのなかで，宮古島市の校務支援システムは，実地に導入するところまでに到達した数少ないプロジェクトのひとつであろう。その最大の理由は，利用者の多くが利便を実感し，市や教育委員会が推進を後押ししたことにある。国が支援するプロジェクトでは，ともすれば，社会的な便益が強調されがちであるが，それを利用する個人にとって便益が実感されなければ，実装はおぼつかない。ICTが利用される理想的な状況の実現を目指してプロジェクトを実施しても，利用者の真のニーズと乖離が生じてしまえば，利用が進まない事態になる。補助のあり方にも工夫が必要で，プロジェクト全体を補助金で実施すると，参加企業にとっても補助金を得ること自体がビジネス化してしまい，事業化することなく，プロジェクト期間の終了と同時に撤退することになる。参加企

業にとって，離島を含む条件不利地域で事業性を追求するためには，自治体間の連携を図って，規模を追求することが必要である。そのためには，クラウドサービスの活用は必須で，複数の自治体をネットワーク化した上で共通のサービスを提供できれば，規模の経済性を享受する可能性が見えてくる。

　当然ながら，クラウド型校務支援サービスには改善すべき点や課題もある。このシステムはいまだ開発途上のため，教員からの改善の要望にも対処していかなければならない。内容に応じて対応が求められるが，カスタマイズという方法で要望に応じると，共通基盤を提供するというクラウドの利点が失われてしまう。変更が必要な場合には，バージョンアップによって対応するべきで，仕様そのものを変えることによって変更をシステム自体に反映させる必要がある。入力にも工夫が必要で，タブレットPCなどを活用し，例えば，児童・生徒の出欠席をタッチパネルで入力するといった簡便な方法の採用が求められる。教員の情報リテラシーもさまざまであるので，直感的で簡単なインターフェイスによって，情報機器に対する心理的なバリアをなくする必要がある。

　広域連携を推進するためには，乗り越えるべき課題もある。まず，クラウドサービスの提供のあり方を工夫したビジネスモデルを確立する必要がある。先述のとおり，クラウドサービスは利用者数に依存した規模の経済性が存在する。そのため，多数の利用者を集めれば，1利用者あたりの平均費用は低くなるが，逆に導入当初の平均費用は高くなり，はじめから収支を均衡させるためには高い料金設定が必要である。これでは，この種のサービスを利用するインセンティブは生じない。低い導入料金を設定し，サービス開始と同時に多数の利用者を集めることが肝要である。逆に，一定数以上の利用者を集めれば収益性は大幅に改善するので，ビジネス性は高くなる。離島などの財政力の小さな自治体にとっては，費用負担を限りなく小さくすることが必須であり，導入のインセンティブを与えるためにも料金設定は重要となる。初期導入費用やランニングコストの水準によって，導入の意思決定は強い影響を受けるので，相乗りを見越して料金を設定するなどのビジネスモデルが重要である。さらにもう1つの課題は，地理的に近い自治体あるいは離島だけでなく，全国の同様の課題をもつ自治体や離島との連携を模索するこ

とである。クラウドの利点は地理的な距離がなくなるということである。単に，面的な広がりだけでなく，ネットワーク上での広がりを追求することによって，広域連携を実現する必要がある。離島においては，地理的に近いことが必ずしも関係が深いことを意味しない。むしろ，県庁所在地など離れた場所にある行政拠点を中心に，星形のネットワークで表されるような関係性を示すことが多い。そのため，隣接する自治体あるいは離島を巻き込む形で面的な展開を図ると同時に，同様の問題意識を持つ他地域の自治体や離島と連携をとることが成功の近道となる場合がある。

　クラウド型校務支援のような新しいシステムを導入することには，多大な労力および費用を負う覚悟が必要であろう。導入のリスクと費用負担を抑えるためには，成功事例に相乗りすればよい。クラウドは相乗りを前提としたサービスなので，成功事例があれば，それにうまく相乗りすればよいのである。さらに，供給側も相乗り効果の発現を考慮に入れて，ビジネス展開する努力が必要である。補助金に依存した地域情報化からは脱却しなければならない。大局的な視点から，ネットワークインフラを活用して，離島などの条件不利地域を巻き込んだ戦略的なビジネス展開が期待される。ビジネス性を見込んだ地域情報化プロジェクトであるならば，それが事業性をもつまでに必要な資金の一部を補助するようなスキーム[4]の適用も視野に入るであろう。広域連携の実現によって，離島の社会環境がより改善されることが強く期待される。

注

1) 本章の内容は，国際沖縄研究所公開フォーラム「ICT・エネルギー・制度からみた離島の可能性」(2012年3月21日，於 琉球大学50周年記念会館) における講演内容に基づいている。
2) 2013年12月現在。
3) この発表要旨集については，鹿児島大学で開催されたシンポジウム『地域を変える力──情報技術による島の振興──』(2013年7月6日，於 鹿児島大学稲盛会館) において，鹿児島大学長嶋俊介教授より紹介を受けた。
4) 典型的な概念として，いわゆる PPP (Public Private Partnership) における資金調達のあり方として，インドにおけるインフラ整備などで提唱されている VGP (Viability Gap

第 10 章　離島における教育の情報化と広域連携の効果　　　　*239*

Funding）が挙げられる（Government of India 2008）。

参考文献

大城肇（1999）「ネットワーク化と島嶼地域の産業振興」，公開シンポジウム「多島域と情報社会」使用発表要旨集，鹿児島大学多島圏研究センター・日本島嶼学会共催，1999 年 8 月 22 日。

総務省（2004）「電気通信事業者ネットワーク構築マニュアル」2004 年 4 月 http://www.soumu.go.jp/main_sosiki/joho_tsusin/policyreports/japanese/misc/NetWork-Manual/sankou.html 最終確認 2013 年 12 月 20 日。

総務省（2010）「ブロードバンド・オープンモデル実証実験（小・中学校教員の事務軽減支援）」http://www.soumu.go.jp/main_sosiki/joho_tsusin/bromo/tiiki_kyouin.html「ブロードバンド・オープンモデルによる地域課題解決支援システムの検証のうち，小・中学校教員の事務軽減支援の実証実験に係る請負」報告書 http://www.soumu.go.jp/main_content/000131836.pdf 最終確認 2013 年 12 月 20 日。

総務省（2011）「フューチャースクール推進事業」http://www.soumu.go.jp/main_sosiki/joho_tsusin/kyouiku_joho-ka/future_school.html 最終確認 2013 年 12 月 20 日。

総務省（2013）『ブロードバンド基盤の整備状況』，p.1, http://www.soumu.go.jp/main_content/000147332.pdf 最終確認 2013 年 12 月 20 日。

文部科学省・国立教育政策研究所（2013）「平成 25 年度 全国学力・学習状況調査調査結果のポイント」および国立教育政策研究所（2013）「平成 25 年度全国学力・学習状況調査報告書・調査結果資料」http://www.nier.go.jp/13chousakekkahoukoku/ 最終確認 2013 年 11 月 27 日。

NTT 東日本（2010）「自治体の光設備の構築と IRU による光ブロードバンドサービスの提供」『平成 22 年度（第 12 期）第 2 四半期決算について』http://www.ntt-east.co.jp/release/detail/20101109_01_11.html 最終確認 2013 年 12 月 20 日。

Government of India, Ministry of Finance, Department of Economic Affairs（2008）"Scheme and Guidelines for Financial Support to Public Private Partnerships in Infrastructure" http://www.pppinindia.com/pdf/scheme_Guidelines_Financial_Support_PPP_Infrastructure-english.pdf 最終確認 2013 年 12 月 18 日。

OECD（2013）Education at a Glance 2013, pp. 401-402. http://www.oecd.org/edu/eag2013%20(eng)--FINAL%2020%20June%202013.pdf
　各データの詳細は，以下リンクから Excel データ形式でダウンロードが可能である。http://www.oecd.org/edu/EAG2013_ENG_TC_D4.xls 最終確認 2013 年 12 月 20 日。

第11章　島嶼地域における環境と社会インフラ

堤　純一郎

第1節　環境と社会インフラの意味

1　環境が意味するもの

　環境という言葉を聞くと，自然の状態をイメージする人が多いと思われるが，人が生活する場を環境と捉える場合も多々ある。たとえば，環境保護と言えば，自然保護とほぼ同義に用いられることがある一方，良い環境の住宅地と言えば，交通の便がよく，商業，医療，学校等の利便性が高く，電気やガス，上下水道が整っているようなイメージを持つことがある。どちらも環境であり，両者に誤りはないが，想定する状況や立場によるイメージの違いが現れたものである。

　法律等の条文では，前者は自然環境，後者は生活環境とよばれる。また，これらとは別の次元で，地球環境ということばも最近は頻繁に用いられる。さらに，対象を明確にして，大気環境，海洋環境，都市環境のような表現も多用される。本来の環境という言葉は何かの周囲のものを意味するが，周囲のものが自然なら自然環境であり，生活の場なら生活環境となる。その中心に位置するものも多様であり，特定の地域や人間，生物種が挙げられる。その中心と周囲の関係は曖昧であり，地球環境のように一体と見なされる場合もある。

2 生活環境と社会インフラ

　対象を人間の生活環境に絞って考えると，その中心は人間であり，人間の生活を形成する周囲の事物が生活環境ということになる。それは非常に一般的に言えば，生活の場全般を指す言葉であるが，その中でも特に，社会の基盤となる構造，いわゆるインフラストラクチャーを指して用いる場合がある。それは，上水道，下水道，電力供給網，道路，公共交通，廃棄物処理システム，通信ネットワーク等，特に意識しなくても身近に存在し，その構成等を知らなくても空気のように無意識に利用し，正常に機能することが当たり前と思っているものである。これが一般に社会インフラとよばれるものである。

　もちろん，生活の場となる建築や都市，あるいはそれらを包括する地域社会を生活環境と捉える場合もある。また，そのような生活の場における空気質，水質，騒音，日照等の物理的または化学的な個別要素を環境と考えることもある。このように生活環境一つ取り上げてもその意味するところは多様であり，個人のイメージはさらに広範囲に広がることが予想される。ここでは，生活環境の中でも特に社会インフラに焦点を当てて，以降の論考を展開する（図11-1）。

3 論考の焦点と目的

　多様で広範な意味を持つ環境という言葉であるが，本章で取り上げる内容は島嶼地域という限定された土地における自然や社会である。島嶼地域の最大の特徴は他の地域との陸上の接続がない，ある程度閉鎖された地域であ

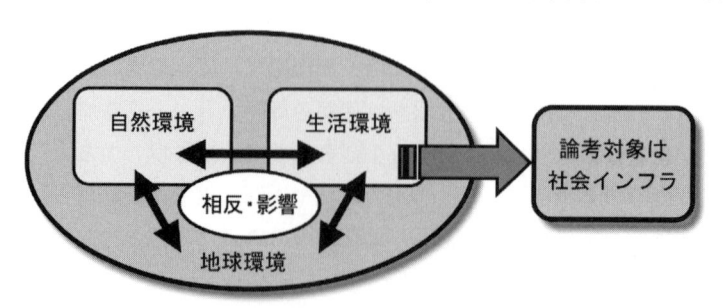

図 11-1　人類を取り巻く環境と本章の論考対象

り，その地理的特性は交通や物流だけでなく，物質やエネルギーの供給及び廃棄システムに影響する。つまり，社会インフラという生活環境を特徴づけることになる。また，陸続きでない島嶼地域では生物相に固有種が存在する可能性が高い。これは島嶼地域の自然環境の特徴であるが，近年，その固有種に対する人為的な影響が問題となっている。

上記のような島嶼地域の環境的特性は，一般に常識的な感覚として認識されているものと推定されるが，その具体的または定量的な問題点や，生活環境と自然環境の相反，それらの地球環境に対する影響等には考察を必要とする点が多々あるものと思われる。本章の目的は，沖縄を具体例として取り上げ，生活環境としての社会インフラを中心に，自然環境や地球環境との関係を含めて，島嶼地域における特徴や問題点を具体的に明らかにすること，さらに，問題解決に向けた技術的な動向についても触れ，日本あるいは沖縄の技術が世界に普及することを目指すものである。

第2節　島嶼地域の社会インフラ

1　島嶼地域であること

島嶼という言葉は島と小さな島を意味する嶼を組合せたものであるが，その定義は明確ではない。国連海洋法条約では，自然に形成され，満潮時に水没しないことが条件となっている。海上保安庁や国土地理院では，それぞれ独自の定義を持っているようであるが，基本的にある程度の規模を持つ陸地が島であり，それより小さいものは岩礁とよばれる。逆に，大きな陸地は大陸であり，最小の大陸であるオーストラリアより小さい陸地は島ということになる。この定義では世界最大の島はグリーンランドで，本州は世界で7番目に大きな島である。つまり，日本全体が島嶼地域であり，沖縄は日本列島に次ぐ二次的または九州に次ぐ三次的な離島ということになる。

日本列島全体を島嶼と考えると，島嶼地域のイメージが拡散してしまい，明確な島嶼像が見えてこないので，本章では面積や人口の規模から，日本の主要4島は島嶼とは考えず，それより小さな島を島嶼と捉える。この定義に

よると，約 1,200 km² の面積と 120 万人以上の人口を持つ沖縄島は，面積では択捉島，国後島に次いで日本で 3 番目であるが，人口では日本最大の島である。社会インフラを考える上では，人口が最も重要な要素である。日本で沖縄島に次ぐ島は 10 万人規模の淡路島であるが，本四架橋の存在を考えると完全な島嶼地域とはやや異なる。陸上交通のない完全な離島としてこれに次ぐ島は，数万人規模の宮古島，石垣島等が挙げられる。これを一つの区切りとして，その他の小規模離島とは分けて考察する。

2 沖縄地域の社会インフラ

沖縄地域における生活環境の基盤としての代表的な社会インフラの整備状況とその問題点を，日本本土との比較等を通して明らかにする。

(1) 交通ネットワーク

沖縄県内の道路網は大量の公共投資の恩恵もあり，やや過剰と思われるほど整備されてきた。それが経済活動に大きな貢献をしていることは確かであるが，一方では沖縄島北部ヤンバルの林道による自然破壊や，クルマへの過剰な依存性を高めた原因ともなっている (Alemu and Tsutsumi 2011)。都市計画的に見ると，島嶼特有の急峻な地理的特性と，沖縄島においては米軍基地の存在により，道路を設置できる場所が限られており，都市の発展が面的ではなく，線的に限定されてしまうことが多い。また，他の地域との連続した陸上交通がないため，沖縄地域独特のクルマ社会が形成されており，世界的に見てもやや異質な運転マナーや運転技術レベル，実勢速度になっている。小規模離島ではさらにその傾向が強まる。また，小規模離島においては，交通渋滞はあまりないが，信号機や交通標識が少ないため，交通安全教育に問題が残る。

クルマ社会が道路網の整備を促進し，それがクルマ社会を助長するという循環があるため，公共交通の整備が相対的に遅れている。特に，百万都市の規模を持つ沖縄島中南部で，モノレール以外に軌道系交通を持たないのは，日本の他の都市に比べると異常である（堤 2010）。陸上の公共交通はバスに頼ることになるが，小規模離島においては公共のバスを運行することも困難な状況がある。しかし近年，実験的なコミュニティバスを運行するなど，公共

交通が見直されつつある（国土交通省 2008）。

　島嶼地域では海上航路も不可欠の公共交通である。那覇港や平良港，石垣港を中心に周辺離島や日本本土への定期航路が設定されており，主として貨物の流通を担っている。最近は台湾等から大型旅客船が那覇に乗り入れ，海運による旅客も増えている。しかし，外洋航路の民間海運会社が経営破綻し，2008年に清算されたため，沖縄資本の長距離旅客海運は実質的に消滅した。また，貿易用の大型貨物船が東南アジア方面からでも沖縄に停泊せず日本本土へ直行している現状を見ると，かつての万国津梁と呼ばれた沖縄の機能は失われている。周辺離島と沖縄島等を結ぶ近距離航路は安定的に運行されているが，自治体がその運行を維持している島が多い。それらの航路は自治体ごとに設定されているので，例えば，伊是名島から伊平屋島へ行く際も運天港経由となり，わずか数 km の距離が約 70 km にもなる。座間味島と渡嘉敷島も同様に，公共の航路は那覇の泊港を経由するため，数 km の距離が約 70 km にもなっていたが，2013年から座間味村の村内船がオンデマンドで渡嘉敷村への運行を開始した。また，かつて存在した那覇と北部の伊江島，本部港を結ぶ海上交通はなくなった。台風時にはその前後も含めて長期運休となるなど，海上交通にも問題点は多々ある（沖縄総合事務局運輸部 2013）。

　航空路線も島嶼地域においては重要な公共交通である。沖縄島，宮古島，石垣島では高機能の空港が整備され，本土との直行便も運行され，高度に活用されているが，小規模離島では波照間島のように定期航空路が廃止された島もある。一方，与那国空港は滑走路が延長され，石垣空港は完全に新設され（図11-2），伊平屋島は空港新設，粟国空港は滑走路の延長，那覇空港は滑走路の増設を計画している（沖縄総合事務局・国土交通省大阪航空局 2013；図11-3）。小規模離島においても定期航空路が生活や観光の足になることが理想であるが，現実には民間の商業ベースで運行するのはかなり厳しい状況である。南北大東島のように，複数の小規模離島を周回するようなアイランド・ホッピングとよばれる航空路線の設定はあまり進んでいない。一方，2012年に那覇空港を物流拠点化する構想が全日空から提案され（全日本空輸 2013），那覇空港の拡張計画と相俟って，航空路線による万国津梁が期待されている。

図 11-2　新石垣空港建設工事（2010 年 7 月筆者撮影）

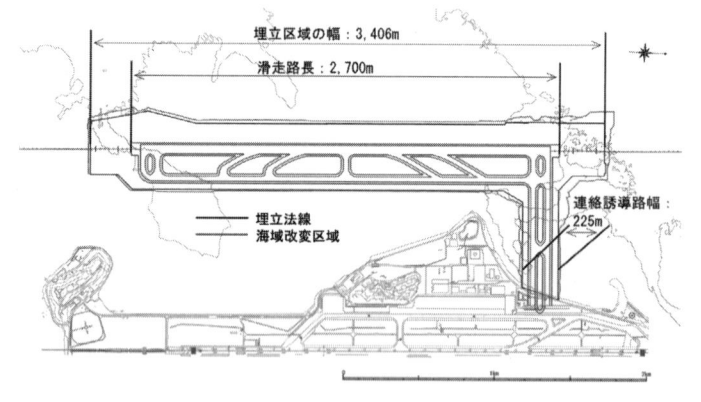

図 11-3　那覇空港滑走路増設計画（那覇空港滑走路増設事業に係る環境影響評価書より）

(2) 上下水道

　上水道は生活の基盤を支える最も基本的な社会インフラである。沖縄をはじめ多くの島嶼地域では，常に水の確保に腐心する日々であった。今でも屋上に給水タンクを備えている家が多いことを見れば，渇水に対する心配が理解できる。1972 年の沖縄の施政権返還後，日本政府によって沖縄島北部ヤンバルに 8 基のダムが建設され，琉球政府時代に建設された 2 基のダムも改修され，合計 10 基のダムを水源として確保し，もう 1 基が改修工事中である。石垣島や久米島においてもダムが建設され，水源や農業用水として機能して

いる。宮古島では一般のダムには適さない地形のため，5基の地下ダムが建設されている。沖縄島中南部に3基，久米島，伊江島，伊是名島にも各1基の地下ダムが建設されている。特に久米島のカンジンダムは世界初の地表湛水型の地下ダムである（図11-4）。これらの地下ダムの用途は農業用水であるが，人工肥料による窒素分の増加が問題となっている。ダムによる水源の確保は社会インフラとして重要であるが，自然環境への影響を問題視する世界的な潮流もある。ダムと自然環境との共存は，河川の水源を確保しにくい島嶼において重大な課題である。ダムや河川の水源が確保できない小規模離島では，地下水，天水または隣接する島からの送水等に頼っているところもある。さらに，通常の水源が確保できない南北大東島等の小規模離島では，小型海水淡水化プラントを使用している。北谷町でも日量4万トンの大型海水淡水化プラントが稼働しているが，これは緊急時の補助的な意味が強い（沖縄県福祉保健部薬務衛生課2010）。

　沖縄では本格的な下水道の普及は，アメリカによる統治の影響を受けて，比較的早くから進められてきた。施政権返還時には下水道普及率16.4%，水洗化率24.9%であり，当時の全国平均より高かったが，その後の下水道の整備の速度は特に早くなったわけではない。2009年度末の沖縄県全体の下水道整備率は面積割合で約66.4%，下水道接続率は人口割合で約87.9%であり，日本全国の接続率約91.7%より低い。これは，人口集積の高い大都市ほど下

図11-4　久米島のカンジンダム
（地表湛水型地下ダム，2010年11月筆者撮影）

水道整備を進めやすく，接続率が上がるが，人口の少ない小規模離島やヤンバル地域では整備が進まないことが原因と考えられる。沖縄島には4つの終末処理場を持つ3つの流域下水道と5つの単独公共下水道及び2つの小規模な簡易型の特定環境保全公共下水道が運営されている。宮古島，石垣島には単独公共下水道があり，久米島，渡嘉敷島，座間味島，竹富島には特定環境保全公共下水道があるが，その他の離島には下水道施設はない。人口が少ない小規模離島の問題点が下水道施設にも現れている。なお，那覇浄化センターと名護下水処理場では下水の活性汚泥を消化ガス発酵させ，自家発電による電力の節約を行っている（図11-5）。また，多くの終末処理場では下水汚泥をコンポスト化して農地等に還元しており，リサイクル施設として役立っている（沖縄県土木建築部下水道課2013）。

（3）エネルギー

一般に沖縄で流通しているエネルギーは，電力，各種石油製品，液化石油ガス，量は少ないがアルコール燃料，薪や木炭等の伝統的エネルギー等であり，ほとんどすべてを輸入に頼っている。石炭は現在，民生用にはほとんど販売されていないため，一般の人々が目にする機会はほとんどないが，産業用には発電用やセメント製造用の一次エネルギーとして大量に用いられている。なお，エネルギーそのものではないが，最近は太陽光発電パネルや小型風車等の商業的な流通が一般化してきた。また，バイオマス燃料としてアル

図11-5　那覇浄化センターの消化ガス発電機
（2013年11月筆者撮影）

コール混合の自動車用燃料が販売されているが，これは鹿児島で作られているもので，沖縄県産ではない（沖縄県商工労働部産業政策課 2010）。

　沖縄県では石炭火力による水蒸気タービン発電が主流であり，沖縄電力は具志川と金武，電源開発は石川の発電所を運転しているが，石炭は二酸化炭素排出量が最も大きい燃料である。石油火力による水蒸気タービン発電所は牧港と石川にあり，ガスタービン発電所は牧港，石川，宮古島，石垣島にある。2012 年から中城の LNG 火力発電所が稼働して，沖縄電力初のガスタービンと排熱回収型水蒸気タービンを組合せたコンバインドサイクルにより 50% を上回る高効率を実現した。また，石炭から化石燃料としては二酸化炭素排出量が最も少ない LNG へ燃料の転換を行ったことも合わせて，地球温暖化対策に貢献している。上記以外の主な発電所は，小規模離島に設置されたディーゼルエンジンによる発電所であるが，それもすべての島にあるわけではなく，近隣の島から海底ケーブルで電力供給を受ける離島も多い。水力発電所は 2 ヶ所のダムと 1 ヶ所の上水用原水調整池を活用したものがあるが，発電能力は小さい。一方，世界初の海水揚水型水力発電所が国頭村にあり，電力供給の平準化に貢献している。太陽光発電や風力発電は再生可能エネルギーとして一般化しつつあるが，不安定な電源の系統連係等，問題点も明らかになってきた。前述の下水汚泥による消化ガス発電や，多くの製糖工場で行っているバガスを燃料とする発電は，バイオマスエネルギーによる発電であり，特に後者は沖縄特産のエネルギーである。また，後述する廃棄物の焼却処分に伴う排熱発電は代表的な未利用エネルギーまたはリサイクルエネルギーによる発電である（沖縄電力 2013）。

　沖縄地域における 2012 年度の最終エネルギー消費量は約 100 PJ であり，その内訳は運輸部門が 29.5% と最も大きく，民生業務部門 29.4%，民生家庭部門 21.3%，民生家庭部門 21.3%，産業部門 19.7% の順となる（図 11-6）。運輸部門最大の項目は乗用車の燃料であり，全体の 20% 以上を占める。民生部門の多くは建物における電力消費であり，業務系と家庭系を合わせると 50% を超える。産業部門及び貨物や公共交通のためのエネルギーは必要性の高いエネルギーと考えられる。結果として，乗用車の燃料や民生用すなわち建物で使用される電力に省エネルギーが求められることになる。また，エネ

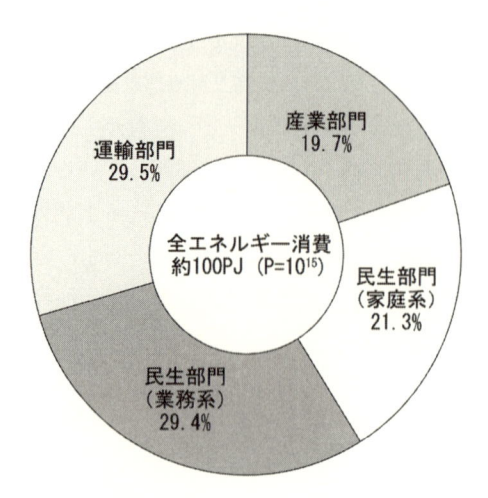

図11-6 沖縄県の最終エネルギー消費量（沖縄県エネルギービジョン・アクションプランより）

ギー消費によって排出される二酸化炭素の量で，これらのエネルギー消費を評価すると，電力が主として石炭火力発電であることから，民生用の占める割合が50%を上回り，乗用車用の燃料は相対的に減少する。地球環境の面からはより一層，建物の省エネルギーが求められることになる（沖縄県商工労働部産業政策課 2013）。

(4) 廃棄物処理

一般廃棄物は市町村が処理責任を持っているが，複数の自治体が組合を形成して大規模施設を作り，高度な広域処理を行っているケースも多い。特に，うるま市と恩納村の中部北環境施設組合は2004年から日量166tの直接溶融炉を，那覇市・南風原町環境施設組合は2006年から日量450tのストーカー炉と電気式灰溶融炉を，沖縄市，宜野湾市，北谷町の倉浜衛生施設組合は2010年から日量309tのガス化直接溶融炉を稼働して，溶融処理により廃棄物をスラグやメタルとしてリサイクルし，排熱による発電も行っている（図11-7）。浦添市は単独で日量150tの大型焼却炉を1982年から稼働しており，2002年に焼却灰の溶融処理設備を追加した。糸満市・豊見城市清掃施設組合は日量200tの大型焼却炉を1998年から稼働しているが，最終処分場を持た

第 11 章　島嶼地域における環境と社会インフラ

図 11-7　那覇市・南風原町環境施設組合の排熱による発電（2013 年 11 月筆者撮影）

ないために，焼却灰溶融処理装置を 2012 年に追加した。以上のように日量 150 t 以上の大型廃棄物処理施設では，溶融処理によるマテリアルリサイクルを実現しているが，小規模離島等の小型溶融炉を設置している処理施設では，ほとんど順調には運営されていない。溶融施設を持たない廃棄物処理施設では多くの焼却灰を埋立て処理するための大型の最終処分場を必要とする。しかし，最終処分場が設置できなくて民間業者に委託している自治体もあり，公設，民間を問わず既設の最終処分場は非常に逼迫しており，新設も非常に困難な状態となっている。また，いくつかの小規模離島では 2000 年頃まで廃棄物は野積みや野焼き状態であった。その後，徐々に小規模な焼却施設に替わってきたが，高度な処理は行われていない。小規模離島において近隣と連携した広域処理を行う場合，廃棄物の輸送に大きな問題を抱える（沖縄県環境生活部環境整備課 2011）。

　産業廃棄物は排出事業者に処理責任があり，県は監督責任を持つが，沖縄地域全体で年間約 180 万 t 排出される産業廃棄物のうち，排出事業者が何らかの自己処理を行っている量は約 100 万 t で，専門業者に委託している量は約 80 万 t である。なお，この排出量には発生量最大の畜産廃棄物つまり動物の糞尿約 150 万 t は含まれていない。畜産廃棄物の処理は農地や牧草地等への堆肥還元や希釈放流等，一般の廃棄物処理とは異なる形態が多いため，産

業廃棄物から除外して考える。畜産廃棄物を除くと最大の産業廃棄物は汚泥で，年間約90万t排出される。これは浄水場で発生する浄水汚泥，下水処理場の下水汚泥，地盤掘削等に伴う泥水，ベントナイト等に加え，製紙スラッジ等の工場廃液で泥状のものを含む。ただし，建設残土や浚渫土砂は廃棄物ではないので，その境界は微妙である。汚泥の成分はほとんど水分なので，乾燥させることにより85%は蒸発，減量され，14%は再利用されるので，最終処分量はわずかである。次は建設廃材のガレキ類で，約47万t排出されるが，ほとんど再利用されている。続いて，煤塵や動植物性残渣がそれぞれ10万t強排出されるが，これらの多くも再利用されている。最終処分量は約10万tであり，再利用されなかった煤塵，廃プラスチック，ガレキ類，ガラス・陶器屑，燃え殻等である。この煤塵の多くは発電所で燃焼された石炭のフライアッシュである。なお，沖縄独特の事情として，米軍基地の住宅から排出される一般廃棄物も，民間業者によって処理されており，産業廃棄物的な扱いとなっている（図11-8）。最終処分量が排出量に対してかなり縮小されるのは，各種リサイクル法とリサイクル資材認定制度の影響に加えて，産業廃棄物の最終処分量に課税される産業廃棄物税の効果もある。しかし，沖縄県内には産業廃棄物の焼却処分場がほとんどないため，リサイクルの新たな展開は難しい。また，民間業者の最終処分場が極度に逼迫しており，沖縄県では

図11-8 米軍基地から収集した一般廃棄物を手作業で選別するうるま市の産業廃棄物業者
（2009年11月筆者撮影）

公共関与による産業廃棄物の最終処分場の計画を進めている。小規模離島では産業廃棄物の処分が産業として成立しにくいため，適正処理が進まない状況にあり，今後，一般廃棄物と合わせた市町村による合併処理や沖縄島への輸送法を検討すべき状況である（沖縄県環境生活部環境整備課 2013）。

3　社会インフラによる環境問題

沖縄地域を実例として，交通，上下水道，エネルギー，廃棄物という代表的な社会インフラの現状と問題点を考察してきたが，これらの4つの要素は相互に関連するところがあり，その影響等も複合的な部分がある。それらの点を踏まえて，島嶼地域における生活環境としての社会インフラによる地球環境や自然環境及び生活環境そのものに対する問題点を以下にまとめる。

（1）地球環境

公共交通の整備が不十分で，乗用車への依存度が高い状態が，運輸部門のエネルギー消費量を押し上げている。海上や航空の交通機関も合理的に整備されているとは言えない場合もあり，エネルギーの浪費になっている可能性を検討すべきである。建物における電力消費が中心となる民生部門では，エネルギー消費量が多いだけでなく，石炭火力発電による大量の二酸化炭素排出量が問題となる。また，島嶼地域や低緯度の気候特性により，建築物に対する日本本土の一般的な省エネルギー手法が必ずしも有効でない場合があることも考慮しなければならない。

（2）自然環境

水源としてのダム開発や観光開発に伴う道路整備は，自然環境へのダメージを招いている。空港の新設や滑走路の拡張等も，埋立てや土地の改変を伴うものなので，海洋の自然環境への影響が懸念される。一方，リゾート地でも公共下水道が未整備であり，産業廃棄物の処理施設が不十分など，処理系の施設整備が進んでいない部分も多く，それらが自然環境に対して蓄積的，複合的に影響を及ぼす可能性がある。また，大規模な再生可能エネルギーの導入は，広大な面積を覆う太陽電池パネルや林立する発電用風車となって実現するが，それらが自然環境に及ぼす影響は未解明の部分が多く，適確な予測評価を行う必要がある。さらに，基幹産業として発展しつつある観光産業

や物流産業等により地域外との交流が多くなると，在来や固有の生物種及びその生態系が影響を受ける可能性も考慮しなければならない。

(3) 生活環境

　道路整備をはじめとする交通インフラの整備は生活環境に利便性をもたらしたが，一方では騒音や大気汚染の問題を抱えている。狭隘で急峻な地形が多い島嶼地域の土地の改変は，災害に対する脆弱な地盤を作り出している状況が見られる。廃棄物処理の法的な整備等は強化されたが，それが不法投棄や経済活動の沈滞化につながる可能性がある。また，社会インフラの整備状況により，都市部と小規模離島の生活環境の差が大きくなり，それが人口の過疎と集中の一因となる可能性があり，特に小規模離島の存続には危機的な問題となる。さらに，単純な再生可能エネルギーの大規模な導入は，電力総量の規模が小さく，電力系統が他の地域と連結していない島嶼地域，特に小規模離島においては，供給電力の不安定化につながる危険性を持つ。

第3節　島嶼地域に期待される環境像

1　島嶼地域に適用されるべき環境技術

　沖縄地域において多様な環境技術が適用されており，それが他の地域から導入された技術であれ，独自に開発された技術であれ，露見しつつある環境問題に対する解決の方向を示しているものが見られる。また，島嶼地域であることを利点とする考え方や技術的な方針も示されている。それらの技術や方法について以下に紹介する。

(1) 廃棄物のリサイクルとエネルギー

　リサイクルと言えば，廃棄物を原料として元の製品に戻す，または別の有価物に作り替えるマテリアルリサイクルを指すが，可燃性の廃棄物を燃料としてそこから熱エネルギーを取り出すサーマルリサイクルも広義のリサイクルである。一般的にはマテリアルリサイクルが石油消費量等の環境負荷を低減する効果があると考えられ，確かにその実績もあるが，成熟した産業基盤構造を持たない島嶼地域では，その方針が正しくない場合もある。人口100

第11章 島嶼地域における環境と社会インフラ　　　255

万人規模の沖縄島においても，最終的な製品となるマテリアルリサイクル可能な廃棄物はコンクリートくず，鉄材，古紙等のわずかな品目に限られ，アルミやプラスチック等の代表的なリサイクル可能物質も，一部の自社内リサイクルや PET フレーク等の半製品を除けば，ほとんど移出，輸出または処分されている。原材料としての廃棄物や半製品の価格は経済状況によって決まり，廃棄物は逆有償になる場合もあるため，一般廃棄物由来の原材料の移出，輸出には税金が投入される場合もあり得る。マテリアルリサイクル製品の環境負荷が原製品と大きく変わらない場合，輸送やその準備作業を考慮すると，マテリアルリサイクルが最善策とは言えなくなる。また，島嶼地域に流入する物質はその地域の資源となることが望ましく，マテリアルリサイクルのために最終的な利益が地域外のリサイクル業者へ持って行かれることは好ましくないと言える。

　以上のような観点から導き出される回答がサーマルリサイクルである。これは廃棄物のエネルギー化であり，ゴミ発電やセメント焼成炉等の燃料と原料を意味する。ここで廃棄物処理とエネルギー生産が結びつくことになる。ただし，ゴミ発電は高度な技術と高価な設備投資を必要とするもので，小規模離島では困難である。製糖工場ではバガスを燃料とする発電を行っているところが多く，雑燃料による発電装置は普及しているが，廃棄物を雑燃料と

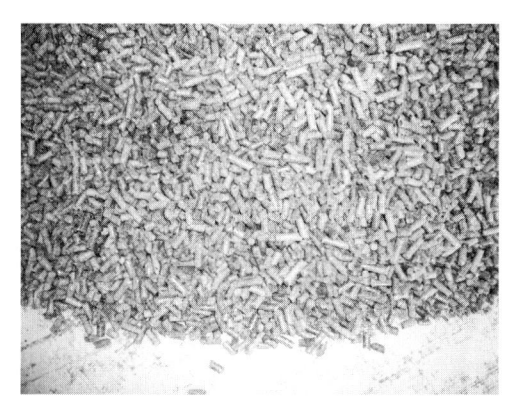

図 11-9　建設廃棄物から製造された木質の燃料チップ
　　　　（2009 年 10 月筆者撮影）

して利用する場合は排気ガスの安全性や焼却灰の最終処分等に注意しなければならない。石炭火力発電所で混焼するための木質チップを建設廃棄物から製造する事業は既に安定的に運営されている（図11-9）。これは発電所が排気ガスの処理を適正に行っているので可能になった事業である。安定したサーマルリサイクルの実現のためには，一般廃棄物処理の広域化や産業廃棄物との合わせ処理等，処理装置の大型化を積極的に進める必要がある。そのため，小規模離島では廃棄物を海上輸送するためのネットワークの構築が必要となる。なお，小規模でも適正なエネルギー化が図られることを目的に，木質材料からの可燃性ガスと植物油からのバイオディーゼル燃料の混焼による比較的小型の発電機による発電事業が石垣島でテストされている。さらに，焼却灰の溶融装置を導入すれば焼却灰はスラグとメタルとして再利用できる可能性があり，セメント材料として供給できればセメントとして再利用されることになるので，最終処分量は劇的に少なくなる。一般に，無機系の廃棄物はセメント原料になり，有機系の廃棄物は燃料化できるので，これはほぼ純粋に地産の資源とエネルギーによりセメントの生産が可能になるわけである。ただし，一部の飛灰のように処分が必要な廃棄物は必ず存在するので，最終処分場は不可欠である。

(2) 地下ダムや海水淡水化による水資源確保

　自然度の高い地域に建設されたダムが，水没地や建設及び管理用の道路等により，自然環境の破壊につながることが指摘されているが，島嶼地域における水資源の確保は喫緊の課題であり，天水に頼る生活に戻ることは不可能である。そこで注目されているのが地下ダムである。現在，沖縄地域には建設中のものも含めて合計11の地下ダムがあり，農業用水として利用されているが，上水道の水源としても使用可能である。地下ダムは地下水を含む透水層をその下の不透水層まで不透水性の地中の壁で取り囲むもので，地表湛水式を除くと地表面には大きな変化がない，地中壁の決壊の心配もほとんどない，地面で覆われるために蒸発もほとんどない等の利点を持つ。日射量が強く，陸地面積が小さい低緯度の島嶼地域や，日常的に渇水に悩む砂漠地帯等に適する方法であり，世界中の多くの地域で採用されている。農地に施された人工肥料による窒素濃度の上昇が地下ダムの水質の問題点であるが，そ

れに対する対応策も種々考えられている。宮古島ではソバの栽培により窒素分を除去する方法を高校生が提案し，実際にソバの栽培及び食品化を行っている。もう1つの問題は地下ダムからの水の汲上げに用いる動力源である。現在は一般の電力供給を受けているが，これを再生可能エネルギーで賄う方法は種々議論されている。実際に宮古島では地下ダムのすぐ近隣でメガソーラの施設が稼働しており，そのエネルギーを利用すれば動力源も確保できる（図11-10）。なお，古くから世界各地で用いられてきた方法として，風車の動力をそのまま揚水に用いる方法も考えられるところである。

　海水の淡水化は現在，逆浸透膜を使う方法で実用化しており，沖縄島の北谷浄水場の大規模施設（図11-11）を筆頭に，南北大東島，粟国島，渡名喜島，波照間島の5つの小規模離島で小規模施設が稼働している。逆浸透膜による淡水化は確実で安定しているが，高圧をかけるための電力が必要であり，そのために真水の生産コストが高くなる点が問題である。また，出来上がった真水の味が悪いとの評価もある。これらの問題に対して，他の水源からの水と混合することにより，コストや味を整える方法が一般的であるが，さらにこれを地下ダム等と組合せ，メガソーラや風車等の再生可能エネルギーの供給体制を整備すれば，将来的なコスト削減につながる。ただし，イニシャルコストは非常に高価になるので，長期的なビジョンとして考える必要がある。海水淡水化のもう1つの方法として，古くから用いられてきた蒸留による方法がある。最近は減圧蒸留による高効率化の導入や，焼却炉や発電所等

図11-10　宮古島のメガソーラ実験場
　　　　（2012年3月筆者撮影）

図11-11　北谷浄水場の海水淡水化装置
　　　　（2013年11月筆者撮影）

の排熱の活用等が見られる。太陽熱を利用した蒸留による海水淡水化は古典的な方法であるが，種々の改良が加えられ，実用的に稼働しているところもある。島嶼地域において1つの水資源に頼ることは，気象条件等により危険性を伴う場合もあるので，複数の水資源を組み合せるような多様な技術の積極的な適用が望まれる。

(3) スマートグリッドのパイロットモデル

電力供給の配電網をグリッドと呼ぶが，既設のグリッドは電力会社による大規模なグリッドである。多様な再生可能エネルギーの積極的な活用のためには，配電の持つ意味が非常に大きくなるので，このグリッドを抜本的に構築し直すことが理想的に見える場合もあるが，大規模なグリッドでは現実的に不可能である。そこで近年，注目されているのがマイクログリッドと呼ばれる小規模な配電網である。これを高度化して自律制御等のインテリジェント化したものがスマートグリッドである。比較的小さな範囲を対象として，その中に多様な発電事業者と需要家を包含して，完結した形で運用できることが理想的であるが，緊急時等を考慮して外部の大規模グリッドに接続する場合もある。世界中で実用化に向けた開発が進められているが，まだ実証実験の段階で，技術的にも制度的にも確立されているわけではない。

島嶼地域の中でも特に小規模離島は発電をディーゼルエンジンに頼っており，発電単価が石油価格相場の影響を直接受けることになり，それが近年は非常に高止まりしている。また，全体の電力供給量が小さいため，メガソーラ等の大規模な再生可能エネルギーを系統連係すると電力供給を不安定にする可能性がある。そこで考えられるのがスマートグリッドの適用である。離島なので当然，独立した電源を持つ配電網で，外部との接続がないグリッドとなる。小規模の電力供給で最も困難な点は，需要に応じた安定供給であるが，発電側は安定的な発電機ばかりでなく，風力や太陽光発電も組合せることを想定しているので，電源の安定化は更に困難になる。そのような状況の中で安定的な電力供給を保つためには，電力のバッファーつまり蓄電装置が必要になる。これらの組合せを最適化し，再生可能エネルギーを最大限に利用できるスマートグリッドを開発，実証，適用する場として，小規模離島は絶好のモデルとなる。このスマートグリッドの電源として，将来的には

100%再生可能エネルギーを目指すことが次の目標になるが，これにはベース電力の供給源を確保するか，巨大な蓄電またはエネルギー蓄蔵システムを保持する必要がある．島嶼地域におけるベース電力の供給源として，どこでも利用できる可能性がある潮流発電を挙げることができる．蓄電の方法としては，NAS電池のような大型蓄電池を集中的に用いる方法，小型の家庭用蓄電池に分散させる方法，電気自動車の普及と同時に蓄電利用も兼用する方法等が考えられる．電力ではないエネルギー蓄蔵の方法としては，水素化して必要なときに燃料電池で発電する方法，高所に揚水して必要なときに放流水で発電する方法等が挙げられる．どのような方法をどのように組合せて採用するか，制御系の設計も含めて，まだ完成された実用例はなく，個別技術においても全体計画においても多くの問題点が残っている．これらを克服して完全独立，完全再生可能エネルギー型のスマートグリッドを実用化するための研究開発を更に進める必要があるが，小規模離島地域はそのためのパイロット的モデルとなり得る地理的特性を持つ．

(4) 物質循環のモデル

他の地域と陸上交通でつながっていない島嶼地域では，地域外との交通がほとんど航空と海上の公共交通に限られるので，流出入する人や物資を定量的に把握することが他の地域に比べると容易である．また，雨水から地中浸透や排水に至る水収支も，陸地面積が小さく，他の地域との流出入もないので，定量的に把握しやすい．物質の収支や水の収支を正確に捉えることは，循環型社会を構築するための非常に重要な基礎データとなる．島嶼地域において必要な物資の種類と量を把握することは，地域の産業構造を検討する上で重要な示唆を与え，水収支の結果から必要な水資源の量と確保すべき方法を予測することが可能となる．さらに，物質収支からエネルギーの変換や消費量も定量的に把握でき，二酸化炭素排出量の制御にも活用できる．島嶼地域においてこのような物質収支等の定量的なモデル化が可能になれば，それを応用して種々の地域に適用できる可能性もある．その意味で島嶼地域は物質収支や水収支を計測・評価するための最先端のモデル地域となる可能性があり，これが島嶼地域の持っている環境問題に対する利点である．

(5) 環境影響評価

　大規模な開発行為や土地の改変を伴う事業計画に対して，より良い環境を維持，保全または創造するために，その事業による多様な環境への影響を評価し，事業計画の改善や変更等を勧告する制度が環境影響評価である。これは法律で定められた制度であり，多くの開発免許等はこの手続きを経る必要がある。環境影響評価の通常の方法は，大規模な開発計画に対して，その開発が行われていない現状と科学的な根拠に基づいて定量的に予測された開発後の状態を比較し，その開発が及ぼす環境への影響を評価するものである。これは開発行為が環境の現状を悪化させなければ問題ない，という基本的な考え方に立脚しているが，最近では本来あるべき環境の姿を基準として判断すべき，という一段階上を目指す考え方も現れている。たとえば，原野を開発して大規模施設を建設する場合，その原野の動植物種の維持を基準にするのではなく，本来あるべき在来の動植物種に戻す，というような考え方である。

　沖縄地域では米軍基地跡地等に関わる大規模な開発が多々あるため，環境影響評価の対象案件の数が非常に多く，中には普天間基地代替施設のように社会的に注目を集めるものも少なくない。環境影響評価の手続きの中には住民意見を求める機会が設定されており，環境の見地からに限られるが，公共投資を含めて大規模な開発事業に対して，一般の人々が自分の意見を言える貴重な機会となっている。実際にこの制度によって，海岸の自然環境破壊につながりそうな埋立てを縮小させた実績，道路の建設位置を海岸側から内陸側に移動させた実績等が見られる。対象となる環境は自然環境ばかりでなく，生活環境等も含まれるが，重要な点は自然環境を破壊的な開発行為から保護する唯一無二の制度と言ってよいことである。生活環境に関する居住者の権利は環境権として定着しているが，自然環境にはその危機感を発信する方法がない。昔から自然保護を訴える団体等は存在するが，正式な法律に則って科学的な根拠から意見を述べる機会は，この制度が発足するまでは存在しなかった。その意味で特に自然環境保護の観点から非常に重要な制度となっている。島嶼地域においては，限られた陸地面積のために自然環境に余裕がないことや，海岸の複雑で脆弱な生物相を抱えていること，その島だけ

の固有種が存在する可能性が大きいことなどから，特に自然環境の保全には力を入れなければならないが，環境影響評価はこの観点から非常に重要な制度となっている。ただし，開発行為の規模に関する制約があるため，小規模離島における小規模な開発や，対象規模以下の開発を繰返すような場合には対応できないなどの課題も残っている。

2　島嶼地域における社会インフラの将来像

現在の環境技術をさらに発展させ，将来の社会インフラの理想像を描くとすれば，それは日常の生活や産業活動に利便性，安全性，健康性，経済性等をもたらし，周囲の生活環境や自然環境に優しく，地球環境に対する負荷も小さいものとなるべきである。このような社会インフラを一般的な技術面から捉えると，かつては大規模化によるスケールメリットを活かした高性能化が王道であった。しかし，大規模化が循環型や低炭素化を求めて多様化する社会のニーズに適合しにくくなり，近年は逆に，スマートグリッドに代表されるように，小規模で独立化したシステムへと動く傾向を見せている。一方，島嶼地域特有の問題は，限られた陸地面積とそれに伴う限定的な人口や資源量，陸上交通及び水やエネルギー等の供給システムの未接続状態等に起因するものであり，結果として種々の社会インフラの小規模化は避けて通れない状況となっている。その意味で，島嶼地域は最先端の社会インフラ技術を開発すべき立場であり，そのための実証フィールドであり，その成果を享受すべき最適地である。そのような島嶼地域における理想的な社会インフラを以下に示して，本章のまとめとする。

(1) 多様な電源による充電設備の充実に基づき，電気自動車を中心として誰でも自由に安価に移動できる交通体制。
(2) 自然エネルギーを中心とする多様なエネルギー源と蓄電システムを組合せたカーボンフリーの電力供給システム。
(3) 適度な分別収集により，マテリアルリサイクルとサーマルリサイクルを組合せた地域内で完結する廃棄物処理システム。
(4) 下水道汚泥を含め多様なバイオ系廃棄物の高度化処理による水循環システムとカーボンニュートラルエネルギー化。

（5）海洋を含めて固有の自然環境を確実に保全し，さらに固有性を進展させるような厳しい環境モニタリング体制。

参考文献

沖縄県環境生活部環境整備課（2011）「沖縄県廃棄物処理計画（第三期）」。
沖縄県環境生活部環境整備課（2013）「平成 24 年度沖縄県産業廃棄物フォローアップ調査報告書（平成 23 年度実績）」。
沖縄県商工労働部産業政策課（2010）「沖縄県エネルギービジョン」。
沖縄県商工労働部産業政策課（2013）「沖縄県エネルギービジョン・アクションプラン」。
沖縄県土木建築部下水道課（2013）「下水道のあらまし」。
沖縄県福祉保健部薬務衛生課（2010）「沖縄県の水道概要」。
沖縄総合事務局運輸部（2013）「運輸要覧」29-35.
沖縄総合事務局・国土交通省大阪航空局（2013）「那覇空港滑走路増設事業に係る環境影響評価書」。
沖縄電力（2013）「環境行動レポート 2013 年度版」。
国土交通省（2008）「地域公共交通の活性化・再生への事例集」
　　http://www.mlit.go.jp/sogoseisaku/transport/jireiindex.html
全日本空輸（2013）「ANA 沖縄貨物ハブ＆新・航空ネットワークの優位性」
　　http://www.ana.co.jp/cargo/ja/int/okinawa/okinawa_01.html
堤純一郎（2010）「都市機能としての交通インフラ」『しまたてぃ』53, 30-33.
Alemu, D. and J. Tsutsumi (2011) Determinants and spatial variability of after-school travel by teenagers. *Journal of Transport Geography*, 19, 876-881.

第12章　消滅危機言語の教育可能性を考える
―― 多様な琉球諸語は継承できるか ――

かりまたしげひさ

第1節　はじめに

　琉球の島々は，世界地図でみると針先で突いた点よりもちいさい。しかし，鬱蒼たる深い森に覆われたおおきな島もあれば，低平でちいさいながらも豊かな珊瑚礁に縁どられた島もあって，自然環境と生物の豊かさの点で目を見張るものがある。琉球の島々の言語と文化も多様な側面を見せることがよく知られている。

　人々が気候，自然環境のことなる地域に分散し，そこで定住するようになると，生活圏が形成される。そして，生活圏ごとに適応戦略のちがいがうまれ，文化に地域差が発生する。人々は，島ごとにことなる自然環境に適応し，自然災害や環境変化に対応するなかで絶え間ない創造と改良を積み重ねてきた。その結果，島ごとに少しずつことなる行動様式や価値観などをふくめた有形，無形の文化が発生し，継承されてきた。文化的，言語的な差異性と同一性は，構成員をつなぐ絆となり，地域的アイデンティティを形成する重要な要素となる。

　海は，島にとって外の世界と隔てる壁でもあるが，世界と繋がる道でもある。琉球の島々は，日本本土からも中国からも決定的な影響を被ることなく，しかし，全くの孤立無援というわけでもなく，外の世界と交流しながら，島ごとに独自の文化を築いてきた。島と地域の文化とはそのような積み重ねそ

のものだ。

　文化は，模倣などの非言語的な方法によっても継承されるが，文化の伝達と継承にとって言語が最も重要な役割をはたす。文化と言語は密接不可分の関係にある。先天的に組み込まれた遺伝情報とはことなり，文化と言語は，後天的に獲得される情報であり，社会に共有され，世代的に継承されていく。言語によって表現される文化もあるが，言語に反映される文化もあり，言語そのものが文化だ。言語に深く刻み込まれた地域の文化は，言語をとおして理解され，言語によって時間を越えてつたえられ，蓄積されて発展してきた。

　人は，いままで見たこともないできごとでも，はじめて体験したできごとでも，まだ現実には存在しない未来のできごとでも，言語によって表現して伝達することができる。人が感じた微妙なニュアンスを詳細につたえることもできる。言語ほど緻密で繊細で複雑な道具はない。言語の構造と体系性の複雑さ，言語のもつ力と価値は，英語や中国語や日本語のような大言語も，話し手が数人の弱小の言語や方言でも変わらない。しかし，世界中のおおくの弱小の言語と方言は，弱小なるがゆえに，消滅の危機に瀕している。

第2節　琉球諸語の位置づけ

　日本は，ちいさいが南北に細ながい島国だ。日本をヨーロッパに重ねると，北海道の北端の宗谷岬はノルウェーのオスロ，東端の根室半島はスウェーデンのストックホルムあたりになる。最西端の沖縄県与那国島は，アフリカ大陸のモロッコをまぢかにみる南スペインのジブラルタルの近くになる（図12-1）。亜寒帯から亜熱帯までのひろい範囲に大小の島々が連なる日本国は，気候風土などの生活環境だけでなく，歴史的にも文化的にもおおきくことなる地域の集合だ。

　日本国で伝統的にはなされてきた言語には，主として北海道ではなされるアイヌ語と，琉球列島ではなされてきた琉球諸語，本土諸地域ではなされる日本語諸方言とがある。日本語は，書きことばとしての規範性を有し，国内どこでも使用できる標準語と，地域的な変種としての方言とからなる。日本

第 12 章　消滅危機言語の教育可能性を考える　　　*265*

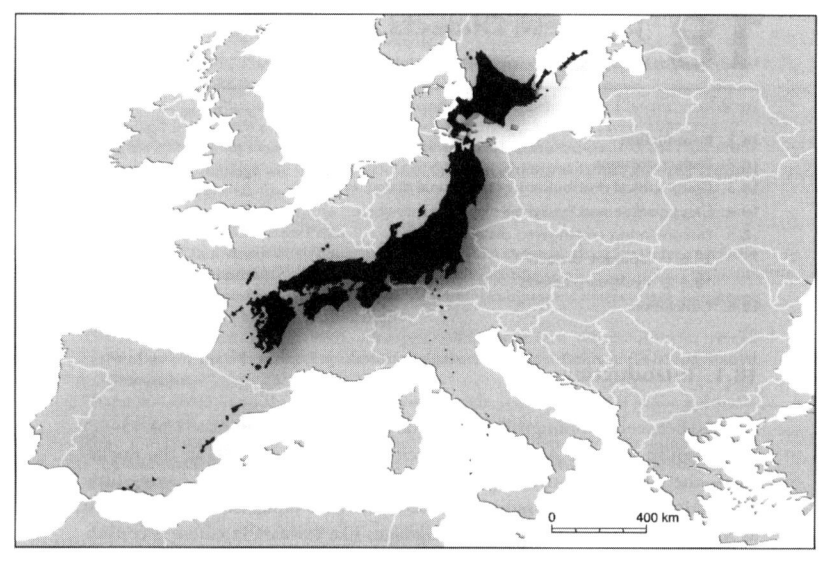

図 12-1　ヨーロッパに重ねた日本地図
出典：Shinji Sanada and Yukio Uemura (2007)

語諸方言と琉球諸語は，共通の祖語をもつ姉妹語であり，琉球諸語を日本語の諸方言とみることも可能だ。じっさい，琉球諸語はおおくの研究者によって琉球方言とよばれてきた。その意味では日本語は，琉球列島ではなされる琉球方言と琉球以外の地域ではなされる本土方言のふたつにおおきく分かれるということもできる。

第 3 節　琉球諸語は多様で個性的な方言からなる

　琉球列島の人口は約 146 万人で，日本全体の 1％強にすぎないし，面積も約 1％弱にすぎないが，琉球列島の北端の喜界島から最西端の与那国島までの距離は，約 1 千キロメートルにもおよび，ひろい海域に 57 の有人の島々が点在している。琉球列島の北端の喜界島を仙台市あたりに位置させると，奄美大島が山形市あたり，沖縄島の那覇市は長野県の松本市，宮古島が京都

市と大阪市の中間くらいに位置し，最西端の与那国島は島根県くらいに位置する（図 12-2）。

　琉球列島の北の端と南の端とではことばがまったく通じないのはもちろん，与那国島と石垣島，宮古島と沖縄島，奄美大島と沖縄島のあいだでも会話が通じない。奄美，沖縄，宮古，八重山の各諸島間で方言がことなるだけでなく，沖縄島のようなおおきな島ではその内部差もおおきく，南の那覇の人々は，北の，たとえば今帰仁村の人たちが方言ではなしはじめると，何をいっているのか理解できないことがあるほどだ。

　統一的で近似的な方言がはなされているといわれる沖縄島の中南部地域でさえ集落によって多様な表現が存在する。アイー，アイヤー，アイヨー，ア

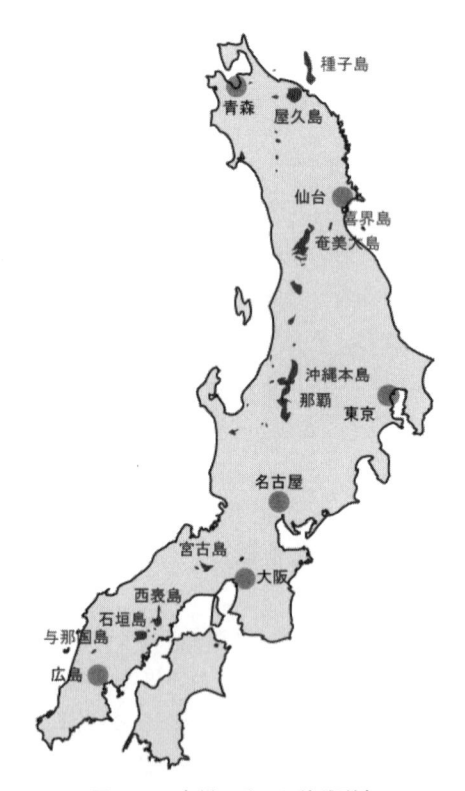

図 12-2　本州に重ねた琉球列島

イヒャー，アッピー，アフィー，アヒー，アビー，ヤカー，ヤクミー，ヤッチーは，沖縄島中南部の諸方言の「兄さん」を意味する単語だ。「味噌」もミス，ンス，ンース，インス，ニースなどの形式が存在する。シマがちがえばことばもちがうといわれるほど，シマごとに個性的な方言がはなされてきた。地域によっては隣接する集落で方言のことなるばあいがある。

琉球諸語のシマ，あるいはスマという語は，「村落，島」をあらわすだけでなく「故郷」の意味ももつ。「故郷のことば」をシマクトゥバという。ここでは，琉球諸語の最小の単位としての島や集落の方言をシマクトゥバと呼ぶことにする。

島々がひろい海域に点在しているために，琉球諸語内部の方言差は非常におおきい。

その言語差を音韻体系の面からみてみよう。琉球列島最西端の与那国島祖納集落の方言の母音は長短の区別をせず，しかも a, i, u の3個しか存在しない方言だ。列島最北端の奄美大島笠利町佐仁集落の方言は，a, i, u, e, o, ï, ë, ã, õ, ĩ, ẽ の11個の短母音と a:, i:, u:, e:, o:, ï:, ë: の7個の長母音のあわせて18個の母音をもつ。沖縄島北部の伊江島の方言には ʔ, p', t', k', ts', k, t, ts, s, h, ʔm, ʔn, ʔr, ʔj, ʔw, b, d, g, dz, m, n, r, w, pj, tj, kj, bj, gj, sj, mj, nj, hj, rj, j の34個の子音がある。宮古大神島の方言には p, t, k, f, v, s, r, m, n, j の10個の子音しかなく，伊江島方言の3分の1以下だ。

琉球の島々の諸方言の言語差は，音韻だけでなく，文法体系の面にも，語彙の面にもあって，音韻論的な，文法論的な，語彙論的な特徴のちがいによっての自然や文化を反映して多様性に満ち，青森方言と鹿児島方言のちがいを超えて，その多様性は日本語の枠をはみ出している。

第4節　少数者の言語の変容と消滅の危機

文化と言語は，後天的に習得されるがゆえに，つねに変化する可能性を内包している。変化には，自然や環境に適応していく過程で発生する変化と言

語内部で発生する自律的な言語変化，他の文化や言語と接触し交流するなかでその影響をうけてながい時間のなかでゆるやかに進行する他律的な変化とがある。いま世界のおおくのマイノリティの弱小言語が直面している危機的な状況は，19世紀以降の西洋化，近代化とともに，特定の価値観が支配的になり，言語に優劣をつけ，暴力的ともいえる圧倒的な力によってマジョリティの大言語への置き換えが短期間に進行した結果だ。交通機関が発達し，さまざまな地域の人々が交じりあって生活する現代社会において，個性豊かな弱小言語を維持し，継承していくのは容易ではない。弱小言語の自立的な存続が困難な状態に陥っている。

　明治維新の中央集権的な国家の誕生とともに近代化と西洋化が始まると，日本人は西洋にあこがれ，地方の人々は都会にあこがれた。日本的なもの，地域的なものは劣ったものとみなされて軽んじられた。豊かな自然と風土の変異のおおきさに応じて発達した豊かな地方文化と，それを支えてきた方言も軽視され辱められた。地方文化と方言は，おおきく変容し，消滅しようとしている。言語の交代は，単なる通達手段の交代ではなく，感情表現，行動様式，現実認識のしかた，思考方法の変化であり，祖先からうけつがれた「知恵」と「文化」の変容と消失だ。日本語の諸方言と琉球語諸方言は，標準語化・日本語化という変容と方言そのものの消滅という危機に瀕している。

第5節　消えゆく伝統文化と方言語彙

　方言の単語や言語表現には，それがはなされていた土地の歴史や文化が反映され，そこから土地の文化や自然とのかかわりをよみとることができる。沖縄島名護市幸喜集落には海岸の近くにハーミマタ（亀又）とつけられた小さな谷がある。その方言名は，近くの砂浜にハーミ（海亀）が産卵のためにやってきたことに由来する。幸喜集落は緑の深い，海のきれいな豊かな自然に恵まれるが，今では環境もおおきく変容して亀も来なくなり，ハーミマタの地名や由来も忘れられつつある。おなじく，ウキヌヤマ（鬱金山）と名づけられた小地名は，かつて，ウキヌ（鬱金。ターメリック）を栽培したこと

に由来する。ウキヌは，17世紀以降，琉球王府で専売制になり，薬用，染料として高値で取引された。ウキヌヤマのウキヌもそのために栽培されたものだ。ウキヌの地下茎を煎じてのむと，二日酔いなどに効いて，肝臓にいいといわれていた。ウキヌは，その効能が確認されて商品開発がなされている。しかし，今ではそれを栽培した跡もなく，伝承がわずかにのこされるだけだ。

　ハーミマタやウキヌヤマのような小地名は各地にみられる。方言地名は人々の生活や労働とむすびついた歴史が反映しているし，地形や自然とむすびついた名づけがなされている。方言地名からは，地域の歴史やかつての環境，生活などを知ることができる。しかし，行政地名以外のおおくの小地名は記録されることなく消えていこうとしている。

　宮古島と石垣島のほぼ中間に位置する多良間島の北側にある水納島は，低平でちいさな島だ。水源に恵まれないために，トンボやカエル，オタマジャクシなど，どこの方言にもありそうな方言語彙がない。植物に関する方言語彙も少ない。しかし逆に，ナマコを9種類以上も区別するなど，海洋生物の語彙が豊富だ。全部の和名や学名を特定できていないが，つぎの九つのスキ/ski/（ナマコの総称）の方言形を確認した。これらのナマコのどれがおいしいナマコで，どう調理するか，どこの海にいつ採りにいくかも伝承されていた。その他の魚名や海草，漁法に関する語彙もおおい。かつて限られた環境のなかで自給自足的な生活を送っていた水納島も，現在では人口が激減して5人になっている。近代化とともに過疎化も進行して外からの食糧に依存し，生業のあり方の変化とともにこれらの方言語彙もかつての経験も継承されなくなっている。

　　　ffuski【黒・ナマコ】。クロナマコやニセクロナマコ。
　　　jaituna:ski【八十縄・ナマコ】。オオイカリナマコ。
　　　mi:ski【目・ナマコ】。ジャノメナマコ。
　　　amadzuki【甘・ナマコ】。和名不明。
　　　akaski【赤・ナマコ】。和名不明。
　　　kappaski【河童・ナマコ】。和名不明。
　　　akaijuski【赤魚・ナマコ】。和名不明。

ʃi:sanski：和名不明。
　ni:maski：和名不明。

　中国から伝来した甘藷は，繁殖力がつよく台風や旱魃につよい農作物として栽培され，食卓に欠かせなかった。そのため，甘藷に関する方言語彙や表現がたくさんある。野原（1985）によると，沖縄島中部宜野湾市には甘藷の方言名がヒャクゴー，イナヨー，クラガー，アカグー，トゥマイクルー，ユンタンザー，メーザトゥー，タイワヌーなど，68種類もある。
　仲間（2002）によると，沖縄島西原町小那覇集落の方言には，主食用の甘藷のほかに，副菜用のヤーシェーウム（野菜芋），ヤーシェーカンダ（野菜蔓），おやつ用のクヮーシウム（菓子芋），売り物にしたウイウム（売り芋）など用途によって分類し，それぞれに方言語彙がある。また，形によってマルー（丸），ナガフェーラー（細長），トゥックイヒックイ（でこぼこ）などといい，皮の色や中身の色で呼びわけ，調理後の状態でクーフチャー（粉吹き），ミジャーミジャー（じゅくじゅく）などと呼びわけた。植える時期によってナチウィー（夏植え），フユウィー（冬植え），あるいは，サングァチャー（三月芋），ルクグァチャー（六月芋），クングァチャー（九月芋）などと呼び分けて，季節に合わせて選んで栽培した。台風や旱魃などで食料が不足すると，三ヶ月で収穫できるミチチャー（三か月芋）を植えた。栽培方法も多様で，それに関する方言語彙も豊かだ。人々がいかに甘藷とつきあっていたかがわかる。宜野湾市や西原町に甘藷の品種の方言語彙がおおいのは，耕作地に占める畑の占める割合がおおいだけでなく，政治，経済の中心地の首里，那覇という消費地に近いことも理由としてあげられる。
　上記の幸喜集落は，水に恵まれて稲作がなされた土地柄のせいか，甘藷の品種の方言名は，ウプグナー，シルクラガー，アカタイワナー，イーパッチャーウム，サクガー，フェーサチアカーグァー，ヒャクゴーウム，インブウム，ジロハンダなど18である。宜野湾市の3分の1であり，西原町のようなさまざまな語彙もみられない。いっぽうで，深い山に囲まれているので，樹木の種類とその方言語彙が豊富だ。木の特徴をよく理解し，用途に応じて使い分けていた。

食用や薬用の草の名前とその効能などに関する伝承も，栽培技術とその利用方法をふくめた農耕文化や食文化が方言語彙とともにあり，地域ごとに多様な語彙と表現がある。沖縄の伝統的な食文化が見なおされている。しかし，これら植物に関する知識も一部の老人がおぼえているだけだ。おおくの方言語彙が完全に忘れられようとしている。
　月もないのに零れ落ちそうな満天の星あかりで戸外が明るく，家並みや木々の様子がはっきりと見えるほど，晴れあがった夜空の状態を西原町の方言ではフシバリ（星晴れ）という。街灯やネオン，家の灯りが消えない現在の夜空からは想像もできない単語だ。沖縄の夏のつよい日差しをさけて畑にでかけるとき，「マフックァー　アチサクトゥ　ティーダ　ネーラチカラ　ハルカイ　イチュン（日中は暑いから太陽を萎えさせてから畑に行く）」と表現した。太陽の比喩としてティーダバナ（太陽花）という単語があり「フシムノー　ティーダバナヌ　アイニ　イリリ（洗濯物は太陽花があるうちに入れろ）」と使用した。よく日に干した衣類や寝具の匂いをあらわすティーダカジャ（太陽香）という単語があり「チューヌ　ウードー　ティーダカジャ　スグトゥ　ユー　ニンダリーサ（今日の布団は太陽香がするから，よく眠れる）」と言った。これらの単語や表現からは，先人の自然とのかかわり方やダイナミックな感性を知ることができる。しかし，それぞれの地域の自然や風土に根差した方言語彙や表現は，若い人たちに継承されていない。
　画一化され均質化された季節の表現しかもたない若い人たちは，うまれそだった沖縄の自然や風土に根差した方言語彙や表現を知らない。その一方で，関東の季節にあわせてテレビから流される"桜"の歌を聞いても違和感もおぼえず，無自覚に歌う。関東や関西の春の桜や秋のモミジについての知識はあるが，うまれそだった土地の自然や季節感，それにまつわる事物や語彙を知らない。

第 6 節　画 一 化

　琉球列島の方言の多様性はうしなわれようとしている。琉球列島にはたく

さんの個性的な方言がある。個性的な特徴をもつ方言のおおくは弱小で，周辺の大方言の影響をうけやすい。個性的であるほどその個性は平準化されやすく，日本語や大方言に吸収されやすい。弱小方言ほど状況は深刻だ。弱小方言は，離島や沖縄島北部のちいさな方言だけとは限らない。漁師町としてよく知られた糸満市糸満や那覇市内小禄や垣花，宜野湾市大山，北谷町砂辺などは，沖縄島中南部にあって個性的な特徴をもつ方言として知られている。これら方言も周辺の大方言の影響をうけてその個性を失いつつある。

　子どもの頃に山野をかけまわって食べたいろんな木の実。八百屋には並ばないが，食卓をかざった山野草。都会にすむ現代人がその存在にさえ気づかないたくさんの植物に方言名を与え，それに関する知識や経験とともに伝承してきた。方言は，地域固有の祭祀，年中行事など，さまざまな民俗事象とむすびついている。方言は，故郷の自然や人々の顔や声とともに再生される具体的な形をもった生活のことばだ。

　現在，琉球列島にすむ子どもたちは，地域の方言を母語として習得していない。方言の喪失とは，あたかも記憶を失くした人のように，そこで暮らした証しを失うことだ。シマジマのながい歴史のなかで地域の人々の生活とそこで育まれた文化を支えてきた方言が消滅の危機に瀕している。弱小方言のおおくは弱小であるがゆえに，自力で復興，継承させるのが困難になっている。

　複雑で多様な構造をもつ言語を全体として継承させていくことは，絶滅の危機に瀕した動植物の保存や繁殖にくらべても，芸能や工芸などにくらべても，むずかしい。動物や植物なら，佐渡島の朱鷺などのように，隔離して繁殖させることができる。しかし，消滅の危機に瀕した弱小の言語の母語話者を大言語から隔離することはできない。様式や技術が閉じた体系をなしている芸能や工芸とはことなり，弱小言語とはいっても，複雑で多様な構造をもつ，開かれた体系をまるごと継承するにはおおきなエネルギーとながい時間を必要とする。大言語に圧迫され，大言語に置き換えられて話者の数が激減し，危機的な状況においこまれている弱小の言語や方言のまるごと全部を継承していくことはむずかしい。体系としての言語が一度失われてしまうと，それを復興させて元の状態にもどすことは，不可能とはいえないが，きわめ

て困難だ。

第7節　マイノリティの中のマイノリティ

　琉球は日本国内にあってマイノリティだが，琉球の内部にもマジョリティとマイノリティがあって，ちいさなシマは，マイノリティの中のマイノリティとして二重，三重の圧力をうけている。沖縄県の人口は，日本の総人口の約1%強の139万3,000人で，日本国内にあってマイノリティだ。いっぽう，宮古諸島の人口は約5万3,000人，八重山諸島の人口は約5万2,000人で，県内ではそれぞれがマイノリティだ。沖縄島北部地域は約12万5,000人だ。沖縄島中南部地域は116万2,000人で，全体の8割以上を占める。沖縄島中南部の諸方言は，周辺地域の方言に対してマジョリティの方言として存在し，おおきな影響をあたえている。

　宮古諸島，八重山諸島，沖縄島北部地域の中にもマジョリティとマイノリティがあり，ちいさな島の方言ほど危機的な状況は深刻で，琉球諸語の多様性が失われようとしている。琉球諸語の多様性の維持はどんどんむずかしくなってきている。

　　スマフツ　バスキチカー　スマウドゥ　バスキ。
　　（ことばを忘れたら故郷を忘れる。）
　　スマ　バスキチカー　ウヤウドゥ　バスキ。
　　（故郷を忘れたら親を忘れる。）

　上の諺は，宮古諸島に伝承されているものだが，類似の諺は八重山諸島にもある。故郷をはなれた地方出身者がイナカ者と嘲笑され，出身地を隠した時代があった。スマフツ，シマクトゥバなどいろいろに表現される"故郷のことば"を隠すことによって，故郷の風景や周囲の人たち，最後には家族のことまで忘れてしまう，それほどに故郷のことばは大切だと諺は訴えている。いっぽう，先の諺は，地方差別が存在したことの裏返しでもある。沖縄

各地で方言調査をしていて，自分たちの田舎の汚いことばではなく，ユカッチュ（琉球王国期の支配士族層）のきれいなことばを調査しなさいと何度も言われた。地方差別は，本土だけでなく沖縄内でもあったのだ。

　母国の文化やことばに誇りをもって子や孫につたえる在沖，在日の外国人がいるように，故郷をはなれた人が故郷とそこの方言に誇りをもち，積極的に子や孫につたえていくことでしか，故郷の文化や方言の永続的な継承はできないのかもしれない。竹富島の種取祭や多良間島の八月踊など，おおくの伝統行事は，島の人を中心にしながら，島をはなれた人たちが支えることで継承されている。いっぽうで，島の伝統文化は，島にすむ人と島をはなれた人のおおきな誇りになっている。

　しかし，おおくの離島や周辺地域の村落では高齢化と過疎化とが進行し，方言を継承すべき若い人そのものが少なく，共同体そのものの維持がむずかしい。年寄りだけで方言を継承するのもままならない。周辺の弱小の方言ほど危機的だとすれば，島をはなれ，都市に暮らす人が故郷の方言を継承するために行動することもおおきな力になる。若い人たちは，自らの存在につながる根っこをたどり，さまざまな活動に積極的に参加することによって，確かな地域的アイデンティティを手にすることができるようになる。

　40年近く琉球各地の方言を調査してきて感ずるのは，マイノリティのなかのマイノリティの方言の危機だ。ちいさな個性的な方言のなかには存在した証しさえのこさないまま消えてしまったものがある。わずかな記録をのこして消えていこうとする方言もある。個性的な弱小方言は，日本語と大方言からの二重の圧力をうけていて，消滅危機度がきわめてたかい。琉球諸語の多様性が失われようとしている。

第8節　方言教育の可能性

　琉球列島の諸方言が若い世代に継承されず，危機に瀕するにいたった要因はいろいろあり，複雑に絡んでいる。日本の学校教育が画一的な内容の指導と，方言蔑視と過度の標準語教育を行ってきたことが日本各地の言語を衰退

させるおおきな要因であったのは言を俟たない。

昭和22年学習指導要領国語科編の国語科学習指導の目標として「なるべく，方言や，なまり，舌のもつれをなおして，標準語に近づける」ことをあげていた。

しかし，「学校教育指導要領」の「方言」の扱いにも変遷がみられる。昭和43年指導要領では「共通語と方言」の使いわけが説かれている。昭和46年の日本書籍『小学国語5下』の「方言と共通語」にはつぎのようにある。

> 以前は方言は共通語の敵だから，やめなければならない，という考え方をする人が少なくありませんでした。けれども，方言には土地土地の風土になじんだいいことばがたくさんあるのです。ですからむりにやめてしまう必要はありません。

平成20年版学習指導要領から学校教育が地域の独自性や個性も尊重するようになった。

> 地域や学校，児童の実態等に応じて，教科等の枠を超えた横断的・総合的な学習，探究的な学習，児童の興味・関心等に基づく学習などを創意工夫を生かした教育活動を行う。(略)学習活動については，学校の実態に応じて，例えば国際理解，情報，環境，福祉・健康などの横断的・総合的な課題についての学習活動，児童の興味・関心に基づく課題についての学習活動，地域の人々の暮らし，伝統と文化など地域や学校の特色に応じた課題についての学習活動を行う。

教材として地域言語＝方言を学校教育のなかでとりあげることが可能になった。地域文化や方言を継承していくうえで学校教育の役割はおおきく，沖縄県においても学校での方言教育を要請する動きがおこっている。問題は，教育目標や指導内容をどうするかだ。

一般にはわかりにくいかもしれないが，漢文や古典文学の教育には明確な目標がある。日本の文学や文化におおきな影響を与えた漢詩，漢文の中国古

典文学はいうに及ばず，万葉集，古今和歌集，新古今和歌集などの短歌，松尾芭蕉や蕪村などの俳句などの短詩型文学だけでも層は厚く，名作もおおい。土佐日記に始まって，竹取物語，源氏物語，枕草子，平家物語を経て，井原西鶴や十返舎一九などの江戸期までの散文学のひろがりと深みには圧倒的な魅力がある。それらの学習をとおして，時間と空間を超えて多様な人間観，社会観，自然観をまなぶことができる。方言教育にはそれに伍するだけの魅力があるだろうか。豊富な教材を用意できるだろうか。

そもそも，何故方言教育が必要なのか，方言教育をとおして何をまなばせ，どんな人間になってもらいたいのか，方言教育の最終的な目標は何か，議論は不十分だ。方言教育全体の議論を十分に行わないまま，子どもたちを置き去りにした方言教育に"大義名分"はない。年老いていく大人の目線ではなく，児童・生徒の目線にたって百年先を見据え，何のためにシマクトゥバを教育するのか多角的な議論が必要だ。

第9節 「方言のことを教える」

方言教育には，方言のことを指導する方言教育と言語運用能力をたかめる語学としての方言教育とがある。

方言のことを教える教育は，小学校の低学年から実施することが可能だ。それぞれの地域社会に固有の方言があることを指導し，地域言語に対する興味・関心を生徒に醸成させる必要がある。自分たちのすむ地域に全国的に通用する日本語標準語とそれとはことなる地域固有の方言との2種類の言語が存在していることを気づかせることは，むずかしいことではない。そして，このふたつの言語の性質について児童・生徒にまなばせること，方言にも日本語や英語などの大言語と共通する特徴や普遍的な特徴をもつことなどをまなばせることによって，ことばそのものに関心をもたせ，言語感覚のするどい児童・生徒をそだてる基礎をつくることができるだろう。

地域によって方言にちがいがあることをまなぶことをとおして，両親や祖父母の生まれそだった土地にも固有の方言や文化や歴史があり，それらも大

切な言語や文化や歴史であることをまなぶ機会を得，両親や祖父母の出身地の方言に興味や関心を喚起させるだろう。

　方言についての教育は，地域に対する理解を深め，地域に対する愛着を醸成し，自信をそだてる。沖縄県内の方言は，地域差がおおきいので，方言の多様性や文化的な多様性についてまなぶことができる。児童生徒は，方言教育をとおして地域の自然や歴史や伝統文化など，地域に関するおおくのことをまなぶことができる。ちいさな島や地域の方言であればなおさら，それぞれの土地に固有の方言や伝統文化があることをまなぶのは大切だ。

　地域言語が地域文化と分かちがたく存在しているならば，地域言語と地域文化を融合させた教育を行うことが必要だ。植物をはじめとする自然とのかかわりのなかの自然教育として，地域の食材を生かした調理実習を行いながらの食育として，地域固有の芸能や歌謡をとおした音楽教育として，土地の素材を加工する玩具などの工作教育として，地域文化と地域言語を融合させた教育は，多様に存在する。そしてそのことをとおして地域言語に興味をもたせることが方言継承への足掛かりをつくる。

　児童，生徒が方言についてのただしい知識を得，自らの地域的アイデンティティを確認することによって方言に対する深い関心を醸成させることが方言継承のための確実な方法だろう。多様性に満ちた方言の継承可能性は，地域文化の教育と地域言語の教育を融合させたうえで，なおかつ，地域を大切にする教育とグローバルな視点を養う，矛盾するようにみえるふたつを融合させた教育にある。

第10節　多様な方言の教育は可能か

　方言は，特定の地域社会の歴史や文化と密接にむすびついたものであり，特定の地域でしか使用されていない。しかし，学校には当該地域でうまれそだった児童・生徒だけが在籍しているわけでもないし，当該地域の出身者を親にもつ児童・生徒だけが在籍しているわけでもない。両親や祖父母の出身地がちがうばあいもある。むしろ現代社会ではそのようなばあいのほうがふ

つうだろう。那覇市や沖縄市など沖縄島中南部の都市には，宮古，八重山，沖縄島北部，周辺離島の出身者がすんでいる。宮古や八重山や北部の出身者の"二世"や"三世"もいる。名護市，宮古島，石垣島の市街地でもさまざまな地域出身者がいる。両親のシマ，祖父母のシマがちがえば，宮古や八重山や北部のハーフやクォーターだ。都市部の学校に在籍する児童，生徒にとっての母語がどれなのかわかりにくくなっている。

　固有の言語体系を有する方言を身につけるために，体系的な語学教育としての方言教育は必要だ。しかし，さまざまな地域出身の児童・生徒，その両親や祖父母がいるなかで特定の方言を指定して指導することは，弱小方言の衰退を加速させ，ひいては琉球諸語の多様性を失わせる可能性を内包している。

　さまざまな地域出身の人々，複数の故郷をもつ人々が混住する地域社会で語学としての方言教育を実施することは容易ではない。一人ひとりの生徒の状況を考慮しない方言教育は，かつての標準語励行運動と本質はおなじだ。

　多様で言語差のおおきい方言の教育をどのように実施すればよいのだろうか。ある特定の下位方言に限定して語学教育としての教育を行うことはのぞましいことだろうか。特定の下位方言に限定せず，特定の方言のおしつけにならない，多様な諸方言を継承するための方言教育は可能なのか。そもそも学校教育のなかで語学としての方言教育を実施する必要があるのか。

　語学としての方言教育を実施したとして，母語話者が存在しなくなった未来社会において，方言を身につけた若者は，その言語運用能力をどのように発揮するのか。方言を身につけることで得るものは何か。限定された地域でしか通用しない方言の教育は，英語や中国語などの外国語教育とはちがう教育目標を設定しなければならない。

第11節　おわりに

　方言教育を組織的，継続的に指導するには副読本や教科書を自治体，教育委員会等の公的な組織で作成する必要がある。地域言語の継承のための教育

を実行していくには，長期的な展望と理念に基づくカリキュラム指導内容の検討が必要だ。それに基づいて副読本や教科書の内容も，指導方法も決まってくる。

　地域ごとに方言差のみられる琉球列島の方言は，多文化理解，異文化理解をそだてる絶好の教材となる。那覇市や浦添市，宜野湾市などのばあい，さらにひろく，日本各地域の出身者が居住している。そのことは，生徒に方言の多様性を理解させるチャンスであり，むしろ，方言のおおきなひろがりを知るよい機会になろう。

　アクセントやイントネーションのことなる方言を見下したり，逆に優越感をもったりせず，自分のことばや文化に自信をもつと同時に，あいての言語や文化も大切にするという意識をもたせることもできる。方言教育の成功は，確かな地域的アイデンティティをもったコスモポリタン，つねに弱者のことをおもんばかる人間の育成につながる可能性を秘めている。他地域の文化を理解して尊重し，他地域の人々と共存できる人材を育成するうえでも，おおきな役割をはたすだろう。

　文部科学省の実施する学校教育は，ながいあいだ画一的な教育，統一した内容を指導してきた。弱小方言の継承可能性を保証し，琉球諸語の多様性を維持させることのできる方言教育は，学校教育の変革をうながす可能性も秘めている。

参考文献

野原三義（1985）「宜野湾方言」『宜野湾市文化財調査報告書』第8集。野原三義（2005）『うちなあぐちへの招待』（沖縄タイムス社）に再録。

仲間恵子（2002）「西原町小那覇　栽培植物の語彙」『消滅の危機に瀕した琉球語に関する調査研究』科研費研究成果報告書。

Sanada, S. and Y. Uemura（2007）Japanese Dialects and Ryukyuan. In Miyaoka, O., O. Sakiyama and M. E. Krauss eds. *The Vanishing Languages of the Pacific Rim,* OXFORD UNIVERSITY PRESS.

第13章　奄美・沖縄のサンゴ礁漁撈文化
―― 漁場知識を中心に ――

渡久地　健

第1節　島々を縁どるサンゴ礁の重要性

1　複雑な地形／多種の海産生物

　熱帯海域に浮かぶ奄美・沖縄の島々はサンゴ礁によって縁どられている。そのサンゴ礁は，造礁サンゴや有孔虫（星砂）をはじめとする石灰質の骨格を持つ生物が7～8千年の時間をかけて営々と築きあげてきた地形である（Kan 2011）。生物が造った地形を「生物地形」というが，その特徴のひとつとして複雑な構造があげられる。複雑な地形構造は，そこに生きる生物の側からみれば，多様な生息環境が与えられていることを意味する。それゆえに，サンゴ礁の世界は種多様性としても特徴づけられるのだ。サンゴ礁生態学者の西平守孝氏は，「サンゴ礁は種多様性の高い生態系と考えられている。一般に多様な生息環境を含む地域や不規則な構造をもつ生息場所は，単調な地域や生息場所より多くの種が生息する」（西平 1998：p. 161）と指摘している。

　30年も前になるが，サンゴ礁地形調査のために，石垣島川平の民宿に泊まったことがある。民宿では，宿泊客は食堂で一緒に食事するのが一般的だ。われわれが滞在した民宿も例にもれず，1階の広い食堂で食事をした。夕刻，民宿のオーナーが「お食事の準備ができました」と，階下から呼ぶ。階段を降りて食堂に入ると，大きな食卓の上に，サンゴ礁で採れた魚（リーフ魚）のから揚げが，客の人数分の皿に載せられている。しかし，それぞれの皿は，

魚の種類，大きさ，形，色，盛られた魚の数がぜんぜんバラバラで，同じ皿はない。ホテルのレストランなどでは決してみることのできない景色に痛く感動したのを憶えている。あのとき，民宿オーナーは，食卓の魚について何も説明しなかったが，これがサンゴ礁の「自然」なのだ，と納得させられたのであった。バラエティーに富んだあのリーフ魚は，どのように捕獲されるのであろうか？

2　多岐に分化した漁撈活動——久高島における寺嶋秀明氏の研究から

いまからおよそ40年前の1975年頃に久高島の漁撈活動について詳細な調査を行なった寺嶋秀明氏の研究によれば，島には25種類の漁撈活動（漁法）があり，そのうち19種類がサンゴ礁（岸辺－礁池－礁嶺－礁斜面）で営まれていた（寺嶋1977）。サンゴ礁で営まれる漁撈活動には，網漁10種類（シマアミ漁，ヌブユまき，など），釣漁2種類（アカイユ釣り漁，竿釣り漁），潜水漁2種類（エビとり漁，銛突き漁），採集活動5種類（モズク漁[1]，ウニ採り，貝採り[2]，潮干狩り，イザイ[3]）があり，網漁の多さが目立つ。網漁の多さは，伊良部島佐良浜の漁撈活動（2002年時点）についてもあてはまる（高橋2004）。サンゴ礁における網漁では，一部の例外を除いて，網を固定し，魚群を網の中に追い込んでいく，いわゆる追い込み網漁である。サンゴ礁では，サンゴや岩がつくる海底の起伏があるため網を引くことはできないからである。

ひとつの沿岸漁村にこのように多様な漁撈活動がみられるのは，サンゴ礁地域の大きな特徴である。多岐に分化した漁法を発達させた理由は，前述のサンゴ礁の複雑な地形と多種の海産生物と深く関係している。つまり，いくつもの漁法によらなければ，サンゴ礁の多様な海産生物は捕獲できないのである。寺嶋は，サンゴ礁では，「リーフ——多種多様な沿岸性水族——多岐に分化した漁撈活動，という対応関係が成立している」（寺嶋1977：p. 215）と述べている。

ただ，このような関係は，漁業の近代化に伴って，大きく変化している。その後の久高島における寺嶋の追跡調査によれば，久高島では，1975年頃までサンゴ礁で営まれていた19種類の漁撈活動のうち5種類が「まったく行

われない」、5 種類が「あまり行われない」という状態になった（寺嶋 2001）。現在の久高島の専業漁師による重要な漁撈活動は、モズク養殖、パヤオ釣り漁[4]、ソデイカ漁[5] の 3 つである（寺嶋 2001；内藤 1999）。このうち、サンゴ礁で営まれるのはモズク養殖である。むろん現在でもサンゴ礁において営まれている漁撈活動がまったくないわけではない。礁池で行なわれるキシュク漁（アミアイゴ稚魚を捕獲する網漁）、礁斜面で行なわれるエビ網漁、エビとり漁、アカイカ釣り漁、リーフ内（岸辺－礁池－礁嶺）で行なわれる竿釣り漁、潮干狩り、イザイ、銛突き漁が現在でも行なわれている。とはいえ、久高島の専業漁師にとって、漁場としてのサンゴ礁の重要性が低下していることは否めない。

3　自給的漁獲におけるサンゴ礁資源の重要性

久高島の専業漁業では、サンゴ礁は主要漁場の地位を外海に明け渡したといえるが、しかし、いまなお多くの地域でサンゴ礁は専業漁師にとって重要な漁場のひとつである。たとえば、伊良部島佐良浜の「アギヤー」[6] と呼ばれる組織的な大型追い込み網漁は、サンゴ礁の礁斜面を主要漁場として、タカサゴ科（方名：グルクン）を捕獲している。幅数 km に及ぶ広大なラグーン（浅礁湖、方言でイノー）を誇る沖縄島南城市知念志喜屋では、そのラグーンで営まれるモズク養殖が最も重要な漁業である（渡久地 2013a）。本部町備瀬では、専業漁師の数は多くはないが、サンゴ礁の礁池でモズク養殖が営まれ、マガキガイが採集され、礁嶺（リーフ、備瀬方言でピシ）ではイスズミ科などを捕獲する網漁が健在である（喜屋武他 2010）。伊平屋島には礁斜面でスズメダイ科を捕獲する網漁がある。

表 13-1 に示すように、オセアニア島嶼部のサンゴ礁地域では、沿岸漁獲に占める自給的漁獲は商業的漁獲よりも大きく（Gillet 2009）、その自給的漁獲ではサンゴ礁が重要な漁場である（渡久地 2013b）。たとえばパラオでは、商業的漁獲を含めた全漁獲量の約 90% をリーフ魚が占めている（渡久地 2012）。

奄美・沖縄には、自給的漁獲のデータ（推計値）はないが、サンゴ礁における漁撈活動においては、上述の専業漁師による商業的漁獲のほか、非専業漁師による自給的漁獲が重要である（渡久地 2011a）。サンゴ礁における自給

的漁獲の代表的なものは，礁嶺や岸辺における巻貝類の採集，サンゴ礁の外縁部の溝状地形におけるエビ網漁，礁池における追い込み網漁，礁池や礁嶺における刺し網漁，礁嶺における巻き網漁，礁斜面における潜水漁（銛突き漁，採貝漁），冬季の夜間に礁嶺や礁池で行なわれるイザイなどがあり，多様な漁撈活動がみられる（図 13-1）。

表 13-1 オセアニアのサンゴ礁島嶼地域における沿岸漁獲，ならびに 1 人当たり海産物消費量（2007 年）

地 域	沿岸漁獲量 (トン)	うち，自給的漁獲 (トン)	自給的漁獲の割合 (%)	海産物消費量 (kg/人/年)
パラオ	2,115	1,250	59	84–135
ミクロネシア連邦	12,600	9,800	78	72–114
マーシャル諸島	3,750	2,800	75	39–59
キリバス	20,700	13,700	66	72–207
パプアニューギニア	35,700	30,000	84	18–25
ソロモン諸島	18,250	15,000	82	32–33
ニューカレドニア	4,850	3,500	72	NA
ヴァヌアツ	3,368	2,830	84	16–26
フィジー諸島	26,900	17,400	65	44–62
ツヴァル	1,215	989	81	85–146
サモア	8,624	4,495	52	46–71
トンガ	6,500	2,800	43	25–30
仏領ポリネシア	6,882	2,880	42	NA
合 計	154,722	109,933	71	—

Gillett (2009) p. 290 (Table 25.1), p. xxix (Table 5) より抄出。漁獲量 1,000 トン未満の地域は省略した。ただし，合計には省略した地域の値が含まれる。「海産物消費量」は，年間 1 人当たりの消費量の推計値で，2 つの数字は，複数の推計値の「最小－最大」を表している。NA はデータが得られないことを意味する。なお，表の上段はミクロネシア，中段はメラネシア，下段はポリネシアである

第 13 章　奄美・沖縄のサンゴ礁漁撈文化

図 13-1　奄美・沖縄のサンゴ礁でみられる自給的漁撈活動の事例
a：礁嶺（クィシィ）でのタコとり（奄美大島大和村大棚，2000 年 5 月，渡久地健＝撮影）
b：礁池（イノー）における追い込み網漁（久高島，2000 年 10 月，中井達郎氏＝撮影）
c：礁嶺（ヒシ）を歩く潮干狩り（沖縄島名護市辺野古，1973 年 3 月，島袋伸三氏＝撮影）
d：礁池（イノー）で大勢で行なわれる網漁（沖縄島本部町備瀬，2011 年 8 月，渡久地健＝撮影）
e：イザイ（沖縄島糸満市喜屋武，2012 年 1 月，渡久地健＝撮影）
f：礁池（イノー）での刺し網漁（粟国島，2005 年 6 月，渡久地健＝撮影）
g：礁縁部におけるイセエビ網漁（奄美大島大和村国直，2008 年 8 月，渡久地健＝撮影）
h：「ピジャ」と呼ばれる転石海岸での巻貝採り（奄美大島大和村大金久，2000 年 5 月，渡久地健＝撮影）

第2節　有形・無形のサンゴ礁漁撈文化

　複雑な地形，多様な海産生物とともに，サンゴ礁の特徴には「浅い海，歩ける海」という特徴がある（渡久地 1989）。サンゴ礁は満潮時には海面下に隠れるが，大潮の干潮時には礁池（または浅礁湖）や礁斜面以外は大部分が干出する。大潮の干潮時のサンゴ礁は，あたかも「陸地」のような景観を呈する。図 13-1 に掲載した漁撈活動のほとんどにおいて，潮の干満は無視できない。潮の干満を利用した漁法としてサンゴ礁地域に広く分布する魚垣[7]（ながき）がよく知られている（多辺田 2000；田和 2007）。小浜島の魚垣は，2003 年 6 月に文化庁が全国各地から選定した 180 の文化的景観のひとつに，また伊良部島の魚垣（図 13-2a）は水産庁の「未来に残したい漁業漁村の歴史的文化財百選」に選ばれた。加計呂麻島の木慈の垣（図 13-2b）は，「垣漁跡」として瀬戸内町の文化財に指定されている。魚垣は，サンゴ礁の両義性の上に成立する「石で築かれた定置網」（stone fish wire）ともいうべきもので，有形の漁撈文化のひとつである。

　しかし，文化財に指定されることのない無形の漁撈文化が無数にある。たとえば，前述の伊良部島佐良浜に残る組織的な大型網漁「アギヤー」は，もともと糸満漁師の金城亀によって 1890（明治 23）年ごろに考案された漁法であるが，その後，空気ボンベの導入など新しい技術をとり入れながら改良を重ねて今日に至っている。この追い込み網漁は東南アジアや太平洋島嶼地域にも伝播していった優れた漁撈文化[8]であるが，文化財指定を受けていない。漁法以外では，漁を営む漁場の微地形に与えられた呼び名（民俗分類），具体的な場所（漁のポイント）に授けられたおびただしい数のサンゴ礁地名も何世代にもわたって受け継がれてきた漁場知識，漁撈活動に深くかかわる無形の文化遺産である。

　本節では，筆者の奄美・沖縄におけるフィールドワークから得られた成果を中心に，サンゴ礁漁撈について記述したい。

第 13 章　奄美・沖縄のサンゴ礁漁撈文化　　　　　287

図 13-2　石を積んで築かれた「定置網」ともいうべき魚垣
a：伊良部島の魚垣（旧伊良部町役場＝提供），b：加計呂麻木慈の垣（2006 年 9 月，渡久地健＝撮影）

図 13-3　サンゴ礁海岸で採集される巻貝類
a：マガキガイ（沖縄島本部町備瀬，2007 年 12 月，渡久地健＝撮影）
b：1―オオベッコウガサガイ，2―マアナゴウ（奄美大島大和村大金久，2000 年 5 月，渡久地健＝撮影）
c：アマオブネガイ科（沖縄島本部町備瀬，2010 年 5 月，渡久地健＝撮影）
d：イソアワモチ（徳之島伊仙町面縄，2011 年 8 月，渡久地健＝撮影）

1 女性たちによる貝採り——徳之島伊仙町の事例

前述したように，サンゴ礁は歩ける海である。潮のひいたサンゴ礁で比較的単純な漁具を携えて徒歩で魚介類を採集・捕獲する活動は，奄美・沖縄において，古くから今日まで広くみられる（惠原 1973；名島 2001；松山 2004；前田・中山 2009）。それは，おもに女性たちによって担われている（熊倉 1998）。

渡渉による貝採りのなかで重要な貝類として，マガキガイ（図 13-3a），チョウセンサザエ，オオベッコウガサガイ（b1），マアナゴウやイボアナゴウ（b2），アマオブネガイ科（c）などがある（渡久地 2011b）。徳之島の伊仙町など地域によっては，ヒザラガイやイソアワモチ（d）も採集されている（渡久地他 2013）。

イソアワモチには細かい砂が付着しているため，徳之島伊仙町面縄(おもなわ)で聞いた話では，食するために 6 回も水洗が必要だが，味噌漬けにしたり，またニガウリなどと炒めておいしいという。冷凍保存も効くという。試食させてもらったところ，少し苦味があるものの美味であった。小型の巻貝アマオブネガイ科は，本部町備瀬や国頭村奥では，味噌汁の出しとりに使われるという。マガキガイは，夏から冬に採取されるが，備瀬での聞き取り調査によれば，大きく成長し卵を持つようになる冬場のマガキガイは甘味があっておいしいという。

2012 年夏の聞き書きから，徳之島の伊仙町木之香(かのこ)の女性（1951 年生まれ）A さんのサンゴ礁の磯歩きを紹介しよう（渡久地他 2013）。A さんは，磯歩き漁を始めてから 35 年になる。以前は獲ってきた貝を自分の経営するお店で使っていた。年間を通して漁をするが，「トコブシ」（和名：マアナゴウ）がよく獲れる 3～5 月は出かける頻度が高い。年間の出漁日数は約 120 日に及んでいる。漁場は干出するサンゴ礁内で，車で移動し徳之島じゅうの磯を漁場にしている。風向きによって漁場を変える（風下側の海岸を利用する）。漁に持っていく持ち物は，ドライバー（トコブシなどを岩から剝がすのに使用），網（魚の捕獲に使用），「トゥル」（獲った貝などを入れるカゴ），水，おにぎり，あめ玉で，あめ玉は験(げん)を担いで，食べなくとも必ず持っていくという。漁獲の主な対象は，「トコブシ」，「クズィマ」（ヒザラガイ），「ホーマ」

（イソアワモチ），「オーサ」（ヒトエグサ），「カシキャ」（茶色の海藻，フノリ科フノリ属の総称）である。もっぱら自給と楽しみのために漁をし，販売はしない。多く獲れたときは近所に配ったり，大阪にいる知り合いに送ったりしている。また，冷凍保存しておいて，法事やお盆などの行事にも使うという。Aさんによると，トコブシはサンゴ礁の岩場にいて，岩と同じ色で，しかも穴の中にいるから見つけにくい，という。しかし，Aさんはトコブシの歩いた微かな痕跡からそれが潜んでいる穴を突き止めるという。多いときには1日300個を獲ることもあり，少ない場合でも50個は獲るという。目標は1年1万個だという。

2　多様な網漁——沖縄島本部町備瀬の事例

　前述したように，1975年頃の久高島にはサンゴ礁で営まれる網漁が10種類あった。25年後の2000年頃には，その網漁は半減した（寺嶋1977, 2001）。網漁は，サンゴ礁漁撈活動において重要な地位を占めてきたが[9]，本部町備瀬にはかつて17種類の網漁があった（表13-2）。そのうち，7種類は現在ではまったく行なわれていない（Toguchi 2010）。現在，備瀬で行なわれている網漁のなかから3つを紹介したい。

　〈サレービチ〉

　まず，子どもたちも参加して行なわれる比較的簡単な網漁として「サレービチ」（別名：イユービチ）がある。「サレービチ」は「浚い引き」を意味し，それは干潮間近の頃に，浅くなった礁池の中にいる魚を，ロープに魚を脅すための短冊形の紐——方言で「スルシカー」といい，現在ではカラフルな梱包用紐を使うが，以前はアダンの葉を使用した——を約50 cm間隔に結び付け，また石のおもりを約5 m間隔に結び付け（図13-4b），このロープを大勢の人々が持って大きな円を作る（a）。この円を次第に狭めていって，最後は袋網（方言で「プク」）に魚を追い込み引き上げる（c），という単純な網漁である[10]。この漁で捕獲される魚はベラ科やハマフエフキの幼魚などである。このサレービチは，旧盆などで里帰りした人々も参加して行なわれる，娯楽的な色彩の強い網漁である。しかし，この単純な網漁も，潮が完全にひいてしまうと魚が深いところに移動するため，干潮より少し前の時間帯がよいと

表 13-2　本部町備瀬の網漁（Toguchi 2010 に加筆）

名　称	主要対象魚種	目的	人員	漁　場	時間帯	潮	時期(新暦)
シクシキ	アミアイゴ（稚魚）	A, B	12－15	礁池	早朝～日中	大潮	6～8月(新月)の頃
イユーマキ	イスズミ科，テングハギ，ヒメジ科	B(A)	4－5	礁嶺（平滑部分）	日中～夕方	満ち潮時に向けて	通年。特に秋～冬
シミアミ	ブダイ科	A	5－6	礁斜面(10－15 m)	日中	ひき潮時に向けて	5～10月
サレービチ	ベラ科など雑多	B	30	礁池	日中	大潮干潮時	6～9月
アマラン	アミアイゴ（成魚），シマハギ	B	5－6	礁池（浅部）	日中	満ち潮時にかけて	5～9月
イシマチ	同上	B	1－2	礁嶺（転石周辺）	日中	ひき潮時にかけて	5～9月
ピーサガラサー	ブダイ科など多種	B	2－3	礁池	日中	満潮時に設置，干潮時に収穫	通年
ハターシアミ	ヒメジ科	A, B	1－2	礁嶺	日中	同上	5～7月
ウイクルサー	アイゴ科，ブダイ科	A, B	6－8	礁嶺	日中	ひき潮時にかけて	4～6月
サシアミ	イスズミ科，ヒメジ科など	A, B	1－2	礁嶺，礁池	日中／夜間		5～8月
*パンタカサー	アオリイカ，ハマフエフキ	A	10－30	礁池（深部）	日中	大潮干潮時	11～2月
*ユービチ	シマアジ，ボラ	A, B	30	礁縁部	夜間	干潮時	通年
*スーグチビチ	同上	B	2	礁池（海草帯）	日中	干潮時	通年
*パージナー	ブダイ科，ハマフエフキ	A, B	30－40	礁斜面(30 m 以浅)	日中	干潮時	5～8月
*アミジケー	ブダイ科，イスズミ科	A, B	＞10	礁斜面(10－15 m)	日中	ひき潮時にかけて	
*イッポウジミ	ハマフエフキ	A, B	30－40	礁池（深部）	日中	干潮時	
*ピチグヮーアミ	スズメダイ科	A, B	2－3	礁斜面	日中／夜間	干潮時	

A：販売用，B：自家用，＊印：現在は行なわれていない

いわれている。漁のタイミングを誤ると漁獲が少なくなる。

〈シクシキ〉

　旧暦の5月，6月，7月の1日（新月）前後に，孵化して間もないアミアイゴの稚魚――沖縄では一般に「スク」または「シュク」と呼ばれるが，備瀬では「シクー」という――が群れなして外海からサンゴ礁に押し寄せて来る。それを礁池の中で追い込んで捕獲する漁は，梅雨季から盛夏の頃の奄美・沖縄の風物詩のひとつとして，地元紙にも取り上げられる。最も多くの魚群が押し寄せるのは旧暦6月1日前後であるが，押し寄せない年も少なく

第13章　奄美・沖縄のサンゴ礁漁撈文化　　　　　　　　　　　　　　　291

図13-4　本部町備瀬の網漁「サレービチ」（2011年8月，渡久地健＝撮影）

ない。また，同じ年でも，寄る地域と寄らない地域があり，備瀬での聞き取りによれば，沖縄島の東海岸（奥武島，南城市知念，久高島，津堅島など）に多く押し寄せる年は，西海岸（備瀬や伊江島，伊平屋島など）にはあまり押し寄せないという。

　備瀬では，2010年と2011年は「シクー」が豊漁であった。2004～2009年の5年間と，2012年，2013年は不漁であった。図13-5は，筆者が参与観察した2010年7月11日（旧暦5月30日）の「シクシキ」の様子である。現在，備瀬には「シクシキ」を行なうグループ（方言で「シンカ」という）は3つあり，1グループ十数人で構成される。私が参加した「新島シンカ（ミージマ）」は11人で構成された。舟の舳（へさき）には魚群を見つけるのが上手な人が立つ（a）。当日は，午前5時30分に船着場を出発して，7時15分頃に魚群を見つけ，7時30分頃に捕獲した。魚群の捕獲には，長さ20～25 mの袖網（方言で「ティバーシ」）を2本「八」の字型に張り，「八」の字の内側に袋網（方言で「プク」または「プクーアミ」）を敷設し，「八」の字の開いた方に等間隔に人を

配置し，海面を叩きながら魚群を袋網に追い込んでいく（b）。袋網に追い込んだ魚群は網ごと舟に上げる（c），という手順である。袖網の敷設では網の下部（底辺）を海底に密着させる必要がある。海底と網のあいだに隙間があると，魚群はその隙間から逃げてしまうからである。袖網の上部は水面下にあっても，魚群は逃げない。魚は，追われると底に逃げる習性があるからである。

　こうして捕獲された「シクー」は，昔は「カマジー」（麻袋）に入れられたが，いまは肥料袋（空き袋）に入れられる。夏季は腐敗が早く漁獲された「シクー」は長く舟に置けないから，1時間後には船着場に持ち帰られ分配される（d）。分配の方法は，舟の所有者と網の所有者はそれぞれ2人前，ほかは年齢や役割に関係なく等しく1人前である。したがって，私が参加したグループ（11人で構成）では，捕獲されたシクーが大鍋やタライを13個並べて等分された。参与観察で，写真撮影しかしなかった私にも1人前の分け前

図13-5　本部町備瀬の「シクシキ」（いずれも，2010年7月11日，渡久地健＝撮影）

（方言で「タマシ」という）が配られた。

〈イユーマキ〉

　サンゴ礁の礁嶺（ピシ）はマット状にさまざまな海藻によっておおわれている。イスズミ科などの魚は，潮がひいて礁嶺が干出しているときは礁斜面の下部に移動しているが，潮が満ちて礁嶺の水深30cmほどになると，海藻を食べるために礁嶺に上がってくる。下向きに海藻を食べている魚は，尾ビレの一部が水面上に現れる。漁師は，水面に動く尾ビレによって魚のいる場所を知ることができる。海藻を食べている魚の群れを，遠巻きに網で囲って捕獲する――これが「イユーマキ」と呼ばれる網漁である。なお，イユーマキは「ピシマーイ」（干瀬回り）ともいう。

　「イユーマキ」は「魚巻き（うおまき）」を意味し，数人で長い網を持って，文字どおり，魚群を巻き込むのである。この網漁では網を固定して魚を追い込むのではなく，引きながら網を狭めていく点で，サンゴ礁における網漁のなかではユニークである。前述の「サレービチ」は砂地の礁池（イノー）で行なわれ，しかも引っぱられるのは網ではなく縄であるからまったく問題はない。一方，イユーマキの行なわれる礁嶺は岩盤からなり，起伏があれば網が引っ掛かり都合が悪い。イユーマキは平滑な礁嶺で行なわれる。そのため，備瀬では平滑な礁嶺（ピシ）を特別に「イタビシ」[11]と呼び分けている（図13-6参照）。イユーマキの行なわれる時間帯は，干潮から潮が満ちかける頃，漁場である礁嶺が水深30cm前後になったときが最良の時間帯である。この網漁は年中できるが，秋から冬にかけて最も頻繁に行なわれる。昼間は明るすぎて魚が警戒するから，漁の時間帯は夕方がよい。しかも，曇天なら一層よいといわれる。しかし，雨天では，雨粒によって水面が乱されるから，魚の尾ビレが作る海面の動き――つまり魚の位置――が判読できなくなる。漁師は，「イユーマキは天気が悪くても，良すぎてもだめだ」という。この網漁で捕獲される主要魚種は3種のイスズミ科――ミナミイスズミ（方名：シジャーグヮー），イスズミ（マットゥー），テンジクイサギ（カベラー）――のほか，ヒメジ科（ハターシ），テングハギ（チヌマン），ハマフエフキ（タマン），ブダイ科（イラブチ）などである。そのなかでも，主要な漁獲物のイスズミ科の魚は備瀬で最もおいしい魚として人気が高い（喜屋武他 2010）。

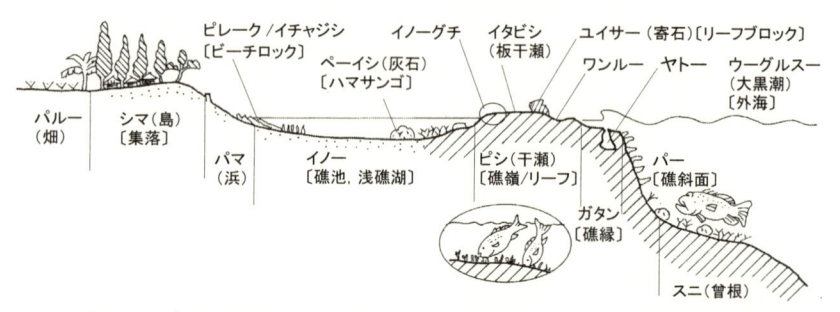

図 13-6　本部町備瀬のサンゴ礁地形の民俗分類（早石・渡久地 2010 を改作）

3　漁撈活動に不可欠な知識

　以上に記した，徳之島伊仙町の磯歩き，本部町備瀬の 3 種の網漁というわずかな事例からもわかるように，漁をする人々が漁獲をあげることができる背景には，漁場という環境とそこに生きる生物についての実践的な知識の体系がなければならない（堀 1980；安渓 1984；高橋 2004；三田 2004 など）。

　年間 120 日も磯歩きをする徳之島伊仙町木之香の女性 A さんが，多くのマアナゴウを採取できるのは，マアナゴウの潜んでいる穴を，それが這ったわずかな痕跡から突き止められるからである。本部町備瀬の「サレービチ」は一見シンプルな網漁であるが，縄に結び付けられた紐は，それによって魚が驚いて逃げるという「習性」が生かされている。また，漁のタイミングすなわち「時間帯」も漁獲を大きく左右し，潮がひき過ぎれば魚は少なく，ひき足りなければ水深が大きくて魚を追い込むのが難しくなる。「シクシキ」では，追われた魚は底（下方）に逃げるという魚の「習性」を知っているから，袖網の敷設においては網の下部と海底との間に隙間ができないように細心の注意が払われるのである。

　備瀬の漁師たちが最も頻繁に行なう網漁「イユーマキ」は，彼らの語りを聞いていると，その日の成果が予想しにくい，最もスリリングな漁のひとつであるらしい。満ち潮時に礁嶺に群れるテングハギを一度に 100 kg も捕獲することもあれば，まったく何一つ獲らないで帰る日も少なくない。漁の成果が読みにくいにせよ，時間帯，潮位，天候，場所などさまざまな要素を綜合的に判断して──言い換えれば漁にかかわる知識を総動員して，漁が実践さ

れていることは間違いない。

　サンゴ礁漁場は，時間とともに潮位の変化などがあり，その環境は絶えず変動している。潮の変化に伴って漁獲対象の生物が漁場を出入りし，漁場としての価値が移り変る。また漁場は天気（晴天／曇天／雨天）の影響も受ける。漁獲対象の生物が集まり，しかもそれが捕獲できる状態になった瞬間が，漁場が最も高い価値に達した時であり，漁を行なう最良の「時間帯」ということになる。

　漁撈活動とはどういう営みなのか？　これまでの記述を踏まえつつ，漁を支える知識について簡単に整理すると，図13-7のようにまとめることができるであろう。漁に不可欠な「海産生物」の知識のなかに「市場価格」が含まれている。それは，三田（2004）によって言及されているが，ある時期に異なった複数の種類の魚が捕獲可能な場合，漁師は何を捕獲するであろうか？　漁師は，費やされる努力量（漁獲に要する時間など）と漁獲高（漁獲量×単価）によって，何を捕獲すればよいかを判断するであろう。ある魚が，市場価格が安くても大量に捕獲できる場合は，その魚を捕獲するかもしれない。産卵期に大量に捕獲されるハマフエフキ（方名：タマン）がそのよい例である。これを三田は「旬の魚」と呼んでいる。一方，市場価格の最も高い魚（スジアラに代表されるハタ類など）を捕獲する場合もある。これを「狙いの魚」という。そのように，漁撈活動を生業とする専業漁師にとって，海産生物の市場価格は重要な知識に属することになる。

　「漁場」にかかわる知識として，図13-7には「地名」を掲げている。これについては次節で詳述するが，地名のなかには，漁場にかんするさまざまな重要な知識が織り込まれているということである。

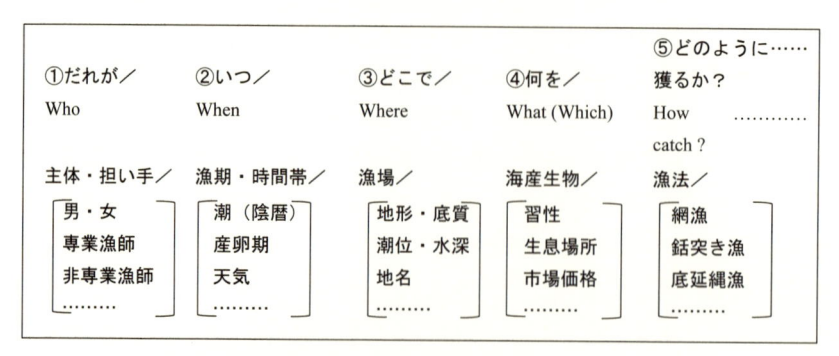

①だれが／ Who	②いつ／ When	③どこで／ Where	④何を／ What (Which)	⑤どのように…… 獲るか？ How ………… catch？
主体・担い手／	漁期・時間帯／	漁場／	海産生物／	漁法／
男・女 専業漁師 非専業漁師 ………	潮（陰暦） 産卵期 天気 ………	地形・底質 潮位・水深 地名 ………	習性 生息場所 市場価格 ………	網漁 銛突き漁 底延縄漁 ………

図 13-7　漁撈活動に不可欠な知識と技能（渡久地 2010 を改変）

第 3 節　漁場知識としてのサンゴ礁地名

　奄美・沖縄では 1980 年代以降，サンゴ礁地名の収集記録が盛んになる（渡久地 2011b）。その地名調査を担ってきたのは，おもに地理学，民俗学や人類学の研究者，地域史（市町村史や字誌）にかかわる郷土史（誌）研究家たちである。しかし，1980 年以前に，漁師の手によって自らの漁場であるサンゴ礁の地名を記した地名図が作られている。そのひとつは，地名研究の分野ではよく知られているが，宮古諸島池間島の漁師・伊良波富蔵氏（故人）が 1976 年 1 月に作った「八重干瀬絵図」である[12]。もうひとつは，ほぼ同じ時期の 1976 年 6 月に，沖縄島島尻郡の南東部に位置する南城市知念志喜屋の漁師・大田徳盛氏（故人）が作った「旧・知念村サンゴ礁地名図」（暫定版）[13]である。その暫定版にさらに加筆して 1977 年 9 月に完成版ができる。この大田氏の「地名図」（完成版）を，縁あって筆者は西銘史則氏とともに分析する機会を与えられた。「地名図」には 195 の地名が記されている。その後，筆者らが新たに採集した 6 地名を加えた合計 201 地名について，現役の志喜屋の漁師たちからの聞き取り調査を踏まえて，地名の語構成について分析した（渡久地・西銘 2013）。

1 地名に織り込まれた地形知識

　南城市知念のサンゴ礁は，海岸から沖合1～4 kmに堤防状の礁嶺（ヒシ）があり，その内側は広大な浅礁湖（イノー）が広がり，そこには多様な微地形がみられる（図 13-8）。このサンゴ礁では，潜水銛突き漁，電燈潜り[14]，採貝漁，追い込み網漁など多様な漁撈活動が営まれてきたが，現在の主な生業は浅礁湖で営まれるモズク養殖である。

　このサンゴ礁に刻まれた201地名のなかの131地名（63％）は，地名の語基にサンゴ礁の微地形が使われている。たとえば，①「アミイリヤーチブ」，②「ヤナーラトーミ」，③「ブーラーズニ」，④「シルチブル」，⑤「ガーラワチ」などでは，下線を施した部分が微地形で，それぞれ，①チブ（壺）＝凹地，②トーミ＝礁縁部の平坦面，③スニ（曾根）＝礁池内の干出しない地形的高まり，④チブル（頭）＝サンゴ頭（coral head）すなわち大きなハマサンゴなどが造るサンゴ塊，⑤ワチ（割）＝溝状地形，である。つまり，大半の

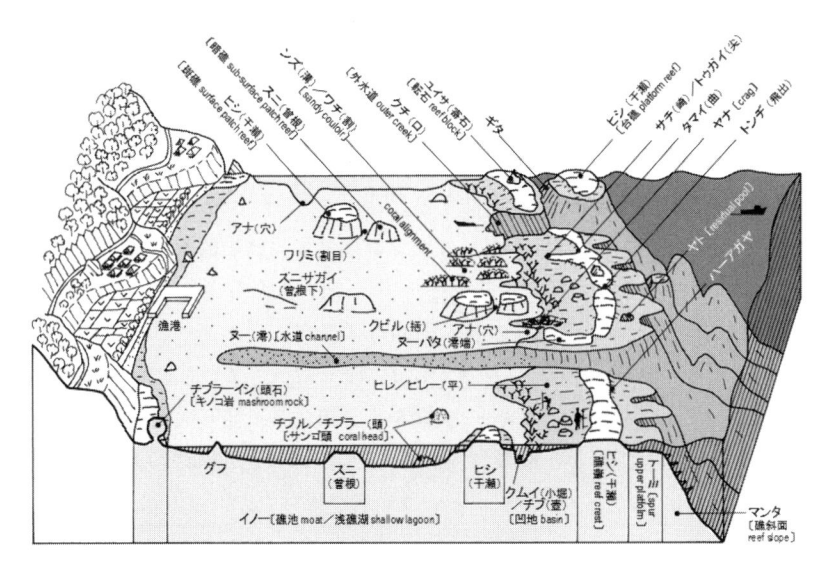

図 13-8　南城市知念のサンゴ礁地形の模式図（干潮時）（渡久地・西銘 2013）
　　　　ゴシックは方名，丸カッコ（　）は当て漢字，亀甲カッコ〔　〕は地形学用語

地名には，漁場の地形知識が織り込まれていることを意味する。

2　地名の接頭辞に織り込まれた生物知識

つぎに地名を構成する接頭辞（表13-3）をみると，最も多いのが「周辺地名」であり全体の約21%を占める。一方，「陸上地名」を接頭辞にもつ地名は少なく（第8番目に位置し），わずか3.5%にすぎない[15]。つまり，南城市知念のサンゴ礁地名では，陸上の地名をサンゴ礁の海に延長して名づけが施された地名よりも，サンゴ礁内の目立った地名（周辺地名）から延長されて新たな地名が生成されているケースが多いのである。このことはサンゴ礁地名の命名法にかかわる重要な論点であるが，ここでは触れない（詳細は渡久地・西銘（2013）を参照されたい）。

2番目に多いのが「海産生物」（約17%）で，これはサンゴ礁地名の特色の一つであるが，南城市では特にその比率が高い。海産生物を接頭辞に持つ地名として，①「マクブヌヤー」，②「ビタローヤ」，③「ガーラワチ」，④「シルイユヌヤー」，⑤「イラブチャーヤー」などがあり，語基が「ヤー」である地名が目立つ（「ヤー」は住処を意味する）。それぞれ①マクブ＝シロクラベラ（ベラ科），②ビタロー＝ロクセンフエダイ（フエダイ科），③ガーラ＝シマアジ（アジ科），④シルイユ＝シロダイなど（フエフキダイ科），⑤イラブチャー＝ブダイ科（総称），を意味する。

6番目に多い「漁撈活動」（4%）はサンゴ礁地名に特徴的な接頭辞である。そのような地名として「<u>アミイリヤーチブ</u>」（網を入れる壺），「<u>ウミナガサキヌ-シミンア-</u>アナ」（海長崎の潜み縄漁をする穴），「<u>ユドウトサー</u>」（網を四度移動する［語基欠落］），「<u>ウフトンヂ-チナフェ-</u>アナ」（ウフトンヂの縄延をする穴），「<u>ハンブンガキー</u>」（網を半分掛ける［語基欠落］）などがあり，網漁や延縄漁にちなむものが多い（以上，下線部分が接頭辞）。表13-3の「13. その他」に「イチフチャー」という地名を掲げたが，これは語基を欠いた地名である。「息を吹く／息を荒げる」を意味するこの地名は，やや深いところにあり，かつて追い込み網漁の行なわれた場所に付けられているが，苦しい追い込み漁をする漁師たちの荒い息づかいが聞こえてくるような地名である。

表 13-3　接頭辞の種類（渡久地・西銘 2013 を簡略化）

		事例	語構成	数	%	備考
1.	周辺地名	テラザクビル	テラザ・括れ	42	20.9	「陸上地名」を含まない
2.	海産生物	ススルチブ	キビナゴ・壺	34	16.9	魚類 23，サンゴ 5，エビ 2
3.	サイズ	ウフズニ	大きい・曾根	23	11.4	大 8，小 15
4.	位置関係	メービシ	前・干瀬	12	6.0	上中下 8，内外 2，前後 2
5.	形状	イビンヤーナガチブ	エビの住処・長・壺	11	5.5	長短，平たいなど
6.	漁撈活動	アミイリヤーチブ	網を入れる・壺	8	4.0	
7.	屋号・人名	メーダチブ	前田・壺	7	3.5	
8.	陸上地名	シケヤスニグヮー	志喜屋・曽根・小	7	3.5	グヮーは接尾辞（指小辞）
9.	性状	クラガマー	暗い・洞	7	3.5	
10.	方位	アガリヌメーバタ	東の澪端	5	2.5	南 3，東 2
11.	色彩	シラチブル	白い・サンゴ頭	5	2.5	黒 3，赤 1，白 1
12.	潮・波	ナガリヤーワチ	(潮が) 流れる・割	4	2.0	
13.	その他	イチフチャー	息吹く・(語基欠落)	9	4.5	
小計		−	−	175	87.1	
接頭辞未詳		−	−	31	15.4	
接頭辞欠落		−	−	8	4.0	
語構成未詳		−	−	17	8.5	
全地名数				201	100.0	

（注）下線は接頭辞（または接尾辞）を意味する。%は全地名数（201 個）に占める比率。1 つの地名に 2 つの接頭辞（接尾辞）をもつケースがあるため，接頭辞の合計は全地名数より多くなっている

　以上のことから，地名には，地名の与えられた場所の位置，その場所の環境――地形・底質・潮流・水温など――，そしてその場所でよく獲れる海産生物やよく用いられる漁法など，漁場にかかわる膨大な知識が織り込まれていると理解できる。この点は，伊良部島の素潜り漁師の漁場認識を研究した高橋（2004）によってすでに指摘されているが，南城市のサンゴ礁地名の語構成の分析からも，それが具体的に確かめられたことになる。

第 4 節　サンゴ礁漁撈文化の継承にむけて

　現在の漁師たちの漁場知識と漁の技は，何世代にもわたって培われ磨かれ

受け継がれてきたものであり，若い漁師に継承されなければ忘れ去られてしまうだろう。漁業従事者が減少している奄美・沖縄において，その知識の記録と継承は重要な課題である。一方，近年，エコツーリズムや環境学習の場面で，サンゴ礁での体験漁が注目されている。さらに，伝統的な漁撈知識（技）が近代的漁業において新たな形で応用されている事例を報告した研究もある（内藤 1999）。失われゆく伝統的漁撈知識（文化）を記録するという視点だけでなく，次世代に継承し現代の生業活動に生かしていくという積極的な視点から，漁場知識と漁撈活動との関係を議論する必要もあろう。その方法論の探究には，漁師たちをはじめとする地元住民との協働が不可欠である。

サンゴ礁で営まれる漁撈活動には，専業漁師による商業的漁獲と同時に非専業漁師による自給的漁獲が含まれる。前述したように，太平洋島嶼地域の沿岸漁業において，サンゴ礁で営まれる自給的漁撈は大きなウエイトを占めている。FAO のテクニカル・ペーパーにおいても食の安全保障（自給戦略）の面から，自給的漁獲の重要性が指摘され（Gillett 2010 など），その自給的漁獲を支えてきた伝統的な漁場知識や漁撈技術の継承の重要性が強調されている（Ram–Bidesi 2008）。さらに，自給的・伝統的漁撈のなかに熱帯海域における持続可能な資源利用の原則（多種資源利用戦略）がみられるという研究があり（Labrosse et al. 2006），賢明な資源利用のあり方を議論していく上でも，食文化（海産物の調理法や保存法）を含めて，サンゴ礁漁撈文化の全体を再認識していく必要があろう。

注
1) ここでいう「モズク漁」は，現在の「モズク養殖」ではなく天然モズクの採集である。
2) 寺嶋（1977）の「貝とり」には，「リーフ内」（礁内）における貝とりと，リーフ周辺（礁斜面）における貝とりがあり，後者は潜水採貝漁である。
3) 「イザイ」とは，冬季（12〜1月）に灯りを携えて行なわれる夜間の潮干狩りである。春夏期は昼間に大きく潮がひくが，冬季は夜間に大きく潮がひく。
4) 「パヤオ釣り漁」とは，水深 1,000〜1,500 m の海域にパヤオと呼ばれる浮魚礁を設置し，その周辺に集まるマグロ，カツオ，シイラなどの回遊魚を釣る漁。パヤオは，流木に回遊魚が集まる習性を利用したもので，錨とロープで固定されている。パヤオ釣り漁

は，1985年頃から本格的に導入され，沖縄の漁業の重要な柱のひとつになっている（鹿熊 2002）。
5）水深 400～600 m に生息する体長 80 cm の大型のイカ，ソデイカ（方言名＝セーイカ）を釣る漁。沖縄では，1989年に兵庫県より漁具を導入して開始され，1991年頃から本格化した。
6）アギヤーの考案の背景には，1884（明治 17）年，糸満漁師・玉城保太郎によるミーカガン（水中眼鏡）の発明があった（三栖他 1987）。十数年前まで存続してきた石垣島の新川漁師によるアギヤーについては，竹川（1996）の詳細な研究がある。
7）一般に「魚垣」と呼ばれるが，地域によって呼称が異なる。石垣島白保ではインカチ（海垣），加計呂麻島木慈ではカキ（垣）という。有明海など日本本土では一般に「石干見」と呼ばれている。
8）沖縄の追い込み網漁は，フィリピンなど東南アジア島嶼部にも伝播し，現在でも「ムロアミ」（*muro-ami*）の名で呼ばれている（Spalding et al. 2001：p. 48, 278）。ただ，これらの地域における追い込み網漁は，サンゴ礁生態系を破壊する漁として，研究者らからは指弾される傾向にある。
9）奄美・沖縄における網漁を記述した最近の研究として，伊良部島における高橋（2004），沖縄島国頭村楚洲における金城（2011）などがある。
10）この「サレービチ」は，フィジーやトンガなど太平洋島嶼部のサンゴ礁域で広くみられる，ココヤシの葉を連ねて編んだ網を大勢の人々でもって，ラグーンの浅瀬の魚を追い込んで捕獲する漁と類似している。
11）「イタビシ」は一般に砂浜の砂が固まってできたビーチロックを指すが，備瀬では平滑な礁嶺を指す。ビーチロックは，備瀬では「ピレーク」または「イチャジシ」とよばれる（図 13-6 参照）。
12）「八重干瀬絵図」には 43 地名が書き込まれているという。伊良波氏亡き後，郷土史家の前泊徳正氏によって，地名数は，古老の話をもとに 98 にまで増やされた（日刊宮古 1982）。
13）2013 年 5 月，ご遺族から提供された大田徳盛氏の著書『過去随想――うむたらんあしが』（2002）には，口絵として地名図が縮小して折り込まれているが，それには「志喜屋海面図（1976 年 6 月大田徳盛作）」と記されている。しかし，同図は志喜屋のサンゴ礁をはるかに超えて旧知念村全域をカヴァーしているため，渡久地・西銘（2013）では，「旧・知念村サンゴ礁地名図」と仮称することにした。
14）「電燈潜り」は，夜間にサンゴ礁の海に防水電灯を携帯して行なう潜水漁。市場価格の高いイセエビやハタ科などを狙うことが多い。

15) 比較参考までに述べると，久高島のサンゴ礁地名 154 のなかに「陸上地名」を接頭辞とする地名が 42（27.3％），「周辺地名」を接頭辞にもつ地名は 7（4.5％）である（高田・渡久地，未発表資料）。奄美大島大和村東部では，116 のサンゴ礁地名のうち，「陸上地名」を接頭辞にもつ地名が 17（14.7％），「周辺地名」を接頭辞とする地名は 12（10.3％）である（渡久地 2011c）。久高島と奄美大島大和村のサンゴ礁は幅が狭く，いずれも広いところで 300 m 程度にすぎない。狭いサンゴ礁においては，サンゴ礁の地名は陸上地名を延長するかたちで命名することが比較的容易であると考えられる。

参考文献

安渓遊地（1984）「島の暮らし――西表島いまむかし」木崎甲子郎・目崎茂和［編］『琉球の風水土』築地書館，126-143 頁。

惠原義盛（1973）『奄美生活誌』木耳社〔復刻：南方新社，2009〕。

大田徳盛（2002）『過去随想――うむたらんあしが』（私家版）。

鹿熊信一郎（2002）「沖縄におけるパヤオ漁業の発展と紛争の歴史」秋道智彌・岸上伸啓［編］『紛争の海――水産資源管理の人類学』人文書院，39-59 頁。

喜屋武義和・満名昭次・玉城真光・天久栄・天久善秀・天久正秀・比嘉キヨ・喜屋武絹代（2010）「本部町備瀬・サンゴ礁の海と魚と漁」早石周平・渡久地健［編］『海と山の恵み――沖縄島のくらし 2』（聞き書き・島の生活誌④），ボーダーインク，7-36 頁。

金城達也（2011）「地域社会におけるサンゴ礁漁業の動態と生物多様性――沖縄県国頭村楚洲集落を事例に」『沖縄地理』第 11 号，43-54 頁。

熊倉文子（1998）「海を歩く女たち――沖縄県久高島における海浜採集活動」篠原徹［編］『民俗の技術』朝倉書店，247-268 頁。

髙橋そよ（2004）「沖縄・佐良浜における素潜り漁師の漁場認識――漁場をめぐる『地図』を手がかりとして」『エコソフィア』第 14 号，101-119 頁。

竹川大介（1996）「沖縄糸満系漁民の先取性と環境適応――潜水追込網漁アギヤーの分析をもとに」『列島の文化史 10』日本エディタースクール出版部，75-120 頁。

多辺田政弘（2000）「海の自給畑・石干見――農民にとっての海」中村尚司・鶴見良行［編］『コモンズの海』学陽書房，71-143 頁。

田和正和［編］（2007）『石干見（いしひみ）――最古の漁法』（ものと人間の文化史 135），法政大学出版局。

寺嶋秀明（1977）「久高島の漁撈活動――沖縄諸島の一沿岸漁村における生態人類学的研究」伊谷純一郎・原子令三［編］『人類の自然誌』雄山閣，169-239 頁。

寺嶋秀明（2001）「サンゴ礁のかなたをめざす海人たち」『エコソフィア』第 7 号，16-21 頁。

渡久地健（1989）「南島のサンゴ礁と人——最近の研究の一素描」『南島史学』第33号, 61-74頁。
渡久地健（2010）「奄美・沖縄のサンゴ礁の知識と漁撈活動」ソウル大学人類学科［編］『海洋の世界から見た東アジア——琉球・沖縄の視点』東亞歴史財団, 13-31頁。
渡久地健（2011a）「サンゴ礁の環境認識と資源利用」湯本貴和・田島佳也・安渓遊地［編］『島と海と森の環境史』文一総合出版, 233-259頁。
渡久地健（2011b）「サンゴ礁の民俗分類の比較——奄美から八重山まで」安渓遊地・当山昌直［編］『奄美沖縄環境史資料集成』南方新社, 135-184頁。
渡久地健（2011c）「サンゴ礁の民俗分類・地名・漁撈活動」大和村編纂委員会［編］『大和村誌』大和村, 801-822頁。
渡久地健（2012）「グアム，パラオの漁業——サンゴ礁とのかかわりを中心に」前門晃・梅村哲夫・藤田陽子・廣瀬孝［編］『太平洋の島々に学ぶ——ミクロネシアの環境・資源・開発』彩流社, 109-125頁。
渡久地健（2013a）「サンゴ礁の地名図——漁民が刻んだ海の記録」琉球大学［編］『知の源泉——やわらかい南の学と思想・5』沖縄タイムス社, 114-121頁。
渡久地健（2013b）「メラネシアの〈魚〉と〈イモ〉——生態地理学ノート」我部政明・石原昌英・山里勝己［編］『人の移動，融合，変容の人類史——沖縄の経験と21世紀への提言』彩流社, 241-254頁。
渡久地健・内山五織・宮前延代・稲村務・橋本花織・神谷ちさと（2013）「徳之島伊仙町の海と人——サンゴ礁の民俗分類・海産生物・地名」琉球大学「人の移動と21世紀のグローバル社会」プロジェクト韓国研究班［編］『平成24年度調査研究報告書』, 41-56頁。
渡久地健・西銘史則（2013）「漁民のサンゴ礁漁場認識——大田徳盛氏作製の沖縄県南城市知念「海の地名図」を読む」『地理歴史人類学論集』第4号, 77-102頁, 琉球大学法文学部。
内藤直樹（1999）「『産業としての漁業』において人－自然関係は希薄化したか——沖縄県久高島におけるパヤオ漁の事例から」『エコソフィア』第4号, 100-118頁。
名島弥生（2001）「サンゴ礁の漁場の利用——奄美大島小港湾南側の事例から」『民俗考古』第5号, 51-67頁。
日刊宮古（1982）「八重干瀬の地名」〔南島地名研究センター［編］（1983）『南島の地名（第1集）』新星図書出版, 70-76頁に再録〕。
西平守孝（1998）「サンゴ礁における多種共存機構」井上民二・和田英太郎［編］『生物多様性とその保全』岩波書店, 161-195頁。
早石周平・渡久地健［編］（2010）『海と山の恵み——沖縄島のくらし2』（聞き書き・島の

生活誌④),ボーダーインク。

堀信行 (1980)「奄美諸島における現成サンゴ礁の微地形構成と民族分類」『人類科学』第 32 号, 187-224 頁。

前田幸二・中山昭二 (2009)「大和村・サンゴ礁の漁を語る」盛口満・安渓貴子 [編]『ソテツは恩人――奄美のくらし』(聞き書き・島の生活誌②), ボーダーインク, 71-86 頁。

松山光秀 (2004)『徳之島民俗誌 2 コーラルの海のめぐみ』未來社。

三田牧 (2004)「糸満漁師, 海を読む――生活の文脈における『人々の知識』」『民族学研究』第 68 巻, 第 4 号, 465-486 頁。

三栖寛・廣吉勝治・島秀典 (1987)「追込網漁の生成と発展」中楯興 [編]『日本における海洋民の総合研究――糸満系漁民を中心に (上巻)』九州大学出版会, 101-169 頁。

Gillett, R. (2009) *Fisheries in the Economies of the Pacific Island Countries and Territories*, Asian Development Bank.

Gillett, R. (2010) *Marine Fishery Resources of the Pacific Islands*, Food and Agriculture Organization of the United Nations.

Kan, H. (2011) Ryukyu Islands. In Hopley, D. ed. *Encyclopedia of Modern Coral Reefs: Structure, Form and Process*, pp. 940-945.

Labrosse, P., J. Ferraris and Y. Letourneur (2006) Assessing the sustainability of subsistence fisheries in the Pacific: The use of data on fish consumption. *Ocean & Coastal Management*, (49), pp. 203-221.

Toguchi, K. (2010) A brief history of the relationship between humans and coral reefs in Okinawa. *The Journal of Island Sciences*, 3, 59-70. (International Institute for Okinawan Studies, University of the Ryukyus).

Ram–Bidesi, V. (2008) Development of marine resources, fisheries policies and women's rights in the Pacific Islands. *SPC Women in Fisheries Information Bulletin*, no. 18, pp. 3-10.

Spalding, M. D., C. Ravilious and E. Green (2001) *World Atlas of Coral Reefs*, University of California Press.

第14章　沖縄から島嶼地域の海岸防災を考える

仲座栄三

　熱帯から亜熱帯までの島嶼の海岸のほとんどがサンゴ礁によって囲まれている。サンゴ礁の地形的特性や波の特性は，熱帯であってもまた亜熱帯であっても大差はない。したがって，沖縄における海岸防災に関する研究成果は，島嶼地域の防災を考える上で，重要な知見となり得る。以下においては，沖縄のサンゴ礁海岸の持つ自然特性や波に対する防災特性を説明することで，沖縄から島嶼地域の海岸防災を考える。

第1節　サンゴ礁と海岸地形が織りなす白砂の浜

　写真14-1は，沖縄本島北部にある水納島とそれを取り巻くサンゴ礁の形状を示している。沿岸は，真っ白な浜で取り囲まれている。島を取り囲むサンゴ礁は，その外側の縁で黒っぽい色を示しており，サンゴ礁の部分で最も浅い所（満潮時で0.5〜1.5m程度の水深）となっている。この浅い縁取りの部分は，周りよりも小高くなっていることから，礁嶺と呼ばれている。それから内側は，満潮時に2〜3mの水深となり，全体としてプール状になっている。そのため，礁池と呼ばれている。

　白く輝いて見える砂浜は，島の北側に広く分布している。こうした浜の形成は，冬場の北風が起こす波と夏場の台風が引き起こす大波とのせめぎ合いで決まっている。夏場に台風が発生させる大波の高さは10mにも達する。こ

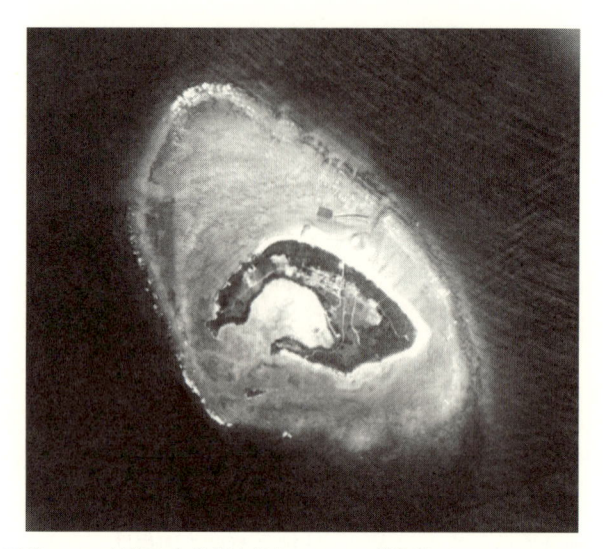

写真 14-1 沖縄本島北部水納島のサンゴ礁海岸（Google Earth より）
© 2013 ZENRIN, Image © 2014 Digital Globe

うした大波は，サンゴ礁の先端部分でそのほとんどが打ち消される．しかし，消えた波のエネルギーの大半はサンゴ礁上に流れを引き起こす．それが島の南側から北側に向けて，島をとり囲むような流れを形成する．写真に見えるサンゴ礁上の筋状の模様は，流れによってサンゴ礫などが流された痕跡を表している．そうした強い流れによって砂は流され，流れがよどむ島影の部分にとどまる．冬場の北風が作る波は，吹く風の弱さからさほど高くなく（2 m 程度の高さで），そのほとんどはサンゴ礁上をそのまま伝播し，砂浜の斜面上で砕ける．冬場に発生する波のほとんどは，砂浜上に砕波という現象でその生涯を終える．

　安定的な砂浜は，来襲する波のほとんどが沖側から海岸にまっすぐにやってきて，浜に打ち上げる作用で出来上がる．砂浜の沿岸方向と波の来襲方向がほぼ直角になっていることが，砂浜が安定するための力学的条件となる．砂浜は，大樹の陰ならぬ島影や岩陰など，流れがよどむ箇所でも安定的に形成される．先に見た，水納島の例は，前者と後者の両方の作用で形成された浜であり，比較的安定した砂浜と言える．

第 14 章　沖縄から島嶼地域の海岸防災を考える

写真 14-2　辺土名海岸をなす巨大トンボロ（Google Earth より）
Ⓒ 2013 ZENRIN, Image Ⓒ 2014 Digital Globe

　安定的な砂浜であっても，台風のコースの違い，すなわち波の来襲方向の違いで，大きく沿岸方向に移動する場合がある。沿岸に人工構造物などが形成されると，砂の移動を大きく阻害し，砂浜に大規模な侵食を引き起こす要因となる場合がある。したがって，港湾の建設や海岸構造物の建設の際にはこうした砂浜の連続性に十分に留意する必要がある。

　写真 14-2 は，沖縄本島北部にある辺戸名地区の海岸線の様子を示している。写真に見るように，この海岸線は，海側にある赤丸岬の島陰部から本島部分に向けて，三角形状に安定的な砂浜が形成されてできた砂質土の平地である。

　海からの作用のみを考えれば，基本的には海砂でできている巨大な浜となっているはずだが，写真右側に見る島の山岳間の谷間から流れる河川の河口部にも当たり，その一面が河川氾濫原となっている。したがって，海砂と肥沃な土とが混った砂質土平野が形成される。

　このように島影や岩陰の背後にできる砂浜は，トンボロと呼ばれている。写真 14-2 は，沖縄地方でも有数の大きさをなすトンボロで，巨大トンボロの

写真14-3　砂浜をよみがえらせるための工夫（Google Earth より）
Ⓒ 2013 ZENRIN, Image Ⓒ 2014 Digital Globe

1つである。この巨大トンボロが，最近侵食に悩まされている。写真の右上部付近に見られる漁港の建設や，上流部で発生した侵食などが大きな要因となって，この海岸に砂浜侵食が発生している。

　写真14-3は，砂浜の侵食部分をさらに拡大したものである。砂浜の侵食が著しく，沿岸部では道路や民家へ波が押し寄せるなど被害をもたらすようになった。その対策として護岸の高さをさらに高くする必要がでてきた。しかし，波の影響を抑えるには護岸の高さをかなり高くしなければならなくなった。護岸の高さを高くするだけでは，波の影響を抑えるには十分でないことも解ってきた。そこで，昔の自然海岸を取り戻すことで対応するという方法が選択された。これが写真に見える人工ビーチの建設である。

　砂浜が侵食された箇所に人工的に砂を盛ったとしても，その砂浜を安定させることは容易なことではない。流れで砂が沿岸方向に流されてしまわないような工夫が必要である。また，沖側に流れ出るのを防ぐ必要もある。写真には，なんとか砂浜を安定させようとする人の工夫が施されている。しかしながら，その対策に十分な効果をもたせることは容易なことではない。砂は容赦なく流れ出てしまうのである。このような場合には，定期的に砂を補給

したり，流れの下手側から砂を上流側に人工的に移動させたりすることで，砂浜を維持することも試みられている。しかし，そのためには一般に巨額の費用を必要とする。

　沖縄の海岸の場合，岸から沖側に向かう砂浜の勾配は約 1/10 程度である。対して，人工的に造られる護岸の勾配は，それが傾斜の緩やかな場合であっても，1/3 程度である。自然の砂浜の勾配に対して，人工的に造られる護岸の勾配はあまりにも急な勾配となっている。自然の砂浜と同程度の緩やかな勾配の護岸を人工的に造れないわけではない。しかし，そのためにはきわめて広い面積と多大な費用を必要とする。したがって，その規模にはおのずと限界が生じる。

　勾配 1/10 程度の自然砂浜海岸の場合，打ち寄せる波のエネルギーのほとんどをそのまま受け止める。打ち寄せる波を反射させるようなことはほとんどない。しかしながら，人工的に造られた護岸の場合，それが比較的緩やかな勾配をなす場合であっても，来襲する波のエネルギーの 10% から 50% 程度を反射してしまう。このような反射が，周りに悪影響を与えてしまう場合もある。したがって，自然の砂浜を保全することは，砂浜の安定という面でも，また海岸の環境保全の面からも非常に重要と言える。

第 2 節　サンゴ礁は天然の防波堤

　写真 14-4 は，台風来襲に備えて，漁港から引き揚げられ，高台に係留された漁船の様子を示している。台風への備えであるからこのような対策も仕方ないことと受け止められる。

　しかし，よく考えてみると，不思議なことである。そこには，非常によく整備された漁港がある。その前面には立派な防波堤までも作られている。さらにその先には，よく発達したサンゴ礁が広がっている。

　サンゴ礁と人工的に造られた防波堤，そして漁港と，二重三重にも守られた船だまりに船を安全に係留しておけない理由が解らない。さらに，漁師に聞いてみると，「現在漁船を引き揚げてある陸上の場所であっても，まだ安全

写真14-4　台風に備えて，陸上に引き揚げられた漁船

でない」という。「さらに高台の方が安全といえる」と言うのである。一体どれほどの波がここに打ち寄せるのだろうか？

　台風時の高波は10mの高さにも達する。しかし，そのほとんどはリーフの先端で砕波し，サンゴ礁上では小さな波が伝播するのみとなる。そのため，サンゴ礁を天然の防波堤と呼ぶことができる。これが，我々が一般に考えるサンゴ礁の波に対する役割である。しかしながら，漁師達が考える台風時のサンゴ礁上の波は，そのようなことにはなっていない。その証拠が漁師による船の陸揚げ対策に見られる。

　現象解明のためにサンゴ礁上の波を測る調査が行われた。観測で得られたデータの一例を図14-1に示す。この図の一番上のグラフは測定器によって得られたサンゴ礁上の水位変動を表している。横軸は測定時の時間を表す（分単位で，20分間のデータ）。したがって，示されている波形の山から谷までの高さが"波の高さ"となる（m単位）。また，一つの山から続く次の山までの時間は，"波の周期"を表す。中段のグラフは岸沖方向の流れの流速を表し，下段のグラフは沿岸方向の流れの流速を表している。

　まず，図の上段の水位変動を表すグラフに着目してみよう。横軸の12分から17分の間に現れている明瞭で緩やかに変動する波形を例にとると，波の嶺の高さがおおよそ0.8m程度，波の谷の深さが0.5m程度と読み取れる。したがって，この場合，サンゴ礁上に現れた波の高さはそれらの合計値で

第 14 章　沖縄から島嶼地域の海岸防災を考える

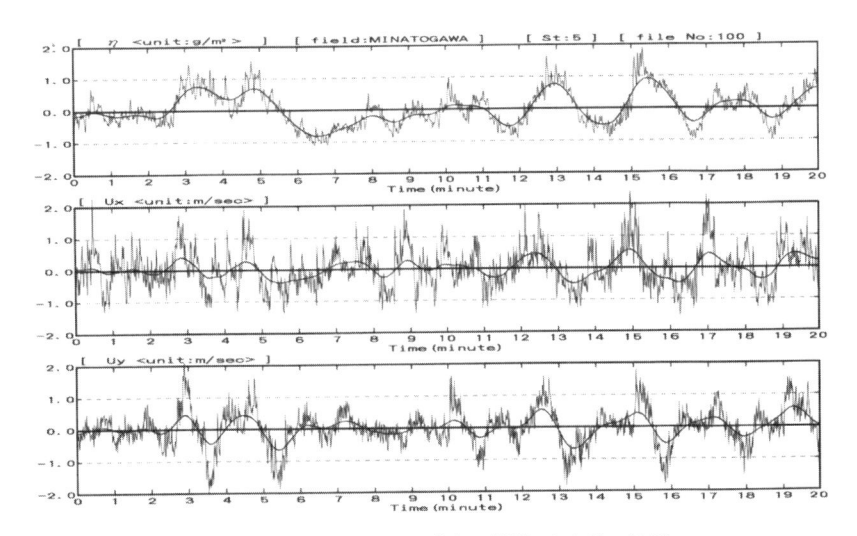

図 14-1　台風時にサンゴ礁上で観測された波の波形
上段は水位変動，中段は岸沖流速，下段は沿岸方向流速を表す。横軸は時間（分）を表す。

1.3 m 程度となる。

　この時，サンゴ礁の沖，おおよそ 25 m の深さで観測された波の高さは 10 m を越えている。したがって，台風からやってきた 10 m を越える大波は，サンゴ礁の礁嶺付近で砕け，サンゴ礁上には砕けた後の小さな波のみが伝播していることになる。このことは，「サンゴ礁は天然の防波堤である」という，我々の一般常識に沿う結果と言える。

　しかしながら，驚くべきことは，いま注目している現象が，12 分から 17 分の約 5 分間の出来事であり，そこに波が 2 個のみ存在することである。台風時に観測される大波の周期はたかだか 15 秒程度であることが，これまでの多くの観測で分かっている。サンゴ礁の沖側で観測された沖の波の周期も，実際にその程度の周期を示している。

　「サンゴ礁上に，周期 2 〜 3 分を持つ波が存在する」これは，大きな発見となった。周期の長さから判断してまさに "津波" と呼ぶにふさわしい波の存在である。グラフを注意深く見ると，これまで着目してきた滑らかに振動する波形の上に小刻みに振動している波形が存在する。台風から来襲し，サン

ゴ礁の先端付近で砕けた波のなれの果ては，実はグラフ上にこのように小刻みに振動している波形となって現れている。これらの波の高さは，先に津波のような波として見た波の波形が示す波高よりも小さい。

　来襲した沖の波の高さとそれがサンゴ礁上で砕けた後の波の高さを比較すると，サンゴ礁上の波の方が極めて小さく，来襲する高波に対してサンゴ礁は天然の防波堤として作用していることを裏付ける。しかしながら，サンゴ礁上には津波と類似の長周期の波が，それとは別に作りだされていたのである。

　台風時であっても，サンゴ礁上に存在する波の長さ（波長）はたかだか100 m程度である。よって，この程度の波を防ぐには，その波の長さの数倍程度の長さを持つ（数百メートル程度の）人工構造物（防波堤）を以て十分である。こうしたことが，防波堤や港を造る際の根拠ともなっている。しかしながら，サンゴ礁上には，台風から来襲しサンゴ礁上で砕けた後の波の高さよりも高く，かつ津波のような長さの周期を持つ波が存在している。この長周期の波長は，通常の波の長さの10倍にも達する。こうした長い波を打ち消すには，通常の防波堤の長さや港湾等の規模は十分ではない。

　こうして，最初疑問とされた「台風接近時に見られる漁師による陸上への船揚げ対策」の必要性は紐解れた。サンゴ礁上に長周期の波を発生させた犯人は，台風から来襲する波（うねり）が"高波の群"をなしていることにあることが突き止められた。高波の群の作用によって発生するリーフ上の津波のような現象は，"波群津波"と命名された。

　この現象が解明された頃，リーフ海岸で数多くの災害が発生した。災害現場に実際に立って見ると，確かにその様は津波後の災害の様相を呈している。現地の方々に訊いてみると，決まって「あれは波でない。津波だった」という説明であった。ある場所では，「台風来襲と同時にどこかで地震が発生し，その時発生した津波が台風による波と同時に来襲したに違いない」と，災害調査を強く要請する者まで現れた。ある島に暮らす古老は，「あれはウシオ（潮）だ」と力説する。これらの説明のいずれにも共通することは，やはり"津波のような波"という現象説明である。多くの島嶼地域で同様な理解であることが想定される。沖縄で見出された科学的知見を広めることが，島嶼

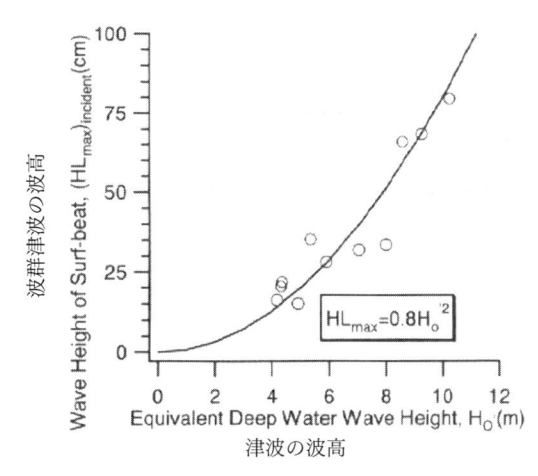

図14-2 波群津波の波高と台風より来襲する波（沖波）の波高との関係

地域の海岸防災に大きく寄与するものと期待される。

　図14-1の中段や下段に示す流れのグラフにおいても，小刻みに振動している波形よりも，なめらかに振動している波形の方が全体的に大きな変動量（すなわち，大きな流速の存在）を示している。こうした強い流れは漂砂に影響を与える。通常の波の影響範囲が数百メートル程度にとどまるのに対して，波群津波の作用は数キロにも及ぶ。こうした現象が思いもしないほど遠く離れた地点においてさえも漂砂等に影響を及ぼす要因となっている。

　サンゴ礁上に発生する波群津波の波高と来襲する沖波の波高との関係を図14-2に示す。例えば，波高が10mの沖波に対して，サンゴ礁上に発生する波群津波の波高は80cmと推測される。これは，サンゴ礁上を入射伝播する波の高さなので，それが砂浜など岸に反射して沖側に伝播する場合をも想定すると，サンゴ礁上では入射伝播波の高さの倍程度の高さにも達する波群津波の存在を予測しておく必要がある。

第3節　サンゴ礁と津波

　琉球諸島の島々に対して，太平洋側には琉球海溝が存在し，そこにフィリピン海プレートが沈みこんでいる。したがって海溝型の地震が周期的に発生する可能性が高い。同様な環境が大洋州諸国にも存在する。しかし，地震の発生メカニズムは多様で，沖縄における地震特性がそのまま他の島嶼地域にも適用できるかどうかは不明である。しかしながら，いったん地震が発生し，それが引き金となって津波が発生したのなら，その後の津波の作用はサンゴ礁海岸を有する島嶼地域にとってはほぼ同じと言ってよい。

　沖縄地方には，世界最大ともいわれる明和津波の発生の記録が存在する。その経験を他の地域と共有することは，島嶼地域の津波防災にとって極めて重要なことと言える。

　写真14-5は，1771（明和8）年に発生した明和津波によって甚大な被害を受けたとされる石垣島の白保地区および宮良・大浜地区の海岸地形及びサンゴ礁の分布を示している。石垣島における明和津波の被害は甚大であり，全人口の約1/3が死亡したと記録されている。

　本地域においては，津波は標高30mから40mの高さにまでも遡上したと推定されている。海岸部に張り出しているサンゴ礁の幅は，おおよそ600m～1kmである。このようにサンゴ礁が発達した地域においてさえも，津波は陸上部へ高さ30mから40mも遡上したと推測されている。石垣島から離れた宮古島においても，同様にサンゴ礁の張り出す海岸において，20m程度の標高地点で津波の遡上痕跡を確認できる。

　写真14-6は，明和津波によって打ち上げられたとされる岩塊である。この巨石の存在する場所の標高は10mである。地表から石の最高点までの高さは12mであり，胴回り長さは60mにも達する。

　この巨石を初めて目にした地質学者らは，「これほどまでの巨石はいかような津波によっても移動しない」と判断した。しかしながら，その後の調査により，この石の現位置における存在起源は，明和津波であると判断された。このように，津波によって陸上に打ち上げられたと推定される巨石は，1968

第 14 章　沖縄から島嶼地域の海岸防災を考える　　　　　　　*315*

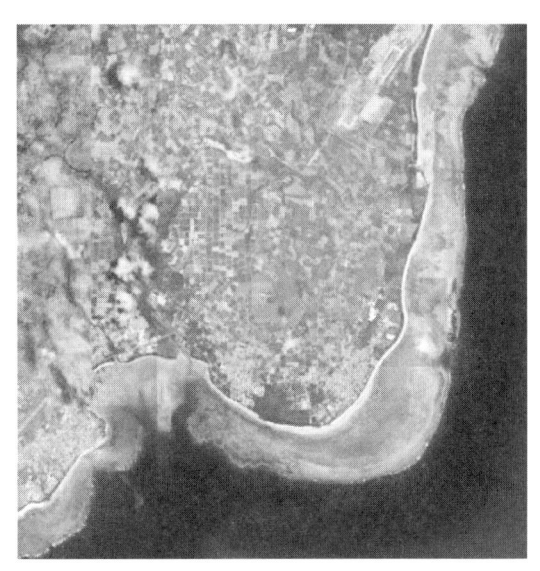

写真 14-5　明和津波で被害を受けた石垣島沿岸（Google Earth より）
Image © 2014 Digital Globe, Image © 2014 Terra Metrics

写真 14-6　明和津波で打ち上げられたと想定されている
　　　　　津波石（宮古島市下地島）

年，牧野清によって"津波石"と命名された。

　牧野は，竹富島が明和津波によってあまり被害を受けていない事実をも紹介し，その前面に広がるバリアリーフが津波に対して防波堤として作用したであろうとの推測を与えた。竹富島に対しては，サンゴ礁が津波に対して有

効に働いた可能性がある．

　図14-3に示すように，竹富島の前面にバリアリーフとして広がるサンゴ礁は竹富島からほぼ7 km沖にあり，石垣島から砂嘴状に張り出すリーフの長

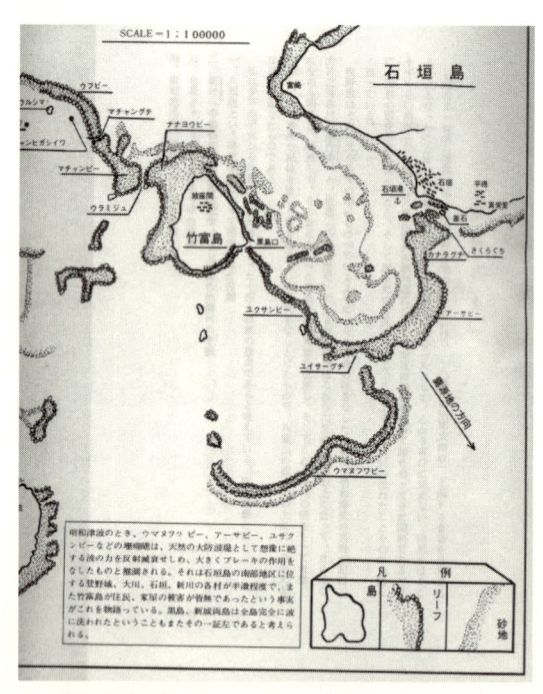

図14-3　明和津波で被害が小さかった竹富島（牧野（1968）による）

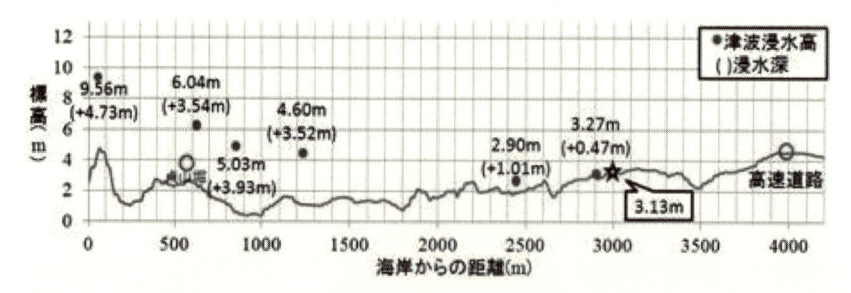

図14-4　宮城県荒浜海岸における津波の浸水高及び浸水深さの海岸からの距離による変化

さは 10 km を越える。このバリアリーフが津波に対して効果的に働いた可能性は高い。

　東北地方で発生した 2011 年 3.11 大津波の陸上遡上に伴う減衰を調べてみると，平野部において，津波が水平距離にして 3 km ほど内陸部へ伝播することで，浸水深に 9 割程度の減少が見られる（図 14-4）。単純には比較にならないが，竹富島がバリアリーフから 7 km も離れていたということが津波減衰に効果的に働いた可能性は高い。

　対して，写真 14-5 に見る白保地区や大浜地区の海岸に張り出すサンゴ礁の長さは約 800 m 程度であり，東北地方の実例からの推定においても，津波に対する減衰効果をあまり期待できない。このようなことから判断し，幅が 600 〜 800 m と広がる裾礁タイプのサンゴ礁に対しては，津波に対してその存在の効果を過度に評価することは禁物と言える。

第 4 節　沖縄における海岸防災の知見を他の島嶼地域の海岸防災に活かす

　沖縄における自然海岸は，沖縄が本土復帰した後に，全国統一的な高潮事業に則った海岸整備によって大きく変貌を遂げた。多くの箇所で人工護岸が建設されてしまった。沖縄の場合，台風来襲常習地帯となっているため，沿岸災害の多発も理解できる。しかしながら，沿岸における災害は，人が沿岸部に近づき過ぎたことによる結果とも言える。

　沿岸部に人々が住みつくようになって，沿岸災害も増えた。その結果，防災のための人工護岸も数多く建設されてしまった。急激な人口増加と都市化がさらに拍車をかけた。狭隘な島であるがゆえに，サンゴ礁の埋め立てによる宅地の造成は避けられない運命となった。いま埋立地の多くが，巨大な護岸に囲まれている。

　沖縄と同様な自然環境及び社会環境下にあるハワイ州の場合と比較してみると，ハワイにおいても海岸の埋立地に人工護岸が建設されている例を見る。しかしながら，護岸の規模は沖縄の場合に比較して小さく，自然になじむような形になっているケースが多い。ハワイと沖縄に見られるこうした相

写真14-7　沖縄における海岸整備の例

写真14-8　ハワイにおける海岸整備の例

違の主要因は，ハワイと沖縄との自然条件の厳しさの違いにある。圧倒的に沖縄の方が，大規模台風の来襲頻度は高い。次に，海岸線の埋め立て方法や埋立地の利用方法の違いを挙げることができる。

　ハワイの場合，埋立地とリーフ先端部までの距離を十分に確保している。これは，サンゴ礁の天然の防波堤効果を保持させるという工夫である。さらに，埋立地の利用であるが，そのほとんどが公園として利用されている点に，沖縄の場合との違いを見る。埋立地の海岸部が公園として利用される場合，台風時など高波の際に，ある程度波をかぶることが許容される。しかし，こ

れが車道であったり住宅地であったりするとそうはいかない。波を完全なほどに遮断することが求められる。その結果，大規模な護岸など人工構造物が必要となってしまう。

　リーフ先端部との距離を十分に保つことと，海岸部を公園等として利用するという思想は，"セットバック方式"の精神を踏んでいる。「人は海岸部に近づき過ぎてはいけない」という思想が，セットバック方式による海岸の整備にいかされている。写真14-7及び8に，沖縄における海岸整備とハワイにおける整備の一例を比較した。これらの違いの背景には，自然条件の厳しさの違いがあることは先に述べたとおりであるが，工夫により，より自然海岸に近づけることは可能である。

　本土復帰から40年余，これまで沖縄は全国統一の海岸整備に甘んじてきたと言える。その間，海岸整備については，さまざまな問題点の指摘もなされてきた。成功事例，失敗事例，それぞれ数多くの経験を積んできている。しかしながら，そうであっても海岸整備の方針は大きく変わっていない。すなわち，島独自の海岸整備方針が策定されるまでには至っていない。

　これからの島嶼地域の海岸防災を考えるに当たっては，沖縄の経験智，そして積み重ねられてきた科学的知見，これらを総合して自然本来の海岸が示してきた特性を最大限に活かす対応となることが期待されることは論を待たない。海岸に近づき過ぎない，利用の工夫，それらをセットバック方式という精神に融合させ，海岸管理の策として島嶼地域のセットバック方式を創り上げていくことが必須と言える。

参考文献

東北地方太平洋沖地震津波合同調査グループ：Tohoku Earthquake Tsunami Survey, http://www.coastal.jp/ttjt/

仲座栄三・津嘉山正光・玉城重則・川満康智・吉田繁・田中聡 (1998)「湾状リーフ海岸おける波・サーフビート」『海岸工学論文集』第45巻, pp. 281-285.

牧野清 (1968)『八重山の明和大津波』, p. 463.

Nakaza, E., S. Tsukayama and M. Hino (1990) Bore-like surf beat on reef coast. *Proc. 22nd International Conf. Coastal Engineering*, ASCE, pp. 743-756.

第15章　離島の地理的特性が地方団体の経営効率性に与える影響

獺口浩一

第1節　はじめに

　近年，地方団体を地方公共サービスの生産主体と捉えた上で，「最少の経費で最大の効果」をあげるように生産のあり方を再構築し，効率化を図ることが大きな課題となっている。

　しかし，地方団体の経営効率性は，効率化への努力度合いといった裁量的要因だけでなく，地方団体ごとに異なる地理的条件や人口規模など様々な地域特性の影響を受ける。そのため，民間活力を導入したり，広域的な生産を行ったりする余地やその効果もまた，地域特性に大きく左右される。

　例えば，わが国はその全域が島嶼地域とも言えるが，なかでも地域間移動や連携が容易でなく経済・財政活動上の制約が特段大きいと思われる離島地域が存在する。こうした離島の地理的特性に直面する地方団体は，山間僻地などの地方団体とともに，地方団体の努力では如何ともしがたい地理的要因の影響を受けて経営効率性が下がる可能性がある。

　このような視点から，離島の地理的特性と地方公共サービスの効率性との関連を検証する先行研究として，獺口・三木（2007, 2009）がある。両研究では，沖縄島嶼地域における一般廃棄物処理サービスを取り上げ，費用関数の推定およびヒアリング調査での収集資料による仮想計算を通して，サービス生産における離島の非効率性や，海上輸送を伴う離島を含めた大規模化・

広域化が効率性向上に有効であることを明らかにした。

　そこで，本章では，2010年度，全国の市町村を対象に，離島という地理的特性の有無が地方団体の総合的な経営効率性にどう影響するか，DEA（Data Envelopment Analysis：包絡分析法）を用いて数量的に検証する。離島の地理的特性の地方団体への影響を効率性の観点から確かめる研究は数少ない。今回の検証によって，離島を有する地方団体への現在の財政的支援などに一定の示唆を得ることができるだろう。また，多入力（複数の投入）・多出力（複数の産出）での効率性評価が可能なDEAを採用することで，今回は特定の公共サービスではなく，地方団体を総合的に評価することを試みる。

　本章の構成は以下の通りである。第2節では，地方団体の総合的な効率性を測定し，離島の有無と効率性との関連を検証する。そして，第3節では，まず，地方団体間の非効率性の差異が離島の地理的特性によって生じるのかのみに絞って，トービット・モデルによる検証を行う。その上で，離島の地理的特性を地方団体の努力の及ばない要因（非裁量要因）として扱い，離島の地理的特性を考慮したDEAを行うことで，DEA効率値に換算した離島の効率性への影響を計測する。

第2節　総合的な効率性の測定と離島の有無

1　分析対象と変数の詳細

（1）分析対象

　2010年度，全国に存在する1,727市町村のうち，分析に必要なデータの欠落がある28町村を除く1,699市町村が分析対象である。そして，『離島統計年報2011』によると，2010年時点で離島振興法や小笠原諸島・奄美群島・沖縄に対する各特別措置法の指定を受けた有人離島は307島ある。今回，分析対象から除く28町村に6島が属するため，離島の効率性への影響を検討する上での対象離島は301島となる[1]。

　また，市町村の業務内容や行政規模には相違があり，市町村全体での分析は効率性の正確な評価に影響を与える可能性がある。そこで，ここでは786

市（政令市を含む）と913町村とに分けて効率性の検証を進めていく。なお，離島の地理的特性を有する地方団体は，行政区域の一部が離島の59市14町村と，全域が離島の12市47町村が存在する。

(2) インプット指標とアウトプット指標

インプットとアウトプットは，地方団体が多岐の公共サービスを生産していることを考慮し選択しなければならない。こうした視点から，DEAを用いて地方団体の効率性を評価した先行研究として，Eeckaut et al.(1993)がある。同研究では，年によって変動の大きい投資的支出を除く経常的支出をインプット指標に用い，アウトプット指標には，地方公共サービスの数量を直接測ることはできないものの，数量を決定づけるような観測可能な要因を選択した上で，それらの変数が総費用を説明しているかを統計的に確認してアウトプット指標の妥当性を判断している。この手法は，地方団体のアウトプット変数を統計的裏付けに基づいて選ぶ点で優れており，以下では，Eeckaut et al. (1993)を参考にインプットとアウトプットを定めることにする[2]。

まず，インプットには，市と町村のいずれも，生産要素としての労働にかかる経常的経費として①人件費と，資本その他の経常的経費を捉える②その他の費用（物件費，扶助費，維持補修費，補助費等，公債費，繰出金の合計）の2変数を採用する。普通建設事業費は年々の変動が大きいため除き，公債費を用いている。次に，アウトプットに関して，市と町村のいずれも，消防，ごみ処理，窓口業務，福祉といった日常生活に近い地方公共サービスを生産している。そこで，市に関しては，地域の住民生活や事業活動を広く支える基礎的公共サービスを捉えるものとして①人口と②事業所数，消防やごみ処理のように，行政区域の広さに伴うサービス水準の差異を捉えるものとして③可住地面積，高齢者や児童向けの福祉サービスを捉えるものとして④社会福祉施設の在所者数と⑤65歳以上人口を採用する。町村のアウトプットも基本的に市と同じだが，町村は市に比べて高齢化率が高い。地域住民のより多くが高齢者のため，町村では65歳以上人口を選択していない[3]。

その上で，上記の5つの変数が歳出をどの程度説明でき，妥当なアウトプット指標なのかを確かめるために，OLSを用いて費用関数の推定を行った結果が次の通りである[4]。

(市) $\ln E = 8.191 + 0.146 \times \ln X_1 + 0.191 \times \ln X_2 + 0.077 \times \ln X_3$
(79.032) (4.011) (6.105) (8.902)
$+ 0.101 \times \ln X_4 + 0.486 \times \ln X_5$
(5.532) (11.691)

観測数＝786　自由度修正済決定係数＝0.959

(町村) $\ln E = 11.675 + 0.111 \times \ln X_1 + 0.319 \times \ln X_2 + 0.168 \times \ln X_3$
(119.27) (3.951) (10.9) (19.473)
$+ 0.069 \times \ln X_4$
(4.844)

観測数＝913　自由度修正済決定係数＝0.807

ここで，E が歳出，X_1 が人口，X_2 が事業所数，X_3 が可住地面積，X_4 が社会福祉施設の在所者数，そして X_5 が 65 歳以上人口である。括弧内は t 値である。なお，歳出は『市町村別決算状況調』(単位：1,000 円)，人口，可住地面積，65 歳以上人口は『統計でみる市区町のすがた』(単位：人，km²)，社会福祉施設の在所者数は『社会福祉施設等調査』(単位：人)，そして，事業所数は『経済センサス』(単位：所) に基づいている。また，事業所数のみ 2009 年，それ以外は 2010 年の数値である。

以上の推定と次項の DEA に用いた各変数の基本統計量を，市と町村に分け，それぞれ整理したのが表 15-1 である。いずれの変数でも，市と町村との間には大きな開きがある。そして，市と町村それぞれの中でも，地方団体間に大きな差があることが見て取れる。

2　DEA の計測結果

地方団体の財政行動のあり方として，ある政策目的をできる限り少ない投入 (公的財源) で実現することが望ましいと考えることができる。そこで，今回の経営効率性の評価には投入指向型モデルを採用し，規模に関して収穫が一定のケース (CRS モデル) と可変のケース (VRS モデル) の両方を計測した。表 15-2 は，市と町村に分けて分析を行い，その結果を①地方団体の全域

第 15 章 離島の地理的特性が地方団体の経営効率性に与える影響　　*325*

表 15-1　歳出，アウトプット，インプットの各変数の基本統計量

（市）	単　位	平　均	標準偏差	最大値	最小値
歳出総額	100万円	53,890	112,917	1,641,235	4,569
人口総数	人	136,401	252,007	3,688,773	4,387
事業所数	所	6,270	12,590	209,636	200
可住地面積	km²	103	86	670	5
社会福祉施設等の在所者数	人	2,822	4,411	50,262	127
65歳以上人口	人	30,904	52,210	736,216	1,808
人件費	100万円	9,085	16,897	239,462	838
その他の費用	100万円	33,855	72,125	1,111,006	2,706
（町村）	単　位	平　均	標準偏差	最大値	最小値
歳出総額	100万円	6,674	3,340	19,170	1,015
人口総数	人	12,942	10,246	53,857	201
事業所数	所	618	416	2,534	30
可住地面積	km²	43	52	715	1
社会福祉施設等の在所者数	人	331	284	2,106	2
人件費	100万円	1,116	598	3,741	108
その他の費用	100万円	3,867	2,064	11,284	468

（備考）費用項目の単位は便宜上，100万円で掲載している。

が離島，②地方団体の一部が離島，③地方団体に離島なしの3パターンに分けて基本統計量を示したものである[5]。

　表15-2をみると，技術効率性の平均値は，①全域が離島，②一部が離島，③離島なしの順に，市では，CRSモデルで①0.697，②0.812，③0.849，VRSモデルで①0.717，②0.865，③0.880と，全域が離島なら30%程度，一部が離島なら19%～14%，離島がないなら15%～12%の技術非効率が生じている。町村では，CRSモデルで①0.445，②0.659，③0.649，VRSモデルで①0.619，②0.698，③0.727と，全域が離島なら56%～38%，一部が離島なら34%～30%，離島がないなら35%～27%の技術非効率が生じているという結果が得られた。市と町村は別々に分析しており，一概に効率値を比較できないが，市の方が町村より総じて効率的である。そして，市と町村のいずれにおいても，技術効率性の最大値と最小値を比較すると効率性格差は大きく，離島を有する地方団体ほど，効率性が低下し非効率であることが確認できる。

　次に，VRSモデルの分析から得られる規模の経済性の状況を，上記と同様

表 15-2 市・町村別，離島の有無別にみた技術効率性の基本統計量

		平均	標準偏差	最大値	最小値
市	\[全域が離島\]				
	CRS モデル	0.697	0.121	0.849	0.451
	VRS モデル	0.717	0.138	0.908	0.453
	規模の経済性	0.977	0.040	1.000	0.896
	\[一部が離島\]				
	CRS モデル	0.812	0.081	1.000	0.604
	VRS モデル	0.865	0.089	1.000	0.641
	規模の経済性	0.941	0.063	1.000	0.745
	\[離島なし\]				
	CRS モデル	0.849	0.094	1.000	0.540
	VRS モデル	0.880	0.094	1.000	0.571
	規模の経済性	0.966	0.051	1.000	0.540
町村	\[全域が離島\]				
	CRS モデル	0.445	0.138	0.830	0.197
	VRS モデル	0.619	0.161	1.000	0.385
	規模の経済性	0.745	0.209	0.998	0.197
	\[一部が離島\]				
	CRS モデル	0.659	0.170	0.918	0.395
	VRS モデル	0.698	0.158	0.920	0.428
	規模の経済性	0.939	0.064	0.998	0.774
	\[離島なし\]				
	CRS モデル	0.649	0.173	1.000	0.202
	VRS モデル	0.727	0.145	1.000	0.340
	規模の経済性	0.888	0.123	1.000	0.273

に市・町村別，離島の有無別に示したのが表 15-3 である。IRS の場合，規模を拡大した方が効率が良くなり，DRS の場合，規模を縮小した方が効率が良くなることを概ね表し，CRS の場合，現状が最も効率的な状況にあると概ね考えられる。表 15-3 をみると，市では，離島の有無にかかわらず，CRS の状態では規模の経済（平均）が最も高く，全域が離島ケースで約 33%（4 団体），一部が離島ケースで 6.78%（4 団体），離島なしケースで 13.01%（93 団体）に相当する地方団体が CRS の状態だった。また，全域が離島ケースでは，地方団体の約 33%（4 団体）が DRS，約 33%（4 団体）が IRS，一部が

表15-3 市・町村別，離島の有無別にみた規模の経済性

		団体数	割合	規模の経済（平均）	VRS効率値（平均）
市	全域が離島				
	IRS（収穫逓増）	4	33.33%	0.971	0.683
	CRS（収穫一定）	4	33.33%	1.000	0.721
	DRS（収穫逓減）	4	33.33%	0.959	0.746
	一部が離島				
	IRS（収穫逓増）	13	22.03%	0.963	0.834
	CRS（収穫一定）	4	6.78%	1.000	0.873
	DRS（収穫逓減）	42	71.19%	0.929	0.874
	離島なし				
	IRS（収穫逓増）	297	41.54%	0.973	0.858
	CRS（収穫一定）	93	13.01%	1.000	0.923
	DRS（収穫逓減）	325	45.45%	0.950	0.888
町村	全域が離島				
	IRS（収穫逓増）	47	100%	0.745	0.619
	CRS（収穫一定）	―	―	―	―
	DRS（収穫逓減）	―	―	―	―
	一部が離島				
	IRS（収穫逓増）	14	100%	0.939	0.698
	CRS（収穫一定）	―	―	―	―
	DRS（収穫逓減）	―	―	―	―
	離島なし				
	IRS（収穫逓増）	765	89.79%	0.877	0.710
	CRS（収穫一定）	34	3.99%	1.000	0.878
	DRS（収穫逓減）	53	6.22%	0.963	0.870

離島ケースでは，地方団体の71.19%（42団体）がDRS，22.03%（13団体）がIRS，そして離島なしケースでは，地方団体の45.45%（325団体）がDRS，41.54%（297団体）がIRSの状態で，多くの地方団体で規模を改善できれば，より効率を高められる。そして，VRS効率値（平均）は，全域が離島および一部が離島のケースでは，DRSでそれぞれ0.746，0.874と最も高く，次いで

CRS で 0.721, 0.873, そして IRS では 0.683, 0.834 と最も低い。一部が離島ケースでは, DRS の状態にある団体は, 規模が適正な状態ではないが, 規模の経済を除いた運営効率の部分は比較的高い。もし運営効率を維持できるのなら, 規模を縮小すれば, より効率的な経営が可能になることを示している。なお, 全域が離島ケースでは, 効率値の最も高かった DRS の状態でも 0.746 と相対的には低い。規模と運営効率の両面から改善が必要だろう。そして, 離島なしケースでは, CRS で 0.923 と最も高く, 次いで DRS で 0.888, そして IRS では 0.858 と最も低かった。DRS の状態の効率値 0.888 は比較的高いが, 同ケースの CRS の状態にある地方団体と比べれば, 規模と運営効率の両面から改善が必要と考えられる。

　町村では, 離島なしケースでのみ, CRS の状態の地方団体が 3.99%（34 団体）, DRS の状態が 6.22%（53 団体）存在し, CRS の状態では規模の経済（平均）, VRS 効率値（平均）とも最も高い。そして, 全域が離島および一部が離島のケースでは, 全ての地方団体（47 団体, 14 団体）が IRS の状態だった。離島なしケースでも, 地方団体の 89.79%（765 団体）が IRS の状態であり, 離島の有無にかかわらず, VRS 効率値（平均）は低い。多くの町村で, 規模の改善とともに, 規模の経済を除いた運営効率を改善する余地も大きいことを表している。

第 3 節　離島の地理的特性が技術効率性に与える影響

1　技術非効率性の差異に対する離島の影響

　DEA の結果, 市間・町村間には大きな技術効率性格差が存在し, 離島の影響を受ける地方団体ほど, 技術効率性は低い傾向を読み取ることができた。ここでは, 市間・町村間の技術効率性の差異が離島の地理的特性要因によって生じているかを統計的に検証しておこう。

　要因分析における被説明変数と説明変数, 各変数の作成に用いたデータの詳細は次の通りである。ここでは, トービット・モデルに基づく推定を行うため, 被説明変数は技術効率性ではなく, 1 から技術効率値を引いた技術非

表 15-4 非効率値および離島の地理的特性要因の基本統計量

		平均	標準偏差	最大値	最小値
市	1 − CRS 効率値	0.156	0.096	0.549	0
	1 − VRS 効率値	0.124	0.096	0.547	0
	総時間距離（分）	246.77	635.74	4227	2
	離島人口比率（％）	12.74	31.45	100	0.001
町村	1 − CRS 効率値	0.361	0.177	0.803	0
	1 − VRS 効率値	0.279	0.148	0.660	0
	総時間距離（分）	389.90	702.35	4031	8
	離島人口比率（％）	77.97	40.24	100	0.196

（備考）総時間距離と離島人口比率に関して，離島のない地方団体は 0 であり，離島を有する地方団体の基本統計量を示している。

効率性である[6]。説明変数には，①地方団体が有する離島の地理的特性を表す指標として「近接港から離島までの総時間距離」，②地方団体における離島のウェイトを表す指標として「離島人口比率」，そして③離島振興を図る法令の違いを表す指標として「離島振興法ダミー」「奄美措置法ダミー」「沖縄措置法ダミー」「小笠原措置法ダミー」の 6 変数を採用した[7]。なお，「近接港から離島までの総時間距離」に関して，まず，時間距離とは，基本的に本州・北海道・四国・九州・沖縄本島に位置する近接港から離島に向かう主に定期船（漁船なども含む）を利用した場合の移動時間である[8]。航路に経由地がある場合には経由に要する時間も含んでいる。その上で，離島ごとに測った時間距離を地方団体ごとに集計したのが総時間距離である。そのため，行政区域に 1 つの遠方離島が存在する場合と，複数の近接離島が存在する場合とでは，移動時間の合計が同じなら総移動時間も同じになる。そして，「離島人口比率」とは，『離島統計年報 2011』掲載の離島人口を地方団体の人口総数で除したものである[9]。

表 15-4 は推定に用いる変数の基本統計量を示している。市・町村とも，総時間距離や離島人口比率には地方団体間で大きな開きがあり，一言に離島といっても，地方団体の直面する離島には様々あることが分かる。

その上で，トービット・モデルによる推定結果をまとめたのが表 15-5 である[10]。「沖縄措置法ダミー」以外は，市と町村，CRS モデルと VRS モデルのいずれにおいても同じ傾向の結果を得ている。なお，VRS 非効率値は前述の

通り，規模の経済の効率性への影響を切り離した運営効率の程度を指すと捉えることができる。

推定結果をみると，まず，「近接港から離島までの総時間距離」が長いほど効率が悪い。離島が遠方または複数あるなど離島の地理的特性に地方団体がより大きく直面するほど，地方団体の効率性は低下する。そして，「離島人口比率」が高いほど効率が悪く，離島定住人口の相対的な多さに地方団体の効率性は左右されるという結果が得られた。そのため，離島が単独の地方団体の場合，効率的でない傾向があるということになる。離島を有する地方団体では，陸続きでないことで運営効率が低下したり，規模の経済が発揮される形で地方公共サービスを生産するのが難しいといった事情が影響している可能性がある[11]。

次に，ダミー変数に関して，「離島振興法ダミー」と「奄美措置法ダミー」はいずれも有意で，離島振興法および奄美群島振興開発特別措置法の対象離島を有する地方団体で効率が悪い。「沖縄措置法ダミー」では，市のVRS非効率値をみると，沖縄振興特別措置法の対象離島を有する市の運営効率が低い。また，町村ではCRS非効率値のみ有意で，そもそもの行政規模の小ささといった要素が影響している可能性がある[12]。ただ，「小笠原措置法ダミー」は有意な結論を得られなかった[13]。離島振興を図る法令が違えば，振興の政策内容や財政的な支援は異なる。そのことが非効率性に与える影響を検討したが，法令の違いによって非効率性の傾向に大きな相違は見られなかった。

2　離島の地理的特性を考慮したDEA：多段階アプローチに基づく検証

これまでの分析において，離島を有する地方団体は非効率という結果が総じて得られた。では，もし仮に離島の地理的特性の影響がなければ，地方団体の経営効率性はどう評価されるだろうか。ここでは，現状の生産活動における非効率部分をスラック（slack）と呼び，非裁量要因のスラックへの影響を除去した上でDEAを実施するFried et al.（1999）を参考に，離島の地理的特性のみを非裁量要因として調整した技術効率性を測定する[14]。調整前後の効率値の変化をみることで，DEA効率値に換算した離島の地理的特性の影響を捉えることができるだろう。

表 15-5　推定結果

	市 (n=786)			
	CRS 非効率値		VRS 非効率値	
推定式	①	②	①	②
定数項	0.151	0.148	0.113	0.112
	(42.164) ***	(39.603) ***	(29.166) ***	(27.308) ***
総時間距離	0.00006		0.00006	
	(2.582) ***		(2.482) ***	
離島人口比率	0.00088		0.001	
	(1.731) *		(1.895) *	
離島振興法ダミー		0.545		0.038
		(4.266) ***		(2.754) ***
奄美措置法ダミー		0.338		0.370
		(3.411) ***		(3.443) ***
沖縄措置法ダミー		0.068		0.092
		(1.365)		(1.707) *
小笠原措置法ダミー				
SIGMA	0.099	0.099	0.106	0.197
	(37.646) ***	(37.653) ***	(35.451) ***	(35.462) ***
対数尤度	593.698	592.118	432.683	426.245

	町村 (n=913)					
	CRS 非効率値			VRS 非効率値		
推定式	①	②	③	①	②	③
定数項	0.358	0.349	0.349	0.274	0.271	0.270
	(59.598) ***	(58.721) ***	(57.816) ***	(53.442) ***	(52.140) ***	(51.785) ***
総時間距離	0.00009			0.00007		
	(3.156) ***			(2.899) ***		
離島人口比率		0.002			0.001	
		(7.853) ***			(4.753) ***	
離島振興法ダミー			0.161			0.107
			(5.520) ***			(4.223) ***
奄美措置法ダミー			0.131			0.131
			(2.445) ***			(2.837) ***
沖縄措置法ダミー			0.163			-0.008
			(3.056) ***			(-0.173)
小笠原措置法ダミー			0.159			0.145
			(0.904)			(0.954)
SIGMA	0.180	0.175	0.176	0.153	0.152	0.152
	(42.013) ***	(42.012) ***	(42.013) ***	(41.198) ***	(41.194) ***	(41.194) ***
対数尤度	239.788	264.666	256.775	342.444	349.402	351.190

(備考)　1.　上段：係数，下段：z 値
　　　　2.　*** は有意水準 1%，** は有意水準 5%，* は有意水準 10% で有意であることを示す。

　前節の DEA 結果から測った各インプット・スラックを被説明変数，離島の地理的特性を示す「総時間距離」のみを説明変数として，トービット・モデルに基づく推定を行った結果が次の通りである[15]。

(市)　$SL = 809190 + 689.099 \times TD$
　　　　(12.775)　(2.269)　　　観測数＝786

$SE = 2580610 + 2026.77 \times TD$
　　(13.55)　　(2.218)　　　観測数＝786

(町村)　$SL = 323023 + 165.361 \times TD$
　　　　(32.663)　(3.466)　　　観測数＝913

$SE = 1058210 + 317.57 \times TD$
　　(31.956)　(1.988)　　　観測数＝913

　ここで，SL が人件費のスラック，SE がその他の費用のスラック，TD が総時間距離，そして括弧内は z 値である。市と町村のいずれも，総時間距離が長いほど，人件費，その他の費用とも増えるという推定結果が得られた。
　上記の結果から，総時間距離の要因で生じたインプット・スラック部分を現実のインプットから差し引く調整を行い，その調整後インプットを用いて再度 DEA を行った。表 15-6 は離島の地理的特性を有する地方団体のみを取り出し，調整前後の技術効率性平均値の変化をまとめたものである。離島の地理的特性を調整したことで，VRS 効率値が市と町村ともに 0.01 上昇しており，規模の経済を除いた運営効率の部分は若干高まるものの，技術効率性に大きな変化は見られなかった。第 3 節第 1 項までの検証で，離島を有する地方団体は非効率で，離島の地理的特性の影響を受けるほど，地方団体の効率が悪い傾向があることは明らかである。ただ，離島の地理的特性の影響を受けない場合を想定しても，地方団体の効率性は大きく改善するわけではないこともまた明らかになった。

表 15-6　離島の地理的特性調整前後でみた技術効率性の変化

	市		町村	
	調整前	調整後	調整前	調整後
CRS モデル	0.793	0.791	0.494	0.522
VRS モデル	0.840	0.850	0.637	0.647
規模の経済性	0.947	0.933	0.790	0.819

第4節　む す び

　本研究では，経済・財政活動上の制約が特段大きいと思われる離島に着目して，離島の有する地理的特性が地方団体の経営効率性にどのような影響を与えるかを検証した。その際，市と町村のそれぞれを分析対象とし，DEA を用いて総合的な効率性を測定した上で，①離島の有無別にみた効率性の相違，②離島の地理的特性要因と非効率性との関連，③離島の地理的特性調整前後の効率性比較という3つの視点から数量的な考察を行った。

　その結果，市と町村のいずれにおいても，離島を有する地方団体では，離島のない地方団体に比べ効率性が低く，規模の経済を十分に享受できていないことが多い。規模の経済と，規模の経済を除いた運営効率の両面から改善が必要である。そして，離島が遠方または複数あるなど離島の地理的特性に地方団体がより大きく直面するほど，地方団体の効率性が低下し，離島定住人口の相対的な多さに地方団体の効率性は左右されるという結果も得られた。それは，離島が単独の地方団体の場合，効率的ではない傾向があることを示している。なお，離島振興を図る法令の違いによる効率度合いの相違は見られなかった。しかしながら，多段階アプローチによる DEA の結果，離島の地理的特性の影響を受けない場合を想定しても，離島を有する地方団体の効率性に若干の改善が見られる程度に止まった。したがって，離島を有する地方団体の経営効率性が低く，離島の地理的特性という非裁量要因が効率性に対してマイナスに働く傾向があるものの，現状の低い効率性が，離島の地理的特性以外の要因に依るところは大きいと言えるだろう。

　なお，離島の地理的特性を総時間距離で測ることは妥当と思われるが，あ

らゆる地理的特性を捉えているのかどうかという点ではさらなる確認が必要だろう。また，今回，離島の地理的特性のみに注目しているとはいえ，離島の有無にかかわらず，地方団体が直面する非裁量要因を考慮していないことや，効率性改善に向けた詳細な検証といった課題は残されている。

注
1) 国土交通省資料の分類と同様，本州，北海道，四国，九州などと共に，沖縄本島市町村も，行政区域全域が沖縄本島に位置する場合，離島を有さない団体と判断している。
2) Eeckaut et al. (1993) の手法に基づき，わが国における都市の効率性を検証する先行研究に林 (2011) がある。本章におけるインプットとアウトプットの選択にあたって，林 (2011) を参考にしている。
3) アウトプット指標を構成する5つの変数と歳出との関連を最小二乗法 (OLS) で検証した際も，町村では人口と65歳以上人口との間に相関が見られ，有意な推定結果を得られなかった。
4) Eeckaut et al. (1993) を参考に，本研究ではコブ・ダグラス型費用関数を想定して推定を行った。アウトプットを作り出すには費用がかかることに着目し，アウトプットを捉える代理の変数として妥当なら，各変数と費用との間には一定の関係が見られると判断する。
5) DEAにおける技術効率性の程度は0から1までの値で表され，最も効率的な事業体は1となる。
6) 技術非効率性では，最も効率的な場合の値が0となり，分析対象にアウトプットを生み出さない地方団体がなく，技術非効率値が1を取ることはない。したがって，非効率値の分布は0で検閲される。先行研究の多くがトービット・モデルに基づく推定を行うことに本研究もならった。
7) 離島振興法，奄美群島振興開発特別措置法，沖縄振興特別措置法，小笠原諸島振興開発特別措置法の各法令の適用を受ける離島のダミー変数である。
8) 移動時間データは，(株) 日刊海事通信社「全国・海外 船の旅情報，フェリー・旅客船ガイド《運賃・時刻表》，全国定期船」ホームページおよび全国の港湾ホームページの情報をもとに独自に作成した。ただ，数少ないものの，定期船の運航を確認できなかった離島では，空路を利用した場合の時間距離を用いている。空路移動データは，Yahoo! ホームページ・路線情報から得ている。また，架橋がある場合には，架橋の通行時間を用いている。架橋の通行時間はグーグル・マップで測っている。
9) 2005年『国勢調査』による離島人口データが掲載されており，今回は2005年の離島人

口比率を計算・使用している。
10) 離島を構成する様々な社会経済的要素は互いに相関が強い。そのため，本研究が特に注目した地理的特性に関する変数の推定結果を掲載することとした。
11) ただし，前述の通り，獺口・三木（2007, 2009）では，現状が非効率であることを示した上で，特定のサービスのみが対象ではあるが，海上輸送を伴う広域的な地方公共サービスの供給は可能なケースがあり，生産性の向上が可能であることを示している。
12) 沖縄振興特別措置法の対象離島は，CRS 非効率値と VRS 非効率値の結果に相違が生じているが，その背景に関してはより詳細な検討を要するだろう。
13) 小笠原諸島振興開発特別措置法の対象離島が非常に少ないことが影響しているかもしれない。
14) この手法は 4 段階（多段階）アプローチと呼ばれる。本研究では次の手順で調整を行った。第 1 段階では，選択したインプット・アウトプットデータによる DEA を実施し，事業体ごとに各インプットのスラック（radical スラックと非 radical スラックとの合計）を計測する。第 2 段階では，インプットのスラックを被説明変数，非裁量要因（環境要因）を説明変数として回帰分析を行い，インプットの過剰投入に対する非裁量要因の影響を検証する。第 3 段階では，前段階の推定結果をもとに，現実のインプットから非裁量要因の影響を受けたインプット投入部分を取り除き，調整後インプットを算出する。そして，第 4 段階では，調整後インプットを用いて再度 DEA を行うことで，非裁量要因を考慮した技術効率性を得るというものである。

なお，4 段階アプローチによる調整では，調整後インプットがマイナスになる可能性があり，その問題を回避する手法も多く検討されている。ただし，今回は，調整後インプットにマイナスの値はなく，マイナス補正は行っていない。4 段階アプローチとマイナス補正に関して，筒井・刀根（2007），Tsutsui and Tone（2007），獺口（2013）を参照。
15) 注 10）でも触れたように，離島を構成する様々な社会経済的要素は互いに相関が強く，複数の要因を考慮することは難しい。そこで，今回は地理的特性を表すのに最も望ましいと考えて「総時間距離」を用いた。

参考文献

獺口浩一（2012）「自治体病院の経営効率性分析」『琉球大学経済研究』第 83 号，51-82 頁。
獺口浩一（2013）「非裁量要因を考慮した自治体病院の経営効率性」『琉球大学経済研究』第 86 号，25-51 頁。
獺口浩一・三木潤一（2007）「沖縄島嶼地域の特性と一般廃棄物処理サービスの生産性―費用関数とケース・スタディに基づく分析―」『琉球大学経済研究』第 73 号，15-29 頁。

獺口浩一・三木潤一（2009）「一般廃棄物処理サービスの広域化・大規模化と島嶼地域の特性―費用関数とケース・スタディに基づく分析―」『琉球大学経済研究』第77号, 29-39頁.

筒井美樹・刀根薫（2007）「Multi-stage model による環境要因を控除した DEA 効率値の計測―ダミー付き Tobit モデルと SFA モデルの比較―」『日本オペレーションズ・リサーチ学会春季研究発表会アブストラクト集』, 34-35頁.

林宜嗣（2011）「都市自治体の経営効率性に関する分析」『地方公営企業の効率性に関する研究』, アジア太平洋研究所（旧 関西社会経済研究所）, 95-146頁.

Eeckaut, P. V., H. Tulkens and M. A. Jamar (1993) Cost efficiency in Belgian municipalities. In Fried, H. O., C. A. K. Lovell and S. S. Schmidt eds. *The Measurement of Productive Efficiency: Techniques and Applications,* Oxford University Press, pp. 300-334.

Fried, H. O., S. S. Schmidt and S. Yaisawarng (1999) Incorporating the operating environment into a nonparametric measure of technical efficiency. *Journal of Productivity Analysis,* Vol. 12, No. 3, pp. 249-267.

Tsutsui, M. and K. Tone (2007) Separation of uncontrollable factors and time shift effects from DEA scores. *GRIPS Discussion Paper,* 07-09, pp. 1-35.

参考資料

株式会社日刊海事通信社ホームページ。http://www.fune.co.jp/
経済産業省,『経済センサス』2009年版。
厚生労働省,『社会福祉施設等調査』2010年版。
国土交通省, 離島振興ホームページ。http://www.mlit.go.jp/kokudoseisaku/chirit/
総務省,『市町村別決算状況調』2010年度版。
総務省,『統計でみる市区町村のすがた』2012年版。
日本離島センター,『離島統計年報』2011年度版。
ヤフー・ジャパン・路線情報ホームページ。http://www.yahoo.co.jp/
グーグル・マップホームページ。https://www.google.com/webhp?hl=ja

第16章　沖縄および太平洋島嶼の水利用と水源管理

廣瀬　孝

第1節　はじめに

　島嶼地域における大きな課題として，水の確保やエネルギー開発があげられる。特に水は，人間が生きていく上でも必要不可欠なものである。しかし，島嶼は面積が限られるため，集水面積が限られるなど，水の確保が困難なことが多い。したがって，水資源開発と安定した水供給は，島嶼地域における永年の課題であり，安定した農業生産や観光客の増加に対応するためにも必要である。

　本章では，島嶼地域における水の確保の事例として沖縄の事例を中心に取り上げる。具体的には，水道水の確保の事例として沖縄島の水資源と水利用を取り上げ，また，農業用水の確保の事例として宮古島の水資源と地下ダムという特徴ある水資源確保を取り上げる。また，太平洋島嶼のいくつかの地域における水資源と水利用の現状についても概説する。これらの事例から，グローバル化時代の島嶼地域の水問題を考える材料を提供したい。

第2節　沖縄島の水資源と水利用

1　沖縄島の水資源の在り方

　水資源の在り方は，その地域の基盤地質や地形条件と大きく関係し，特に石灰岩地域では特徴的である。沖縄島や宮古島をはじめとする南西諸島や赤道付近の太平洋の多くの島々には，現成のサンゴ礁が発達しており，また，過去のサンゴ礁に関係した第四紀の石灰岩が分布している島も多い。石灰岩地域では，石灰岩が雨水に溶解しやすいという特徴を持つため，カルスト地形という独特な地形を形成する。また，地表河川はあまり発達せずに，水は岩石中の割れ目などを通って地下へ流動するため，岩体中に地下水として水が存在するなど，水の在り方もほかの岩石の地域と比べて特徴的である。

　沖縄島における水資源の在り方について，石灰岩の分布と水系の発達からみていくと，沖縄島では，中南部に第四紀の琉球石灰岩が分布し，北部には古い堆積岩類が分布している。また，本部半島には，古い石灰岩が分布している。石灰岩の分布面積は，県土の約30%を占めており，日本全体の分布面積の割合である0.44%（漆原1990）と比較するとかなり高く，世界の炭酸塩岩の分布（約12%）と比較しても高い。地質の違いは地形の違いにも反映し，琉球石灰岩地域は標高の低い台地を形成し，北部地域の非石灰岩地域では山地が広がっている（沖縄県文化振興会2006）。

　河川の分布も，地質や地形条件を反映しており，中・古生代の堆積岩類を中心とする地質からなる北部の山地地域では，多くの地表河川が発達して山地を開析しているのに対して，第三紀および第四紀の地質からなる中南部地域では，地表河川の発達が悪い。特に，第四紀琉球石灰岩の分布する地域では地表河川が少ない。また，沖縄島の河川（1級河川はなく，2級河川のみ）は，流路長が短く，流域面積も小さい。全国の2級河川と比較すると，どちらも2分の1程度の規模である（たとえば，廣瀬2013）。河川の勾配も急で，山地から流れ出た水は，すぐに海に流れ出ており，水資源を確保する上ではマイナスである（沖縄県2010）。

　琉球石灰岩地域においては，琉球石灰岩層の下部に，主に第三紀の島尻層

群（主として泥岩）が存在している。これは，琉球石灰岩がサンゴ礁を形成した時の基盤である。上部の琉球石灰岩が，間隙（岩石中のすきま）が多く，透水性（水の通しやすさ）の良い岩石であるのに対し，下部の島尻泥岩の透水性は非常に悪い。そのため，この島尻泥岩が不透水層となり，境界付近の琉球石灰岩層下部に地下水帯が形成され，地下水は，下部の島尻泥岩の起伏に依存して流動している。段丘崖・海食崖・断層崖などにより，両岩石の境界が地表に現れるところでは，地下水が湧水となって地表に流出している。沖縄島中南部の琉球石灰岩地域では，このような湧水が多くみられ，崖に沿った分布をするなどの規則性がみられる。

　以上のように，沖縄島における水（資源）の在り方をまとめると，石灰岩地域では，地下水として水（資源）が存在し，非石灰岩地域では地表河川（地表水）として存在している。

2　沖縄島における水資源開発

　水資源となる水の供給源の大元は降水である。沖縄島では年降水量2,000 mm を越える地域が大部分であり，全国平均約 1,700 mm より多い。実際に使える水の量の最大値（水資源賦存量）は，降水量から蒸発散量を差し引いた値である。沖縄島における蒸発散量は，降水量の 50% 程度と見積もられている（たとえば廣瀬 2013）。さらに，使う人の数を考慮すると，人口密度が高いため，一人あたりの水資源賦存量でみると全国平均の 5 割程度の量となり（沖縄県 2013），降水量は多いものの水資源が豊富であるとは言い難い。

　また，降雨の降り方にも問題がある。表 16-1 は，那覇観測所における 1981～2010 年の 30 年間における月ごとの降水量の平均値（平年値），最大，最小，および標準偏差を示したものである。梅雨期（5，6 月）と台風期（8，9 月）に降雨が集中し，平年値で年間の約 5 割を占めており，降雨の季節的変動が大きい。また，最小と最大では 1 桁から 2 桁の差があり，年毎の変動も大きい。このように偏った降雨の降り方をしている。また，前述したように地表河川は急で短く，流域面積が狭いため，降雨時の流量変化は非常に大きく，海へ流出してしまう量が多い。また，地表河川の発達しない石灰岩地域では大部分の水が地下水として存在する。以上のようなことから，沖縄島におい

ては，水の安定確保が難しい（沖縄県企業局2013；廣瀬2013）。

　このような厳しい状況のもとでの，沖縄島における水資源開発の概要をみていく。沖縄の人々は，天水，谷川，井戸，湧水を中心に水を確保してきた。沖縄では，流れる川を「カーラ」，井戸・泉を「カー」と呼び，水に対する信仰の対象になっている井戸や湧水も多い（沖縄の水研究会1992）。井戸や湧水は，人々が利用しやすいように石積みなどで整備され，現在もその姿を残している場所もある。その一つとして，南城市玉城にある垣花樋川（かきのはなひーじゃー）があり，沖縄県で唯一の名水百選に選定されている。また，首里城周辺にも多くの湧水や井戸がみられ，この水を利用して泡盛の製造が行われてきている。

　最初の水道らしきものは，明治以降の那覇の人口増加に対しての水の確保を目的とした簡易水道で，1883（明治16）年〜1884（明治17）年頃に出来たといわれる（沖縄の水研究会1992，沖縄県企業局「水道資料館」）。沖縄における近代的な水道の始まりは，1933（昭和8）年に開始された那覇市による水道事業である（沖縄県企業局「水道資料館」）。第二次世界大戦前に，水道施設があっ

表16-1　那覇における月別降水量（1981〜2010年）

	平年値	最大	最小	標準偏差
1月	107.0	195.5	32.5	45.6
2月	119.7	335.5	19.5	81.3
3月	161.4	420.0	41.5	92.5
4月	165.7	394.0	44.5	94.3
5月	231.6	574.5	12.5	128.7
6月	247.2	860.5	43.0	161.7
7月	141.4	445.0	6.5	120.5
8月	240.5	594.0	21.5	139.8
9月	260.5	1095.5	23.0	220.0
10月	152.9	689.0	7.0	133.5
11月	110.2	292.5	3.5	62.6
12月	102.8	260.0	1.0	68.0
年計	2040.8	3322.0	1330.5	458.1
5・6・8・9月計	979.8	1925.5	484.0	287.2
率（％）	48.0	72.8	31.8	9.0

※率以外の単位はmm，気象庁のデータをもとに作成

たのは那覇市および名護市の一部のみで，多くの地域では，依然，天水や湧水・井戸などに頼っていた．戦前にあった水道施設は，戦争によって破壊された．

戦後アメリカの統治下にあった沖縄では，水管理はアメリカ軍によって行われ，1951（昭和26）年に那覇市で簡易水道による給水が再開された．また，アメリカ軍施設を対象とした全島統合上水道も設立され，その余剰水が周辺市町村へ分水された．その後，1958年に設立された琉球水道公社が水管理事業を引き継いで行い，1960年頃には，沖縄県全体では局所的な簡易水道を合わせて約200の水道施設があり，約4割の住民へ水を供給していた（沖縄県企業局 2013）．

1972年の日本復帰によって，水が沖縄県民のもの，すなわち自分たちの意志で使える水となった．現在の沖縄島における水道事業は，比較的水源に恵まれた北部4村（国頭村，大宜味村，東村，宜野座村）を除き（これらの村では，村独自で給水），沖縄県企業局が行っている．

日本復帰時と現在の沖縄島における取水量と水源についてみていくと（図16-1），日本復帰時（1972年）は，日平均取水量は227.8千m^3で，水源別の割合は，河川水の直接取水が約55%，地下水が約30%で，ダムは約15%であった．その後，人口増加，観光客の増加，産業経済の進展などによる水の需要増加を賄うため，沖縄島北部を中心にダムが建設されて取水が開始された．2012年度時点では，日平均取水量は433千m^3となり，復帰時の約2倍となっている．水源別では，ダム（合計10個のダム）が約81%と主要水源となり，河川水の直接取水が約11%，地下水は約7%と大きく減少している．また，1997（平成9）年4月に，北谷町に海水淡水化施設ができ，1日あたり4万m^3の淡水を海水から生産できるようになった．2012年度は，この水の割合は0.7%である（図16-1）．このように現在の沖縄島における水源は北部のダムが中心である．人口は中南部に集中しているため，北部の水源から中南部の人口集中地域への水の再配分が行われている．

1972年から2012年の40年間で約2倍になった取水量の推移をみるため，図16-2に生活用水と工業用水の推移，および主な水源ダムの完成時期を示した．生活用水の推移をみると，1990年初めまで急激に増加して400千m^3/日

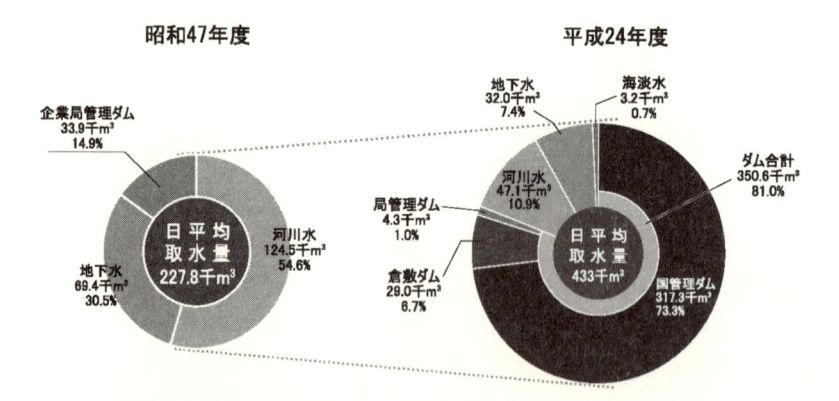

図16-1 沖縄島における1972（昭和47）年と2012（平成24）年度の日平均取水量と水源
（出典：沖縄県企業局 2013）

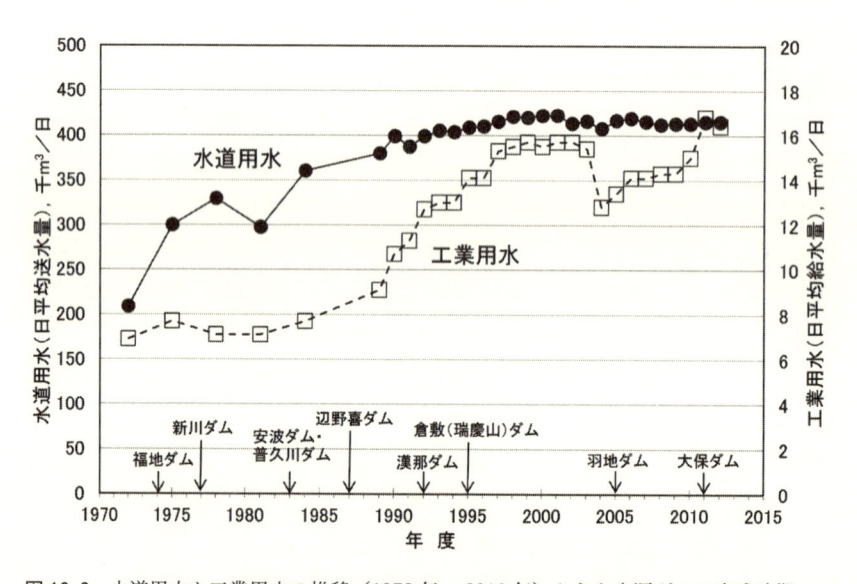

図16-2 水道用水と工業用水の推移（1972年～2012年）と主な水源ダムの完成時期
（沖縄県企業局 2012, 2013, 内閣府沖縄総合事務局北部ダム統合管理事務所「やんばるのダム」をもとに作成）

を越え，その後はほぼ横ばいである。1990年代までの増加時期に多くの水源ダムが完成しているので，それらによる水資源の確保がなされたことが窺える。工業用水は生活用水の数％の量にすぎないが，こちらは1990年から2000年にかけて急激に増加している。

3　沖縄島における給水制限と水利用の限界に関する試算

　沖縄島では，以上のような水源開発が行われてきたが，渇水による給水制限も幾度となく経験している。給水制限の経緯をみると（図16-3），1972年の日本復帰から1982年までは，1979年を除いて毎年給水制限が実施され，特に，1981年から1982年にかけては，326日間という長期にわたるもの（大干ばつ）であった。その後も幾度かの給水制限があったが，1993（平成5）年の31日間の夜間8時間断水を最後に，給水制限は実施されていない（沖縄県企業局2013）。しかし，十二分に余裕のある水資源開発が実現されたわけではない。実際，給水制限の実施計画は何度かされており，予定日までに降雨があったため実施されなかっただけである。

　廣瀬（2013）は，沖縄島において，水収支と水利用の限界に関する試算を行っている。それによれば，沖縄島全体に降った雨から蒸発散量を差し引いた水量（水資源賦存量）がすべて利用できるとしても，生活用水だけでも，現在の人口の6倍から9倍程度しか賄えない。この試算では，水利用量とし

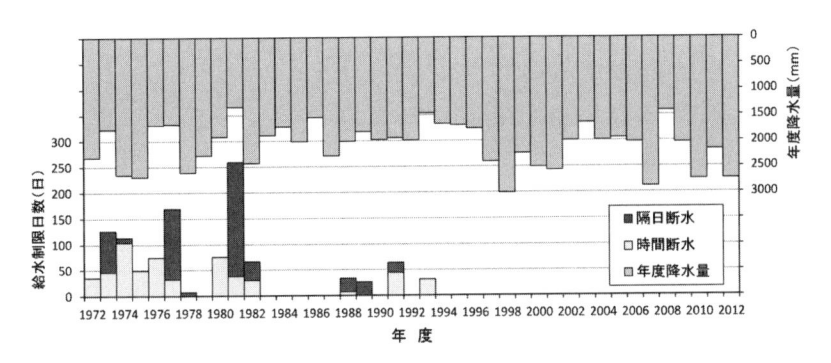

図16-3　沖縄島における降水量と給水制限日数
（沖縄県企業局2013をもとに作成）

ては，Gleick（2008）の日本の生活用水の人口一人あたりの利用量である 136 m^3／人／年を用いている。また，現在の沖縄島の取水量（生活用水＋工業用水）は，水資源賦存量の 10 ～ 15% になっている。農業用水としての水もかなり必要であり，降雨の増水時に河川から海へ流出してしまうような水は，非常に利用しにくいこと，島全体の降水をもとに試算された値であることを考えると，沖縄島の水資源は非常に厳しい現状にあるといえる。

第 3 節　宮古島の水と地下ダム

1　宮古島における水資源と水源

　宮古島は，第四紀のサンゴ礁が隆起した隆起サンゴ礁の島である。そのため，表層地質の大部分は透水性の良いサンゴ礁石灰岩（琉球石灰岩）からなる。前述した沖縄島同様，宮古島でも琉球石灰岩の下には透水性の悪い島尻泥岩層がある。地表に降った雨は琉球石灰岩中の間隙を浸透し，両岩石の境界に地下水として存在する。また，地下水の在り方や流動は，島尻泥岩層表面の起伏に依存し，断層によっていくつかの地下水盆（地表河川の流域のようなもの）に分けられている（古川 1980；古川 2003）。また，地表河川はほとんど発達していないため，宮古島においては，地下水を水資源として利用する必要があり，古くから井戸や天然の湧水を利用している。宮古島では，1967 年に全島水道化が始まり（渡久山 2003），現在は，自然の湧水である白川田湧水と山川湧水で水道水の 90% 以上が賄われている。その他 10 余りの地点でも地下水が取水され利用されている。

2　宮古島の地下ダムとサトウキビ農業への効果

　宮古島の平坦な地形は農業に適し，総面積の約 5 割は耕地になっている。また，島の大部分を占める土壌の島尻マージは，保水力に乏しく，干ばつ被害を受けやすい土壌で，昔から毎年のように干ばつによる農作物への被害を受けてきた。宮古島では，水のほとんどは地下水として存在しているが，その水位は，雨の多い時期，少ない時期に対応して変動し，また，地下水面は

第 16 章　沖縄および太平洋島嶼の水利用と水源管理　　　　　　　　　　345

地表から数十 m も低いところにあり，雨の少ない干ばつの時に必要となる農業用水としては十分な利用が望めない。このような状況にある宮古島では，安定して地下水を利用できる方法として，地下ダムが考案された。地下ダムは，独立した地下水盆を利用し，地下の壁をつくって地下水の流れを遮断して地下水をせき上げ，間隙の多い琉球石灰岩中に貯水して利用するものである（図 16-4）（古川 1990；古川 2003）。宮古島の地質構造と地下水の存在状態をうまく利用した特徴ある水資源確保の仕方である。地表のダムと異なり，地表は従来通りの土地利用が出来，また，環境破壊が少ないなど多くの利点を持つ。一方で，地下水汚染にはより一層の注意が必要である（古川 2003）。

　最初の試験的な地下ダムである皆福ダム（総貯水量 70 万トン）が 1979 年に建設され，地下ダムによる水の安定供給の可能性が実証された。その後，本格的地下ダムである砂川地下ダム（総貯水量 950 万トン），福里地下ダム（総貯水量 1,050 万トン）の 2 つのダムが，それぞれ 1994 年度，1998 年度に完成し（古川 2003），地下ダムを主体とした農業基盤整備事業（宮古地区国営かんがい排水事業）が行われた。一連の事業は 1987 年度に開始され，2000 年度に完了し，1994 年に初めて散水が行われ，2001 年からは本格的な施設管理が始まり，農業用水として利用されている（廣瀬他 2010）。地下ダム事業の目的は，水の安定供給によって干ばつの不安を取り除き，基幹作物であるサトウキビの生産性向上と共に，亜熱帯性気候を活かした野菜・飼料作物・熱帯果樹・花卉等を取り入れた農業経営の安定化と近代化を図ること，さらに区画整理による機械化体系の確立と労働力の削減であった（廣瀬他 2010）。

　地下ダムの効果について，廣瀬他（2010）は，サトウキビ農業を対象に調

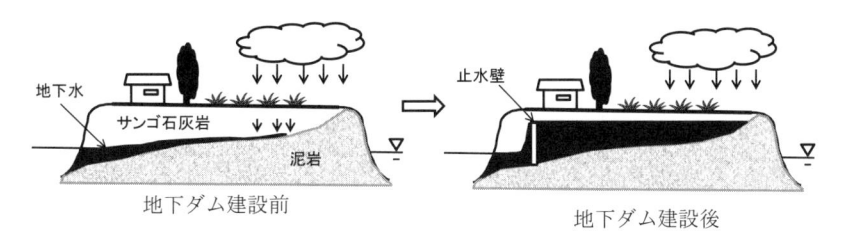

図 16-4　地下ダムの模式図
（古川 1990 をもとに作成）

査を行っている。そこでは，水が安定供給されている土地改良事業の行われた地区（「かんがい有」地区）と，土地改良事業の行われていない地区（「かんがい無」地区）をそれぞれ，3地区ずつ選んで，かんがい事業の前後でのサトウキビの収量（単収；単位面積当たりの収穫量）を比較している。それによると，かんがい事業前は両地区の単収の差が小さく，「かんがい無」地区の方が単収の多い場合もみられた。また，年ごとの単収の変動も大きかった。一方，かんがい事業後は，単収の差が大きく（「かんがい有」地区が多い）なっており，「かんがい有」地区では，単収の変動も小さく安定していた。「かんがい有」地区と「かんがい無」地区の単収の差（「かんがい有」地区の単収から「かんがい無」地区の単収を引いた値）と年降水量との関係（図16-5）をみると，かんがい事業前は両者の関係性はよくわからないが（図16-5a），かんがい事業後は，年降水量2,000 mm以下の年（2003/04期（2003〜2004年にかけての収量）と2004/05期）で差が大きくなっており，降水量の少ない，すなわち水が不足する時にかんがい事業の効果がより大きく表れている。したがって，サトウキビ農業に関してみると地下ダム事業による水の安定供給の効果が明らかにみられている。

　宮古島では，現在新たに2つの地下ダム事業を実施中で，また，宮古島以外にも，喜界島，沖縄島南部など，南西諸島の何ヶ所かの琉球石灰岩地域でも建設済あるいは建設中で，主に農業用水として地下水の有効利用が図られている。海岸に近い地域では，地下水を汲み上げると海水が侵入して，地下水の塩水化の問題が生じることがあるが，地下ダムでは，止水壁によって塩水と淡水とが隔離されるため，塩水化防止の役割もはたし，沖縄島南部の米須地下ダムは，その目的も持って作られている。

第4節　太平洋島嶼地域の水資源と水利用の事例

　ここでは，筆者がこれまでにみてきた，太平洋島嶼のいくつかの地域（グアム，サイパン，パラオ，フィジー，ニューカレドニア，マーシャル）における，水資源と水利用について述べる。グアム，サイパン，パラオの詳細は，

第16章　沖縄および太平洋島嶼の水利用と水源管理　　　*347*

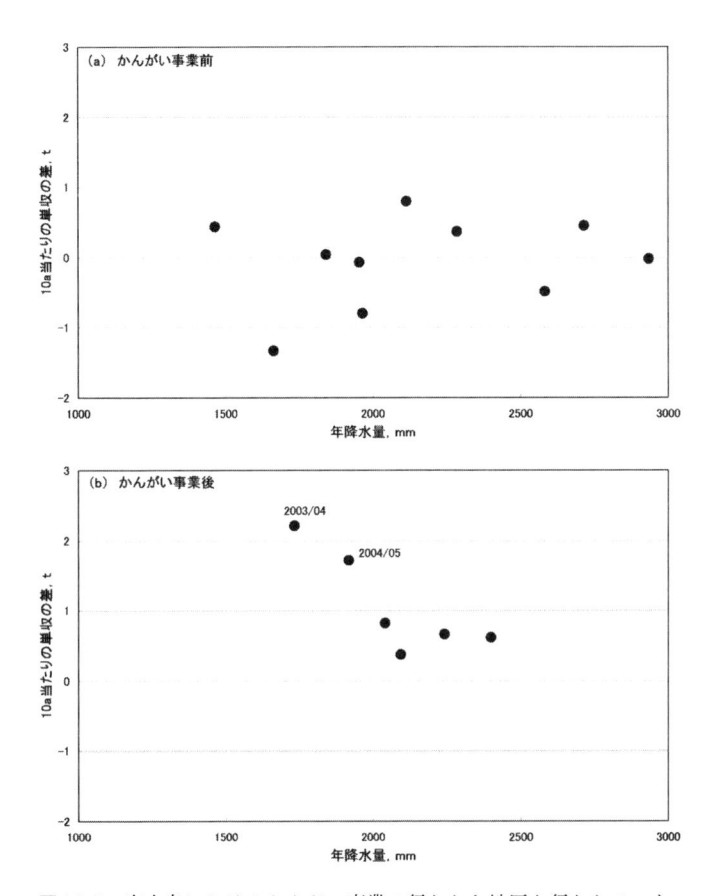

図16-5　宮古島におけるかんがい事業の行われた地区と行われていない地区のサトウキビ単収の差と年降水量の関係
（出典：廣瀬他 2010）

　廣瀬（2011）を，フィジー，ニューカレドニアの詳細は廣瀬（2012）を参照されたい。
　グアム島は北部に第四紀の石灰岩が分布して台地を形成し，南部が火山岩からなる山地となっており，石灰岩の分布と地形の様子が，沖縄島を南北逆にしたようである。グアム島では，生活用水として，北部石灰岩地域の地下水を主水源として，非常に多くの井戸を掘って利用している（Kingston 2004；

Taborosi and Vann 2006；廣瀬 2011）。

　サイパン島は，島のほとんどが石灰岩から構成され，標高約 120 m より低い地域には，第四紀の石灰岩が数段の段丘を構成して分布し，また，中央の山地を含めて，標高の高い地点は第三紀の石灰岩からなっている。このようにサイパン島は石灰岩の島であるため，水は地下水として存在している。サイパンの公共用水は，第四紀の石灰岩地域の地下水を主水源とし，井戸を掘って利用しているが，塩水化や汚染の問題が深刻である（Carruth 2003；Kingston 2004）ため，飲まないという地元の意見もあり，雨水を集めての利用が多く行われている（廣瀬 2011）。

　パラオは大小 200 余りの島々からなり，現成のサンゴ礁がよく発達し，標高の高い島は主に火山岩から，標高の低い島は主にサンゴ礁石灰岩からなっている。人口の多いコロール島およびその周辺の公共用水の水源は，火山岩主体の標高の高い島であるバベルダオブ島（ミクロネシアでグアム島に次いで 2 番目に大きい）に貯水池（ダム）を作って地表水を利用している。また，地域によっては，地下水も公共用水の水源として利用されているが，井戸の管理や地下水の水質の問題があり，水源開発はあまり進んでいない（Kingston 2004）。また，独自の水源確保を行い，公共用水と併用して利用しているリゾートホテルもある（廣瀬 2011）。

　フィジーは 300 以上の島々からなり，ヴィチ・レヴ島と，ヴァヌア・レヴ島の 2 島が面積の大半を占め，これら 2 島をふくむ大きな島は，火山起源であり，標高も高い。一方，小さい島は一般にサンゴあるいは石灰岩によって形成されたものであり，ヴィチ・レヴ島やヴァヌア・レヴ島にも，現成のサンゴ礁が発達している。貿易風の影響で，島の西側が東側に比べて雨が少ない（廣瀬 2011）。水資源の主な供給源は，火山起源の標高の高い島では地表水であり，首都スバのあるヴィチ・レヴ島では，公共の水道が発達している。フィジー全体では，都市部で 98%，それ以外の地域で 63% の水供給がなされている（Kingston 2004）。

　ニューカレドニアは，フランスパンのような細長い形をしたグランドテール島が本島で，南太平洋ではニュージーランド，パプアニューギニアに次いで 3 番目に大きい島である。その周辺には，白砂のビーチに縁取られた島々

が点在している。グランドテール島の中心を約 1,000 m の山脈（最高標高 1,628 m）が走っているため，島の東西で，風景や気候の特色が異なり，東側は豊かな雨量のため緑が多い熱帯雨林の様相を呈し，西側は乾燥し，赤土が所々で露出している（廣瀬 2011）。また，全長およそ 1,600 km にわたるサンゴ礁のリーフが形成されている。水資源の主な供給源は，グランドテール島では，地表水で，小さなサンゴ礁の島では，地下水である（Kingston 2004）。

マーシャルは，首都のあるマジュロ環礁をはじめ，多くの環礁が分布している。環礁の島は，島の幅が非常に狭いため，水の確保は，より困難である。地下水も存在するものの，その規模は小さく，塩水化の問題も顕著に起きている。そのため，巨大な貯水タンクを設置し，そこに雨水を溜めて利用している（図 16-6）。また，マーシャル諸島短期大学では，大学独自で海水淡水化設備を備えていた（図 16-7）。

以上のように，太平洋島嶼の地域では，主に石灰岩地域の地下水と非石灰岩地域の地表水を，それぞれの状況に合わせて水利用を行っていた。しかし，天水を利用したり，マーシャルでは大学独自で海水淡水化設備を持ったりし

図 16-6　マーシャル諸島マジュロの貯水タンク（写真右側に 2 つ巨大な樹脂製タンクと奥にコンクリート製のタンクがみられる，2010 年 2 月著者撮影）

図16-7 マーシャル諸島短期大学の海水淡水化設備（2010年2月 著者撮影）

ているなど，全ての地域で安全できれいな水が十分に供給されているとは言い難い。また，地下水の塩水化や汚染の問題，ダム（貯水池）開発による土砂流出の問題など，水資源確保には様々な課題をクリアしていく必要がある。

第5節　おわりに──島嶼地域の水問題の解決に向けて

1　様々な水源の特徴と課題

　本章では，沖縄を中心に水資源開発と，サンゴ礁石灰岩地域の地下水の有効的利用法である地下ダムについて述べてきた。また，太平洋島嶼の国々では，それぞれの状況に合わせた水源を利用していた。ここでは，水源別にその特徴や考えられる課題をみていく。

　まず，古くから行われている天水の利用であるが，太平洋島嶼では，現在も主要水源としている地域もあった。天水の確保は，降水量そのものに依存し，また，屋根などの集水する面積や貯水タンクの容量も関係するので，大

規模な水源としては利用しづらい。また，大気がよごれた地域では，水質の問題もあるため，それを考慮して利用する必要がある。また，水道が完備された地域でも，雑用水としての補助的利用ができ，沖縄でも，雨水タンクを設置してトイレや庭の散水に利用している家庭が増加している（渡久山 2000）。

次に，河川水の直接取水であるが，沖縄でもかつては主要水源であった。日本でも，主要水源の一つである（東京大学総括プロジェクト機構「水の知」（サントリー）総括寄付講座 2012）が，確保できる水の量は河川の大きさに依存する。河川の小さい沖縄島では，大規模な送水管のネットワークを作ることで多くの水利用者に対応している。また，海へ流出してしまった分は利用できず，降雨時の水量変化が大きい河川や海にすぐ流出してしまう小さな島嶼の河川では，河川流量を十分に生かすことは難しい。

河川の流域に降った雨をより有効に利用するために，貯水池（地表ダム）を作っての水源確保が行われている。現在の沖縄島の主要水源であり，太平洋島嶼でも非石灰岩の高い島では主要水源として使用されている。地表のダムは，貯水域は水没するので，環境の問題が大きく，環境への影響評価をしっかりする必要がある。また，建設時の土砂流出による海域汚染の問題も考慮する必要がある。

次に地下水の利用であるが，南西諸島や太平洋島嶼地域では，主に石灰岩地域に地下水が存在し，水源として利用されている。宮古島では，第四紀琉球石灰岩の地下水や湧水を生活用水の水源として利用していた。石灰岩地域の地下水は，石灰岩が溶けた成分であるカルシウムイオンの濃度が高いため，硬度が高いなどの特徴もある。地下水は，日本の主要水源でもあるが，南西諸島を除くと，主に平野部の砂礫堆積物中の地下水や火山地域の山麓の地下水が利用されている。島嶼地域のように海岸に近い地下水では，汲み上げによる塩水化の問題も懸念される。また，地下水は地表水と比較するとその更新が遅いので，汚染問題が発生した場合はその解決により時間がかかる。

宮古島や沖縄島南部などでは，第四紀琉球石灰岩地域に地下ダムを建設し，地下水の有効利用がされている。これは，琉球石灰岩の間隙が多いとい

う特徴を利用したもので，地表のダムと異なり貯水域も従来通りの土地利用ができるという利点がある。南西諸島より低緯度の太平洋の島々にも，第四紀のサンゴ礁石灰岩が分布する島が多くあるので，地質構造と地下水の在り方によっては，地下ダムによる水源の確保が有効となる島もあると思われる。しかし，地下ダムを造ることで地下水の更新はさらに遅くなるので，肥料の利用の仕方など，地下水汚染には十分に注意しなければならない。

以上の水源の供給源は降水であり，降水量を越えて水を利用することは出来ないが，地球の水のほとんどは海水である。水資源としては淡水であることが重要なので，海水を淡水化して利用することがなされている。前述したように沖縄島にも海水淡水化施設があるほか，渡名喜島，南北大東島，粟国島，波照間島などにも海水淡水化施設があり，また，マーシャルでは大学独自の設備を持っていた。また，日本各地の臨海地域でも海水淡水化施設による生活用水および工業用水の造水を行っているほか，世界各地で行われており，海水淡水化による造水量も年々増加している（東京大学総括プロジェクト機構「水の知」（サントリー）総括寄付講座 2012）。いうまでもなく島嶼地域は海に囲まれているため，多量にある海水が水資源として利用できれば，水問題は解決しそうであるが，造水コストや配水までにかかる電力使用量が大きいなど問題がある。たとえば沖縄島では，$1 m^3$ あたり 300 円弱の造水コストで配水までの電力使用量は，ほかの水源と比較すると 6 倍程度かかっている（東京大学総括プロジェクト機構「水の知」（サントリー）総括寄付講座 2012）。

2 観光客の増加と水資源

沖縄をはじめ，太平洋の島嶼では，主要産業として観光産業があげられる。石垣島では，2013 年 3 月 7 日に新空港が開港し，日本本土との直行便の増加や新たな航空会社の参入があり，それに伴い，従来の航空会社でも安い運賃が設定され，従来よりも石垣島へは行きやすくなった。それを反映してか，2013 年 8 月，9 月の空路による石垣島への観光入域客数は，対前年比で約 1.5 倍になっている（石垣市観光文化スポーツ局観光文化課 WEB）。沖縄県全体でも 2013 年度上半期の入域観光客数は，過去最高の 337 万 9,800 人で，対前年同時期で 38 万 3,100 人増，率にして 12.8% 増であった（沖縄県文化観光スポー

ッ部観光政策課 WEB)。沖縄における観光客一人あたりの水の使用量は県民一人あたりの使用量に比べて多く，数倍になるという（神谷 2007）。したがって，観光客が増加すれば，水の需要も大きく増加し，対応するための水資源開発が必要となる。また，地域住民だけではなく，観光客を含めた節水活動も重要となろう。

3　まとめ

　島嶼地域において重要な水資源開発であるが，島によって，大きさ，標高，地質条件が異なるため，水の存在状態や水資源量も様々である。したがって，水利用についても島ごとに対応する必要があり，水のある島から水のない島への再配分なども考慮する必要があろう。例えば伊江島では，沖縄島の名護浄水場からの海底送水が行われている。また，農業が主要産業である島嶼にとっては，農業用水の確保も大きな問題である。さらに，今後の人口増加や観光客の増加に対応するためには，より効率よい水資源開発が必要となる。その場合には，環境に配慮した開発が必要であり，また，水質の問題も重要である。そのため，水資源開発後も涵養域（取水地点までの水が集まってくる範囲）全体の適正な水源管理が必要である。

　また，水問題は地球規模の問題であり，近年では資源としての水の確保だけではなく，ミネラルウォーターの普及など，ウォータービジネス市場が拡大している。日本でも，ミネラルウォーター市場は大きく拡大しており，様々なミネラルウォーターが生産されるとともに，輸入も拡大し，その中にはフィジー産など島嶼地域からのものも含まれている。久米島などでも海洋深層水の生産が行われ，全国に販売されている。産業活動や資源などに制約が多い島嶼地域にとって，自然や周辺の海は大きな資源であるので，水についてもそれらをうまく活用していければよいと思われる。

参考文献
漆原和子（1990）『カルスト―その環境と人びとのかかわり』大明堂。
沖縄県（2010）『沖縄県長期水需給計画』沖縄県。
沖縄県（2013）『第 2 次沖縄県環境基本計画』沖縄県。

沖縄県企業局（2012）『企業局概要　沖縄の水　平成23年度版』沖縄県企業局。
沖縄県企業局（2013）『企業局概要　沖縄の水　平成25年度版』沖縄県企業局。
沖縄県文化振興会（2006）『沖縄県史　図説編　県土のすがた』沖縄県教育委員会。
沖縄の水研究会（1992）『水のいまむかし』沖縄の水研究会。
神谷大介（2007）「沖縄県の島嶼における地域環境と水需要構造の変化に関する分析」『日本地域学会第44回年次大会学術発表論文集』（CD-ROM）。
東京大学総括プロジェクト機構「水の知」（サントリー）総括寄付講座（2012）『水の日本地図　水が映す人と自然』朝日新聞出版。
渡久山章（2000）「沖縄における水利用」日本水環境学会［編］『日本の水環境7　九州・沖縄編』技法堂出版，103-111頁。
渡久山章（2003）「宮古の水―湧出量予報をめざして」宮古の自然と文化を考える会［編］『宮古の自然と文化―永続的に繁栄する美しい島々』新星出版，41-51頁。
廣瀬孝（2011）「沖縄島，グアム，サイパン，パラオにおける水資源と水利用に関する一考察」前門晃・梅村哲夫・藤田陽子・廣瀬孝［編］『太平洋の島々に学ぶ―ミクロネシアの環境・資源・開発』彩流社。
廣瀬孝（2012）「フィジーとニューカレドニアにおける水収支」『琉球大学連携融合プロジェクト「人の移動と21世紀のグローバル社会」平成22（2010）年度・平成23（2011）年度太平洋島嶼班中間報告書』，31-36頁。
廣瀬孝（2013）「沖縄島の水文環境―水資源・水利用と水収支」『琉球大学法文学部人間科学科紀要別冊　地理歴史人類学論集』4，67-76頁。
廣瀬孝・野田崇広・前門晃（2010）「地下ダム事業による農業用水の安定供給と宮古島のサトウキビ生産」『沖縄地理』10，19-24頁。
古川博恭（1980）「地下水と地下ダム」木崎甲子郎［編著］『琉球の自然史』築地書館，219-230頁。
古川博恭（1990）「宮古島における地下ダムの構想とその技術開発」島しょ水環境研究グループ［編］『島しょ水環境の展望―沖縄・ハワイのアプローチ』ひるぎ社，48-72頁。
古川博恭（2003）「地下ダム」宮古の自然と文化を考える会［編］『宮古の自然と文化―永続的に繁栄する美しい島々』新星出版，24-40頁。
Carruth, R. L. (2003) Ground-Water Resources of Saipan, Commonwealth of the Northern Mariana Islands. *U.S.Geological Survey Water-Resources Investigation Report*, 03-4178.
Gleick, P. (2008) *The World's Water 2008-2009: The Biennial Report on Freshwater Resources*, Island Press.
Kingston, P. A. (2004) *Surveillance of Drinking Water Quality in the Pacific Islands: A Situation*

Analysis and Needs Assessment, WHO.

Taborosi, D. and D. T. Vann (2006) *Student Atlas of Guam,* Bess Press.

石垣市観光文化スポーツ局観光文化課 WEB：http://www.city.ishigaki.okinawa.jp/home/kikakubu/kankou_bunka_sports/kankou_bunka/index.htm

沖縄県企業局「水道資料館」http://www.eb.pref.okinawa.jp/siryokan/index.html.

沖縄県文化観光スポーツ部観光政策課 WEB：http://www.pref.okinawa.jp/site/bunka-sports/kankoseisaku/index.html

内閣府沖縄総合事務局北部ダム統合管理事務所「やんばるのダム」http://www.dc.ogb.go.jp/toukan/index.html

終章　自然・文化・社会の融合体としての島嶼地域と「新しい島嶼学」の展望

藤田陽子

第1節　はじめに

　本書では，島嶼地域・島嶼社会の諸相について，その現状を踏まえながら問題解決策や改善策について考察してきた。本章では，前章までの議論を受けて，①島嶼地域の優位性と劣位性をあらためて検証し，②日本における代表的島嶼地域である沖縄県の自然環境保全とその適正活用について，「奄美・琉球」の世界自然遺産への推薦を軸に検討する。その上で，自然と文化と社会が密接に関わり合う島嶼地域の持続的発展に向けた「新しい島嶼学」の方向性を示す。

第2節　島嶼における劣位性と優位性

　大陸や本土から見た島嶼は，海の彼方にある「辺境」であり，主か従かと問われれば「周縁」，あるいは植民地時代に遡ると「従属」の存在である。このような，大陸・本土との比較に基づいた島嶼研究は，島であるが故の不利性に焦点を当てることが多い。しかし，大陸・本土と比較することができるという面を逆手に取れば，それは島嶼に固有の特性に恵まれているということでもある。背景に広大な海を擁する環境，多くの固有種が生息する自然，

その自然環境や土着の言語を基礎とする文化，限定された陸地空間の中で環境との調和を図りながら営まれてきた社会に見られる個性豊かな島嶼の姿は，グローバル化の進む世界における一つのモデルとして機能する可能性を秘めている。

大陸や本土との比較における小島嶼の劣位性，すなわち「遠隔性」「環海性」「狭小性」について，これらを島嶼の優位性と捉えなおしてみる。

「遠隔性」は，大きな市場としての大陸や本土からの距離を隔てていることによる輸送費用の増大や情報の不均衡等，市場経済を営む上で圧倒的な劣位性につながる特徴である。輸送費用に関しては画期的な解決策を見いだせていない現状であるが，近年は情報通信技術（ICT：Information and Communication Technology）の発展により，情報の不均衡の問題は急速に解消されつつある。先進国と比較すれば通信インフラの整備状況には差異があるため通信速度の優劣は存在するが，今やインターネットは多くの小島嶼地域でも普及しつつあり，国外・域外との情報格差が縮小し始めている。さらに，ICTの発達は小島嶼から世界への情報発信も容易にする。世界的な観光ブームの中で，豊かな自然環境や独特の文化，都会にはない癒しの空間を求める人々が島嶼地域に関心を示している現状において，ICTを活用すれば，島の魅力を自ら発信し，代理店などを通さずにインターネット空間に取引市場を構築することによって直接顧客を獲得することも可能となるなど，島嶼地域主導の経済活動を実現できる。

また，次に述べる「環海性」とも共通するが，大陸・本土から遠隔の地にあるからこそ培われてきた独自の文化や習慣が，今日の島嶼地域の魅力として，小島嶼地域における貴重な観光資源や研究者の学術的関心を集める対象となっている。遠隔地であることを逆手に取れば，大陸や本土から離れた「非日常」の空間として観光客の誘致を図ることができる。

「環海性」は言うまでもなく島嶼を「島嶼」たらしめる要因である。陸地と比較して人やモノの移動を困難にする海に隔てられているという環境は，「遠隔性」と同じく島嶼地域における市場経済社会の発展を阻害してきた。しかし歴史を振り返れば，太平洋の人々は約4000年前からすでに新天地を求めて船を操り太平洋の大海原を島から島へと航海していた。すなわち，海は

他との関係を隔てるものではなく，広い外界との間を接続するものと捉えることができる。また現代においては，小島嶼国であっても国連海洋法条約に認められる排他的経済水域を含む広大な範囲に及ぶ管轄権を有している場合も多く，そのことにより海上輸送や海洋資源管理においても国際的に重要な役割を担っている。

さらに，前述の「遠隔性」と同様に，海によって他地域と隔絶されてきたが故に，固有の文化が発祥し，特徴的な自然が維持されてきたという側面もあり，これが今日の学術的価値や観光地としての魅力につながっていることに鑑みれば，環海性という特徴は島嶼に賦与された恩恵である。広大な海が与えてくれる豊富な資源を水産業や観光業に活用することができるのも島嶼地域の優位性の一つである。

「狭小性」は，土地集約型で規模の経済が存在するような産業の誘致に適さないことや，小規模な人口など，島嶼地域における様々な経済活動の規模拡大を阻害する最も大きな要因である。たとえ島内に発電施設が存在していたとしても，需要が小さいためエネルギー供給側の費用効率を低下させ，電力コストが高止まりするという点も多くの島嶼地域に共通する不利性の一つである。ライフスタイルの近代化に伴って増加する一方の廃棄物の処理もまた，島内での処理はままならず，高いコストを負担して島外の処理施設に移送したり，財政的に厳しい状況にある島々では適正な処理がなされずにゴミの山が野ざらしになっている所も少なくない。しかしこの克服しがたい弱点に関しても，新エネルギー技術や小規模地域に適した廃棄物処理技術の移転などにより将来に向けた展望が開けつつある。また小島嶼は，狭小であるが故にこうした問題や施策の影響が顕著に現れる地域でもある。新たな技術や社会システムの効果を島嶼地域において実験的に導入し，有効性が認められる結果が得られれば，これを非島嶼周縁部，たとえば大陸の僻地や中山間部など同様の不利性を抱える地域に還元することも可能となる。言い換えれば，島嶼地域は新たな取り組みのイニシエーション・サイトとして注目される可能性を秘めているのである。

小島嶼の劣位性としてしばしば指摘される「脆弱性」には，気候変動や災害等，自然環境の変化に対する適応能力の弱さに加え，政治的・経済的基盤

の弱さも含まれる。とりわけ近年では，地球温暖化が原因とされる海面上昇や台風の強大化による被害の深刻化が報告されているにもかかわらず，多くの小島嶼地域では非常事態に十分に対応する政治力や経済力に乏しいため，被害が拡大・長期化することも懸念される。島ごとの，あるいは一島嶼国のこうした脆弱性を払拭する方法を導き出すのは容易ではない。しかし，島嶼間のネットワークを構築し連携・協働体制を構築することによって情報収集・分析力や統治力の不足を補い，さらには国際社会における存在感を高め発言力を強化することは可能である。

また，地域内でのネットワークの力にも着目すべきであろう。小さなコミュニティに生き，厳しい自然環境に直面する小島嶼においては，それらを克服する力としての人間同士の信頼関係（ソーシャル・キャピタル）が不可欠である。小さな社会を営む小島嶼においては，その脆弱性があるが故に地域の連携関係が自然と形成され，地域運営に活かされていくのである。

このように島嶼地域は，大陸・本土との比較という観点で見ると多くの不利性を抱えているが，これらの不利性も，島嶼を主体的存在としてみた場合は他地域に対する優位性と捉え直すことができる。あるいは，規模の経済のメリットを受けることができず，財政的にも厳しい島嶼地域においてこれらの問題を克服する方策を打ち出すことができれば，それは世界の島嶼のみならず，非島嶼周縁部の問題解決にも応用することができる。島嶼は，その意味で世界に貢献する役割を果たすことのできる存在でもある。

第3節　沖縄の自然環境保全と適正活用

1　世界自然遺産指定に向けた動き

自然環境や独特の文化を島嶼の活性化のために活用する場合の課題について，日本を代表する島嶼地域・沖縄県の世界遺産候補指定を巡る動きを例に考察してみよう。沖縄県は，日本における典型的な島嶼地域であり，生物多様性の豊かさや自然景観の美しさなどにより，観光資源として，また学術的にも内外で高い評価を受けている。とりわけ全県にわたって分布するサンゴ

礁の海，本島北部のやんばる地域や竹富町西表島の亜熱帯林はその代表例であり，多くの希少生物の生息域でもある。こうした背景から，沖縄県や環境省ではユネスコが指定する世界自然遺産への推薦を検討し続けてきた。

そして 2013 年 1 月 31 日，環境省をはじめとする世界遺産条約関係省庁連絡会議[1]において，「奄美・琉球」[2]が自然遺産候補として日本の世界遺産暫定一覧表（以下，暫定リスト）に記載されることが決定した（環境省・林野庁 2013）。今後は，日本政府によるユネスコへの正式推薦に向けて具体的な対象区域の決定や，沖縄本島北部やんばる地域の国立公園化を含む自然保護計画の策定を進めることとなる。

同地域は 2003 年に推薦を見送られた経緯がある。当時の沖縄では，本島北部地域におけるマングースなど外来種対策をはじめ，長期的・持続的な保護管理体制が整備されていないと判断され，推薦を見送る大きな理由となった。また，やんばるの森を分断するように敷設されている林道や日本の環境関連法が適用されない米軍基地・訓練場の存在，自然保護上の重要地域における保護区域の設定が不十分であることも理由に挙げられた。世界自然遺産指定にあたっては，「世界自然遺産としての価値を構成する全ての要素が欠けることなく含まれていると共に，それを持続的に保護するための法律等の制度が整備されていること」を求める「完全性（Integrity）」を満たしていることが必要とされるが（日本ユネスコ協会連盟），この当時の琉球諸島ではこの点が担保されないと判断された。その後，2004 年には「特定外来生物による生態系等に係る被害の防止に関する法律（外来生物法）」などの法制度が整備され，これに基づいてやんばるにおけるマングース駆除事業など外来種対策が進められ，対象地域における保護対策が実効性を帯びて来たことによって，「完全性」を有するとみなされ，今回の記載に至ったのである。

2 世界自然遺産登録の評価基準

世界自然遺産に指定されるためには，「顕著で普遍的な価値（OUV：Outstanding Universal Value）」を有することが条件となる。この OUV の観点による評価は 10 項目の基準に基づいて行われ，世界文化遺産については（i）〜（vi）が，世界自然遺産については（vii）〜（x）が適用される[3]（表 終-1）。

「奄美・琉球」の暫定リスト掲載にあたって選択された基準は (ix) 生態系，(x) 生物多様性の 2 点である。環境省・林野庁資料 (2013) によれば，「この地域だけに残された遺存固有種が分布しており，また，島々が分離・結合を繰り返す過程で多くの進化系統に種分化が生じている」ことと，「IUCN レッドリストに掲載されている多くの国際的希少種や固有種の生息・生育地であり，世界的な生物多様性保全の上で重要な地域である」ことから基準 (ix) 及び (x) をそれぞれ満たしていると判断されたものである（環境省・林野庁 2013）。

表 終-1 世界遺産の「顕著で普遍的な価値」に関する評価基準

文化遺産に関する評価基準	（ⅰ）人間の創造的才能を表す傑作である。
	（ⅱ）建築，科学技術，記念碑，都市計画，景観設計の発展に重要な影響を与えた，ある期間にわたる価値感の交流又はある文化圏内での価値観の交流を示すものである。
	（ⅲ）現存するか消滅しているかにかかわらず，ある文化的伝統又は文明の存在を伝承する物証として無二の存在（少なくとも希有な存在）である。
	（ⅳ）歴史上の重要な段階を物語る建築物，その集合体，科学技術の集合体，あるいは景観を代表する顕著な見本である。
	（ⅴ）あるひとつの文化（または複数の文化）を特徴づけるような伝統的居住形態若しくは陸上・海上の土地利用形態を代表する顕著な見本である。又は，人類と環境とのふれあいを代表する顕著な見本である（特に不可逆的な変化によりその存続が危ぶまれているもの）。
	（ⅵ）顕著な普遍価値を有する出来事（行事），生きた伝統，思想，信仰，芸術的作品，あるいは文学的作品と直接または実質的関連がある（この基準は他の基準とあわせて用いられることが望ましい）。
自然遺産に関する評価基準	（ⅶ）最上級の自然現象，又は，類まれな自然美・美的価値を有する地域を包含する。
	（ⅷ）生命進化の記録や，地形形成における重要な進行中の地質学的過程，あるいは重要な地形学的又は自然地理学的特徴といった，地球の歴史の主要な段階を代表する顕著な見本である。
	（ⅸ）陸上・淡水域・沿岸・海洋の生態系や動植物群集の進化，発展において，重要な進行中の生態学的過程又は生物学的過程を代表する顕著な見本である。
	（ⅹ）学術上又は保全上顕著な普遍的価値を有する絶滅のおそれのある種の生息地など，生物多様性の生息域内保全にとって最も重要な自然の生息地を包含する。

資料：日本ユネスコ協会連盟ウェブサイト

3　自然環境の保護および適正活用に向けた課題

　世界自然遺産指定が実現した後にも前述した生態系・生物多様性の状態を維持・向上させるためには，計画的な自然環境保全戦略の策定が急務である。しかしそのためには，保護区域の指定等に関する地域住民やステークホルダーとの合意形成が必要である。たとえば国立公園指定を例に挙げると，国立公園には普通地域・特別地域（特別保護地区および第 1 〜 3 種特別地域の 4 種）があり，特別地域に指定された区域では経済的な活動や開発に許可が必要になるか，実質的に禁止される。そのため，指定に対して強く反発する住民も少なくない。このような人々に対しては，自然環境を保護することによって地域社会が得ることのできるメリットについて具体的に示すことが必要である。いわゆる「生態系サービス」と呼ばれる自然環境の様々な機能とその水準を科学的根拠に基づいて分析し，そのサービスから得られる便益の水準を明らかにすることである。環境経済学では，この生態系サービスから得られる便益の大きさを貨幣価値に換算する手法が数多く開発され，実際の公共事業評価などに適用されている（土屋・藤田 2009）。自然環境保全の価値を金額で表現すれば，開発による経済的利益と比較することが可能となり，「保護か開発か」を判断する際の指標の一つとなるからである。たとえば豊かな森林地帯を有している場合，それを「他地域に勝る自然環境の優位性」と捉えて保護・保全に注力するか，あるいは「開発の余地の残る土地」と捉えて森林を伐採し宅地や商工業用地等に転換して経済的利益を得ようとするのか。すなわち，自然環境をストックのまま残すことから便益を得るのか，それともストックをフロー化することによって便益を得ようとするのか，という選択を迫られる時に，人は判断基準となる指標を必要とする。その指標の一つが生態系サービスの経済的価値評価である[4]。

　沖縄では，沖縄振興特別措置法のもとで，狭隘な県土を補完するための埋立工事や，沿岸保全・流域保全を目的とした護岸工事が盛んに行われてきた。結果的に県民所得の向上にはつながらず，そればかりか，前述したように世界自然遺産への推薦が一度見送りとなった大きな理由の一つがこうした公共事業による景観の変化にあった。このような失敗を繰り返さないためにも，保護される自然環境が与えてくれる便益の大きさ，あるいは開発によっ

て失われる自然環境の価値を，科学的・客観的に把握し，適切な形で政策決定過程に反映させることが重要な課題となる。

第4節　島嶼におけるキャリング・キャパシティの捉え方

　近代化に伴う経済開発や，増え続ける観光需要を受け入れる際に考慮しなければならないのがキャリング・キャパシティ（carrying capacity, 環境容量）である。本来，キャリング・キャパシティとは自然環境が有している浄化能力の水準を指す。何らかの汚染物質が環境中に排出されたとき，自然環境の拡散・希釈作用によって汚染物質の濃度をゼロもしくは影響を及ぼさないレベルにまで低下させ，排出前と同等の環境に復元させることができる汚染水準がキャリング・キャパシティである。しかし，最近では観光産業の拡大に伴い，『環境にいちじるしい負荷をかけることなしに，ある一定の面積の土地に，どの程度の人々を収容することが可能か』（小沢 2003）と解釈される場面が多くなった。そのような傾向の中，近年は自然環境の能力に加えて，ごみ処理施設や浄水施設の処理能力といった，環境保全技術の水準をキャリング・キャパシティの一つと捉える傾向が広がっている。数値で表すことのできる技術水準は把握しやすく，都市型観光の場合はこれらの数値を環境容量とみなすことができる。しかし自然環境を損ねない範囲で人を何名まで入域させることができるか，という意味でのキャリング・キャパシティは数値で把握することが難しい。とりわけ島嶼地域においては，自然環境が外貨獲得につながる唯一の資源である場合が多い。経済的に活用することと同時に，貴重な資源である自然を不可逆的損失から守ることも考慮する必要がある。そのためには，自然科学分野と社会科学分野との連携が重要となる。2013年現在，沖縄県は観光産業振興策として将来の年間観光客数1,000万人達成を目標に掲げている。2012年度の年間観光客数が推計592万4,700人（沖縄県文化観光スポーツ部 2013）であるから，「概ね2030年」という「沖縄21世紀ビジョン」の目標年にこの数値を達成すると仮定すれば，20年で倍増させるという計画である。この目標値がキャリング・キャパシティを考慮した場合

に適正なのかどうか，科学的かつ慎重な判断が求められる。

　特に，世界遺産指定を巡っては，国内外の指定地域において，訪問者の急増による自然環境や文化遺産の損壊が問題となっている。たとえば屋久島（鹿児島県）は，世界自然遺産登録の後，急増した登山客によって踏み固められることによる登山道やその周辺の自然の荒廃，持ち込まれるごみや屎尿処理の問題などが深刻化している。沖縄県においても，2000年に「琉球王国のグスク及び関連遺産群」が文化遺産として指定されて以来，訪問客の増加に対応する形で各指定地域において観光地としての整備が急速に進んだ。駐車場や遊歩道が整備されたことにより訪問客を受け入れる態勢は整ったが，その反面，たとえば斎場御嶽などでは祈りの場としての静けさが失われるなど指定遺産が有していた本来の文化的意義が損なわれているという批判もある。そこで斎場御嶽を擁する南城市では，2014年度より3年間，試験的に「休息日」を設け，旧暦の5月1日からの3日間と10月1日からの3日間に入域制限を行い，御嶽の自然環境や聖地としての静寂性を守ると同時に，地域観光資源としての適正活用のあり方について再検討しようとしている。

　同様の問題は世界遺産に指定された他の多くの島嶼地域においても発生している。世界遺産に指定されることによってその普遍的な価値が認識され，持続的な保護につながるという期待がもたれる反面，そのことによる地域の観光振興など経済的期待も増大するという側面も踏まえた上で，活用のあり方や保護方針を検討する必要がある。とりわけ島嶼地域の環境や文化は，外からの圧力に対して著しく弱い。環境，文化，社会が相互に依存しあう島嶼地域においては，これらのバランスを保全するという考え方が肝要である。

　社会的なキャリング・キャパシティについても考えなければならない。人口規模の小さな島嶼地域に多くの観光客が入域することを考えると，島は一時的に増加した人口に対して水と食糧を供給することとなる。たとえばパラオなどの小さな島国は，元来の食糧生産力が小さいにもかかわらず，人口規模を大きく超える観光客が訪れる。パラオ観光局の統計によれば，人口2万人弱の島に，2012年には12万人近い来訪者が島外から入域している。島外からの来訪者が増加するにつれ，食糧を島外から輸入する必要性が増大し，そのことが島の食糧生産力をますます弱体化させるとともに，缶詰や加工食

品に依存する欧米型食生活が島民の健康被害を惹起する。これは島の食糧安全保障や医療問題にも関わる重大な課題である。また，その島の人口規模以上の人数が島外から流入することによって，生活環境や治安の悪化も懸念される。面積の小さな島に多くの観光客を呼び寄せるということは，経済が活性化する反面，社会の不安定化につながる恐れもあることを，特に政府は踏まえておく必要があろう。また，観光客数が過剰になれば，観光客自身の満足度も低下する。観光客に島での滞在を最大限楽しませてリピートしてもらうためには，数の増加という方向性から，満足度の高いツーリズムを提供するという方向性への転換を図る必要がある。そのために，観光客満足度の調査を継続的に行い，常に課題を把握しておく必要がある。

第5節　各島の特性を踏まえた島嶼社会構築の必要性

　島嶼の隔絶性や環海性が島々の個性を育み，自然や文化の多様性を生み出し，それらを土台として島嶼社会が成立していることは先にも述べた。それでもなお，自由経済主義に基づいて動いている世界の一部であり，島嶼地域は否応なく世界の動きに大きく影響を受ける存在であることに違いはない。特に，鉱物などの資源を持たない小島嶼地域では，面積の狭小さや，人材や技術の不足を補うために，先進国や本土政府による財政的支援を受けざるを得ない状況にある。この事実は島嶼社会の主体性を奪い，「自律」に向けた活力の喪失につながる。また，政府の力量も限られているため，政府主導の地域政策に大きな期待をかけることができない場合も少なくない。

　そこで着目すべきなのが，地域共同体の力である。島嶼における資源管理や健康管理には，地域主体型あるいは住民参加型と呼ばれる取り組みが効果的である。資源のストック規模や質に関する状況や資源の消費形態，地域住民の健康状態について最もよく知るのは，最も近い場所で生活を営む住民自身であるという考えに基づいた発想である。コミュニティの絆や，これまで活かされてこなかった女性や経験値の高い高齢者の力などを最大限に活用したボトムアップ型の意思決定システムをとることによって，地域の実情に

あった施策を打ち出すことが可能となる。また，施策の効果と問題点を身近で把握することが可能であるため，自己評価を促し，自発的な改善につながることが期待できる。公共部門の財政基盤が弱く，企業の規模が小さな島嶼地域では，こうした草の根の連携力が社会を支える基盤となる必要がある。

　また，生活空間と観光地，水源と人間活動の場，などが隣接せざるを得ない小島嶼においては，空間利用のあり方についてもその地域特性を踏まえて検討されなければならない。とりわけ土地や資源の伝統的な利用方法には，その地域の習慣や慣行，自然環境の特性を上手に活用した方法が数多く存在する。科学技術が未発達な時代から細々と，しかし連綿と続けられてきた方法論には，地形や気候などの自然環境に対して調和的であり，人々の生活のリズムやペースに沿った工夫が凝らされている。島嶼地域の生活や経済が前時代的で良いということではなく，伝統的な知恵と近代的な技術や科学的知見を統合して，現代の島嶼社会にフィットする技術や社会システムに発展させることが，「新しい島嶼学」の果たすべき役割であり，それが世界に向けた「島嶼社会モデル」の発信につながっていく。

　何よりも，自分たちの地域社会を自分たちで運営することが島嶼社会の活力を生み出し，島外の存在に対して自らの主体性を堅持する力の源となる。本書によって示された，島嶼地域の持続的発展に向けた方向性は，こうしたボトムアップ型運営を基盤とした「自律的島嶼社会」の構築を目指すことにある。

第6節　むすび──「新しい島嶼学」の構築と人材育成の必要性

　本書の全編を通じて述べられているように，大陸にはない独特の自然環境や多様性は島の最大の魅力であり，貴重な資源である。しかし，近代化の波に押されて，昔は絶海の孤島であった離島においても，森林伐採や海浜埋立を伴う舗装道路や空港の建設が進められるなど，観光客を誘致するための開発が行われ，貴重な自然が失われつつある。また，人の移動の活発化により，近代化の影響を受けて伝統文化の変化や消失が深刻化している。もちろん，

交通や防災，エネルギーといった社会インフラの整備など，海によって他と隔絶されている島嶼の人々が近代的生活を営むために必要不可欠な開発もあるが，経済的利益のために自らの貴重な資源である自然環境を損ねるような開発行為も行われている。今，島嶼地域の個性的で多様な自然や文化を保全しつつ活用する方策が求められており，それを立案するための人材育成が急務である。これからの島嶼地域は，自然と人間社会が密接に関係しながら成立している島嶼社会・島嶼経済の複合性・独自性を理解し，政府や地方公共団体などの公共部門，企業などの民間部門，地域住民やコミュニティなど市民部門それぞれの役割を理解し，これらの連携や協働をコーディネートすることのできる，島嶼型リーダーシップを備えた人材を必要としている。そして，変化の激しい21世紀のグローバル社会において，世界に散らばる島嶼地域の社会的安定と経済発展は，国際社会が直面するリスクを低減し，平和的な多文化共生社会を実現する鍵となる。「新しい島嶼学」の構築は，そのための理論的基盤の確立と実践方法の検証を行うために必要不可欠な学術的かつ社会的な取り組みなのである。

注

1) 外務省，文化庁，環境省，林野庁，水産庁，国土交通省，宮内庁で構成される。
2) その後の2013年4月，ユネスコが対象地域の絞り込みによる明確化を求めて暫定リストへの追加を保留したことを受けて，2013年12月，環境省設置の奄美・琉球世界自然遺産候補地科学委員会において沖縄本島北部（東村，大宜味村，国頭村），奄美大島，徳之島，西表島の4島に絞ることが決定された。
3) 文化遺産，自然遺産の両評価基準を各1項目以上有している遺産は世界複合遺産として指定される。
4) 環境の経済的価値評価に関する文献は，栗山（1998），柘植・栗山・三谷（2011），吉田（2013）等々，数多く出版されているので，詳細はこれらの文献を参照されたい。

参考文献・資料

小沢健一（2003）「観光はインパクト―観光研究の一側面」『観光の新たな潮流』第8章，同文舘出版，pp. 127-145.
沖縄県（2010）「沖縄21世紀ビジョン―みんなで創る みんなの美ら島 未来のおきなわ―」。

沖縄県文化観光スポーツ部（2013）「平成 24 年度入域観光客統計概況」。
環境省那覇自然環境事務所（2008）「やんばる地域の国立公園に関する基本的な考え方」。
環境省・林野庁資料「「奄美・琉球」の世界遺産暫定一覧表への記載について」2013 年 1 月 31 日発表。
栗山浩一（1998）『環境の価値と評価手法―CVM による経済評価』北海道大学出版会。
公益社団法人日本 UNESCO 協会連盟ウェブサイト http://www.unesco.or.jp/
柘植隆宏・栗山浩一・三谷羊平（2011）『環境評価の最新テクニック』勁草書房。
土屋誠・藤田陽子（2009）『サンゴ礁のちむやみ』東海大学出版会。
吉田謙太郎（2013）『生物多様性と生態系サービスの経済学』昭和堂。

執筆者・訳者紹介

【執筆者】（執筆順，＊は編著者）

ゴッドフリー・バルダッチーノ（Godfrey Baldacchino）
現職：マルタ大学教養学部社会学科 教授，国際島嶼学会 副会長（Professor of Sociology, Faculty of Arts, University of Malta; Vice-President, International Small Islands Studies Association）
専門：島嶼及小島嶼国・地域にかんする多角的研究
主要業績：

Baldacchino, G. (2013) *The Political Economy of Divided Islands: Unified Geographies, Multiple Polities,* Palgrave Macmillan.

Baldacchino, G. and E. Hepburn (2012) A different appetite for sovereignty? Independence movements in subnational island jurisdictions. *Commonwealth & Comparative Politics,* Vol. 50, No. 4.

湯本 貴和（ゆもと たかかず）
現職：京都大学霊長類研究所社会生態研究部門生態保全分野 教授
専門：生態学
主要業績：

Yumoto, T. and Y. Uesedo (2011) A future for tradition: cultural preservation and transmission on Taketomi Island, Okinawa, Japan. In: Baldacchino, G. and D. Niles eds. *Island Futures,* Springer.
湯本貴和 (2011)「島の未来を考える」『科学』, 81(8).

大西 正幸（おおにし まさゆき）
現職：総合地球環境学研究所 客員教授
専門：言語学，文学，言語教育
主要業績：

Onishi, M. (2012) *A Grammar of Motuna.* Lincom Europa.
Osada, T. and M. Onishi eds. (2012) *Language Atlas of South Asia,* Harvard University.

フンク・カロリン（Carolin Funck）
現職：広島大学大学院総合科学研究科総合科学専攻社会文明研究講座 准教授
専門：観光地理学
主要業績：

Funck, C. and M. Cooper (2013) *Japanese Tourism: Spaces, Places and Structures,* Berghahn.

フンク・カロリン（2009）「ブルーツーリズムをめぐるコンフリクト」神田孝治［編］『観光の空間―視点とアプローチ』ナカニシヤ出版.

樽井 礼（たるい のり）
現職：ハワイ大学マノア校経済学部 准教授（Associate Professor, Department of Economics, University of Hawai'i at Manoa）
専門：環境資源経済学，応用ミクロ経済学，応用ゲーム理論
主要業績：

Tarui, N., C. F. Mason, S. Polasky and G. M. Ellis (2008) Cooperation in the Commons with Unobservable Actions. *Journal of Environmental Economics and Management,* 55 (1).

Tarui, N. (2007) Inequality and Outside Options in Common-Property Resource Use. *Journal of Development Economics,* 83(1).

ヴィナ・ラム-ビデシ（Vina Ram-Bidesi）
現職：南太平洋大学科学技術環境学部海洋学科 上級講師（Senior Lecturer, School of Marine Studies, Faculty of Science, Technology and Environment, University of the South Pacific）
専門：漁業管理，天然資源政策分析，海洋部門におけるジェンダー問題，沿岸と海洋の統合管理
主要業績：

Ram-Bidesi, V., P. N. Lal and N. Conner (2011) *Economics of Coastal Zone Management in the Pacific,* Gland, Switzerland: IUCN and Suva, Fiji: IUCN.

Ram-Bidesi, V. (2010) Employment Opportunities for Women in the Tuna Industry in Small Islands: Is it really restrictive? A case study of Fiji Islands. *South Pacific Studies,* 31 (1).

ジョエリ・ヴェイタヤキ（Joeli Veitayaki）

現職：南太平洋大学科学技術環境学部海洋学科 准教授（Associate Professor, School of Marine Studies, Faculty of Science, Technology and Environment, University of the South Pacific）

専門：人間生態学，人間による海洋資源の利用

主要業績：

Veitayaki, J., A. D. R. Nakoro, T. Sigarua and N. Bulai (2011) On Cultural Factors and Marine managed Areas in Fiji. In Liston, J., G. Clark and D. Alexander eds. *Pacific Island Heritage: Archaeology, identity and community,* ANU E Press, Canberra.

Veitayaki, J. (2011) Case Study 17 Integrated Coastal Management in Vanuaso Tikina, Gau Island, Fiji. In Wilkinson, C. and J. Brodie eds. *Catchment Management and Coral Reef Conservation: a practical guide for coastal Resource managers to reduce damage from catchment areas based on case studies,* Global Coral Reef Monitoring Network and Reef and Rainforest Research Centre, Townsville.

飯田 晶子（いいだ あきこ）

現職：東京大学大学院工学系研究科都市工学専攻 助教

専門：環境デザイン

主要業績：

飯田晶子（2012）「熱帯島嶼パラオ共和国における流域圏を基礎とするランドスケープ・プランニングに関する研究」東京大学，博士（工学）学位論文.

Liston, J. and A. Iida (in press, 2014) Legacies on the Landscape. In Balick, M. J., A. Hillmann Kitalong and K. Herrera eds. *Ethnobotany of Palau: Plants, People, and Island Culture,* The New York Botanical Garden/Belau National Museum.

等々力 英美（とどりき ひでみ）
現職：琉球大学大学院医学研究科 准教授
専門：公衆衛生学，疫学
主要業績：

等々力英美（2013）「戦後沖縄の体重転換と社会経済的要因―経済・身体活動・食事・栄養転換と関連して―」，イチロー・カワチ，等々力英美［編著］『ソーシャルキャピタルと地域の力―沖縄から考える健康と長寿』日本評論社．

Todoriki, H. (2010) Nutrition transition and nourishment policy in postwar Okinawa: Influence of US administration. In Laurinkari, J. ed. in cooperation with Veli-Pekka Isomäki, *Health, Wellness and Social Policy: Essays in honour of Guy Bäckman,* Europäischer Hochschulverlag, GmbH & Co.

白井 こころ（しらい こころ）
現職：琉球大学法文学部人間科学科 准教授
専門：公衆衛生学・社会疫学
主要業績：

髙尾総司・近藤克則・白井こころ・近藤尚己［監訳］（2013）『ソーシャル・キャピタルと健康政策：地域で活用するために』日本評論社．[Kawachi, I., S. Takao and S. V. Subramanian (2013) *Global perspective on Social Capital and Health,* Springer.]

Shirai, K., H. Iso, T. Ohira, A. Ikeda, H. Noda, K. Honjo, M. Inoue and S. Tsugane (2009) Perceived Level of Life Enjoyment and Risks of Cardiovascular Disease Incidence and Mortality The Japan Public Health Center-Based Study. *Circulation,* 120 (11).

三友 仁志（みとも ひとし）
現職：早稲田大学大学院アジア太平洋研究科 教授
専門：情報通信（ICT）経済・政策・アプリケーション分析，交通を含めた社会インフラ政策
主要業績：

Mitomo, H., and T. Otsuka (2012) Rich Information on Environmental Issues and the Poor Reflections on Consumers' Green Actions: A Behavioral Economic Approach. *Telematics and Informatics,* 29.

三友仁志（2008）「条件不利地域における情報格差と是正の方向性」『自治フォーラム』Vol. 581．

堤　純一郎（つつみ　じゅんいちろう）

現職：琉球大学工学部環境建設工学科　教授

専門：建築環境・設備，環境影響評価・環境政策，環境技術・環境材料

主要業績：

浦野良美・中村洋・宮原和明・渡辺俊行・藤本一壽・林徹夫・春田千秋・石井昭夫・大鶴徹・赤坂裕・須貝高・西山紀光・尾崎明仁・龍有二・西田勝・乾正雄・堤純一郎・山崎均・片山忠久（1996）『建築環境工学』森北出版.

日本建築学会［編］（2002）『建築と都市の緑化計画』彰国社.

かりまた　しげひさ（狩俣繁久）＊

現職：琉球大学法文学部国際言語文化学科　教授

専門：琉球語学

主要業績：

かりまたしげひさ（2009）「琉球語音韻変化の研究」言語学研究会［編］『ことばの科学』第12号.

かりまたしげひさ（2011）「琉球方言の焦点化助辞と文の通達的なタイプ」『日本語の研究』第7巻4号.

渡久地　健（とぐち　けん）＊

現職：琉球大学法文学部人間科学科　准教授

専門：地理学

主要業績：

早石周平・渡久地健［編］（2010）『海と山の恵み―沖縄島のくらし2』ボーダーインク.

渡久地健・目崎茂和（2013）「正保琉球国絵図に描写された奄美・沖縄のサンゴ礁と港」*International Journal of Okinawan Studies,* Vol. 3, no. 2.

仲座 栄三（なかざ えいぞう）
現職：琉球大学工学部環境建設工学科 教授
専門：海岸工学，水工学，防災工学
主要業績：
久保田徹・仲座栄三・稲垣賢人・R. Savau・M. Rahman・入部綱清（2013）「海岸丘と海岸林の複合作用が津波に及ぼす影響に関する研究」『土木学会論文集B2（海岸工学）』Vol. 69.
仲座栄三（2011）『相対性原理に拠る相対性理論』ボーダーインク.

獺口 浩一（おそぐち こういち）
現職：琉球大学法文学部総合社会システム学科 准教授
専門：財政学，公共経済学
主要業績：
獺口浩一（2013）「非裁量要因を考慮した自治体病院の経営効率性」『琉球大学経済研究』第86号.
獺口浩一（2010）「地方税徴収効率の数量分析―地方団体間比較可能なベンチマーク的手法の検討と生産性評価―」『琉球大学経済研究』第80号.

廣瀬 孝（ひろせ たかし）
現職：琉球大学法文学部人間科学科 准教授
専門：自然地理学，地形学，水文学，水文地形学
主要業績：
廣瀬孝（2013）「沖縄島の水文環境―水資源・水利用と水収支」『琉球大学法文学部人間科学科紀要別冊 地理歴史人類学論集』4.
廣瀬孝・寒川拓磨・青木久・松倉公憲・前門晃（2012）「沖縄の第四紀琉球石灰岩に分布する円錐カルストに関する研究」『沖縄地理』12.

藤田　陽子（ふじた　ようこ）*
現職：琉球大学国際沖縄研究所　教授
専門：環境経済学
主要業績：
藤田陽子（2011）「太平洋島嶼国における自然環境保全とその利用に関する現状と課題―パラオ共和国を事例として」前門晃・梅村哲夫・藤田陽子・廣瀬孝［編著］『太平洋の島々に学ぶミクロネシアの環境・資源・開発』彩流社, 第3章.
土屋誠・藤田陽子（2009）『サンゴ礁のちむやみ　生態系サービスは維持されるか』東海大学出版会.

【訳者】

池田　知世（いけだ　ともよ）
国連平和大学平和教育学修士課程（Master of Arts in Peace Education, The United Nations mandated University for Peace）
専門：平和教育

岩木　幸太（いわき　こうた）
国連平和大学国際法と紛争解決学修士課程修了（Master of Arts in International Law and the Settlement of Disputes, The United Nations mandated University for Peace）
専門：国際法, 保護する責任（Responsibility to Protect）, 難民支援

索　引

あ行

IIS (Institute of Island Studies)　11, 12
ICT (Information and Communication Technology)　vi, 218, 220, 221, 223, 225, 227, 228, 230, 234-236, 238, 358
アウトプット　323, 325, 334, 335
アギヤー　283, 286, 301
新しい漁師（a new fisher）　102
インプット　323, 325, 331, 332, 334, 335
栄養転換　172, 173, 175, 176, 178, 179, 184
エコトーン　35
エネルギー　v, vi, 32, 33, 73, 74, 76, 89, 91-95, 151, 174, 184, 243, 248, 249, 253-257, 259, 261, 272, 337, 368
　──安全保障　73, 93
　（廃棄物の）──化　255, 256
　──技術　82, 92, 359
　──供給　87, 359
　──源　74-76, 91, 92, 261
　──効率　77, 79, 80, 84, 93, 95
　──産業　76, 83
　──需要　73, 77
　──消費（量）　75, 76, 95, 205, 207, 249, 250, 253
　──政策　74, 83, 91, 93, 94
　──摂取（量）　176, 182, 205
　──転換　74, 93
　──比率　175, 176
　──利用（可能性，効率）　73, 81, 93
　カーボンニュートラル──　261
　クリーン──　73, 77, 83, 90-92
　グリーン・──　3, 4
　再生可能──　v, 73-75, 77-79, 81-83, 85-96, 249, 253, 254, 257-259
　省──　79, 249, 250, 253
　摂取──　172, 173, 176, 184

波の──　306, 309
バイオマス──　249
風力──　89
リサイクル──　249
FAO (Food Agriculture Organization)　102, 103, 107, 109, 119, 126, 300
エペリ・ハウオファ（Epeli Hau'ofa）　18
エリア・スタディーズ　7
（島嶼の）遠隔性　iv, 358, 359
追い込み網漁　282-286, 297, 298, 301

か行

海産物消費量　284
外食環境　176, 177
外部性　81, 82
海洋教育　103, 104, 110, 112, 117, 120
海洋市民意識（marine citizenship）　100, 102, 103, 118, 120
海洋保護区　136-140, 143-145
（島嶼の）環海性　iv, 154, 358, 359, 366
環境倫理　108
観光空間　58-62, 66-70
（海洋／漁業）管理責任（marine/fishery stewardship）　100, 102
技術効率性　325, 326, 328, 330, 332-335
基盤地質　338
キャリング・キャパシティ　364, 365
給水（制限）　246, 341, 343
教育の情報化　218, 220
（島嶼の）狭小性　iv, 154, 358, 359
共同管理（制度）　127, 135
漁獲圧　99, 107, 134, 141
漁業権区　134, 139, 140, 142, 143
漁場知識　286, 296, 299, 300
漁撈　41, 286
　──活動　282-286, 289, 294-300
　──技術　300

──知識　　300
　　──文化　　vii, 286, 299, 300
　伝統的──　　300
クラウドシステム　　226, 235
（地方団体の）経営効率性　　vii, 321, 322, 324, 330, 333
継承　　v, vii, 25, 32, 33, 39-41, 49, 51-53, 146, 263, 264, 268, 269, 271, 272, 274, 299, 300
　　──可能性　　277, 279
　　言語／文化（多様性）の──　　vii, 39, 41, 42, 49, 50, 52, 53, 278
　　方言（の／を）──　　274, 275, 277, 278
結束型（Bonding）　　190, 194, 195
健康　　vi, 8, 16, 114, 117, 118, 132, 171, 172, 180-183, 189-196, 198-203, 205-210, 225, 261, 275, 366
　　──改善　　180, 183
　　──格差　　198, 201, 208
　　──管理　　119, 225, 366
　　──行動　　190, 191, 198, 199
　　──資源　　209, 210
　　──指標　　182, 183, 190, 194, 208
　　──情報　　191, 202
　　──（づくり）推進（委員）　　201-204
　　──政策　　208
　　──阻害　　191
　　──長寿　　189, 192, 198-200, 203-205, 207-210
　　──づくり　　183, 200-204, 210
　　──転換　　172, 179
　　──の社会的決定要因　　194, 198, 205
　　──被害　　366
　　──リスク　　195, 209
広域連携　　217, 229, 237, 238
降水（量）　　27, 152, 339, 340, 343, 344, 346, 347, 350, 352
交通　　vi, 34, 137, 200, 207, 241-245, 249, 253, 254, 259, 261, 268, 368
校務支援　　217, 223, 230, 231, 234-238
護岸　　308, 309, 317, 319, 363
国際小島嶼文化会議（SICRI）　　10

国際島嶼学会（ISISA）　　iv, 2, 10
国連海洋法（条約／会議）　　iii, 5, 243, 359
固定価格買取制度　　73, 82, 83, 87, 94

さ行

災害　　vii, 4, 6, 33, 35, 141, 164, 172, 226, 231, 235, 254, 263, 312, 317, 359
最少の経費で最大の効果　　321
（年間1人あたりの）魚の消費量　　99, 104, 126
サンゴ礁　　vii, 30, 126-128, 130, 137, 140, 142, 151, 152, 157, 161, 165, 281-290, 293, 295, 297-302, 305, 306, 309-318, 338, 339, 344, 348, 349
　　──地形　　vii, 281, 294, 297
　　──（の）地名（／地形名称）　　vii, 286, 296, 298, 299, 302
ジェンダー　　7, 10, 100, 104, 110, 118-120, 147
自給的漁業／漁獲　　v, 105, 128, 129, 134, 138, 142, 283-285, 300
資源管理　　vi, 104, 106, 108, 128, 133-136, 138, 140-145, 163, 366
　　海洋──　　100, 108, 128, 359
　　（沿岸）漁業──　　125, 126, 133-135, 147
　　地域主体型（の）──　　108, 133, 134, 135, 138, 140, 142, 144-147
　　伝統的（な）──　　134, 143
　　統合的──　　145
市場の失敗　　81-83
持続可能（性）　　3, 16, 26, 87, 90, 104, 106, 107, 125-127, 130, 132-134, 141, 145, 146
　　──な開発　　4, 110, 120, 131
　　──な管理（戦略）　　102, 145
　　──な（沿岸）漁業（管理）　　99, 101, 102, 109, 111, 119, 120, 126, 127, 133
　　──な資源（の）利用　　119, 300
　　──な生活　　16, 19, 100
　　──な島嶼　　14
　　──な（経済的）発展　　134, 141,

索　引

　　　　　147, 162
自治領　　5
脂肪摂取　　172, 173, 175, 178, 182
島の豊かさ　　35
社会インフラ　　vi, 222, 241-244, 246, 247, 253, 254, 261, 368
社会的共通資本　　34
弱小言語　　268, 272
商業的漁業／漁獲　　v, 105, 128, 129, 138, 142, 147, 283, 300
条件不利地域　　218, 220, 222-225, 237, 238
蒸発散量　　339, 343
消滅の危機　　vii, 264, 267, 272
食塩摂取　　176-181
食事パターン　　171, 180-183
食の安全保障　　99, 110, 118, 142, 300
所得分配　　90
新植民地主義　　13, 16
水源　　156, 162, 164, 165, 246, 247, 253, 256, 257, 269, 341-344, 347, 348, 350-353, 367
生活環境　　205, 207-209, 241-244, 253, 254, 260, 261, 264, 366
生活習慣病　　160, 171, 173, 180, 189, 207-210
（島嶼の）脆弱性　　iii, iv, 4, 26, 33, 35, 110, 359, 360
生態系サービス　　127, 363
生態系に基づく（沿岸）管理（EBM）　　127, 140, 145
世界遺産　　25, 27, 59-61, 152, 360, 361, 362, 365
　　　　──暫定一覧表（暫定リスト）　　361, 362, 368
責任ある漁業の行動規範　　102, 103, 107, 109
石灰岩　　338, 339, 347-349, 351
　サンゴ礁──　　344, 348, 350, 352
　琉球──　　338, 339, 344-346, 351
瀬戸内海　　65-68
先住民族の権利に関する国際連合宣言　　8
ソーシャル・キャピタル（社会関係資本）　　vi, 183, 189-194, 196, 198-201, 203, 204, 208-210, 360
ソロモン（諸島）　　39, 42, 43, 51, 53, 106, 130, 134, 284
　北──州　　43, 45

た行

高潮　　161, 162, 164, 317
高波　　310, 312, 318
多種資源利用戦略　　300
多段階アプローチ　　330, 333
タナト　　4
多様性　　v, vii, 8, 13, 26, 27, 31, 32, 40, 42, 51-53, 267, 273, 274, 277-279, 366, 367
　言語／方言（の）──　　28, 29, 40, 41, 271, 277, 279
　言語文化（の）──　　39, 49, 50, 52
　種（の）──　　127, 281
　生物（の）──　　15, 27, 32, 33, 35, 53, 128, 152, 360, 362, 363
　生物文化（の）──　　35
　文化（の）──　　28, 32, 33, 35, 110
　──ホットスポット　　41
炭鉱のカナリア　　6
（自然共生型）地域計画　　vi, 151-153, 158, 162, 166
地域情報化　　221, 223, 224, 228, 238
地下ダム　　vii, 247, 256, 257, 337, 344-346, 350-352
チャンプルースタディ　　180-183
津波　　vii, 4, 112, 235, 311-317
デカップリング　　73, 83-87, 89, 91, 93
伝統（的な）言語／文化　　25, 32, 39, 41, 42, 45, 46, 48-53, 118, 268, 274, 277, 367
伝統的（な）知識　　50, 103, 110, 117, 119, 134, 138
ドイツ（人）　　42, 51, 53, 57, 62-65, 69, 88, 96, 159
統合的（な）　　104, 157
　──アプローチ　　99, 120, 133, 147
　──沿岸漁業資源管理　　135
　──（沿岸）管理　　126, 127, 139-141

──資源管理　145
島嶼学　iv, 1, 2, 6, 7, 9-11, 13-17
　新しい──　iii, viii, 1, 15, 94, 357, 367, 368
島嶼学術委員会　10
島嶼型リーダーシップ　368
島嶼環境　15, 41, 53
投入指向型モデル　324
土地利用　vi, 15, 145, 153, 155-157, 159, 160, 162-165, 345, 352, 362

な行
（ブーゲンヴィルの）内戦　39, 42, 44-48, 52
直島　57, 66, 67, 70
魚垣（ながき）　286, 287, 301
日本復帰　174, 176, 178, 341, 343
ネットメータリング　73, 83, 89, 90, 93, 96

は行
廃棄物　44, 66, 115, 131, 132, 136, 141, 145, 161, 249-256, 261
　──災害（waste disaster）　131
　──（の）処理　vi, 126, 132, 242, 250, 251, 254-256, 261, 321, 359
排水　106, 259, 345
排他的経済水域（EEZ）　iii, 5, 359
バーカー仮説　205
場所の感覚　7
橋渡し型（Bridging）　190, 194, 195
パプアニューギニア　39-45, 47, 53, 129, 130, 132, 284, 348
パラオ　vi, 130, 152, 154, 155, 157-160, 162, 163, 166, 207, 283, 284, 346, 348, 365
ハワイ・クリーンエネルギー・イニシアティブ（HCEI）　73, 77, 81, 83, 86, 90, 93-95

パングナ鉱山　43-45, 53
非裁量要因　322, 330, 333-335
漂砂　313
ブーゲンヴィル　v, 39-54
ブロードバンド　217-224, 227, 234
米国統治　171, 175, 178, 205
方言教育　274-279
防災　vii, 305, 313, 314, 317, 319, 368
包絡分析法（DEA）　322-324, 328, 330-335
ポピュレーションアプローチ　180, 182, 183

ま・や行
水資源　vii, 27, 162, 256, 258, 259, 337-340, 343-346, 348-350, 352, 353
　──賦存量　339, 343, 344
水利用　337, 338, 343, 346, 349, 351, 353
民俗分類　286, 294
「村の地域語学校」　v, 39, 42, 45-48, 50-52, 54
メラネシア島嶼部　40, 42
模合　192-200
屋久島　26, 57, 59-62, 65, 69, 365

ら行
乱獲　106, 126, 128-131, 134, 136
利活用　218, 220, 221, 224, 227-229, 236
離島の地理的特性　vii, 321-323, 328-334
流域圏　vi, 154, 155
琉球弧　iii, 29, 32
琉球諸語　vii, 31, 264, 265, 267, 273, 274, 278, 279
琉球列島　iv, vi, 29, 32, 35, 36, 172, 264-267, 271, 272, 274, 279

国際沖縄研究所ライブラリ
島嶼地域の新たな展望
――自然・文化・社会の融合体としての島々――

2014 年 4 月 30 日　初版発行

編　者　　藤田　陽子
　　　　　渡久地　健
　　　　　かりまた　しげひさ

発行者　　五十川　直行

発行所　　一般財団法人　九州大学出版会
　　　　　〒 812-0053　福岡市東区箱崎 7-1-146
　　　　　　　　　　　九州大学構内
　　　　　電話　092-641-0515（直通）
　　　　　URL　http://kup.or.jp/
　　　印刷／城島印刷㈱　製本／篠原製本㈱

Ⓒ Yoko Fujita, Ken Toguchi,　　　ISBN978-4-7985-0130-7
Shigehisa Karimata, 2014